대한민국학술원 선정 2003 우수학술도서

21세기 한국노동운동의 현실과 전망

•

이주희 엮음

한울
아카데미

책을 내면서

　점증하는 국가간 경제통합, 미소전자기술 발전으로 인한 생산기술의 급격한 변화, 새로운 인구집단의 노동시장 진입 등, 노동운동이 21세기를 맞으며 겪어야 했던 경제적·조직적 환경변화는 노동운동의 존립과 성장에 큰 위협을 주어왔다. 이와 함께 금융위기로 강도 높은 구조조정과 노동시장의 급격한 유연화까지 겪은 우리나라의 노동운동은 그보다 더 큰 위기의식을 느끼지 않을 수 없는 상황이다.

　노동포럼은 새로운 세기를 맞아 노동운동을 둘러싼 격심한 환경변화에 걸맞은 노동운동의 전략수립을 위해 특히 해외사례를 연구해보자는 의도로 2000년 봄부터 시작되었다. 1999년 ILO부설 연구기관(International Institute for Labour Studies: IILS)은 'Organized Labour 2000'이라는 이름하에 사이버 공간에서의 온라인 컨퍼런스(Online Conference)를 조직하였는데, 초기 노동포럼은 이 사이버학회에 띄워진 논문과 그에 대한 전세계의 노동운동가와 노동연구자들의 토론을 살펴보았다.

　그러나 모임이 진행됨에 따라 사이버학회에 올려진 내용의 질과 양이 포럼을 지속하기에는 부족하다는 의견이 모아졌다. 그래서 첫해의 중반 이후부터는 IILS에서 다루는 내용에서 완전히 벗어나, 우선 학계의 연구진이 자신의 글이나 최신 국내외 학술잡지에 실린 논문을 발표하고, 이어 노동운동에서 정책을 담당하는 활동가의 경험과 문제제기를 듣는 것으로 포럼이 새롭게 구성되었다.

이 책에 실린 논문과 그에 대한 토론문은 2001년 두번째 포럼기간에 발표된 내용으로 구성되어 있다. 첫해의 경험에서 힘을 얻은 노동포럼은 이제 활동가와 연구자가 각각 연구한 내용을 중심으로 열띤 토론을 이끌어낼 수 있었다. 몇몇 논문들은 이미 노동관련 학술지와 계간지에 발표된 것이지만, 포럼 참가자들이 진지하게 의견을 교환하는 과정을 통해 그 주제를 새롭게 조망하고 평가할 기회를 가질 수 있었다.

노동포럼의 가장 큰 특징이자 장점은 이제까지 함께 모이기 어려웠던 사람들에게 자유로운 공론 형성의 장을 제공한 점이라고 할 수 있다. 물론 각자 서 있는 위치와 속해 있는 조직이 다른 만큼 생각의 차이가 나타나기도 하였으나, 바로 그 때문에 이 모임의 의의가 더 커질 수 있다. 실제로 공부하는 사람들과 현장에서 열심히 뛰는 사람들이 함께할 수 있는 자리가 생각만큼 많지 않았고, 또한 양 노총을 중심으로 활동해온 노동운동 활동가들은 이 구도에서 벗어난 소수의 목소리를 들을 기회가 제한되어 있었다. 노동포럼은 그런 자리를 한번 제대로 만들어보겠다는 작은 노력들이 모여 시작된 모임이다. 앞으로 노동포럼이 노동운동 활동가와 연구자 사이의 진솔한 대화의 장으로 더욱 발전해나가길 기대해 마지않는다.

이 자리를 빌려 그동안 바쁜 중에도 노동포럼에 참가해준 노동운동 활동가와 연구자에게 깊은 감사를 드린다. 또한 그동안 이 포럼을 이끌어온 한국노동연구원의 이주희 연구위원과 토론내용 정리와 편집과정에서 수고한 안성우 연구조교, 그리고 포럼 내용의 출간을 가능하게 해준 도서출판 한울 관계자 여러분께도 감사의 말씀을 드리고 싶다.

2002년 9월
한국노동연구원
원장 이원덕

차 례

제2부
비정규노동과 노동조합 조직형태의 다양화

8

서론: 기로에 선 노동운동

이주희*

한국 노동운동이 1987년 민주화투쟁과 더불어 폭발적인 성장을 이룬 후 15년의 세월이 흘렀다. 그러나 그 자연발생적이고 뜨거웠던 '민주적' 노동운동의 탄생이 배태한 소망이 지금 그때의 바라던 모습으로 충분히 형상화되었다고 평가하기는 어렵다. 물론 그것은 노동운동의 잘못 때문만은 아니다. 정상적인 노동운동의 발전을 가로막는 권위주의시대의 제도적 유산과 최근의 금융위기를 포함한 급격한 정치경제적 환경변화는 그 어떤 노동운동의 조직발전에도 쉽게 극복하기 어려운 장애물로 작용하였을 것이다. 현재의 노동운동이 맞이한 위기들이 여러 차원들이 이전과는 크게 다름에도 불구하고 그것을 진지하게 점검하고 미래의 과제와 전망을 그려보고자 하는 노력은 안타깝게도 그다지 많지 않았다. 노동포럼은 바로 그런 목적으로 우리의 노동운동에 관심과 애정을 가진 활동가와 연구자가 함께 만든 모임이다. 2001년 한 해 동안 노동포럼은 노동조합의 내부 조직문제에서부터 노동계가 맞이한 현안 과제, 그리고 미래 노동운동의 과제에 이르기까지 다양한 내용을 다루어왔는데, 이제 그 과정을 여과 없이 보여주기 위해 발표된 논문마다 포럼 참가자들의

* 한국노동연구원 연구위원.

의견차이가 날카롭게 부각된 토론내용을 요약하여 실어보았다. 어떤 발표 주제에 대해서는 토론자들의 자유토론이 이루어지기도 하고, 또 어떤 발제자에 대해서는 질문이 집중적으로 쏟아지기도 한 만큼 토론문의 구성은 필요에 따라 자유롭게 택하였다. 아래에서 포럼에서 논의된 내용을 크게 다섯 가지의 주제로 나누어 살펴본다.

노동자 집합행동의 딜레마 : 노동조합에게 민주주의란 과연 무엇인가?

우리는 흔히 노동조합을 사용자조직과 똑같은 이익단체로 이해한다. 그렇지만 이 두 조직은 전혀 다른 조직원리에 기반하고 있음을 간과해서는 안 된다.[1] 사용자들이 모인 연합단체가 구성원의 개인적 합리성과 그들이 제공한 물질적 자원을 통한 동원에 기초하고 있다면, 노동자조직은 바로 조직원의 집합행동에 '참여'하고자 하는 의지로부터 조직의 생존을 좌우하는 가장 큰 자원을 얻는다. 게다가 노동조합은 기업이라는 1차적 조직자에 의해 이미 조직되어 있는 노동자를 '2차적'으로 다시 조직해야 한다는 점에서 사용자단체보다는 훨씬 더 어려운 위치에 처하게 되는 것이 사실이다. 그렇기 때문에 조직 내 민주적인 대화의 활성화와 의견 수렴을 통한 집합적 아이덴티티의 형성은 이러한 조직의 유지와 발전에 필수적인 구성요소이다. 그러나 조직이 커갈수록 민주적인 조직구조와 운영방식은 점차 관료화의 길을 걷게 되고, 결국 전문화된 직원이 움직이는 노동조합은 시초에 구성원의 집합행동에 대한 열정을 이끌어낸 대화와 의사소통이 막힌 '죽은' 조직으로 변화하게 된다. 우리는 여기에서 노동조합이 조직 내 민주주의를 확보하는 것이 얼마나 어려우며, 동시에 조직 내 민주주의가 조직의 존속에 얼마나 중요한 요

---

1) 이 논의는 사용자단체와 노동조합 집합행동의 차이에 대한 오페와 비젠탈 (Offe & Wiesenthal, 1980)의 주요 이론적 성과를 요약한 것이다.

소인가를 분명히 알 수 있다.

실제로 우리나라가 이룩한 1980년대 말 놀라운 노동운동의 성장은 이전에 사측과 정부의 편에 섰던 어용노조에 대한 반발로 '민주적' 노동조직을 뿌리내리고자 했던 수많은 활동가의 헌신적인 노력에 기인한 바 크다. 따라서 활동가들은 가능한 한 조합원의 직접적인 참여를 유도하는 민주적인 조직원칙을 엄격히 주장했고, 궁극적으로 이를 통해 산별노동조합조직을 확립하고 정치적 노동운동을 활성화하고자 하였다. 그러나 결국 노동운동은 이 두 목적 사이에 존재하는 논리상의 불일치를 — 적어도 단기적으로는 — 극복하기 어려웠다. 현재와 같은 기업별 노조조직과 파편화된 교섭구조, 그리고 상대적으로 교섭력이 큰 핵심 노동자만이 조직된 상태에서 선거를 통해 분출되는 노동자들의 직접적인 요구에 응하는 것만으로는 주변화된 미조직노동력의 이해까지 대변할 수 있는 정치적 노동운동의 발전을 이루기 어렵다. 정치적 노동운동은 2차 노동시장의 유연화로부터 반사이익을 얻을 수 있는 핵심 조직노동자의 즉각적인 물질적 이해 확보에 유리하지 않기 때문이다.

그렇다면 우리는 다음과 같은 질문을 던져보지 않을 수 없다. 전체 노동자의 약 10% 남짓을 조직한 상태에서 민주주의란 과연 노동조합에, 그리고 사회 전체에 무엇을 의미하는가? 박태주의 글은 바로 이런 주류 노동운동이 맞은 내부 민주주의의 문제를 다룬다. 그는 현재 우리 노동운동의 모습을 '파편화된 집중화'로 표현하며, 기업별노조위원장으로의 막강한 힘의 집중을 지적한다. 양대 노총구도도 이 특이한 기업별 노동조합 현상과 더불어 이해되어야 할 문제인데, 이미 조직 내부의 의사소통이 부재한 오랜 관료제의 영향을 대표하는 한국노총은 물론, 그 분파성이 오히려 민주주의의 존재를 역설적으로 보여주는 민주노총 지도부도 최근 상층부의 결정이 현장 정서와 괴리되어가고 있다는 지적을 받고 있다. 박태주는 그러나 산별노동운동을 통해 기업별노조주의의 한계를 극복하고자 하는 활동가들의 중앙중심주의에도 역시 우려를 표명하고 있다. 현장 조합원의 역동적 참여의 중요성을 잘 아는 그는 결국

중앙중심주의와 현장중심주의가 상호 보완되어 시너지 효과를 낼 수 있
는 '결합적 노동조합주의'만이 노동조합과 민주주의의 공존을 보장하는
열쇠가 될 수 있음을 주장한다.

　그렇지만 박태주가 제시한 해결책은 이미 제도화된 기업별노조를 어
떻게 산별조합주의의 틀 안에서 끌어안아야 하는가와 관련된 정교한 기
획이 선행되었을 경우에만 가능하다. 이러한 기획은 노동조합 내 상근
인력의 정책개발과 실행능력에 크게 의존하지 않을 수 없는데, 포럼에
서 발표된 이병훈 외의 논문은 우리 노동조합의 상황이 그것을 기대하
기에는 아직 역부족임을 보여준다. 현재 노동조합의 채용직 상근간부는
낮은 임금과 불충분한 교육훈련, 재충전의 기회 부족이라는 악조건하에
정치화된 지도부와의 독특한 이해갈등까지 겪으며 노동운동에 대한 열
정만으로 얼마나 오래 버틸 수 있을까 가늠하고 있는 중이다. 비체계적
인 노동조합의 인적자원 관리가 장기적으로 가져올 수 있는 문제는 산
별노동조합운동으로의 전환이 본격화되면서 더욱 드러나게 될 것이다.
노동조합이 조직의 민주성과 효율성을 신장시키며 장기적인 사회발전의
밑그림을 함께 그려갈 수 있는 정책파트너의 위치를 확고히 하기 위해
서는 여느 다른 조직과 마찬가지로 최상의 인적자원을 필요로 한다.

비정규·영세·여성노동자와 노동조합조직구조의 다양화

　1999년 중반 통계청 경제활동인구조사의 자료상 임시·일용직이 전체
임금근로자의 반을 넘어서면서 비정규직 문제는 이제 노동운동이 결코
간과할 수 없는 중요한 주제로 떠올랐다. 정규직과 동일(가치)노동에 종
사하는 비정규직조차 정규직에 훨씬 못 미치는 임금과 근로조건을 감수
해야 하므로 노동자 내부의 형평성 문제가 제기될 뿐 아니라, 비정규직
에 대한 해고의 용이함으로 인해 이들은 노동조합에의 참여나 결성과
같은 당연한 노동자로서의 권리주장을 통해 문제를 해결하기도 어려운

형편에 있다. 영세·여성노동자의 상당 부분으로 이루어진 비정규직의 증가는 노동조합의 조직률에도 나쁜 영향을 미치리라 예상된다.

1989년 19.8%의 조직률을 기록한 이후 조직노동자의 수는 점점 줄어들어 2000년에는 단 12%의 노동자만이 조직된 상태이다. 낮은 조직률보다 더 큰 문제는 이들의 대부분이 대규모 제조업체에서 생산직에 종사하는 남성노동자에 한정되어 있다는 점이다. 특히 노동조합의 조직률은 기업체 규모와 성별에 따라 큰 차이를 보인다(이시균, 2001). 2000년 현재 300인 이상 규모의 기업의 조직률은 70.9%에 이르는 한편, 100인 미만 규모에서의 조직률은 1.1%에 불과하였다. 같은 해 남성노동자의 조직률은 15.6%로 전체 조직률을 상회한 반면, 여성근로자의 조직률은 5.8%에 불과하여 전체 529만 여성 임금근로자 중 단 30만 명만이 노동조합에 가입하고 있다.

노동포럼의 두번째 주제에 실린 논문들은 제도화된 주류 노동운동 밖에 위치한 주변부 노동조합의 활동에 대한 이야기를 담고 있다. 이 주제는 앞서 지적된 노동조합의 빈익빈 부익부, 그리고 노동자 일반에 대한 대표성 부족의 문제와도 밀접한 관련을 가지고 있으며, 바로 그런 점에서 노동시장에서 점점 더 증가하고 있는 비정규·영세·여성노동자에 대한 조직화 노력은 매우 중요하다고 할 수 있다. 최상림이 소개한 전국여성노조는 불안정한 노동시장에서의 위치 때문에 정규직 기업별 노동조합에서 배제된 여성을 위한 노동조합이다. 영세업체에서 임시직으로, 그나마 취업과 실업을 반복하는 여성노동자의 이해를 대변하기 위해 직장과 지역을 옮겨도 계속 가입할 수 있도록 하였다. "용역직일 때에는 조합원이 못 되고, 여성노조가 개입해 정규직이 되면 바로 정규직 민주노총 소속 노조에 가입"하는 아이러니한 현실 속에서도 이들이 양대 노총 중 어떤 상급단체와도 독립된 채 조직을 유지하는 이유는 '여성'운동과 노동운동 중 어느 한 쪽도 포기할 수 없어서이다. 여성대의원과 여성간부의 수가 절대적으로 열세에 있는 우리나라 노동조합의 남성중심적인 구조, 그리고 여성문제에 대한 남성간부들의 보수성을 돌아보게 하는 대목이다.

비정규직 내에서도 그 '근로자성'을 의심받는 특수고용 종사자의 조직화 문제도 여성노동이 다루어야 하는 중요한 이슈이다. 임금노동자와 유사한 업무를 수행하며 자신이 계약한 고용주로부터 임금을 받고, 고용주의 지휘와 통제하에 놓여짐에도 불구하고 개인사업자처럼 계약을 체결하고 근로기준법의 적용대상에서 제외되어 있는 비임금노동의 제 형태들은 지금까지 조직화의 대상조차 되지 못하였다. 1990년대 소득의 확대와 더불어 양산된 문화 및 스포츠산업과 교육서비스업은 이런 형태의 자영업자제도를 특히 여성노동력을 집중적으로 이용하면서 확대시켜 왔다. 골프경기 보조원, 학습지 방문지도교사, 보험모집인 등으로 대표되는 이들 특수고용직은 최근 무시되어온 그들의 집합적 권리를 찾으려는 시도를 조심스럽게 개진하고 있다.

보험모집인의 사용종속관계를 근거로 노조법상의 근로자성을 밝히고 있는 이순녀의 글은 그 과정에서 연고를 통한 판매와 잔여모집수당을 둘러싼 보험업종의 부실과 고질적 병폐 역시 들여다볼 수 있게 해준다. 이순녀는 현재 유사한 특수고용직인 골프경기 보조원과 학습지 교사와는 달리 보험모집인만 노동조합법상의 근로자로 인정받지 못하고 노동부로부터는 노동조합의 설립을 허가받지 못하는 이유를 소규모 영세업체가 많은 학습지 회사와 대규모 재벌 보험회사 사이의 로비력 차이에서 찾는다. 보험모집인 노조는 그 조직대상의 특수함으로 인해 회사뿐 아니라 동료 노동조합으로부터도 배제당했다고 깨닫게 되었는데, 그것은 민주노총 내 사무금융노련의 노동자들이 보험모집인을 관리하는 위치에 있기 때문이다. 결국 정규직 위주의 노동운동에 대한 비난의 목소리가 숨어 있는 이 글에 대한 토론과정에서 비정규직만의 제3노총의 필요성까지 제기되기에 이르렀다.

그러나 주류 노동운동의 밖에서 진행되는 대안적 노동조합조직운동에 대한 견해가 포럼 참여자들 사이에 일치된 것은 아니었다. 박영삼이 발표한 지역 일반노조의 가능성에 대한 토론과정에서 그 차이는 보다 분명하게 드러났다. 지역 일반노조운동은 비정규, 그리고 중소영세기업의 하층노동자들을 조직대상으로 설정하고, 지역별로 다양한 직종의 노동자를 조직하려는 초기업적 움직임을 총칭한다. 이 운동은 현재 진행중인 산별노조 건설 역시 정규직 중심의 대기업 노조간 통합으로 귀결될 것이라는 전망하에 여기 포함되지 못하는 주변부 노동자들을 조직대상으로 삼고 있다. 일단 지역별이라도 비정규직의 이해를 대변하기 위한 조직화가 시도되었다는 점을 환영하는 입장에 대해 비정규직 조직화의 근본적인 해답은 산별노조운동이라는 반론도 만만치 않게 제기되었다. 즉, 지역노조는 산별노조로 가기 위한 과도기적 조직형태로서 궁극적으로는 해체되어 산별노조의 지역지부 형태로 흡수되어야 한다는 것이다.

지역노조운동의 장기적인 생존 가능성에 대한 부정적인 전망에도 불구하고 이 운동이 몰고 온 새로운 사회운동적 역동성을 폄하할 필요는 없을 것이다. 우리나라의 노동운동은 민주화 투쟁 이후 시민사회운동과 분리되어 독자적인 길을 걸어왔는데, 이는 우리와 유사하게 국가관료주의적 통제를 받던 다른 개발도상국의 노동운동들[2]이 개별 기업 차원을 뛰어넘어 가난한 지역시민사회의 현안문제를 함께 고민한 사회운동적 노조주의(social-movement unionism)를 추구했던 것과는 차이를 보여주고 있다.[3] 물론 지역 일반노조운동이 어느 정도나 지역공동체의 현안을 지역 사회운동가와 함께 공동으로 대응해나갈 수 있을까에 대한 평가를 내리기에는 아직 이르지만, 이 대안적 조직화 노력은 적어도 노동운동의 사회운동으로서의 고민이 녹아 있는 새로운 실험적 시도로 소중하게 인정받을 수 있을 것이다.

---

2) 1970, 80년대 브라질과 남아프리카공화국의 노동운동을 비교한 사이드만(Seidman, 1994)의 연구가 사회운동적 노조주의와 관련된 가장 대표적인 저작이다.
3) 그 이유로 구(Koo, 2001)는 우리나라 노동운동을 기업별 체제로 국한시키려는 법적·제도적 한계, 상대적으로 남미에 비해 실업자와 비공식부문이 적어 노동자와 빈곤지역 실업자와의 경계가 명확했던 점, 그리고 노동자들이 공장 내에서의 권위주의적 통제를 약화시키고자 지역사회의 문제에 관심을 돌릴 여유가 없었다는 점 등을 지적하고 있다.

근로시간단축 논쟁이 남긴 과제

최근 노동계를 뜨겁게 달구었던 가장 큰 현안 이슈 중의 하나였던 근로시간단축에 대한 노사간 합의가 노사정위원회에서의 오랜 논의에도 불구하고 이루어지지 못했다. 김성희는 마치 이런 상황을 예측이라도 했다는 듯이, 독일은 노동조합이 추동하여, 프랑스는 정부가 주도하여, 그리고 벨기에에서는 3자협약 등을 통해 노동시간단축이 이루어졌음을 지적하면서 우리나라도 어느 한 방식에 연연하지 말고 다양한 가능성을 추구해볼 것을 제안하고 있다. 실제로 우리와 같이 사회적 합의의 기반이 약한 상태에서 근로시간단축을 이처럼 첨예한 이해의 대립에 대한 합의를 전제조건으로 이루려는 시도는 역설적으로 정부의 근로시간단축에 대한 의지가 크지 않음을 보여주는 것으로 인식될 수도 있을 것이다.

근로시간단축 논의과정에서 노사의 의견차이 못지 않게 노동계가 주목했어야 할 것은 노동운동 내부의 입장차이와 그에 대한 조율능력 부족, 그리고 장기적으로 추진하여야 할 전략과 그 영향력에 대한 깊이 있는 분석이 제대로 이루어지지 못했다는 점이다. 김성희는 중요한 유럽 사례에 대한 깊이 있는 지식을 바탕으로, 근로시간단축이 노동자에게 의미하는 '교환', 즉 유연성과의 교환 문제를 바라본다. 무엇보다도 노동시간단축은 그 단축된 시간의 유연한 사용과의 교환을 전제로 이루어지게 되는데, 특히 독일이 경험한 것처럼 노동시간에 대한 개별적 차별화가 이루어진다면 노동운동의 연대형성과 노동시간단축이 주는 혜택의 공평한 확산이 어려워지게 된다.

이 문제는 궁극적으로 노동계, 특히 보다 넓게는 노동인구 내부의 차별 문제와 연결하여 고려되어야 한다. 노동시간단축이 노동유연화의 확대적용을 가져오게 된다면 그 과정에서 비정규직에 의한 대체노동과 비정규직에 대한 노동시간 차별적용의 가능성을 배제할 수 없게 된다. 게다가 일반 영세자영업자는 물론, 임금노동자와의 구분이 어려운 특수고용직 종사자들과 일반노동자와의 격차 역시 점점 벌어지게 될 것이다.

바로 이런 이유로 어디까지 이런 교환을 받아들이고, 또 이러한 교환이 가져올 수 있는 부작용을 어떻게 최소화할 수 있는가에 대한 진지한 고민이 필요하다.

근로시간단축이 가져오는 긍정적인 파급효과를 극대화하기 위해서는 우리 사회의 시스템을 재구조화할 필요가 있다. 토론문에서도 지적되었듯이, 현재 우리 사회는 기초적인 사회보장이 제대로 이루어지지 못한 상태에서 짧은 근로생애에서 얻을 수 있는 임금에 대한 의존도가 지나치게 높다. 이런 상황에서 개별 노동자가 일자리 나누기보다 자신의 임금보전에 더 관심을 기울이게 되는 것은 어떤 면에서 당연한 결과일지도 모른다. 또한 현재의 편중된 소득분배구조하에서는 근로시간단축으로 얻어지는 기회 역시 고학력 고소득층에 집중되기 쉽다. 주 5일 수업으로 남는 휴일에 다양한 과외활동과 사교육의 기회를 영세민의 자녀가 기대할 수 없는 것처럼, 영세사업장의 노동자들도 회사가 제공하는 교육훈련기회를 꿈꾸어볼 수 없는 것이 현실인 것이다. 이런 기회의 평등을 제고하기 위해서는 정부의 적극적인 정책개입이 필수적이다. 저소득층의 자녀와 영세사업장의 노동자, 그리고 비정규직을 위한 평생학습과 여가활동의 기회를 개발하여 참여를 유도하는 작업이 지금부터 구상되어야 할 것이다.

근로시간단축은 정형화된 일의 모습과 노동시장구조를 크게 바꿀 수 있는 혁명적인 변화이다. 한편으로는 비정규직의 확대를 포함한 노동시장의 이중구조화가 깊어지지 않을까 우려되는 한편, 이제까지 노동시장에서 소외된 여성과 고령자층이 일자리 나누기를 통해 새롭게 노동시장에 진입하는 역동성이 기대되기도 한다. 남성과 여성, 청년과 고령자, 그리고 전문기술직종과 단순노무직 모두에게 똑같이 일과 여가, 일과 학습을 병행하고 선택할 수 있는 가능성을 제공하는 일이 도대체 어떻게 새롭게 구조화될 수 있는가가 앞으로 탐구되어야 할 주요 과제가 될 것이다.

공공부문 노동운동의 부상

금융위기 이후 노동운동의 지형에 나타난 가장 큰 변화는 공공부문이 1987년 이후 제조업부문이 그러하였던 것처럼 노동계의 파업을 주도하며, 새로운 전투적 노동운동의 중심부로 떠오르고 있다는 점이다. 공공부문은 전체 임금노동자의 10% 미만이지만, 전체 조합원수의 30%에 육박할 정도로 조직률이 매우 높은 편이다. 이미 연맹으로 조직되어 활동하였던 경험이 풍부할 뿐 아니라, 산별노조로의 진행도 상대적으로 많이 진척된 상태이다. 공무원 노동조합의 추진운동이 가속된다면 공공부문 노동운동의 조직규모는 더 확대될 수 있다.

김태현의 글은 공공부문 노동운동이 맞은 딜레마와 공공부문 노사관계의 어려움을 잘 보여주고 있다. 공공부문 노동운동은 구조조정 과정에서 강도 높은 인력감축으로 타격을 받고, 현재는 정부의 민영화 정책에 대한 저지투쟁을 진행하고 있다. 그러나 과거의 관료적 보수성이 남긴 유산으로 인해 여타 사부문의 노동자가 이제 더 이상 누리지 못하는 고용안정을 염두에 둔 기득권 유지를 위한 단체행동으로만 인식될 우려가 있는 것이 사실이다. 실제로 다수 활동가들이 공공부문 노동운동이 정부의 공세적 구조조정에 수세적으로 대처하였을 뿐, 진정한 의미의 공공성을 확보하고자 하는 책임과 전망을 가진 노동운동으로 일반에게 다가가지 못했음을 지적한 바 있다. 그런 안타까움은 비록 민영화 자체에 찬성하지는 못하더라도 그 과정에서 끊임없이 노동운동의 요구를 반영시키고자 노력해야 한다는 포럼 참여자들의 제안을 이끌어내었다. 민영화 과정에서 어느 정도 노동운동이 가진 전망이 수렴되었는가에 따라 이후 공공부문 노사관계 전체의 구도가 달라질 수 있음을 고려할 필요가 있다.

공공부문 노동운동은 또한 사부문 노동운동과의 연대형성을 당연시하지 말고 적극적으로 협력하고 조율해나가야 한다. 선진국에서는 경제세계화를 통해 세계시장에서의 경쟁이 치열해짐에 따라 노동계 내부의 구조적인 이해 차이가 점차 드러나고 있다. 집중화된 교섭구조를 가진 스웨덴 등 전통적인 노동운동의 강국에서 교섭체제의 분권화가 시작된 원인을 공공부문 노동자의 전투적인 임금인상전략에서 찾는 이론도 있다. 세계시장의 경쟁에서 살아남아야 하는 사부문의 고용주와 노동운동은 그런 경쟁에 노출되지 않은 가장 큰 공공부문인 국가의 비대화에 점점 더 위협을 느끼고 사부문의 임금인상이 결국 사부문이 더 높은 세금으로 감수해야 할 공공부문의 인상으로 이어지는 중앙단위 임금교섭을 회피하게 된 것이다. 국가 재정악화와 인플레이션은 이자율과 환율을 높이고, 결국 사부문 생산품의 국가경쟁력을 악화시킬 수 있다.

민영화 문제와 더불어 공공부문 노사관계의 안정에 또 다른 걸림돌이 되고 있는 것은 최근에 불거진 공무원 노동조합 결성으로 가시화된 공공부문의 노동기본권 제약 문제이다. 공공부문 노사관계는 기본권이 제약된 상태에서 정부가 개입함으로써 파행적으로 진행되어온 면이 크다. 우리나라의 국가나 정부, 공익과 공무원이 의미하는 바, 그리고 그들이 이미 누리고 있는 권리와 특권의 내용이 유럽의 대표적인 선진국과는 다를 수 있다는 것이 사실이긴 하다. 하지만 세계화 열풍에 맞추어 거의 모든 것을 국제기준에 맞추고자 하는 정부의 열의에 비추어볼 때, 공무원 기본권만은 한국식을 고집하겠다는 것은 노동운동의 입장에서 매우 궁색한 변명에 불과할 수 있다. 그렇다면 도대체 어느 정도까지가 국제노동기구(ILO) 등 국제사회가 정한 최소한이며, 우리의 기존 제도와 관행을 따를 수 있는 것은 어디까지인가? 김태현의 글은 이런 질문에 대한 본격적인 토론의 필요성을 열어놓은 주제였다.

중위수준의 조합주의: 새로운 노동운동의 모델을 향하여

제2차 세계대전 이후 서구의 발전된 산업국가의 노동운동은 다음의 두 가지 기본 조건을 바탕으로 성장할 수 있었다(Rogers, 1995). 첫째,

1950년대 이후 지배적인 생산방식이었던 대량생산방식은 안정된 대중의 구매력을 요구하였다. 이 지속적인 자본주의의 성장기에 노동조합은 재분배에 중점을 둔 임금인상전략으로 총수요를 안정시키고 생산품 시장의 크기를 확대시켜 기업들에게 계속 투자할 이유를 제공함으로써 노동조합의 전략이 사회 전체, 특히 자본의 이익 실현에 도움이 되는 점도 있었다. 두번째로, 이런 케인즈식 총수요 촉진정책을 실행하고 효과를 볼 수 있도록 한 국가의 경제가 외국의 경쟁자들로부터 어느 정도 보호된 상태에 있었다. 특히 국가의 이러한 독자적인 정책결정능력은 노사타협의 결과를 주요 경제정책에 반영시키고 수행할 수 있어야 하는 신조합주의적 노사관계 모델에서 아주 중요한 요소였다.

그러나 점증하는 국가간 경제통합으로 인해 이런 형태의 노동운동을 뒷받침해온 정치경제적 기반이 무너져내리고 있다. 기업이 만들어낸 상품은 내수시장 외에도 세계화된 상품시장 어딘가에 얼마든지 팔 수 있게 되었다. 또한 대량생산방식을 대체해가고 있는 유연생산방식은 세계에서 가장 싼 임금을 찾아 격심한 경쟁에서 살아남는 전략, 아니면 주로 팀으로 구성된 다기능 노동자를 집중적으로 활용하는 방식을 택하도록 기업들을 유도함으로써 이전의 동질화된 노동력을 기반으로 조직된 노동운동의 입지를 침식해갔다. 이런 상황에서 거의 모든 국가가 생산의 유연성을 확보하기 위해 노력하고 있는데, 어떤 점에서 유연성을 원하는가는 그 개별 국가가 특히 어떤 면에서 유연성을 결여하고 있었는가에 따라 조금씩 차이가 난다. 따라서 노동운동은 기존에 국가적 차원에서 목표로 했던 재분배보다 세계화된 시장의 경쟁에서 살아남기 위해 필수적이라고 여겨지는 생산주의적 협조와 효율성 향상에 점차 더 많은 관심을 기울이게 된 것이 사실이다.

우리나라의 경우 경제성장을 위해 수출중심체제를 유지하고 있었던 상황이 재분배를 둘러싼 정책결정에 참여하는 국가적 차원에서 조직된 노동운동의 발전과 거시정치적인 노사타협을 저해하는 데 일조하였던 것이 사실이었다. 그 대신 지불능력이 있는 대규모 사업장에서 임금인상과 고용조건과 관련하여 이루어지는 기업체 차원의 불안정한 암묵적 타협만이 존재하였다. 이런 미약한 협력의 기반하에서 금융위기라는 특수상황으로 생겨난 조합주의적 정책결정기구인 노사정위원회의 활약을 기대하기는 무척 어려운 일이다.

새로운 정치경제 환경에서 어떻게 조합주의의 성과를 얻을 수 있는가를 분석한 이주희와 안성우는 우리나라처럼 특이한 기업별노동조합 구조와 하위조직에 대한 장악력과 조율능력이 떨어지는 분열된 노동운동 상부구조로서는 3자합의구도의 정착이 어려울 뿐 아니라, 그 과정에서 오히려 노동운동 내부의 갈등을 더 악화시킬 수 있음을 지적하였다. 노사정위원회의 정부 내 위상과 운영방식, 그리고 합의된 노동개혁을 실행할 정부의 행정력과 입법능력 부족이 그 부정적 결과의 단초를 제공하였음은 물론이다. 그들이 살펴본 선진국 사례, 특히 이탈리아의 경우는 비록 노동운동의 조직력이 뒤떨어져 있다 하더라도 정부의 적극적인 리더십과 작업장 이해대표체제의 개편 등을 통한 노동운동의 개혁이 이어지면서 3자협약이 좋은 결과를 가져올 수 있음을 잘 보여준다.

또한 국가적 차원의 조합주의를 거의 실행해본 바 없는 미국에서 지역과 업종 차원에서 성공적인 노사정 합의체를 운영하여 놀라운 성과를 거둔 사실은 우리가 국가적 차원에 국한되지 않은 다차원적인 협의구조의 형성에 더 많은 관심을 쏟을 필요가 있음을 시사한다. 이러한 미국의 사례는 바로 이성균이 잘 정리한 위스컨신 주 밀워키 시의 노사정 기술훈련 협의모델(Wisconsin Regional Training Partnership; WRTP)이다. 이 파트너십은 밀워키 시가 1/3 정도의 산업기반을 잃고 높은 실업률로 인종간 소득불평등이 점점 더 악화되고 있는 상황에서 시작되었다. WRTP는 노사를 함께 참여시켜 작업장에서 필요한 새로운 기술을 알아내고, 또 재직자 훈련방식에 대해 공동으로 계획을 세운 후, 제조업체연합 프로그램, 지역기술대학, 그리고 정부 및 커뮤니티 파트너들의 힘을 합쳐 개발작업장 혼자로는 만들어내기 어려운 자원과 서비스를 제공하는 프로그램이다. 또한 이러한 좋은 일자리를 유지하고 생성시키는 가운데 최저임금밖에 못 받는 지역사회의 고용취약계층에 훈련기회를 부여하고 상대적으로 고임금을 제공하는 이들 일자리와 연결시켜주기도 한다.

이번 포럼에서 처음으로 집중적으로 다룬 외국사례 소개에 대해 특히 노사간 불신이 높은 우리 상황에서 이 사례가 자칫 노동자의 고용안정에 대한 욕구를 무마하려는 시도로 사용되지 않을까 하는 참여자들의 우려의 목소리가 높았다. 그러나 이런 사례는 노동운동의 협력과 생산에 대한 관심이 항상 부정적인 결과만을 가져오지 않음을 보여준다. 변화하는 경제환경에서 단체협약이 다룰 수 있는 내용은 점점 더 제한적이 되어가고 있는 만큼, 노동운동은 경영참여와 협력을 통해 생산 합리화 등 기술적인 면에서뿐만 아니라, 작업장 안정과 근로자 복지 차원에서 매우 중요한 영향력을 행사할 수 있다. 생산에 대한 책임을 나누는 방식에는 여러 가지가 있으므로 노동운동이 노동자의 자율성과 힘을 키우는 협력방식을 전략적으로 구상하고 선택해나간다면 의도한 것보다 더 큰 발전적인 결과를 가져올 수 있으리라 생각한다.

우리가 제도를 사회적 현상의 결과뿐 아니라 원인으로도 인정한다면, 노동운동은 어떤 방식으로 노동운동이 추구하는 사회적 과업과 과제에 맞는 제도를 만들어낼 수 있는가? 이 질문에 대한 답은 격변하는 경제환경 속에서 노동운동이 맞은 위기의 본질에 대한 최소한도의 동의가 전제되어야 제대로 작성될 수 있다. 포럼은 바로 그 작업을 위해 그동안 함께하였으며, 이번 포럼의 내용을 묶는 과정에서 보다 분명한 진단과 의견의 수렴, 그리고 노동운동 내부의 다양한 목소리가 더 많이 섞이고 어우러질 필요성을 더욱 깨닫게 되었다. 변화와 갈등의 소용돌이 속에서 노동운동의 현재를 점검해본 이번 포럼이 미래의 과제와 전략에 대한 본격적인 제도와 기획에 다가가는 작은 첫걸음이 되었기를 바라며 짧은 소개의 글을 마친다.

☐ 참고문헌

이시균. 2001, 「노동조합조직률 변화와 가입성향 결정요인」, ≪노동동향분석≫ 제5호.

Koo, Hagen. 2001, *Korean Workers: The Culture and Politics of Class Formation*, Ithaca and London: Cornell University Press.

Offe, Claus and Helmut Wiesenthal. 1980, "Two Logics of Collective Action: Theoretical Notes on Social Class and Organizational Form," in *Political Power and Social Theory*, Vol. 1. JAI Press.

Rogers, Joel. 1995, "A Strategy for Labor," *Industrial Relations*. 34:3.

Seidman, Gay. 1994, *Manufacturing Militance: Workers' Movement in Brazil and South Africa, 1970-1985*, Berkeley: University of California Press.

제1부
노동계 내부조직의 운영실태

노동조합 민주주의에 대해

박태주*

1. 들어가며

노동조합은 일찍이 민주적인 의사결정기구와 선거제도로 인해 민주적인 조직으로 칭해져왔다. 뿐만 아니라 노동조합의 민주주의는 우리 사회의 민주주의를 진작시키는 엔진으로 불리기도 한다. 그럼에도 불구하고 오늘날 노동조합의 민주주의에 대해 묻는 것은 새삼스러운 것이 아니다. 노동조합이 어느 순간 '민주주의 없는 민주조직'이 되어버린 것은 아닐까 하는 의구심을 떨쳐버릴 수 없기 때문이다. 의구심은 다시 물음들로 이어진다. 이러한 민주주의의 실종이 최근 거론되고 있는 노동조합운동의 위기와는 관계가 없는 것일까? 노동운동의 향후 발전전망에 대한 논의에서 민주주의는 어떤 의미를 가지는 것일까? 서구에서 발달한 민주주의에 대한 논의가 한국에도 '이식'될 수 있을까? 그게 아니라면 이른바 '한국적 민주주의'란 따로 존재하는가?

이 글은 이러한 물음에 대한 해답을 얻기 위한 시도이다. 결론적으로 이 글은 노동조합의 민주주의에 관한 폭 넓은 논의를 우리나라 노동조합의 조직구조 및 운영틀 속에서 적극적으로 고민할 필요가 있음을 밝히고자 한 것이다. 특히 산업별 노동조합의 건설이라는 실천적인 과제

---

* 공공연맹 연구전문노조 산업연구원 지부장.

■ 이 글은 월간 ≪노동사회≫ 2001년 3월호에 실린 글을 요약·수정한 것임.

역시 민주주의의 제고라는 관점에서 바라보아야 할 것이다. 이 글은 먼저 다음 장에서 왜 노동조합의 민주주의가 문제가 되는가를 살펴본 다음, 제3절에서는 노동조합의 민주주의에 대한 제반 논의를 검토할 것이다. 민주주의는 그것이 효율성과 반드시 일치하지 않는다는 점에서 하나의 딜레마를 형성하기도 한다(제4절). 이러한 딜레마는 조직구조에서 구체적으로는 현장중심주의와 중앙강화주의라는 배타적인 무게중심으로 나타난다(제5절). 이 글에서는 이 두 이론의 영합(zero-sum)적인 관계를 뛰어넘는 논의로서 '결합주의(articulated form of unionism)'를 제시할 것이다(제6절). 마지막으로 이러한 민주주의에 대한 논의가 한국적 노사관계에서 갖는 함의를 살펴본다.

2. 왜 노동조합 민주주의인가

노동조합의 민주주의라는 문제는 지난 19세기 노동조합이 항상적인 조직으로 성립된 이래 끊임없이 사회·정치적 논쟁의 주제가 되어왔다 (Fairbrother, 1990: 1). 특히 서구에서는 1980년대 초 이래 노동조합운동이 위기에 직면함에 따라 노조민주주의는 노동조합운동을 재생시키는 수단으로서 많은 사람들의 관심을 끌어왔다. 그들은 현재 노동운동의 위기를 노조 민주주의의 결여, 즉 노동조합조직의 관료화와 현장조합원의 참여 부족에서 비롯되었다고 보고 있기 때문이다(Regalla, 1988: 346).

노동조합의 민주주의는 조합원들의 이해가 다양화되어감에 따라 이를 종합하고 나아가 행동의 전제를 마련하기 위한 수단의 하나로서 그 중요도가 더해진다. 주변-핵심 노동자라는 측면에서 노동자계급의 양극화와 사용자·직업·산업이라는 측면에서 집단적 정체성에서 오는 특수성의 증대, 그리고 조합원과 비조합원 간의 분열은 노동자들의 이해관계가 다양화·이질화되고 있음을 보이는 지표들이다. 이러한 이질성의 증대는 경제상황의 변화, 노사관계의 탈집중화(disaggregation) — 중앙권위의 훼손과 노조의 증대된 분열 등─에 영향을 받기도 한다. 특히 히만(Hyman, 1992: 165-166)은 "노동자계급이라는 개념은 (집회에서나 외치는) 추상에 불과할 뿐 결코 사회학적인 묘사나 일반적인 개념이 아니다. 차별화, 분리 그리고 분열은 노동조합의 발전과정에서 항상 있어왔던 것이다. 연대란 결코 자연스럽거나 고정된 성질이 아니라 기껏해야 달성하기 힘든, 그러면서도 하루살이와도 같은 목표일 뿐이었다"라고 말하며 노조의 단결, 연대를 위한 민주주의의 중요성을 강조하고 있다.

노동조합 민주주의에 대한 논란은 최근 산업별 노동조합으로의 이행이 하나의 세력을 이루어감에 따라 더욱 증대되고 있다. 산업별 노동조합은 재정 및 운영의 중앙집중성과 단체행동에 대한 통제를 주요 목적으로 하는 조직형태이다. 따라서 이러한 운영원리는 곧바로 노조중앙의 관료성을 증대시키고 현장성을 약화시킬지도 모른다는 우려를 낳는다. 예를 들어 이은숙(1999)은 산별노조로의 이행이 필연적으로 관료화로 이어진다면 그 반대의 축으로서 조직운영의 민주성을 제고시킬 필요가 있다고 주장하고 있다.

산별노조는 조직운영에서 고도의 중앙집중성을 요구한다. 재정을 포함하여 조직 전반의 중앙집중성은 개인가입원리 및 비고용 노동자까지 포괄하는 조직의 운영에서 필연적일 수밖에 없다. 따라서 조직이 관료화될 수 있는 개연성이 존재하므로 현장으로부터의 의사소통구조의 민주성이 동시에 요구된다.

산별노조의 건설이 현장의 약화로 이어질 것이라는 우려는 다른 한편으로는 최근 '현장의 붕괴' 주장과 연결되어 노동운동의 위기인식을 증폭시키기도 한다.

노조 민주주의에 관한 관심은 최근 논란이 되고 있는 민주노총의 지도력 위기 문제와도 직결되어 있다. 이는 한편으로는 노동조합이 총연맹-연맹-기업별노조라는 형태로 조직되어 있다는 점과 밀접하게 관련을 가지며, 다른 한편으로는 민주노총 지도부의 관료주의에 대한 비판으로 나타난다. 먼저 3단계로 이루어진 노동조합의 조직구조는 단계간 역할

분담의 미정립으로 나타나며, 이는 동시에 권한과 책임소재에 대한 논란으로 이어진다. 또한 민주노총의 관료주의는 최근 상층부의 결정이 현장정서와 괴리되고 있다는 지적과 더불어 투쟁 역시 대중동원과 결합되어 있다기보다는 수사적 또는 선언적 투쟁에 그치고 있다는 지적으로 나타나고 있다. 특히 각급 의사결정기구에서 성원의 미달은 형식적 민주주의마저 위협하는 요소로 등장하고 있기도 하다.[1]

마지막으로 노조민주주의는 의회민주주의의 결점을 보완하고 노동자계급의 지도자를 훈련시킴으로써 시민사회의 민주주의를 함양한다(Mcllroy, 1995). 다시 말해 민주주의를 작업장과 경제영역으로 확대시키기 위해서도 노조 내부의 민주주의가 핵심적이라는 것이다. 왜냐하면 노동조합은 그들의 동료 가운데서 민주적인 의사결정을 가르치고 실행함으로써 사회 속에서 민주적인 의사결정력을 높이기 때문이다.

지금까지의 논의에서 민주주의는 '좋은 그 어떤 것'으로만 묘사되어 왔다. 기껏해야 그것은 손에 잡히지 않는 하나의 추상일 뿐이었다. 그럼 노동조합에서 말하는 민주주의란 과연 무엇인가? 다음 절에서는 이에 대해 살펴보기로 한다.

3. 노동조합 민주주의란 무엇인가

노동조합의 민주주의는 그것이 갖는 중요성을 인정받는 만큼이나 사람들에 따라 서로 다른 의미로 쓰이고 있다. 그런데 노조 민주주의에 대한 논의에 들어가기에 앞서 지적할 사실은 모든 논자들이 노동조합의 민주주의를 그 자체로서 하나의 목적으로 인식하고 있는 것은 아니라는 점이다. 예를 들어 앨런(Allen, 1954: 15)은 "노조활동의 목적은 조합원의 일반적인 생활수준을 보호하고 향상시키는 것이지 노동자들에게 민

---

1) 이는 최근 민주노총의 3기 지도부 선거에서 각 진영의 선거공약으로도 나타난 바 있다.

주주의를 훈련시키기 위한 것이 아니다"라고 주장하고 있다. 그에 따르면 노동조합의 목적은 조합원들을 소비자로 인식하여 그들을 만족시키고 그들에게 질 높은 서비스를 제공하는 일이다. 그러나 이러한 소비자주권론은 조합원의 경제적 이해관계를 강조한 나머지 다른 가능한 이해관계를 배제시키고 있다는 약점을 지닌다(Hemingway, 1978: 11).

이러한 소비자주권론을 제외하면 노동조합의 민주주의는 크게 관료주의에 뿌리를 대고 있는 현장중심주의와 정치학에서의 자유민주주의 이념을 노동조합의 운영에 '이식'시키고자 하는 자유론적 다원주의로 나누어진다.

1) 노동조합 관료주의

노동조합의 민주주의를 둘러싼 논쟁은 비관적인 관점에서 비롯되었다고 볼 수 있다. 미헬스는 『정당론』(Michels, 1911)에서 이해관계의 다양성에 따른 갈등은 노동자계급의 조직에서 민주주의를 제한한다고 주장하고 있다. 그에 따르면 지도자들은 숙련과 경험에서 독점적인 지위를 발전시키며, 따라서 불가피하게 조합원의 생활과 이해로부터 거리를 유지하려고 한다는 것이다. 이러한 관점에서 그는 '철의 과두제 법칙(an iron law of oligopoly)'을 제시하고 있다. 즉 지도자들은 조합원들의 급진적인 이해에 맞서 그들 자신의 이해를 우선하며, 그 결과 정책은 보수적으로 바뀐다는 것이다.

노동조합의 민주주의를 별로 문제시하지 않았던 다원주의(pluralism)의 진출로 인해 소강상태를 보였던 노조 민주주의를 둘러싼 논쟁은 1970년대, 히만(Hyman, 1975; 1979)의 관료제 비판에 의해 다시 수면 위로 떠오르게 된다. 히만은 현장조직의 관료화에 초점을 맞춰 ① 위계적이고 집중화된 현장조직, ② 조합원의 전투성에 대한 통제, ③ 사용자로부터의 후원과 그들에 대한 협조적인 자세, 그리고 ④ 공식적인 상급조직에 의한 현장조직의 포섭 등을 밝혀낸다. 즉, 노조 간부는 외부기관

(사용자 및 정부)에 대해 협조적인 관계를 끌어내기 위해 중계자의 역할을 수행할 뿐 아니라 조합원들의 활동과 투쟁의 과정에서는 보수적인 역할을 마다하지 않는다. 이러한 역할은 조직의 안정과 생존에 대한 보호자로서 갖는 그들의 특별한 위치와 외부기관과 안정적인 관계를 지속시키려는 그들의 이해, 그리고 전문능력에 대한 그들의 믿음으로부터 비롯된다. 이러한 과정은 지도적인 현장위원들이 공식적인 관료조직인 상급단체에 포섭됨으로써 더욱 확대된다. 그 결과 히만은 노조 민주주의란 다만 부분적으로 그리고 시험적으로 성취될 수 있을 뿐이라고 진단한다.

히만이 미헬스의 비관론에 바탕을 두고 노조 민주주의에 대해 우울한 전망을 제시하였다면 페어브라더(Fairbrother, 1990)와 포시(Fosh, 1993) 등은 히만이 제시한 관료화이론을 이어받으면서도 적극적으로 해결책을 제시한다는 점에서 노조 민주주의에 대한 논의를 한 단계 끌어올리고 있다. 그들은 노조 관료화를 극복하는 처방전으로서 — 동시에 노조 재생의 방안으로서 — 조합원의 직접적인 참가에 주목하며, 동시에 그것은 '가능하다'고 주장한다. 특히 페어브라더에 의하면, 현재 노동조합의 위기는 경영구조의 분권화와 이에 대응하지 못하는 노조의 집중화된 구조 사이의 모순으로부터 비롯되었다. 경영구조의 분권화는 작업장 노조의 발전에 촉진제로 작용하였다. 작업과 고용이 재조정됨에 따라 직접적인 지부 문제, 예를 들어 노동강도의 강화, 고용의 축소 등이 전면에 나섰으며 그것은 교섭의 중심을 작업장으로 옮겼다. 이러한 단체교섭의 분권화는 곧바로 역동적인 현장조직의 가능성을 높이며 이를 통해 영국 노동운동은 재생이 가능하다고 그는 주장한다.

현장참여에 대한 강조는 한걸음 더 나아가 주변노동자, 즉 여성, 소수인종, 동성애자 및 장애자에 대한 관심으로 발전하였다. 실제로 많은 연구자들이 노조의 의사결정기구에서 여성노동자들의 대표성 부족에 많은 관심을 기울였다(Rees, 1992; Cunninson, 1993). 특히 젠더 민주주의(gender democracy)라는 개념은 노조 민주주의의 개념을 보다 풍부하게 만들고 동시에 조합원 구성의 특징적인 성격을 반영한다. 여성노동자의 조직화와 성차별에 대한 관심이 커짐에 따라 노조 운영에서 젠더 민주주의는 노조 민주주의의 또 다른 핵심으로까지 떠오르고 있는 실정이다. 즉 여성 파워의 출현은 남성 위주의 가부장적 문화에 대한 도전을 의미할 뿐 아니라 조합원 참가에 바탕을 둔 조합원 중심주의(lay-led unionism)의 실현을 의미하는 것이었다.

2) 시민·자유주의적 접근

노동조합 민주주의를 둘러싼 논쟁이 영국에서는 작업장 노조주의라는 조건을 바탕으로 노동조합의 관료화를 축으로 삼은 반면 미국에서는 주로 시민·자유주의적 접근을 중심으로 이루어졌다(Lipset et al., 1956; Edelstein et al., 1975; Strauss, 1990). 예를 들어 립셋 등(Lipset et al., 1956)은 국제인쇄노조(ITU)의 양당선거제도에 대한 연구를 통하여 노동조합의 과두체제를 방지하기 위해서는 '반대의 제도화'가 필수적이라고 주장하고 있다. 그들은 ITU 내에서 민주주의가 발달할 수 있었던 세 가지 요인으로서, ① 양당제도의 역사적 전개, ② 비공식적인 조직 특히 직업공동체의 발전, 그리고 ③ 지부조합의 상대적 자율성과 조합원 직선제를 포함한 조직의 구조적·제도적 측면을 들고 있다. 이 가운데 그들은 노조 민주주의 핵심이 조직 내의 양당제도의 존재라고 본다.

평균적으로 대규모 노조는 하나의 공식적인 조직 즉, 노조 내부장치 그 자체와 개인조합원만을 갖는다. 따라서 반대를 조직할 수 있는 자율적인 하부조직이나 조직 내 커뮤니케이션을 위한 독립적인 장치는 존재하지 않는다. 노조운영에서 커뮤니케이션의 유일한 수단은 조직관료 자체를 통해서 이루어진다. 작업장 조직은 일반적으로 사용자에 대응하기 위해 노조 전임간부들의 지원에 의존하고 따라서 일반적으로 조직적 반대의 기반을 구축하지 못한다. 또한 노조 위계질서 내에서의 신분상승을 바라는 지부간부들은 지도자들에 의존해야 한다. 결론적으로 전형적인 일당노조(one-party union)는 우리가 보기에는 무당노조(no-party union)이다(Lipset et al., 1956: 77-78).

디킨슨(Dickinson, 1981)은 지도부에 대한 반대조직으로서 정파(party)와 분파(faction)의 개념에 초점을 맞춘다. 그에 의하면 정파란 분파에 비해 보다 조직화되고 이념적으로 편향된 그룹을 가리키며, 민주적 조직의 시금석으로서 분파를 정파로 바꿔야 한다고 주장한다. 반면 에델슈타인 등(Edelstein et al., 1975)은 공식적인 하부구조에 바탕을 둔 경선을 제안한다. 그들에 따르면 반대의 효율성은 투표에서의 좁은 격차를 의미한다. 그들은 비록 노조에서의 의사결정이 갖는 과두적인 성격은 인정하지만 조합원들에게 선거를 통한 선택이 존재하는 한 민주적 원칙은 유지된다고 본다.

노동조합의 관료화이론이나 자유주의적 입장이 반드시 배타적인 것은 물론 아니다(Morrison et al., 2000). 상호 중복되는 지점들이 존재하기 때문이다. 예를 들어 노동조합의 조직률이나 조합원의 투표참가율은 어느 관점에서도 노조 민주주의의 지표로서 의미를 갖는다. 또한 노동조합에 대한 높은 만족도가 조합원 참여의 증대와 직결된다는 점에 대해서는 어느 이론도 부정하지 않는다. 그러나 분파의 존재에 대해 현장중심주의는 노조 내부를 분열시키는 원인이자 민주주의의 발전에 걸림돌이 된다고 보는 데 반해, 시민 자유주의적 입장에서는 분파 또는 정파의 존재를 노조 민주주의의 직접적인 지표로 본다는 점에서 일정 부분 차이를 드러내기도 한다.

노동조합 민주주의가 끊임없이 논쟁의 대상이 되는 것은 노동조합의 민주성이 조직 내에서의 효율성과 반드시 일치하지는 않는다는 인식 때문이다. 이러한 인식의 차이는 조직구조를 둘러싸고 현장강화론과 중앙강화론이라는 모습을 띠고 단체교섭의 구조뿐 아니라 노동조합의 의사결정 및 집행구조를 둘러싼 논쟁으로 연결된다. 다음 절에서는 노동조합 민주주의의 딜레마—민주성과 효율성의 모순—를 살펴보기로 한다.

4. 노조 민주주의의 딜레마

일찍이 관료제이론을 최초로 체계화한 막스 베버(Max Weber)는 "경험적으로 말하면 순수하게 관료적인 행정조직은 순수하게 기술적인 관점에서 최고의 효율성을 달성할 수 있는 조직이다"라고 관료주의를 예찬하고 있다(Beetham, 1996). 그러나 문제가 없는 것은 아니다. 노동조합과 관련하여 차일드 등(Child et al., 1973)은 이를 행정적인 합리성(administrative rationality)과 대표적인 합리성(representative rationality)의 모순(Child, 1973)으로 규정짓고 있다.

차일드 등(Child et al., 1973)은 행정적인 합리성이란 목표를 달성(goal-implementation)하기 위한 집행논리로서 효율(efficiency)을 중시하는 반면 대표적인 합리성은 조합원의 참여를 바탕으로 하는 목표의 형성(goal-formation) 내지 정책결정 시스템으로서 효과(effectiveness)를 중시한다.[2] 이러한 두 합리성이 반드시 충돌하는 것은 아니지만 이러한 합리성은 상호 트레이드 오프(trade-off) 관계에 놓인다. 즉 대의적인 과정에서 조합원의 광범위한 참가는 효율이라는 측면에서는 오히려 방해가 될 수도 있는 것이다. 이러한 두 합리성 사이의 갈등은 권위(power)의 원천과 배치라는 점에서 두드러지게 나타난다. 즉 행정적인 합리성이 단일하고 조정된 통제 시스템으로서 권위를 얻을 수 있는 주요 원천은 조직위계의 최상층에 배치된다. 이에 반해 대표적인 합리성은 권력과 통제의 분산을 주장하며 권위의 원천은 제도적 위계의 밑바닥, 즉 조합원에 놓인다. 이를 바탕으로 그들은 노동조합 효과의 구조에서 이러한 두 대표성 사이의 길항관계를 <그림 1>과 같이 그리고 있다.

효율성과 민주성을 둘러싼 논쟁은 그 뿌리가 깊다. 일찍이 플란더스(Flanders, 1970: 38-47)는 이러한 딜레마를 '조직'과 '운동'이라는 양면성을 띨 수밖에 없는 노동조합의 고유한 모순에서 찾고 있다. 또한 헤

---

2) 효과(effectiveness)는 목표의 성취 여부를 판단하는 지표인 반면 효율(efficiency)은 목표의 달성에 있어서 경제성을 의미한다.

<그림 1> 노동조합 효과(effectiveness) 의 구조

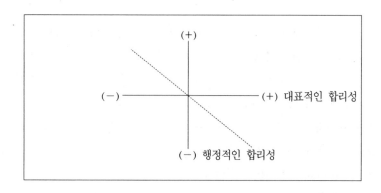

밍웨이(Hemingway, 1978)는 노조가 조합원을 위해 행사하는 힘(power for members)과 조합원에 대해 행사하는 힘(power over members)의 균형이 과연 가능한가라고 물으며, 이러한 모순을 '민주주의의 모순(the democracy dilemma)'이라고 부르고 있다. 또한 코한(Kochan, 1980)은 조직의 중앙집중화는 효율에 긍정적인 효과를 미치지만 장기적으로 유지되는 중앙집중화와 이로 인한 정치적 과정의 결여는 반대의 효과를 낳을 것이라고 주장한다. 즉 분권화는 조합원의 참여를 높이는 반면 집중화는 그 반대의 효과를 낸다는 것이다.

노동조합의 운영을 둘러싼 이러한 민주성과 집중성 사이의 갈등은 노조 민주주의라는 측면에서 보다 구체적으로는 현장강화주의와 중앙집중주의의 형태로 나타난다. 즉 전자는 노조의 민주화와 효과를 원인과 결과로 인식하여 노조의 결점은 과도한 집중화와 이로 인한 조합원의 소외에서 비롯된다고 주장한다. 반면 후자는 비록 노조의 민주주의에 반대하는 것은 아니지만 보다 큰 집중화와 중앙의 조정 역할을 포함한 행정적인 해결을 강조하는 경향을 지닌다(Fairbrother et al., 1990 참고). 다음 절에서는 이를 보다 구체적으로 살펴보기로 한다.

5. 현장인가 중앙인가

1) 현장중심주의(grass roots activism)의 허와 실

앞서 지적하였듯이 현장강화주의는 현장이야말로 조합원이 노동조합
에 가입하고 참여하며 노동조합 활동을 수행하는 일차적인 공간이다.
더욱이 노동조합이 규율 있는(disciplined) 집단행동(Hyman, 1975)과 더
불어 조합원의 행동하려는 의지(Offe, 1985)에 의존한다면 조합원의 참
여는 노조활동의 필수불가결한 요소를 이룬다. "조합원의 참여는 노조
의 생명력과 성공에서 필수적인 요소이다"(Fairbrother, 1984: 23). 이러
한 작업장노조에서 조합원 참여에 대한 강조는 특히 포시(Fosh, 1993)
에 이르러 작업장 노조재생론(the workplace-renewal-of-unionism thesis)
으로 발전한다. 그에 따르면 노조에 대한 관여(involvement)는 노조에
대한 참여(participation)와 헌신(commitment)으로 구성된다. 이러한 노
조에 대한 관여는 여러 가지 요인, 예를 들어 지부간부의 스타일, 노사
관계 환경, 과거의 경험, 지역노조의 구조 등에 영향을 받지만 가장 중
요한 요인은 지부간부의 리더십 스타일 — 참여적이고 민주적인 — 이다.
그러나 모든 현장강화론자들이 리더십 스타일에 초점을 맞추는 것은 아
니다. 페어브라더는 단체교섭의 하향이동을, 그리고 달링턴(Darlington,
1994)은 지부 차원에서의 전투성을 앞세우는 등 강조점에서 일정 부분
편차를 드러낸다. 그러나 이러한 논자들이 기본적으로는 히만의 작업장
관료화이론을 출발점으로 하여 현장재생론을 주장한다는 점에서는 커다
란 차이가 없는 듯이 보인다.

실상, 현장은 조합원이 노동조합에 가입하고 참여할 뿐 아니라 조합
원을 동원하는 지점이다. 또한 현장은 이를 통해 상급조직이 안고 있는
관료주의를 불식시킬 수 있는 민주주의의 보루이기도 하다. 즉 관료주
의와 그 대안으로서의 참여가 발생할 수 있는 조직적 위상이 현장조직
인 것이다. 특히 단체교섭 과정에서 현장조직은 조합원의 직접적인 관

심을 단체교섭 안건에 반영함으로써 그들의 관심을 참여와 동원으로 연결시킬 수 있다. 또한 고충처리 등 다양한 조합원 서비스를 제공하는 지점이 역시 현장이기도 하다.

최근 급속한 기술혁신과 더불어 경제의 세계화로 인한 경쟁의 격화는 시장과 생산조직을 급격하게 변화시키고 있다. 더욱이 세계화와 시장분단의 동시적인 진행은 포드주의라 일컬어지는, 반숙련노동자를 기반으로 한 대량생산체제를 뿌리에서부터 흔들고 있는 실정이다. 이러한 상황에서 개별 사용자들은 다양한 대안적인 기업전략과 조직, 그리고 노사관계를 실험하며 이에 대응하고 있다. 이러한 과정에서 전국조직의 우위성에 대한 조직적인 근거는 약화될 수밖에 없다. 다양한 사용자의 경영전략에 맞서 그 산업에서 진행되고 있는 구조조정에 대해 교섭하거나 심지어는 조정할 수 있는 기능 자체가 약화되어버렸기 때문이다. 지구화의 시대에 경쟁이 격화되고 새로운 생산방식이 도입됨에 따라 개별적인 경영자에 대한 대응전략의 구축은 결국 기업 내부의 현장조직이 담당할 수밖에 없다. 즉 기업 내부의 구조조정, 신기술의 도입 및 작업조직의 변경 등 기업 특수적인 환경변화에 대응하기 위해서는 기업 차원에서 '교섭에 의한 구조조정' 전략을 채택할 수밖에 없다는 것이다. 특히, 이탈리아를 주요 연구대상으로 삼아온 로크(Locke, 1990; 1992)에 따르면 이탈리아 노동운동의 위기는 중앙집중화된 산업별 조직의 부재 때문이 아니라 오히려 산업별 조직이 지배하는 노사관계 때문이라고 진단하고 있다.

그들(전통적인 견해)에 따르면 이탈리아 노동운동의 위기는 제대로 발전하지 못한 노사관계와 파편화된 노사관계 제도 때문이라고 설명하고 있다. 즉 그들은 이탈리아는 관료적인 효율성과 잘 조직된 정상교섭, 그리고 사회적 합의기구를 실행하는 데 필요한 정치적 연대를 갖고 있지 못하다고 말하고 있다. (그러나) 현재의 위기는 지배적인 산업별 노조가 현재의 산업재조정 과정에서 초래된 기업 차원의 변화에 제대로 대응하지 못했기 때문에 나타난 결과이다.

이를 바탕으로 그는 '강한 지부로 구성된 연맹체(a federatoin with strong locals)'에서 노조조직구조의 해답을 찾고 있다:

노사관계의 패턴이 다양해져간다는 사실은 노사관계의 이론 측면에서 뿐 아니라 노조정책의 미래라는 점에서도 중요한 문제이다. 노사관계의 재형성(reconfiguration)에서 무게중심은 지부나 기업 차원으로 옮겨가고 있다. 이러한 사실은 한편으로는 지부의 요구에 노동조합이 보다 잘 대응할 수 있는 기회를 제공하나 다른 한편으로는 노동운동 전체에 하나의 위기를 몰고 온다. 노동운동이 약한 지부에 대한 사용자의 도려내기(whipsawing)나 착취를 어떻게 방지할 것인가? 노동운동이 어떻게 갈수록 이질화되어가는 조합원의 이해를 조직적으로 일관된 노동운동으로 종합해낼 수 있는가?… 갈수록 다양해져가는 노동운동의 가운데에서 연대를 유지하는 것은 쉬운 일이 아니다. 시대는 변했으며 이에 따라 노동조합도 변해야 한다. 노동조합을 과거의 수직적이고 고도로 관료화된 구조에서 벗어나 지역경제에 굳건하게 결합된 강한 지부로 이루어진 연맹체와 같이 보다 수평적이고 보다 민주적인 구조로 바꾸는 것이야말로 전체 노동운동을 위한 유일한 해답일 것이다(Locke, 1992: 247).

이러한 현장강화론에 대한 반론 역시 만만한 것은 아니다. 이러한 반론은 두 가지 측면에서 주어졌다. 하나는 다원주의적 입장에서 히만의 현장관료화이론을 실증적으로 반박하는 것이며, 다른 하나는 중앙집중주의적인 관점에서 현장중심주의의 한계를 지적하는 것이다. 이 글에서는 후자를 중심으로 살펴보기로 한다. 왜냐하면 실증주의적 차원에서 논리의 차이는 결국 구체적인 현장에 대한 분석을 통해 판단할 수밖에 없기 때문이다.[3]

중앙강화론자는 현장 중심적인 조직구조의 경우 노동조합이 당면하고 있는 이슈가 작업장 외부에서 주어질 경우 노조의 대응력이 급격히 떨어진다는 데 초점을 맞추고 있다. 또한 현실적으로 현장의 권한 강화가

---

3) 이에 대해서는 특히 Batstone(1988)이나 Zeitlin(1989)을 참고할 수 있다.

더욱이 현장조합원의 참여 증대로 나타나지 않을 수도 있다는 점은 이러한 우려를 더욱 가중시킨다. 이를 보다 구체적으로 살펴보면 다음과 같다.

첫째, 작업장 재생주의는 현장에서 조합원 참여의 중요성에도 불구하고 지부 차원을 벗어나 결정되는 사안을 처리하는 데는 한계가 있다는 점이다. 예를 들어 공공부문에서 임금은 중앙정부에 의해 지침으로 시달되기가 십상이다. 이 경우 기업단위에서 임금을 인상할 수 있는 가능성은 효율성의 제고나 고용의 감소에 의해 주어질 수밖에 없다. 이러한 경우 특히 단체교섭의 분권화는, 그것이 현장조합원의 참여를 제고시킬 수 있는지는 별개로 하더라도, 노동조합 힘의 결집이라는 측면에서 한계를 드러낸다. 특히 신자유주의적 세계화는 국가의 역할을 축소시키기는커녕 오히려 확대시킨다는 점에서[4] 현장주의는 노동조합에 대한 국가의 공격 앞에 무력감을 드러내게 된다.

둘째, 현장 외부에서 자원의 동원은 곧바로 상급조직과의 관계를 어떻게 설정할 것인가 하는 문제를 제기한다. 상급단체와의 연계는 지부 노조의 관심을 '오늘 여기에서 일어나고 있는 작업장의 특수성을 뛰어넘어' 확대하는 채널 구실을 한다. 즉 종업원 의식에의 매몰과 경제주의적 편향이 노동운동의 지배적인 방향타로 등장하게 되는 것이다.

셋째, 현장자원만으로는 노조의 재생이 불가능하다는 점이다. 특히 현장조직이 충분한 전임인력이나 재정을 확보하지 못하고 있거나 사용자의 공격적인 노조탄압에 직면하였을 경우 고립분산적인 투쟁만으로는 노조의 재생은커녕 당장 생존의 문제에 부닥치게 된다. 이 경우 더욱 지독한 것은 켈리(Kelly, 1987)가 말하고 있는 이른바 '경쟁적 분파주의(competitive sectionalism)', 즉 '다른 그룹을 희생하여 자기 그룹만의 이익을 추구하는 행동'으로 나타나는 경우도 있다.

---

4) 실제로 국가는 신자유주의를 구축하는 데 있어 적극적이고 중심적인 역할을 수행한다. 예를 들어 노동시장의 유연화도 성격상 전적으로 국가주도적이다 (Waddington, 1999).

마지막으로, 로크가 지적하고 있듯이 약한 지부에 대한 사용자의 도
려내기나 착취를 어떻게 방지할 것이며, 나아가 다양한 조합원의 이해
를 어떻게 조정하여 노동자의 단결을 실현시킬 것인가 하는 문제를 드
러낸다.

이상으로 현장중심주의의 주장과 이에 대한 반론들을 살펴보았다. 그
러나 이러한 논의는 무엇보다도 두 개의 논의, 즉 현장중심주의와 중앙
강화주의를 영합관계(zero-sum contradiction)로 보고 있다는 한계를 지
닌다. 다시 말해 지부의 역동성과 중앙의 통제를 상호모순의 관계로 설
정함으로써 예를 들어 '강한 지부를 바탕으로 한 중앙의 강화'라는 아
이디어를 비현실적인 것으로 만들어버린다. 보다 중요하게 이러한 현장
강화주의와 중앙강화주의는 양자택일의 선택을 강요함으로써 현장조직
과 전국조직의 관계(relation)에 대한 시각을 놓쳐버리고 있기도 하다.
이러한 시각은 결국 중앙과 현장이 비록 동시적으로 강화되더라도 두 조
직이 별개로 움직이는 평행적 노동조합주의(parallel unionism; Turner,
1962)에 빠져버리게 된다. 이러한 한계를 극복하기 위한 조직적 대안으
로서 이 글에서는 '결합적 노동조합주의(the articulated form of union-
ism)'를 제안한다.

2) 노조결합론(articulation)에 대해[5]

결합적 노동조합주의는 한마디로 현장조직과 중앙조직 간의 상호의존
성을 강조하는 조직론적 관점이라고 할 수 있다. 노동조합의 조직과 운
영에서 상호결합(articulation)[6]이란 조직의 목표를 달성하기 위해 수직

---

5) 이 부분은 졸고 「현장에서 현장을 넘어: UNISON의 결합적 노동조합주의를
　　중심으로」를 참고.
6) 상호결합(articulation)이란 말 대신에 때로는 조율(coordination)이나 통합
　　(integration)이란 말이 사용되기도 한다. 그러나 articulation이 조직의 수직
　　인 관계를 설정하는 반면 coordination은 수평인 관계를 의미한다. 특히 후
　　자는 제3자의 존재를 내포한다는 점에서 이 글은 articulation이란 말을 채택한

적으로 차별화된 조직부문들을 통합시키는 연결망(the web of connec-
tions)을 의미한다. 조직의 수직적 위계구조 내에서 부문간의 통합은 강
력한 전국노조와 역동적인 지역노조를 '서로의 목표를 훼손시키지 않으
면서'(Crouch, 1992) 공존시키는 기능을 담당한다. 크로치(Crouch, 1993:
54-55)는 상호결합을 '서로 다른 수직적 수준들을 결합시키는 강력한
상호의존관계, 즉 중앙은 하부단위의 동의에 의존하고 하부단위의 자율
성은 규약이나 상위단위의 통제에 종속되는 것'이라고 정의한 바 있다.
조직 내 권력의 중심이 하부로 이동함에 따라 조직 내부의 단일성을 증
대시키는 수단으로서 상호결합에 대한 관심은 크로치 이외에도 지속적
으로 증대하여왔다.[7] 최근 머레이 등(Murray et al., 1999)은 한걸음 더
나아가 경제의 지구화에 대비하기 위해서는 노동조합의 조직구조가 내
부의 상호결합에 바탕을 두는 것이 가장 효율적이라는 사실을 실증적으
로 뒷받침하고 있다.

특히 트랙슬러(Traxler, 1995)는 교섭구조에서 하위단위가 상위협약을
보완하고 개선하는 형태로서 교섭수준간의 조율(coordination)을 강조한
다. 그에 따르면 단체교섭의 분권화가 반드시 조직해체(disorganization:
Lash and Urry, 1987 참조)나 노조 힘의 약화로 연결되는 것은 아니다.
비록 분권화가 일어난다 해도 분권화 과정은 파편화의 위험이 어떤 형태
의 조율에 의해 제한된다면 이는 '조직적인 분권화(organized decentral-
ization)'로 보아야 하며, 이는 분권화가 조직해체로 이어지는 '비조직적
인 분권화(disorganized decentralization)'와는 구별되어야 한다는 것이
다. 분권화가 전국수준에서 체결된 기본협약의 범위 내에서 이루어지고
나아가 전국협약을 보완함으로써 조직의 전체적인 통일성을 이룬다는

다. 또한 integration은 하부조직이 스스로의 조직목표를 달성하기 위해 상부조
직에 의존하는 경우를 말하며(Batstone et al. 1977: 185-186) 이 경우에는 지
배/종속의 함의를 지닌다.
7) 독일 자동차산업에서의 Turner(1991), 스웨덴의 Kjellberg(1999), 덴마크의
Due et al.(1993) 그리고 유럽수준에서의 Anderson(1997), Soskice(1990) 및
Traxler(1995; 1998) 등은 그 대표적인 예이다.

점에서 그의 주장은 앤더슨(Anderson, 1997), 듀 등(Due et al., 1995) 등이 제기하는 '집중화된 분권화(centralized decentralization)'와 유사하다.[8] 특히 히만(Hyman, 1999)은 구성조직이 상대적인 자율성을 지니면서 동시에 조직적 단결을 유지하는 기제로서 조직수준간의 유연한 조율을 강조하며, 이를 유기적 연대(organic solidarity)라고 말하고 있다.

이러한 분석은 그것이 조직수준간의 상호작용에 바탕을 두고 있다는 점에서 본질적으로 관계적(relational)이다. 기업들이 구조조정과 변화를 수용하는 과정에서 경영을 분권화시켜감에 따라 조합원들의 이해관계는 보다 다양해지고 따라서 '직접적이고 지엽적인 경험과 열망이 낳는 이질성'(Hyman, 1992)에 대항하기 위한 현장노조의 중요성은 그만큼 증대하였다. 그러나 현장노조에 대한 강조는 지부조직들을 수직적인 조직구조로부터 이탈시킬 우려를 낳는다. 이러한 상황에서 결합구조는 지부조직에 대해 증대된 자율성을 보장하면서 동시에 적대적인 환경에서 내부정책의 일관성과 조직적 단일성을 추구하기 위한 것이다. 지방조직사이의 효율적인 연결망이 없이는 전국조직은 지방조직들의 다양한 이해관계를 더 이상 종합할 수 없게 되었다. 거시 및 미시 수준을 결합시킴으로써 이는 한편으로는 지부 노사정책의 파편화와 다양성을 포괄하며, 다른 한편으로는 전국조직이 빠지기 쉬운 '관료적인 효율성'의 위험을 제거한다. 집중화와 분권화 사이의 영합적인 이분화가 아니라 밀접한 상호작용에 따른 조직발전을 레윈(Lewin, 1980: 155)은 '상호작용 민주주의(interactive democracy)'라고 표현하고 있다. 이는 노조 지도자와 조합원 사이의 상호소통에 바탕한 의사결정 과정을 의미한다.

이상으로 노동조합의 민주주의를 둘러싼 제 논의들을 살펴보았다. 앞에서도 지적하였듯이 현장중심주의가 작업장을 중심으로 전개된 데 반해 자유주의가 상급단체를 중심으로 전개되었기는 하나 두 개의 이론이 상호 배타적이 아니라는 사실을 확인하는 것은 중요하다. 민주주의가

8) 비슷한 맥락에서 Lansbury et al.(1995)은 '관리된 분권화(managed decentralization)'라는 개념을 제시한다.

어느 한 요소에 배타적으로 의존하지 않는다면 객관적인 상황에서 주체
적인 해석이 요구된다 할 것이다. 다음 장에서는 이러한 민주주의에 대
한 논의가 우리나라 노동조합의 조직 및 운영에 대해 갖는 함의를 살펴
보기로 한다.

6. 한국에의 함의

노동조합 민주주의에 대한 논의가 우리나라 노동조합의 조직 및 운영
에 대한 함의를 알아보기에 앞서 지적할 사항은 역사적 발전의 유산으
로서 우리나라의 상황은 서구의 그것과는 다르다는 점이다. 다시 말해,
민주주의에 관한 이러한 논의를 기계적으로 우리나라의 상황에 이식시
키는 것은 무리라는 것이다. 무엇보다도 우리나라의 경우 노동조합의
조직이 기업별 형태에 바탕을 두고 있고, 최근 산업별 노동조합이 결성
되고 있다고는 하나 산업별 교섭이 이루어지고 있지는 않다는 점에서
노동조합의 집중도가 낮기 때문이다. 따라서 서구에서 노동조합조직이
나 단체교섭의 분권화가 진행되고 있다는 진술이 우리나라 노동조합조
직구조의 분권화를 예단하는 논리로 이어질 수는 없다. 그러나 이러한
진술이 노동조합의 민주주의를 중심으로 서구에서 펼쳐진 논의를 무용
지물로 만드는 것이 아님은 물론이다.

기업별 체제는 어떤 의미에서 의사결정기구가 제도적으로 조합원 곁
에 있는 조직이기도 하다. 실제로 기업별노조는 조합원과의 관계에서
보다 적극적이며 동시에 조합원이 직접 참가할 수 있는 공간을 제공하
는 조직체계이다(Jacoby et al., 1992; Fujimura, 1997). 특히 조합-조합
원의 관계를 한국의 기업별노동조합을 대상으로 연구한 프렌켈(Frenkel,
1999)은 흥미있는 가설을 제시하고 있다. 그에 의하면 민주주의에 바탕
을 둔 노조-조합원 관계는 경제적인 이익보다 노조에 대한 조합원의 만
족도를 높이는 기제이며, 이는 한국의 기업별노동조합 체제에서도 분명

하게 드러난다는 것이다. 그러나 기업별노동조합 구조는 그것이 갖는 파편성과 아울러 위원장에게 권한이 집중되어 있다는 사실로 인해 '파편화된 집중화'의 위험성을 드러낸다는 점을 간과할 수는 없다. 노동조합법이나 일반적인 노동조합의 규약에 의하면, 위원장은 대내외적으로 노조를 대표할 뿐 아니라 대내적으로는 사무처요원에 대한 사실상의 인사권과 부서장 임면권을 가진다. 예산편성권 및 집행권, 역시 위원장의 권한에 속하는 경우가 많다. 이러한 사실은 특히 대의원대회가 형식적으로 운영된다는 사실과 밀접한 관련을 가진다. 뿐만 아니라 위원장은 단체협약에 대한 체결권을 가지며 규약의 해석에 이견이 있을 경우 최종적인 해석권을 지니기도 한다.

이러한 권한의 집중은 권한의 남용과 위계적 질서, 전문전임에 대한 의존 등 관료적인 조직을 만들 가능성을 지닌다. 규약에 대한 지나친 얽매임은 경직성을 낳으며, 위계구조는 개인의 책임회피와 행정낭비를 초래한다. 뿐만 아니라 의사의 결정과정에서 필수적인 의사소통, 즉 조직 내에서 정보를 수집하고 처리하는 과정에서 관료적인 조직이 적절치 않다는 것은 누차 지적된 경우이기도 하다(Beetham, 1996: 14). 즉 피라미드형 체제를 갖춘 관료제에서 정보유통의 중심방향은 하향적인 데 반해 정보전달은 조직의 밑바닥으로부터 올라오는 통로를 요구하기 때문이다. 이러한 권한의 집중은 위원장의 성향에 따라 노조의 성격이 좌우되는 현상으로 나타나는가 하면 다른 한편으로는 위원장의 짧은 임기와 결합되어 노조운영이 일관성을 잃는 요인이 되기도 한다.

이러한 현실인식과 위에서 논의한 노조 민주주의에 대한 논의를 바탕으로 할 때 제기되는 것은 그럼 어떻게 바꿀 것인가 하는 문제이다. 먼저 주요한 변화영역을 살펴보면 다음과 같은 점들을 들 수 있다.

- 의사결정기구의 분권화(현장참여주의)
- 조합원의 직접적인 참여(현장중심주의)
- 임원선출 과정에서의 경선(시민자유주의)

- 정파 또는 분파의 존재(시민자유주의)
- 소수그룹(여성 등)에 대한 대표권의 보장(현장참여주의)
- 투표율(시민자유주의, 현장참여주의)
- 임원선출에서의 직선제 여부(시민자유주의, 현장참여주의)
- 조직 내에서의 통일·단결의 유지(중앙강화주의)

먼저 의사결정 과정에서 대의원대회의 활성화와 여성조합원에 대한 대표성의 보장(여성위원회, 여성할당제 등), 그리고 위원장 권한의 하향이동 등을 고려할 수 있을 것이다. 이러한 조치는 무엇보다도 조합원 중심주의를 확립해나가는 과정이라 볼 수 있다. UNISON의 경우를 구체적인 예로 들어보면 이러한 사상은 다음과 같이 나타나고 있다.

- 규약과 전국정책의 결정사항 내에서 지부의 상대적인 자율성(재정, 운영, 교섭 및 정책 등)
- 대의원대회에 대한 지부 및 여성위원회의 의안상정권
- 전국정책에 대해 반대를 조직하고 캠페인을 할 수 있는 지부권리의 인정
- 의사결정 과정에서 고용직 전임의 배제
- 비례성과 공정한 대표성의 확립(여성 등)

이와 더불어 시민·자유주의적 접근방식에서 나타나는 점들은 전국노조의 운영과 관련하여 살펴볼 수 있을 것이다. 첫째, 분파에 대한 긍정적인 시각이 필요하다. 다만 이 경우 분파는 단기적인 권력 획득을 위한 '패거리'가 아니라 이데올로기적인 측면에서의 일관성과 조직적 틀을 갖추려는 노력을 필요로 한다. 이와 더불어 분파 내지 정파에 대한 노동계 내부의 긍정적인 시각이 필요할 것이다. 두번째는 보다 경쟁적인 선거구조의 형성을 위한 노력과 더불어 직선제의 도입 여부에 대한 고민을 들 수 있다. 세번째는 대의원을 실질적인 의사결정기구로 만드

는 일이다. 이를 위해서는 지부에 대한 의안상정권의 부여와 더불어 실
질적인 최고의결기구로서의 위상 확립, 나아가 충분한 준비를 바탕으로
한 토론 분위기의 확립 등을 들 수 있다.[9] 또한 정규 대의원대회 이외
에도 여성대의원대회나 직종이나 업종별 대의원대회, 노동당원 대의원
대회 등의 도입도 고려할 수 있을 것이다.

한국의 기업별 체계에서 갖는 중앙집중성의 강화는 무엇보다도 조직
의 분산성에 대한 대안으로서의 의미를 지닌다. 그러나 변화되는 정치
경제적 환경을 도외시한 채 조합원의 무관심과 현장의 공동화를 초래할
수도 있는 집중화는 관료화의 진전에 다름 아니다. 이러한 점에서 영국
의 노동조합구조에 대한 히만(Hyman, 1989: 185)의 진단은 산업별 조
직을 바라보는 우리나라의 경우에도 유효하게 들린다.

광범위한 조합원 참여의 전통과 더불어 영국 노동조합의 분산적인 성
격은 관료화에 대한 경향에 결정적인 카운터포인트(counterpoint)를 제
공한다. 따라서 현장 민주주의를 희생으로 삼는 중앙집중화는 문제에
대한 해결이 아니라 오히려 일반조합원을 노동운동의 제도로부터 가속
적으로 소외시킬 뿐이다.

따라서 산별노조로 전환하기 위한 현재의 노력은 적극적으로 평가하
더라도 '전략적 집중화(strategic centralization)'이라는 개념을 도입할 필
요가 있을 것이다. 즉 전략적인 의사결정을 중앙으로 이전시키더라도
기능적인 의사결정에 대해서는 과감하게 하향이전시킬 필요가 있는 것
이다. 이와 관련하여 다시 강조할 지점은 중앙과 현장의 '관계'이다. 대

---

9) 장기간에 걸친 준비 및 그 운영방식의 경우 UNISON의 사례는 인상적이다.
UNISON의 경우 대의원대회는 통상 대의원대회 6개월 전부터 준비에 들어간
다. 규약에 의거, 각 산하조직은 적어도 16주 이전에 동의안을 제안하여야 하
며, 이는 13주 이전까지 예비동의안의 형태로 발간된다. 또한 지부 및 중집
차원에서의 수정안 제안은 8주 전까지 이루어지며, 늦어도 4주 전에는 회의의
최종안건이 발간되도록 되어 있다. 대의원대회는 4일간 열린다. 이 기간중 약
60개의 안건이 토론, 결정된다. 상정된 안건의 우선순위는 대의원대회 운영위
원회(Standing Orders Committee)에서 결정한다. 운영위원회는 각 지역을 대
표하는 위원 1인씩과 중집위 위원 3인으로 구성된다.

의원대회의 활성화나 중층화된 단체교섭구조의 실현, 그리고 비공식적 접촉(교육, 세미나, 간담회 등)의 확대나 지역조직에 대한 적극적인 고려 등이 여기에 해당될 수 있을 것이다.[10]

7. 결론

노동조합 민주주의에 대한 논의는 그 성격상 강한 현장지향성을 갖는다. 더욱이 노동조합의 운영에서 관료성 문제가 대두될 경우 그 처방전을 현장강화에서 찾는 것은 영국의 작업장 노조주의(workplace unionism)나 최근 미국에서 존 스위니(John Sweeny)의 리더십 아래 추진되고 있는 뉴 보이스 캠페인(New Voice Campaign)에서도 잘 드러나고 있다. 그러나 노조 민주성에 대한 추구가 '운동으로서의 노동조합'에는 적합하다 하더라도 '조직으로서 노동조합'이 추구하는 효율성의 제고와는 반드시 일치하지 않는다는 점에서 이들에 대한 논의는 끊임없이 긴장관계를 형성하여왔다. 뿐만 아니라 민주주의에 대한 논의가 현장중심주의 뿐 아니라 형식적 민주주의와 더불어 반대의 제도화, 선거에서의 경선, 그리고 분파(정파)의 존재를 리트머스 시험지로 삼는 자유주의적 입장과 결합될 경우 민주주의의 실체에 대한 논란으로 이어질 수 있다. 더욱이 산별노조가 노조의 조직발전 전망에서 일반성을 더해가는 상황에서 민주주의에 대한 논의는 배타적인 현장지상주의로 발전할 수도 있다.

현장이 갖는 조합원 중심성과 아울러 변화되는 정치경제적 환경에서 작업장 노조의 증대되는 역할은 노조운동이 위기를 벗어날 수 있는 중요한 전략적 자원을 제공한다. 그러나 현장중심주의가 갖는 분산성과 경제주의적 편향은 적대적인 환경 속에서 노동조합의 단결 연대를 약화시킬 가능성을 갖기도 한다. 이러한 상황에서 이른바 역동적인 현장과

---

10) 보다 자세한 사항에 대해서는 Tae-ju Park(1999) 참조.

강한 중앙을 상호 배제적이 아닌 상호보완적인 관계로 결합시킬 필요성
이 제기되는 것이다. 이러한 관점에서 이 글은 상호결합적 노동조합주
의를 제안하였다. 상호결합적 노동조합주의란 결국 조직수준간의 역할
배분과 이를 바탕을 한 상호의존을 가리킨다. 단체교섭부문에서의 중층
적 구조와 비단체교섭부문에서의 의사결정의 상호침투, 그리고 이를 뒷
받침할 수 있는 현장의 역동성과 중앙의 통제를 전제로 하고 있는 것이
다. 산업별 노동조합주의의 우위성과 시대적 당위성에 대한 인식이 조
합원의 조직과 참여, 그리고 동원이라는 원칙에 대한 배제를 의미하지
는 않는다. 하부단위 차원에서의 자율성과 상부단위 차원에서의 통합이
정합(positive sum)적으로 결합할 수 있는 조직구조에 대한 실천적 논의
는 산별노조의 건설에 있어서도 피할 수 없는 과제가 될 것이다. 더욱
이 이것은 현장의 역동성을 사회변혁의 힘으로까지 발전시킬 수 있는
조직구조이기도 할 것이다.

□ 참고문헌

이은숙. 1999, 「현시기 산별노조 건설의 의의와 방향」, 민주노총 정책토론
    회 자료집 『민주노총 산별노조 건설전략』, 전국민주노동조합총연
    맹.

Aderson. S. K., Due Jesper, & Madsen, J. S. 1997, *Multi-track Apporach
    to Public-sector Restructuring in Europe: Impact on Employment Relations
    Role of the Trade Unions,* Transefer,(1/97), pp. 34-61.
Allen, V. L. 1957, *Trade Union Leadership,* London: Longmans.
Batstone, E. 1998a, *The Reform of Workplace Industrial Relations: Theory,
    Myth and Evidence,* Oxford: Clarendon Press.
Batstone, E., Boraston, I., & Frenkel, S. 1977, *Shop Stewards in Action: The
    Organization of Workplace Conflict and Accommodation,* Oxford: Basil

Blackwell.

Beetham, D. 1996, *Bureaucracy*(second ed.), Buckingham: Open University Press.

Child, J., Loveridge, R., & Warner, M. 1973, "Towards an Organizational Study of Trade Unions," *Sociology*(7), pp. 71-91.

Crouch, C. 1992, "The Fate of Articulated Industrial Relations Systems: A Stock-taking after the 'Neo-liberal' Decade," in M. Regini(ed.), *The Future of Labour Movements,* London: SAGE Publications, pp. 169-187.

Crouch, C. 1993, *Industrial Relations and European State Traditions,* Oxford: Clarendon Press.

Cunnison, S., & Stageman, J. 1993, *Feminizing the Unions: Challenging the Culture of Masculinity,* Aldershot: Avebury.

Darlington. R. 1994a, "The Dynamics of Workplace Union Elections," *British Journal of Industrial Relations,* 19(2), pp. 190-200.

Due, J., Madsen, J. S., Petersen, L. K., & Jensen, C. S. 1995, "Adjusting the Danish Model: Towards Centralised Decentralisation," in C. Crouch, & F. Traxler(eds.), *Organised Industrial Relations in Europe: What Future?,* Aldershot: Avebury, pp. 121-150.

Edelstein, J. D., & Warner, M. 1975, *Comparative Union Democracy: Organization and Opposition in Britain and American Unions,* New York: A Halsted Press.

Fairbrother, P. 1984, *All Those in Favour: The Politics of Union Democracy.*

――― . 1990, "The Contours of Local Trade. Unionism in a Period of Restructuring," in P. Fosh, & E. Heery(eds.), *Trade Unions and Their Members: Studies in Union Democracy and Organisation,* London: Macmillan.

Fairbrother, P. 1996, "Workplace Trade Unionism in the State Sector," P. Ackers, C. Smith, & P. Smith(eds.), *The New Workplace and Trade Unionism: Critical Perspectives on Work and Organisations,* London: Routledge, pp. 110-148.

Flanders, A. 1970, *Management and Unions*, London: Faber & Faber.

Fosh, P. 1993, "Membership Participation in Workplace Unionism: The Possibility of Union Renewal," *British Journal of Industrial Relations*, 31(4), pp. 577-592.

Frenkel, S.J., & Kuruvilla, S. 1999, "Union-Member Relations and Satisfaction with Union in South Korea," *British Journal of Industrial Relations*, 37(4), pp. 559-575.

Fujimura, H. 1997, "New Unionism: Beyond Enterprise Unionism?," in M. Sako & H. Sato(eds.), *Japanese Labour and Management in Transition*, London: Routledge, pp. 296-314.

Healy, G., & Kirton, G. 2000, *Women, Power and Trade Union Government in the UK. British Journal of Industrial Relations*, 38(3), pp. 343-360.

Hemingway, J. 1978, *Conflict and Democracy: Study in Trade Union Government*, Oxford: Clarendon.

Hyman, R. 1975, *Industrial Relations: A Marxist Introduction*, London: Macmillan.

———. 1979, "The politics of Workplace Trade Unionism," *Capital and Class*, 8, pp. 540-567.

———. 1989b, "The Sickness of British Trade Unionism: Is There a Cure?," *The Political Economy of Industrial Relations: Theory and Practice in a Cold War*, London: Macmillan, pp. 166-187.

Hyman, R. 1992, "Trade Unions and the Disaggregation fo the Working Class," in M. Regini(ed.), *The Future of Labour Movements,* London: SAGE, pp. 150-168.

Hyman, R. 1999, "Imagined Solidarities: Can Trade Unions Resis Globalisation?," in P. Leisenk(ed.), *Globalisation and Labor Relations*, Cheltenham: Edward Elgar.

Jacoby, S. M., & Verma, A. 1992, "Enterprise Unions in the United States," *Industrial Relations*, 31(1), pp. 137-158.

Kelly, J. 1988, *Trade Unions and Socialist Politics*, London: Verso.

Kjellberg, A. 1988, "Sweden: Restoring the Model?," in A. Ferner & Hyman(eds.), *Challenging Industrial Relations in Europe*, Oxford: Blackwell, pp. 74-117.

Kochan, T. A. 1980, *Collective Bargaining and Industrial Relations*, Homewood, IL.: Irwin.

Lansbury, R., & Niland, J. 1995, "Managed Decentralisation? Recent Trends in Australian Industrial Relations and Human Resource Policies," in R. Locke, T. Kochan, & M. Piore(eds.), *Employment Relations in a Changing World Economy Cambridge*, Massachusetts: The MIT Press, pp. 59-90.

Lash, S., & Urry, J. 1987, *The End of Organised Capitalism*, London: Polity press.

Lewin, L. 1980, *Governing Trade Unions in Sweden*, Cambridge, Mass.: Harvard University Press.

Lipset, S. M., Trow, M., & Coleman, J. 1956, *Union Democracy*, New York: Free Press.

Locke, R. 1992, "The Demise of the National Union in Italy: Lessons for Comparative Industrial Relations Theory," *Industrial and Labor Relations Review*, 45, pp. 229-249.

Locke, R. M. 1990, "The Resurgence of the Local Union: Industrial Restructuring and Industrial Relations in Italy," *Politics and Society*, 18(3), pp. 347-379.

Mcllroy, J. 1995, *Trade Unions in Britain Today*(second ed.), Manchester: Manchester University Press.

Michels, P. 1958, *Political Parties*. Glencoe, IL.: Free Press.

Murray, G., Levesque, C., Roby, N., & Queux. S. 1999, "Isolation or Integration? The Relationship between Local and National Union in the context of Globalization," in J. Waddington(ed.), *Globalization and Patterns of Labour Resistance*, London: Mansell.

Offe, C., & Wiesenthal, H. 1985, "Two Logics of Collective Action," C.

Offe, *Disorganised Capitalism: Contemporary Transformations of Work and Politics*, Oxford: Polity Press.

Park, Tae-ju, "In and beyond the Workplace: The Search for Articulated Unionism in UNISON"(unpub.), Doctoral thesis in the University of Warwick.

Rees, T. 1992, *Women and the Labour Market*, London: Routledge.

Regalla, I. 1988, "Democracy and Unions: Towards a Critical Appraisal," *Economic and Industrial Democracy*, 9, pp. 345-371.

Soskice, D. 1990, "Wage Determination: The Changing Role of Institutions in Advanced Industrialised Countries," *Oxford Review of Economic Policy*, 6(4), pp. 36-61.

Strauss, G. 1991, "Union Democracy," in G. Strauss, D. G. Gallagher, & J. Fiorito(eds.), *The State of Unions,* Wisconsin: Industrial Relations Research Association, University of Wisconsin, pp. 201-236.

Traxler, F. 1998, "Collective Bargaining in the OECD: Developments, Preconditions and Effects," *European Journal of Industrial Relations,* 4(2), pp. 207-226.

Traxler, F. 1995, "Farewell to Labour Market Associations? Organised versus Disorganised Decentralisation as a Map for Industrial Relations," in C. Crouch, & F. Traxler(eds.), *Organised Industrial Relations in Europe: What Future?* Aldershot: Avebury, pp. 3-19.

Turner, H. A. 1962, *Trade Union Growth. Structure and Policy: A comparative Study of Cotton Unions in England,* Toronto: University of Toronto Press.

Turner, L. 1991, *Democracy at Work: Changing World Markets and the Future of Labour Unions*, Ithaca: Cornell University Press.

Zeitlin, J. 1989a, 'Rank and Filism' and Labour History: A Rejoinder to Price and Cronin, *International Review of Social History*, 34(1), pp. 89-102.

"노동조합 민주주의에 대해" 토론

포럼 참가자

유명무실한 대의원대회

영국에서 약 140만 명의 공공부문 노동자를 대표하는 UNISON의 경우 대의원대회는 6개월 전부터 준비를 시작한다. 각 지부들이 안건을 중앙으로 대회 16주 전까지 올리고, 중앙은 이를 취합해 모두 지부들로 보낸다. 그리고 지부들은 각 안건에 대해 반대, 제청, 수정하여 다시 안건을 제출하는데 이때가 대의원대회 10주 전 정도이다. 그러면 중앙은 다시 이렇게 모인 수백 개의 안건을 다시 지부로 보내고, 대의원대회 운영위에서는 안건의 토론 우선순위를 결정하게 된다. 대의원대회는 4박5일 정도이며, 60여 개의 안건을 처리한다. 그리고 우리나라와는 달리 집행부가 올린 안건은 25-30% 부결된다. 그렇지만 UNISON의 경우처럼 다양한 의안에 대해 의견을 수렴한다는 것은 우리나라 노조에는 무척 힘든 일일 것이다. 집행부는 어떤 사안을 집행하는 기구이고, 의결기구는 대의원대회이지만, 우리나라의 경우 의결기구와 집행기구의 장이 모두 위원장이라는 점이 문제이다. UNISON에는 집행부의 사업계획 같은 것은 없다. 개별 사업의 계획서들이 제출될 뿐이다. 전반적인 사업계획은 집행부가 제출하지 않으며 지부에서 제출된 안들이 토의되어 결정되는 것이다. 물론 우리나라 노조의 대의원대회 중 민주성이 담보되는 형태로 잘되는 곳도 있긴 하지만, 분파성과 관련되어 있는 운동의 폐해인 서로 인정하지 않는 구도와 그러한 방식의 토론문화 관행이

뿌리박혀 있어서 민주주의가 안 되는 측면이 크다. 이를 끊어나가기 위
해 대의원대회에서 사회 진행방식이라든지 대회 이전 계파간 입장조율
을 할 수 있는 실무회의 형성 등의 고민이 필요하다.

현장중심/중앙 중심을 넘어서는 노동조합 민주주의의 실천전략

발표에서 주장했던 현장과 중앙 어느 한 쪽의 선택이 아닌, 진정한
노동조합 민주주의의 문제는 모두들 중요하게 생각하고 있고 익히 알고
있는 부분이다. 하지만 이 문제를 풀기 위한 핵심적인 고리에 대한 고
민이 필요하다. 한 예로 권력추구형 집단의 문제가 지금의 민주주의를
실현하지 못하게 하는 고리라고 할 수 있다. 그렇다면 이를 진단하는
것에 그치는 것이 아니라, 해결책—숙청을 할 것인지 아니면 고착화된
분파성을 끊어내고 다원주의가 수용될 수 있는 조직 내 분위기를 어떻
게 만들 것인지 등—에 대해서 논의를 진전시킬 필요가 있다.

그리고 인도네시아에서 복수노조, 결사의 자유가 인정되면서 노조가
상당히 많은 분열을 거듭했는데, 이를 한 측면에서는 노조 민주주의가
실현되었다고 볼 수 있지만, 다른 한편으로는 단결된 힘을 모아가는 데
에는 취약성을 보이는 결과를 낳고 있다고 볼 수도 있다. 즉 우리의 조
직체계와 관련된 문제로, 민주주의의 실천의 문제에서는 기업별체계에
어떻게 투쟁자원을 집중시킬 수 있을 것인가 하는 고민도 필요하다. 이
때 투쟁자원이란 대중의 힘인데, 민주주의란 대중을 어떻게 행동하려는
사람으로 만들 것인가라는 고민이다. 행동하는 주체는 개인이고 이들이
모여 집단적 정체성을 가지게 되면 대중이다. 이러한 개인 그리고 대중
의 역동성은 스스로 결정할 수 있는 권한 및 집행할 수 있는 권한, 즉
자율성에서 나온다. 이 자율성을 전조직적으로 묶어낼 것인가 하는 것
은 다음 문제이다. 발표에서는 이에 대해 권력자원의 대폭적 이동이 필
요함을 지적하고 있고, 전략적인 것은 올리고 전술적인 것은 내리라는
대안을 제시하고 있다.

외국의 사례: UNISON의 비정규직과 여성노동자 이해 대변의 구조

여성노동자들, 이들 중에도 비정규직의 조직률은 매우 낮다. 현장은 조합원이 노조로 가입하는 통로이다. 조직을 하려면 인적 자원, 물적 자본이 필요하다. 민주노총이 비정규직을 조직하려고 돈도 거두고 부위원장 중 한 명이 책임을 맡기도 했다. 그럼에도 불구하고 여성노동자 조직률이 낮다고 하면 이 사람들이 노조에서 차지할 수 있는 위상, 의사결정과정에서 이들이 차지하는 구조에 문제가 있는 것이다. 여성의 이해, 비정규직의 이해를 직접적으로 대변할 수 있는 사람이 그동안 거의 없었다.

발표에서 언급된 UNISON에서 가장 권력 있는 기구는 지역구에서 직선으로 선출된 중앙위원으로 구성된 중앙위원회이다. 십만 명당 세 명의 중앙위원을 선출할 수 있는데, 이 중 한 명은 반드시 여성노동자, 한 명은 반드시 비정규직 시간제 노동자(노조 요구 최저임금 이하로 받는 여성노동자)여야 한다는 조건이 있다. 마지막 한 명에는 남/녀, 임금수준 등에 대한 조건이 없다. 이보다 더 큰 단위에서 중앙위원 네 명을 선출하게 된다면, 두 명은 반드시 여성노동자, 한 명은 비정규직 여성노동자, 마지막 한 명은 조건 없음이라는 식이다.

이전에는 UNISON도 남성 지배적 노동조합 구조를 가지고 있었지만 여성노동자가 더 많았다. 그러니 이런 구조 내에서는 여성노동자에 대한 조직화는 이루어지지 않는다. 이것이 노조 민주주의의 문제이기도 하다. 여성적 관점에서 접근하지 않으면 여성노동자 조직화는 안 된다. 의사결정기구에 각 그룹이 어떻게 대표성을 획득해가는가가 중요하다.

한국의 사례: 보험모집인노조, 상급노조와의 관계

사무금융노련에서 보험인노조는 10년 후에나 할 수 있다는 판단을 내리고 보험인을 조직화할 의지가 없었기도 했고, 또 현장에서 너무 힘들고 억울한 것이 많아서 보험인들이 직접 노조를 결성했다. 그러나 보험인노조의 입장에서는 민주노총 위원장이 대통령보다 높다고 생각한다. 현장의 어려움을 얘기하면 함께 해결하려고 하는 것이 아니라, 무조건 내리꽂기 식으로 지시를 한다. 걸음마도 못하는 신생조직을 자립하게 만들어야 하는데, 너무나 관료적으로 행동했다. 특히 보험회사의 모집인들은 이들을 관리하는 소장이 속한 곳인 사무금융연맹과 노-노갈등이 심각한 문제이다. 이런 갈등은 기득권을 가진 쪽에서 빼앗기지 않으려 하기 때문인데, 한국통신의 정규직-계약직 갈등도 그러하다. 노조의 합법성, 단결권마저 막는 노동부의 유권해석에 대해서 사무금융노련에서는 전혀 배려하지 않았고, 그러니 상부를 신뢰하지 않게 된다.

앞서 UNISON이 사례에서 보았듯, 노조 민주주의를 실현하기 위해 해결되어야 할 문제가 많다. 그런 면에서 볼 때 어쩌면 여성할당제보다 여성위원회가 더 중요하다고 볼 수도 있다. 과소대표되는 여성들이 모여 자율적 운영조직을 구성하고 그 속에서 요구조건들을 통일시켜내고 상층의사결정기구에 반영하는 것이 중요하다. 그리고 기본적으로 민주주의를 하려면 각 대중들의 이해가 중앙의 의사결정과정에 반영되도록 하는 구조를 만들어야 한다.

세계노동운동 차원에서 보면, 숙련노동자에서 미숙련·반숙련 산업노동자들이 노동운동의 주요 흐름으로 등장해왔다. 분명 기존 구성원들에 의한 조직운영이 존재하며, 그럴 경우 그 내부에서 해결되길 바랄 수는 없다. 오히려 현재 증가하는 비정규직의 층이 형성되고 있는데 그 흐름, 그 기반을 통해 기존 노동운동에 대한 교정을 바랄 수도 있고, 현 세기에 대한 새로운 노동운동의 틀거리를 만들어나갈 수도 있다.

민주주의와 노조 구심력의 입체화

기업별노조의 파편화, 집중화 등에 대해 비판하고 산별노조 시도에 대해 많이 이야기를 했는데, 과연 분파의 문제까지 포함해서 이 문제들이 얼마나 대중적인지, 대중들에게 얼마나 논의되고 있으며 얼마나 대중들을 대변하고 있는지 생각해보아야 한다.

민주노총에서 파업을 선언하고도 안 되는 이유를 생각해볼 필요가 있다. 파편화된 권력집중구조, 분파구조 중심의 타협과 의사결정 등 현장의 분파가 가진 문제 때문에 직선제를 채택하게 되고, 이것이 단사 위원장에게 다시 권력을 집중시킨다는 아이러니한 현실로 이어져왔다. 지금은 일정한 거점을 가지고 있는 위원장들이 노조의 결정을 독점하게 되니 문제다. 현재와 같은 한국 노조의 관행과 조직의 경우, 산별노조가 된다 하더라도 좀더 큰 규모로 위원장에게 권력이 집중된 구조가 될 뿐일 것이다. 그리고 산별은 현장과 떨어짐으로써 관료주의 문제는 심각해질 것이다.

부연해서, 현장중심 단사중심의 자율성을 발표에서 강조했는데, 좀더 상향조정해야 하는 것이 아닌가 생각한다. 단사에 일이 터지면 연맹이 아니라 곧바로 중앙으로 뛰어온다. 입체화될 필요가 있지 않은가. 권위, 자원 등을 가지고 사무노련에서 해결해야 할 문제가 중앙으로 곧바로 가는 등의 단순함을 바꾸어야 한다. 산별이든 연맹형태든 인적인 자원, 경제적 자원, 집행력 등을 역할에 맞게끔 분배해야 하고 단사가 너무 중앙에 의존하는 구조도 연맹 중심으로 재배치할 필요가 있지 않을까. 2001년 5월 31일 민주노총 총파업의 경우 심하게 이야기하면 지도부가 책임을 회피하기 위해 이용한 투쟁이었다고 볼 수도 있다. 상황이 아니었음에도. 롯데와 사회보험이 터졌을 때, 연맹을 제치고 민주노총이 직접 끼어들었다. 그리고 이어진 서울역에서의 농성같이 현장에 대한 배려가 부족한 투쟁은 투쟁이 아니라고까지 생각한다. 이도 민주노총 내에서 민주주의가 실종된 한 징표이다. 그런 이유에서 연맹의 역할이 강화되어야 할 필요가 있다는 데 동의한다. 한국 노동운동의 비전 제시 문제에서 민주주의에 대한 고민이 필요한 시점이 아닌가. 특히 여성노동자 문제 대해서 그렇다고 본다.

노동조합 내의 분파성의 문제

민주노총의 경우 내부 적의 개념으로까지 가는 듯한 현재의 분파성은 심각한 문제이다. 이에 대해 실천적인 차원에서 두 가지를 추구해볼 수 있다. 첫번째는 일관된 이데올로기. 가능하면 이를 명문화할 필요가 있다. 두번째는 조직. 상층연대를 어떻게 하층연대로 발전시킬 것인가. 정파에도 비록 비공식적이지만 여전히 현장-중앙의 문제는 남아 있다. 상층분파를 하층분파로까지 확산시키는 그 문제이다.

1980년대 학생운동 출신 노동운동가가 노동현장에 왔지만, 공부할 때와는 달리 현재는 일관된 이념이 허약하기 때문에 분파주의의 문제점이 크다. 이념에 따른 투쟁을 통하지 않고서는 이념이 제대로 설 수 없다고 본다. 현재와 같은 분파적 행동이 계속 존재해서는 안 된다. 정파는 있어야 하지만 이들은 운동을 통해서 발전되어야 한다. 정파라 한다면 일관된 이념을 정립해내고 대중들에게 다가가는 것이 과제다.

노조의 민주주의와 집단이기주의

노조에 속해 있지 않은 다른 대중들과의 관계들은 어떻게 풀어나갈 것인가. 10%밖에 안 되는 노조조직률을 볼 때 과연 사회 전체에서 노조가 민주주의를 실현해나가는 주체가 될 수 있을까. 어떤 방법이 필요할까. 노조는 민주주의를 유지하기 어려운 조직이다. 원래 시작은 민주적이었지만, 살아남기 위해선 관료화되어야 한다는 점에서 특히 어렵다. 노조가 사회 전체에서 대부분의 노동자를 조직할 수 있다면 노조 민주화가 사회 민주화에 보탬이 되겠지만 노조가 단 10%만을 조직하고 있다면 비록 민주화가 이루어진다 하더라도 사회 전체로부터는 이익결사체로 판정받지 않겠는가. 그렇다면 분파가 정파화되는 것은 중요하다. 적은 수만을 조직하고 있다 할지라도 그 내에서 올바른 것을 추구한다면 충분히 의미 있다고 볼 수 있다.

노동조합 민주주의의 미래

최근 대의민주주의의 문제점들을 지적하며 민주주의는 죽었다는 표현을 쓴다. 최근 미국 대통령선거에서 드러났던 문제에서 보듯 그런 것이 과연 진정한 민주주의인가 하는 의구심은 당연하다. 그렇다면 민주주의는 과연 노조에서 어떤 방식으로 실현되어야 할까. 분열된 다수가 민주주의를 가져올 수 있을까라는 문제를 제기할 수 있다. 그렇지만 대중은 분열되어 있다. 개인마다, 조합마다 우선순위가 다르다. 민주주의는 이러한 이해관계를 조정하는 메커니즘이다. 노조 민주주의나 사회의 민주주의 모두 다원주의 속에서 다양한 의견을 수렴하고 정화하고 집행하는 과정이라고 생각할 수 있으며, 그 과정에서 여러 문제점이 나타나는 것은 어쩌면 당연하다. 현 노사관계 구조 속에서 양대노총/기업별노조의 현상이 그것인데 다원주의라 하더라도 자유방임은 아닌 것 같다. 주요 이슈를 끌어내고 협상력을 높여나가야 할 필요가 있다. 이 문제는 상부의 지도력 문제라고 생각할 수도 있으며 그 차원에서는 과거의 모순을 한 번에 다 없앨 수는 없다. 쳐내기도 하고 설득하고 포섭해나가며 그 과정에서 발전해나가는 것이 필요하다. 박태주 박사를 중심으로 한 이야기에 많이 공감한다. 그러나 현장에는 여전히 살아 있는 노동자, 건강한 투사가 많다. 근본적인 구조 변화를 하지 못하면 오래가지 못할 것이지만 그 과정을 통해 미래의 희망이 생겨난다. 노조 내부·문제에 대한 현실감 있고 밀도 있는 논의였다.

상급노동조합 상근간부의 고용관계에 관한 연구

이병훈·오건호·인수범*

1. 머리말: 문제제기

영리추구를 기본목표로 삼는 기업조직의 경우에는 경쟁력의 핵심적인 요소로서 조직 내 인력관리의 중요성이 크게 부각되어왔다. 실제, 기업들에 있어서는 노동력의 효과적인 활용 여부가 경영성과에 주요 결정요인으로 작용하는 만큼, 그동안 인력의 선발·채용, 교육훈련, 급여체계, 경력관리 및 직무배치, 그리고 조직문화와 직무만족 등을 포괄하는 인력관리에 상당한 투자와 관심이 기울여져왔다.

이에 비해서, 노동조합들에 있어서 조직 차원의 인력관리의 문제가 매우 소홀히 다루어져왔다. 노동조합이 단체교섭과 단체행동을 통해 조합원들의 임금 및 근로조건 등에 대해서 공식화된 형태(예: 단체협약)로 보호·개선하기 위하여 지속적인 노력을 기울여온 반면에, 노조 내부에서 활동하고 있는 상근간부의 고용조건에 대해서는 체계적인 관리와 정책적 고려가 행해지지 못하였던 역설적인 상황을 확인케 된다(Clark & Gray, 1992).

노동조합이 기업과는 상이한 목표와 성격을 가진 사회조직이라 하더

---

* 이병훈: 중앙대학교 사회학과 교수, 인수범: 한국노동사회연구소 연구위원, 오건호: 민주사회정책연구원 객원연구위원.
■ 이 글은 동제목의 단행본(2001, 노동사회연구소)을 요약한 논문임.

라도 기업과 마찬가지로 조직운영의 효과성을 높이기 위해서는 내부 인력관리의 효율성이 중요하게 강조되지 않을 수 없다. 특히, 초기업수준의 상급 노동조합의 역할과 위상이 강화되는 우리나라 현실에 비추어볼 때, 이들 상급노동조합에서 일하는 상근간부의 인력관리에 정책적인 연구와 관심을 기울일 필요가 있다.[1]

보다 구체적으로, 경영 측의 새로운 노동력 활용전략에 따라 노동조합의 조직적 기반이 크게 위축되는 상황변화에 적절히 대처하기 위해서, 또한 복잡하고도 전문화되는 국가 차원의 정책현안들에 대해 전국 또는 산업·지역별 수준의 상급 노동조합의 역할을 보다 강화하기 위해서, 그리고 산별화를 통해 상급노동조합의 조직운영체계가 더욱 중앙집권화됨에 따라 상근간부들이 전문성의 심화와 자기 업무능력발휘의 극대화를 보장할 수 있도록 상근간부의 인력관리에 대한 체계적인 개선이 절실히 요구된다고 하겠다. 또한, COSATU의 「셉템버 보고서」(1998)에서 지적하듯이 노동조합의 기본적 활동자원이 다름아닌 "인적 역량"(상근 간부인력 및 조합원)에 있는 만큼, 상급 노동조합의 활동 성패는 유능한 간부들이 자신의 이념적 지향성이 만족스럽게 실현될 수 있는 고용관계의 여건을 조성하는가의 여부에 크게 좌우된다고 해도 과언이 아닐 것이다. 이러한 문제의식에 기초하여 이 글은 우리나라 상급 노동조합에서 일하는 상근간부들의 고용관계 현황을 분석하고, 이에 기초하여 상급 노동조합의 인력관리를 개선하기 위한 정책적 시사점을 도출하고자 한다.[2]

---

1) 여기서 상급 노동조합이란 초기업수준의 노동조합조직, 즉 양대 노총본부, 산하 산별노조·산별연맹, 지역본부 등을 포괄하는 개념으로 정의된다. 한편, 남아공화국의 노동조합 전국조직인 코사투(Cosatu)는 노동운동 개혁의 방향과 과제를 제시하고 있는 「셉템버 보고서」에서 "유능하고, 민주적이며 혁신적인" 조직으로의 탈바꿈을 강조함과 동시에 노조의 상근직원에 대한 인적 자원관리의 개선에 적극적이어야 한다는 입장을 피력하고 있다(COSATU, 1998).

2) 이 논문은 한국노동사회연구소의 주관하에 진행되고 있는 '한국 노동조합의 간부역량 강화 방안'의 연구 일환으로 작성된 것이다. 본 논문의 선행연구인 이병훈 등(2000a)에서는 노조조합 상근간부들의 역사적 형성 과정과 실태유형

2. 노조 상근간부의 고용관계에 관한 이론적인 검토

기업에서의 고용관계에는 자본주의 경제체제하에서 상품화된 노동력의 판매자와 구매자 간에 형성·유지되는 각축적 교환(contested exchange)이라는 구조적인 속성이 내재해 있다(Bowles & Gintis, 1990). 다시 말해, 이윤창출을 추구하는 경영자와 본인 및 가족의 생계유지를 위해 노동력을 판매하는 노동자들 간에는 노동력의 수취수준과 방식을 둘러싼 근원적인 대립이 상존하게 되는 것이다.[3]

이에 비하여, 노동조합 및 비영리 사회운동단체에 종사하는 이른바 '활동가'들에 대한 고용관계는 상이한 성격을 띠고 있다. 슈트라우스(Strauss, 1992)에 따르면, 노동조합과 비영리 사회운동단체의 종사자들은 해당 단체의 활동목표에 동의하여 자신의 이념적 지향성을 실현하기 위해 자발적으로 참여하며, 물질적이기보다는 심리적인 보상을 더욱 중요시한다.[4] 이와 같이, 노동조합에서의 고용관계는 기본적으로 비대립성(목표 일체성)과 자발성 그리고 비물질적 보상이라는 독특한 속성을 지니고 있는 것이다. 실제, 상급 노동조합 상근간부들은 노동계층의 정치·경제·사회적 이해를 대변하고자 하는 노동운동의 대의와 노조의 활동목표에 대해 이념적인 일체감을 가지고 열악한 활동조건 및 경제보상에 구애됨이 없이 자발적인 공헌을 통해 심리적인 만족을 추구하는 자원봉사자로서의 성격을 다분히 가지고 있다. 이러한 점에서, 노동조합 상근간부(또는 활동가)라는 직업의 성격규명에 있어서 '월급봉투와 빵'이라는 생활의 필요성보다는 사회적 역할수행과 자아실현이라는 이념지향

화에 대한 기초적인 분석이 이루어지기도 하였다.

3) 통상 직업에 대해서 "생계유지와 사회적 역할 수행 및 자아실현을 지향하는 지속적인 일"이라 일반적인 정의를 내리게 된다(유홍준, 2000). 그런데, 자본주의적 고용관계하에서는 생계유지가 노동 또는 직업의 1차적인 목표가 되는 한편, 사회적 역할과 자아실현은 부차적인 목표라 하지 않을 수 없다.

4) 이러한 관점은 Drucker(1995)와 신명호·이근행(2000)에 의해서도 확인되고 있다.

적인 가치관이 더욱 중요하다고 제기하는 '행위자가치이론(actor's value theory)'이 설득력을 지니고 있다고 평가된다(Kelly & Heery, 1994).

그럼에도 불구하고, 가치이념적인 지향성을 갖고 활동하는 상근간부들 역시 조직운영의 현실적인 조건 속에서 개별적으로 또는 집단적으로 고유한 고용관계 문제에 직면하게 된다. 우선, 미헬스(Michels, 1915)가 지적하듯이 노동조합의 조직규모가 커짐에 따라 조합원들의 참여민주주의적 운영원리가 퇴색되는 대신에 노동조합의 지도부에 의한 과두제적인 지배가 이루어지게 되고,5) 그 결과로서 노조 지도부-상근간부(활동가)-조합원 대중 사이에 조식 내 활동지향성과 이해관계의 괴리가 섬차 나타날 수 있다. 또한, 상급 노동조합들이 관료제적인 조직구조와 운영 방식을 불가피하게 도입됨에 따라 상근간부들은 노동운동을 지향하는 활동가로서보다는 지도부의 지시에 따라 일상업무를 수행하는 전문적 관료로서의 위상과 기능을 수행하는 간부로 전락할 소지도 있다. 이에 더하여, 상급 노동조합 지도부의 정치적 성향이나 내부 계파구도에 의해 조직 운영, 상근간부 업무배치, 채용·방출 등의 결정이 이루어질 경우 상근간부들의 신분불안과 소외감은 더욱 심해질 수밖에 없다(Dunlop, 1990).

이와 같이, 상급 노동조합에서도 과두제화와 관료제화 그리고 정치 논리가 조직운영의 현실적인 조건으로 자리잡게 됨에 따라 상근간부(활동가)들과 노조임원(지도부) 간에 조직 내부의 위상 차이에 비롯되는 다음과 같은 독특한 이해갈등이 존재한다. 첫째, 사용자로서의 노조임원은 해당 임기에 구속된 정치적인 위상에 놓여 있는 반면, 피고용인으로서

---

5) Blau & Meyer(1971) 역시 노조의 조직규모 확대와 더불어 조직 행정 및 관리의 업무가 증대되고 복잡한 조직운영상의 문제가 늘어남에 따라 노조 본부에의 종사자수가 크게 증가될 뿐 아니라 관료제적 관리체계가 불가피하게 정착될 수밖에 없다는 점을 지적하고 있다. 이들에 따르면, 노동조합들이 결성 초기의 성장 국면에서는 역동적이며 경량화된(fluid and lean) 구조를 갖춘 사회운동적 조직(missionary organization)의 성격을 강하게 나타내고 있으나, 성숙 단계에 들어서면 체계화된 위계질서(well-defined hierarchies)와 세부 업무규정 그리고 중앙집권화된 권위구조를 가진 관료제적 조직형태로 변모하는 것으로 분석되고 있다.

의 상근간부는 기본적으로 임기에 구애됨이 없는 지위의 영속성을 가지고 있다. 둘째, 노조지도부는 (실질적이든 형식적이든) 조직 내부의 민주적 절차에 의해 결정된 정책의 집행을 위한 노조 업무의 지시권자인 반면에, 상근간부는 그 지시받은 업무를 수행하게 된다. 셋째, 지도부는 (정부 및 경제단체와의 관계 속에서) 정책집행 및 활동방향을 주도함에 있어 노조조직의 전반적(global) 목표 실현과 내부입장 조율에 치중하게 되는 반면에, 상근간부들은 수행업무와 관련하여 산하 소속노조와 조합원들의 특수한 이해관계에 보다 민감해진다. 끝으로, 상근간부(활동가)들에 대한 채용·선발과 업무배치·승진 그리고 임금 등의 고용조건이 노조임원에 의해 결정됨에 따라 사용자(임원)-피고용인(상근간부) 간의 고용관계와 관련된 이해갈등이 존재하게 된다.

요컨대, 상급 노동조합에서 일하는 상근간부는 자신의 행위가치로서 노동조합운동의 대의를 추구하여 자발적으로 노조조직에 참여하는 특성을 가지는 한편, 관료적 위계질서를 지닌 노조조직 체계하에서 노조지도부의 지시에 따라 전문적인 업무를 수행하는 피고용자로서의 지위에 놓여 있다. 이와 같이, 상근간부의 고유한 직업적 속성에는 활동가로서의 행위가치 지향성과 현실적인 노조조직 운영체계 및 고용관계여건이 함께 작용하는 일정한 긴장과 모순을 안고 있는 것이다.

이 글에서는 상근간부의 이러한 특수한 성격을 염두에 두어 우리나라의 상급 노동조합에 종사하는 상근간부들의 고용관계 현황과 문제점을 분석하고 있다. 구체적으로, 상근간부의 고용관계에 대해서는 임금수준 및 임금 결정방식, 채용·업무배치·승진 등의 인사관리, 교육훈련 그리고 의사소통·참여방식 및 조직문화 등을 중심으로 실태 설문조사(제3절)와 사례연구(제4절)의 결과를 정리하고 있다.

3. 상급노동조합 상근간부의 고용관계 현황(I): 실태 설문조사 분석

이 절에서는 우리나라 상급노조 상근간부의 고용관계 현황을 파악하기 위해 2000년 8월부터 10월까지 실시된 실태 설문조사의 결과를 분석한다. 이 실태조사는 민주노총과 한국노총, 양 노총의 지역본부, 각 산별연맹(혹은 산별노조) 등 총 75개 상급 노동조합을 대상으로 한 전수조사로서, 이 중 총 24개(응답률 32.0%)가 수거되었다.[6] 비록 이번 사례수가 충분치는 않지만, 이 실태조사는 초기업수준의 상급 노동조합에서 일하는 상근간부에 대한 현황과 특징을 파악하는 데에 유의미한 근거자료를 제공할 것으로 기대한다.

실태조사에서 상급 노동조합 상근간부는 선출직, 파견직, 채용직 등 3개 직종으로 구분되고 있다. 선출직은 상급 노동조합에서 선출된 임원으로서 노동조합에서 상근하는 간부, 파견직은 산하 조직에서 일정 기간 상급 노동조합으로 파견된 간부, 그리고 채용직은 상급 노동조합이 스스로 고용한 일반 상근간부를 의미한다. 한편 일부 상급 노동조합들에는 사무보조직, 자원봉사자, 파트타임 활동가 등이 포함되는 경우도 있었으나, 이들은 이번 분석에서 제외되었다.

1) 임금수준과 임금제도

상급노동조합 상근간부들의 임금재원은 두 가지로 나뉜다. 선출직과 파견직은 자신이 속한 회사에서 지급되고 채용직은 이들을 고용한 상급

---

6) 이번 실태조사의 대상은 한국노총과 민주노총의 중앙본부, 한국노총 산하 24개 산별연맹·산별노조와 16개 지역본부, 그리고 민주노총 산하 19개 산별연맹·산별노조와 14개 지역본부이다. 한국노총의 경우 산하 연맹급 회원조직이 28개이나 이중 4개(철도, 전력, 체신, 담배인삼공사)는 실질적으로 기업별노조에 가까워 분석대상에서 제외하였다. 이 실태 설문조사지는 각 상급노조의 사무처장 또는 총무부서장에 의해 작성되었다.

노동조합이 지급한다. 따라서 선출직과 파견직은 일반조합원과 임금수준이 유사한 반면에 채용직의 급여수준은 상급 노동조합의 재정능력과 임금정책에 따라 일정한 편차를 드러내고 있다.

먼저 각 직종별 임금수준을 양 노총 계열별로 비교해보자. 선출직의 경우 민주노총 계열 선출직은 3,000만 원 이상을 받는 간부의 비율이 35%(7명) 정도이다. 반면에 한국노총 계열의 경우에는 63%에 해당하는 10명이 3,000만 원 이상의 연봉을 받고 있다. 이러한 급여수준의 차이는 이들의 급여가 자신이 속한 사업장에서 지급된다는 것을 고려하면 한국노총 계열 선출직 상근간부가 상대적으로 연령이 높고 근속연수가 높기 때문으로 추측된다.

파견직의 경우 양 노총 계열의 임금수준 차이는 더욱 드러난다. 민주노총의 경우 3,000만 원 이상의 상대적으로 높은 봉급을 받는 파견직 상근간부의 비율이 3명으로 20%에 불과하고, 2,000만 원 미만의 낮은 임금을 받는 상근간부가 40%에 달하는 데 반하여, 한국노총 계열의 경우는 3,000만 원 이상이 17명으로 44.7%에 달하고, 2,000만 원 이하는 13.2%에 불과하다. 이러한 임금 차이는 선출직과 마찬가지로 연령변수에 의해 일부 설명될 수 있다. 그러나 더욱 영향을 미친 것은 본 조사에 포함된 한국노총 계열의 한 상급노조 때문이다. 이 노조는 18명의 상근간부 중 파견직이 12명으로 파견직의 비중이 매우 높았고, 이 노조가 속한 산업이 전통적으로 고임금의 화이트칼라 업종이고 이들 파견직 12명이 모두 3,000만 원 이상의 임금을 받고 있기 때문이다.

선출직과 파견직 상근간부의 임금은 자신이 속한 기업에서 지급되는 것이기 때문에 노동조합의 재정이나 임금정책과는 무관하게 결정된다. 반면에, 노동조합의 재정에서 임금이 지급되는 채용직 상근간부의 임금수준을 살펴보면 <표 1>에서 나타나듯이 연봉 기준으로 총액이 2,000만 원을 넘는 상근간부의 비율이 양 노총 계열을 합하여 29.7%에 불과하다. 현재 채용직 상근간부의 대부분이 30대와 40대인 것을 고려하면, 이러한 임금수준은 우리 사회의 일반적인 임금수준과 대비하면 상당히

<표 1> 상근간부 임금수준 비교

구분		인원 수(명, %)		
		민주노총계열	한국노총계열	계
선출직	1,000만 원 미만	0(0.0)	0(0.0)	0(0.0)
	1,000-1,499만 원	3(15.0)	0(0.0)	3(8.3)
	1,500-1,999만 원	1(5.0)	3(18.8)	4(11.1)
	2,000-2,499만 원	2(10.0)	1(6.3)	3(8.3)
	2,500-2,999만 원	7(35.0)	2(12.5)	9(25.0)
	3,000만 원 이상	7(35.0)	10(62.5)	17(47.2)
	계	20(100.0)	16(100.0)	36(100.0)
파견직	1,000만 원 미만	2(13.3)	0(0.0)	2(3.8)
	1,000-1,499만 원	0(0.0)	0(0.0)	0(0.0)
	1,500-1,999만 원	4(26.7)	5(13.2)	9(16.9)
	2,000-2,499만 원	2(13.3)	8(21.1)	10(18.8)
	2,500-2,999만 원	4(26.7)	8(21.2)	12(22.6)
	3,000만 원 이상	3(20.0)	17(44.7)	20(37.7)
	계	15(100.0)	38(100.0)	53(100.0)
채용직	1,000만 원 미만	22(19.6)	7(5.5)	29(12.1)
	1,000-1.499만 원	35(30.9)	30(23.6)	65(27.1)
	1,500-1.999만 원	30(26.7)	44(34.6)	74(30.9)
	2,000-2.499만 원	15(13.3)	24(18.8)	39(16.3)
	2,500-2.999만 원	10(8.9)	13(10.2)	23(9.6)
	3,000만 원 이상	0(0.0)	9(7.1)	9(3.8)
	계	112(100.0)	127(100.0)	239(100.0)

낮은 것이다.

또한 채용직 상근간부의 임금수준은 양 노총 계열별로도 다소 상이하다. 한국노총 계열 채용직 상근간부 중 2,000만 원 이상을 받는 비율은 46명으로 36.1%인 데 반하여 민주노총 계열은 25명으로 22.2%에 불과하다. 또한 연봉총액이 1,500만 원에 이르지 못하는 저임금 상근간부의 비율에서는 한국노총 계열이 29.1%인 데 반하여 민주노총 계열은 50.5%에 달하고 있다. 이와 같이 양 노총을 비교하면, 민주노총 계열의 상근간부들이 한국노총에 비해 더욱 낮은 임금조건에 놓여 있는 것을 확인케 된다. 이러한 임금격차는 첫째로는 한국노총 계열의 채용직 상근간부의 연령이 민주노총 계열에 비해 다소 높기 때문에, 둘째로 한국노총 계열의 전체 조합원 대비 상근간부 비율이 민주노총에 비해 낮아

인건비 부담이 상대적으로 작기 때문이다. 실제로 한국노총 계열 노동조합의 총비용지출 중 인건비는 27.9%로서 민주노총 계열의 36.8%보다 다소 낮은 편이었다.

　채용직 상근간부의 낮은 임금수준은 상급 노동조합 내부에서 파견직과의 임금격차 문제를 야기하고 있다. 그러나 파견직의 경우는 하부조직에서 '올라온' 단위노조 임원 혹은 간부로서 상급 노동조합에서 채용직과 유사한 지위에서 업무를 수행하는 것이 보통이다. 그런데도 임금재원의 차이로 말미암아 양 직종간 임금수준의 격차는 상당히 크다. 현재 2,000만 원 이상 임금을 받는 비율이 파견직의 경우 79.1%에 달하는 데 반하여 채용직의 경우는 22.2%에 불과하다. 이 같은 채용직과 파견직 간의 임금격차는 상근간부들간에 위화감을 낳고 상급 노동조합 내의 조직통합에 부정적인 영향을 미칠 소지를 지니고 있다. 실제, 2000년에 민주노총 계열의 한 상급 노조에서는 파견직 상근간부에 훨씬 못 미치는 채용직 상근간부의 임금수준으로 인하여 조직 내에서 갈등이 빚어지기도 하였다.

　채용직 상근간부의 임금결정기준을 살펴보면, 응답한 23개 노조 중 69.6%인 16개가 조직의 재정형편에 따라 임금수준을 결정하는 것으로 나타났다. 상근간부의 임금결정기준으로는 활동가로서의 위상에 주목할 경우 소속조합원의 임금수준, 직업인으로서의 위상에 주목할 경우 일반 회사의 임금수준 등이 고려될 수 있다. 그러나 아직까지 채용직 상근간부에 대한 우리나라 상급 노동조합들의 임금결정은 이들 노조의 어려운 재정형편에 의해 주로 좌우되고 있는 형편이고, 그 결과 사회적 수준에

<표 2> 채용직 상근간부 임금결정기준

	조합원 임금수준	일반 회사 임금수준	조합 재정형편	다른 노조조직 상근자 임금수준	합계
조합수	3	2	16	2	23
%	13.0	8.7	69.6	8.7	100.0

못 미치는 임금수준에 머무르고 있다. 문제는 상급 노동조합의 열악한 재정상황이 단기적으로 해결될 것으로 예상하기 어려운 만큼, 이들 조직의 상근간부에 대한 낮은 임금수준이 상당 기간 지속되리라는 점을 지적하지 않을 수 없다.

2) 인사제도

현재까지 실태조사대상의 상급노조들 중 극히 일부만이 상근간부의 업무능력에 대한 평가제도를 도입하고 있다. 실제, 업무능력 평가제도가 있느냐는 질문에 20개 노조가 없다고 응답한 반면에, 있는 것으로 응답한 노조조직은 3개에 불과하다. 그러나 이들 3개 상급노조의 경우도 사례연구를 통해 확인해보면, 아직 체계적인 것은 아니고 평가의 범위도 제한적인 수준이다. 이러한 상황은 임금체계의 운영에 그대로 반영되어 응답 상급 노조의 82.6%가 연령과 근속을 기준으로 임금수준을 정하는 연공급체계로 나타나고 있다.

채용직 상근간부의 승진기준을 보면, 선임자 우선원칙의 근속기준과 임원의 자체 판단이 각각 34.8%(8개)과 39.1%(9개)를 차지하고 있다. 예상대로 노동조합이 일반적으로 선호하는 인사기준인 연공서열의 승진 방식이 다수 발견되고 있기는 하나, 그 이상으로 임원의 판단이 상근간부의 승진결정에 작용하고 있음을 볼 수 있다. 이러한 임원 판단에 따른 승진 결정은 집행부의 정치적 통합성을 강화할 수 있는 이점이 있는 반면에 채용직 상근간부의 활동 안정성에는 하나의 장애요인으로 작용할 수도 있다는 점에 유의할 필요가 있다.

채용직 상근간부의 채용방식은 대체로 공채와 연고추천이 주를 이루고 있다. 채용방식을 묻는 질문에 23개 노조 중에서 9개 노조가 공채를, 5개 노조가 연고추천제를, 그리고 9개 노조가 공채와 연고추천제를 혼용한다고 응답하였다. 아직 우리나라 노동조합의 경우 조직규모가 작고, 노동조합 활동가로서 자원하는 신규자의 인력풀이 제한되어 있다는 점

<표 3> 채용직 상근간부 승진기준

	선임자 우선	업무성격/능력	임원의 판단	공식경쟁	기타	계
조합수	8	2	9	1	3	23
%	34.8	8.7	39.1	4.3	13.0	100.0

<표 4> 채용직 상근간부 채용방식

	공채	연고추천	공채와 연고추천	계
조합수	9	5	9	23
%	39.1	21.7	39.1	100.0

<표 5> 퇴직자의 이직사유

퇴직이유	해당 노조수
경제적 문제(곤란)	2
다른 노동조합이나 활동단체로 이전	8
노조운동의 회의	2
정년	3
결혼	3
사업	1
건강	1
기타	10
계	27

에서 여전히 연고추천제가 주요한 방식으로 채택되고 있음을 확인하였다. 공개채용을 하는 경우에도 응답한 20개 노조 중에서 능력을 객관화하여 평가하는 필기시험을 치르는 조직은 단지 3개에 불과하였고, 나머지 17개 조직은 서류와 면접으로 신규 상근간부에 대한 채용 여부를 심사하고 있다.

한편, 최근 2년 사이 대부분의 상급 노동조합에서 채용직 상근간부가 퇴직하는 것으로 드러나고 있다. 응답 23개 노조 중 20개 조직에서 퇴직이 발생했는데, 총 퇴직인원은 68명으로서 채용직 총인원 270명의 25.2%에 해당하는 비율이다. 이러한 퇴직비율은 상당히 높은 수준으로 우리 상급 노조 상근간부들의 고용안정성이나 활동지속성에 있어 적잖은 문제가 존재하고 있음을 유추하게 된다.

퇴직이유를 설문조사한 <표 5>를 살펴보면, 다른 노동조합이나 활동단체로 이전하는 경우가 가장 많았는데, 상급 노조들간에 또는 여타 노동단체로의 직장이동이 상당히 존재하고 있음을 확인하게 된다. 다른 한편으로, 현재의 노동조합운동과 관련해서 주목할 점은 경제적 문제와 노조운동의 회의 때문에 노동조합을 퇴직한 경우이다. 응답노조 20개 중 노조운동의 회의와 경제적 문제가 각각 2개씩 상급노조에서 나타나고 있다.[7] 이러한 문제들은 주로 낮은 임금에 따른 생활고와 상급노조 지도부과의 정치적 입장 차이 등에 따른 것으로 해석해볼 수 있는 만큼, 상근간부들의 현실적인 고용조건과 활동지향성에 대한 배려의 중요성을 부각시키는 대목이라 하겠다.

3) 교육활동

각 노동조합에서 노조간부를 대상으로 실시하고 있는 교육은 유형별로 상급단체교육, 외부단체교육, 교육기관위탁, 해외위탁, 내부세미나 등으로 구분될 수 있다. 이 중에서 상급단체가 수행하는 교육이 1년에 3.0회, 내부세미나가 3.3회로 빈도가 높은 반면에 외부단체교육, 해외연수는 각각 1.6회, 1.3회에 머물렀고, 교육기관위탁은 오직 1개 노조에서만 보고되었다. 즉 대부분의 교육이 노동조합 내부나 상급단체에 의해서 이루어지고, 외부전문교육기관에 의한 위탁교육은 활발치 않은 상황이다. 이는 주로 노조의 재정부담과 내부 간부인력 부족에 의한 것으로 이해될 수 있으며, 이와 더불어 자체 교육실행의 용이성과 외부 노동교육 전문기관들의 취약성 등에 따른 것으로 지적해볼 수 있다.

전체 교육 중에서 노조간부 1인이 받는 교육횟수는 평균 2.1회였고,

---

7) 한편 전자의 이유(운동의 회의)는 2개 모두 민주노총 계열의 노동조합에서, 후자의 이유(경제적 문제)는 모두 한국노총 계열의 노동조합에서 발견되었다. 그러나 이러한 구분은 표본의 불충분 때문에 일반화하기는 한계가 있다.

<표 6> 1년간 노조내부 교육유형별 빈도와 평가

	상급단체교육	외부단체교육	교육기관위탁	해외연수	내부세미나
빈도(횟수)	3.0	1.6	0.0	1.3	3.3
평가(점수)	2.8	2.7	-	2.3	2.5

주: 1 매우 만족, 2 만족, 3 그저 그렇다, 4 불만족, 5 매우 불만족.

교육만족도는 거의 모든 교육에서 '그저 그렇다'라는 평가로 집중되었다. 특히 교육빈도와 교육내용을 총괄 평가하는 질문에서는 21개 노조 중 20개 노조가 '만족하지 않는다'고 대답하였다. 만족하지 못하는 이유로 제시된 것을 보면, 교육내용이나 교육강사의 자질 등이 문제라고 대답한 노조는 하나도 없는 반면에, 6개 노조와 7개 노조가 각각 예산 부족과 업무과다를 지적하고 있다. 여전히 노동조합 교육이 재정이나 시간의 한계로 인하여 안정적으로 운영되고 있지 못함을 보여준다. 한편, 가장 시급한 교육내용으로는 20개 노조 중 15개가 '부서 정책역량 강화'를 꼽고 있었다. 즉 부서별로 정책역량 강화를 위한 교육이 필요하다는 것을 느끼고 있음에도 불구하고 노동조합의 재정부담이나 업무과다로 인하여 교육활동이 제대로 수행되지 못하고 있음을 알 수 있다.

4. 상급 노동조합 상근간부의 고용관계 현황(II): 사례 분석

본 연구의 사례분석 대상은 총 6개 상급 노조조직으로 양 노총(민주노총과 한국노총)의 중앙본부 그리고 양 노총 산하의 2개 산별노조와 2개 산별연맹이다.[8] 2개의 산별노조인 A노조와 B노조는 각각 민주노총

---

8) 사례대상 조직에 대한 면접조사는 2000년 8월부터 11월 말까지 진행되었다. 양 노총의 중앙본부와 4개 산별노조에서 해당 조직의 전반적인 행정관리 책임을 맡고 있는 사무처장과 본 연구의 주된 대상인 채용직 상근간부들(조직별로 1-3명 정도)에 대한 면접을 실시하였다(이병훈 외, 2000b).

과 한국노총에 소속되어 있으며, 양 노총에서 선구적으로 산별화를 실현한 노조조직이다. 또한, 민주노총과 한국노총에 각각 소속된 2개의 산별연맹인 C연맹과 D연맹은 제조업부문의 동일 산업을 대표하는 연맹조직들이다. 이 사례 분석에서는 채용직 상근간부의 고용관계를 중심으로 살펴보기로 한다.

1) 인원구성

<표 7>은 노동조합별로 상근간부의 현황을 정리한 것이다. 선출직과 파견직 상근간부의 임금은 소속 기업 또는 사업장에서 지급되는 것이 일반적이기 때문에, 인원구성에서 채용직에 비해 선출직과 조직파견직의 비중이 높다는 것은 노조의 인건비 부담이 그만큼 줄어든다는 것을 의미한다.

노동조합들은 현재로서는 산별노조로의 전환이나 조합비 인상과 같은 변화 요인이 발생하지 않는 한 현재의 채용직 상근간부를 늘릴 재정적 여유가 없는 형편이다. 따라서 노동조합들은 궁여지책으로 노조의 임금 지급 부담이 없는 파견직 상근간부를 확대하는 방법을 활용하고 있다. 특히 현재 인원구성으로 보아서 상대적으로 조직파견직의 비중이 작은 조직(민주노총, A노조, D연맹)에서는 적극적으로 파견직 인원의 확대를 고려하고 있다.[9]

그런데, 파견직의 비중이 너무 높을 경우 단위노조에 의한 '떠넘기기'식의 인력파견이 자주 이루어져 상급노조의 필요에 맞는 간부인력의 충원이 제대로 되지 못해 상급노조 차원의 전문적인 업무 수행에 오히려 부담이 되는 경우도 지적되고 있다. 이러한 점 때문에, 5명의 채용직과

---

[9] "노조연맹의 입장으로서는 현재의 사무처 인원이 좀더 보충되어야 할 필요가 있다고 생각하지만, 연맹의 예산으로는 더 이상의 채용직 상근간부의 충원은 불가능한 상태이다. 지금 생각으로는 조직파견을 좀더 받아서 연맹 부족인력을 충당하는 것이 유일한 길이라는 판단이다."(D연맹 상근간부의 면담내용)

<표 7> 사례 상급 노동조합의 상근간부 구성

(2000년 현재)

구분	선출직	파견직	채용직	기타	합계
민주노총	8명	3명	34명 (정무직 포함)	5명 (자원봉사)	50명
한국노총	6명	15명	63명	28명 (계약직)	112명
A노조	9명		17명	-	26명
B노조	1명	12명	5명	-	18명
C연맹	7명	8명	26명	1명(자원봉사) 2명(파견)	44명
D연맹	6명	-	10명	-	16명

12명의 파견직으로 상근간부진을 구성하고 있는 B노조의 경우에서는 중앙조직이 정책역량과 전문성을 갖추기 위하여 오히려 채용직의 비중을 높여야 한다는 문제제기가 계속 제기되고 있다. 하지만 B노조는 예산의 한계 때문에 점진적으로 채용직을 늘려나간다는 방침을 가지고 있다. 이와 같이 우리나라 상급노동조합들은 재정의 취약에 따라 상근간부를 충분히 채용하지 못함에 따라 파견직의 활용에 적잖게 의존하거나 이를 확대하고자 하고 있는데, 이러한 파견직 간부의 선발이 상급노동조합의 업무수요에 맞추기보다는 임시방편의 충원방식으로 이루어지고 있다는 문제점을 드러내고 있다.

한편 민주노총에서는 정무직이라는 독특한 직책제도를 가지고 있다. 정무직이란 민주노총 2기 이갑용 집행부에서 신설된 것으로 '위원장과 임기를 같이하는 사람'으로서 현재 6명(사무처장, 4실장, 고용센터소장)이 있다. 현재 정무직제를 둘러싸고 민주노총 내부에서는 찬반양론이 맞서고 있다. 찬성 측에서는 노조집행부가 정책을 효과적으로 추진하기 위해서는 사무총국의 각 부서 책임자인 실장들이 정무직으로서 집행부와 임기를 함께해야 한다고 주장하는 반면, 반대측에서는 사무총국은 집행부가 바뀌더라도 업무의 연속성이 보장되어야 하므로 선거와는 독립적인 조직으로 남아야 한다고 주장한다. 이러한 정무직제에 대해 제기되

는 논란의 핵심적인 쟁점은 사무처 상근간부들의 지위 안정성과 더불어
이들의 정치적 중립성 문제를 지적할 수 있다. 또 다른 사례로서, A노
조에서는 최근 위원장 선거에서 상근간부들이 선거과정에 공개적으로
참여함으로써 선거 이후 사무처의 조직통합에 부정적인 결과를 낳기도
하였다.[10]

2) 고용조건

상급노동조합 상근간부의 임금제도를 살펴보면, 사례 상급 노동조합
들의 임금체계는 모두 연공급체계를 채택하고 있다. 한국노총은 근속년
수별 호봉제를 적용하고 있는 한편, 민주노총은 연령별 호봉제를 가지
고 있으며, 초임의 급여결정에 노동단체나 노조활동 경력을 일정 정도
반영한다. D연맹 역시 임금체계가 연공급에 기초해 있기는 하나, 호봉
표 자체가 없는 상태여서 가장 체계화되어 있지 못하다. D연맹의 경우
에는 상근간부가 채용될 때 임금이 경력과 관행에 따라 결정되고 나면,
그 다음에는 매년 임금인상분이 추가되는 방식을 유지해오고 있다. 다
만, D연맹에서는 임금체계의 취약성을 인식하여 호봉표를 조만간 도입
할 예정이다. B노조에서는 2000년 중에 채용한 2명의 전문위원에 대해
국내 상급노조단체로서는 처음으로 연봉제를 적용해오고 있다.

상근간부의 임금제도와 관련하여 주목되는 점은 임금체계라기보다는
임금수준의 문제이다. 앞의 실태조사에서도 확인하였듯이, 현재 상근간
부 대부분이 생계비에 훨씬 못 미치는 낮은 임금을 받으면서 활동하고
있다. 사례 상급노조 상근간부 대부분의 임금수준은 조합원 평균임금에

---

10) 상근간부의 선거참여로 후유증을 앓았던 A노조의 어느 상근간부는 다음과
    같이 지적하고 있다. "우리 노동조합 사무처 상근간부들은 노조선거에서 선거
    권과 피선거권을 모두 가지고 있다. 현재 사무처간부의 영향력은 매우 커서,
    위원장 선거시 조합원 표의 향방에 큰 영향을 미칠 정도이다. 10여 년 간의
    상근간부 활동에서 구축된 인적·조직적 자원은 대단한 것이기 때문이다"(이병
    훈 외, 2000b).

훨씬 못 미치고 있고, 복리후생의 측면에서는 4대 보험 외에는 거의 부재한 상태이다. 다만, B노조의 경우 그동안 예외적으로 채용직 상근간부에게 조합원과 동일한 임금체계와 임금수준을 적용하고 있어, B노조 상근간부의 임금수준은 가장 높은 편이다. 그런데, B노조에서 최근에 채용한 신임 전문위원의 급여수준에 대해서는 기존 채용직 상근간부들과 비교하여 상당히 낮은 급여가 책정되었다.

상근간부의 저임금문제는 지역본부의 경우에 훨씬 심각하다. 예를 들어, 민주노총의 지역본부는 원래 정원이 60명인데, 실제로는 각 지역본부의 필요에 따라 약 110명이 상근활동을 하고 있다. 따라서 이들의 임금수준은 민주노총 중앙본부 상근간부의 50-60% 정도에 불과하다. 사실 중앙본부의 임금수준 가지고도 정상적으로 생계를 꾸리는 것이 사실상 불가능한 형편임을 고려하면, 이들 지역본부 상근간부의 저임금은 매우 심각한 문제이다. 한국노총의 경우에는 민주노총과 달리 지역본부에 대해 중앙본부의 영향력이 크지 않다. 따라서 지역본부의 재정과 인력도 모두 지역본부에서 독자적으로 운영하고 있으며, 그 결과로 한국노총 지역본부의 활동은 지역의 특성에 따라 상당한 편차가 드러나고 있다.

채용직 상근간부의 저임금과 관련하여 제기되는 또 다른 문제는(앞서 지적된 바와 같이) 파견직 간부와의 임금격차에 따른 상대적 박탈감을 꼽을 수 있다. 사례 상급노조 대부분에서 채용직의 임금수준이 파견직 간부의 절반에 그치고 있어, 같은 사무실에서 비슷한 업무를 맡고 있으면서 이러한 임금격차가 유지되는 것에 대해 채용직 간부 사이에 적잖은 갈등이 존재해오고 있는 것이다.11)

---

11) "민주노총의 경우는 일반(채용) 상근직의 임금을 높여야 한다는 문제인식은 상당한 정도로 공유되고 있다. 그런데, 대의원대회에서 이러한 문제제기가 있은 적은 한 번도 없으며, 중앙위원회에서는 중앙위원들이 간헐적으로 일반상근직의 임금을 더 올려야 한다고 주장한 적은 있으나 특별한 재정확보방안이 없어 문제제기에 그치고 말았다. 이렇게 볼 때 일반상근직의 임금문제가 나아질 가능성이 별로 없으며, 민주노총 조합원들이 이러한 문제를 자신의 문제로

임금인상결정은 선출직 임원(특히 사무총장)에 의해 결정되는데, 주요 기준은 소속조합원의 평균임금인상률이다. 노조예산 중 인건비의 비중은 약 25-50% 정도로 노조별로 차이를 나타냈다. 각 조직 모두 인건비 비중에 대한 나름의 제한기준을 가지고 있었는데, 민주노총은 50%, D연맹의 경우는 35%를 상정하고 있었다. 이러한 인건비 제약 때문에 사례조직들은 채용직 상근간부의 대폭 임금인상을 고려하지 못할 뿐만 아니라, 기존 채용직 간부의 임금을 인상할 경우에는 주어진 예산에 신규 간부인력 채용을 포기해야 하는 딜레마에 처하게 된다.

이처럼 상근간부들은 자신의 임금수준이 사회적 기준이나 노조에서 주장하는 표준생계비수준에 훨씬 못 미침에도 불구하고, 상근간부의 노동시간은 통상 사회적 기준보다 훨씬 길다. 공식적으로는 근무시간은 오전 9시에서 오후 6시까지로 되어 있지만, 대부분의 상근간부는 거의 매일 밤늦게까지 남아서 업무를 보게 되는 것이 일반적이다. 또한 노조활동의 특성상 때에 따라서는 출장이나 농성, 파업 등 추가적인 활동이 종종 발생한다. 특히 노조업무의 성격이 일반 회사처럼 자신의 업무가 명확하게 정해져 있어서 정해진 일만 하면 되는 것이 아니다. 계획에 없던 일이 노조지도부에 의해서 하달될 수도 있고, 단위노조나 조합원들이 찾아오거나 문의해올 수도 있기 때문이다. 이렇게 생각하지 못했던 일이 생긴다고 하더라도, 자신이 해야만 하는 업무이기에 상근간부의 노동시간은 길어질 수밖에 없다. 이렇듯 업무의 표준화가 이루어지지 않은 관계로, 상근간부는 장시간의 상근활동으로 자신의 업무를 수행해야 하는 상황이다.

한편 '노조 내 노조'라고 할 수 있는 직원노조는 현재 한국노총에만 존재한다. 민주노총의 경우는 노조 대신 '상조회'라는 조직이 있다. 직원노조의 조합원이기도 한 어느 상근간부에 따르면, 한국노총 직원노조의 활동은 그리 활발한 편은 아닌데, 그 주된 이유는 직원노조에 대한

느끼지 않는 한 개선방안은 없는 편이다"(민주노총 상근간부의 면담내용).

노총 임원들의 인식이 부족하기 때문이라고 한다. 매년 임금교섭은 하고 있지만, 노총의 위원장이나 사무총장이 교섭석상에 나오기를 꺼리고 있으며, 단체협약도 아직도 체결되지 못한 상태이다.12) 직원노조가 없는 노동조합들도 대부분 비공식적인 임금교섭절차는 갖고 있다. 민주노총 상조회는 비공식적으로 상근간부모임을 통해 요구안을 임원들에게 제출하고, D연맹의 경우도 2000년의 임금교섭과정에서 전직원이 공동으로 임금요구사항을 사무처장에게 제출한 바 있다. 특기할 사항으로, A노조와 C연맹의 상근간부들은 소속 연맹 또는 산별노조의 조합원 신분을 갖고 있다.

3) 인사관리

상급 노동조합의 인사관리는 아직까지 체계적인 편은 아니다. 우선 채용의 경우 노조가 결성된 초기에는 공개채용보다는 연고채용이 주를 이루는 것이 일반적인 현상이었다. 1961년에 결성된 한국노총의 경우도 공개채용을 시작한 것이 1990년대 들어서이다. 민주노총조직의 경우도 공개채용을 한 것은 최근의 일이고, 대부분의 조직들이 연고채용과 공개채용을 함께 시행한다. 공개채용의 경우는 보통 필기시험과 면접을 치르는데, 노동문제와 관련한 논술형 문제가 출제되고, 상대적으로 면접의 비중이 높은 편이다.13) 신규채용은 노조예산 부족으로 상근간부 중

---

12) "노총 임원들은 직원노조에 대해 여전히 이해하지 못하고 있는 상황이다. 노조운동을 하고 있는 입장에서 직원노조에 대해 심정적인 공감은 있지만, 노조 내에 노조가 존재하는 것은 아직 시기가 너무 이르다거나 우리가 남이냐는 논리를 가지고 대하고 있다. 노총 임원들이 직원노조를 진정으로 인정하게 되기까지는 어느 정도의 시간이 걸릴 거라고 생각한다"(한국노총 직원노조 간부의 면담내용).

13) "노조조직에서 일하려면 무엇보다도 기본적인 노동문제와 노동운동에 대한 소양이 있어야 한다. 채용과정에서 이루어지는 시험에서도 노동문제에 대한 이해도를 알아보기 위해서 논술형 문제를 시행하고 있다. 또 노조에서 채용을 하는 경우는 대부분 특정 업무와 관련된 경우가 대부분이므로, 그 업무에 가

결원이 생겼을 때 발생하는 것이 일반적이다. 결원이 발생하면 신문광고와 홈페이지를 통해 알린다. 그런데 시간이 흐를수록 노동운동에 대해 잘 알고 있는 상근간부를 채용하는 데 어려움이 있을 뿐만 아니라, 노조에서 일하고 싶어하는 지원자도 갈수록 줄어들고 있는 상황이다.[14] 신규 입사자에 대한 오리엔테이션은 주로 해당 부서에서 내부적으로 시행하는 것이 일반적이다. 다만 A노조의 경우는 1박 2일의 오리엔테이션을 상반기와 하반기로 나누어서 1년에 2회 실시하고 있다.

상급노조에서의 내부승진은 자주 일어날 수 있는 일이 아니다. 민주노총의 경우 '국원-차장-부장-국장-실장'의 직책들이 있는데, 대부분의 일반상근직의 승진은 상위 직책에 결원이 생겼을 때나 있을 수 있기 때문에 실질적으로 승진기회가 적을 수밖에 없다. 이런 이유로 노동조합 상근간부에 대한 인사평가는 대부분 이루어지지 않고 있다. D연맹은 올 하반기에 이른바 목표관리제도(MBO) 형식을 도입하여 내년에 업무평가를 하겠다는 계획을 가지고 있지만, 이것이 어떻게 진행될지는 아직 두고 볼 일이다. 그러나 인사평가 또는 업무평가를 통한 노조업무의 효율화와 체계화에 대한 관심은 조금씩 높아져가고 있다. 한국노총은 사무총국운영규정에 포함되어 있던 인사규정을 독립시켜서 별도의 인사규정[15]을 만들고 있고, D연맹은 업무평가에 대한 계획을 가지고 있으며, 다른 조직에서도 업무평가의 필요성에 대해서는 공감하고 있다.

사례 상급노조에서 활동하고 있는 여성 상근간부들 대부분은 승진과 업무배치에 있어 차별대우를 받고 있다는 불만을 제기하고 있다. C연맹의 경우 여성간부들은 주변 업무(예: 총무, 홍보편집 등)에 주로 배치되는

장 적합한 직원을 채용하기 위해서는 면접 등 업무능력 평가를 할 수 있는 방법들이 중요할 수밖에 없다. 예를 들어, 국제국에서 일할 사람은 가장 중요한 것 중의 하나가 영어능력이기 때문에 영어회화 시험도 치른다"(한국노총 상근간부의 면담내용).

14) 2000년 중 민주노총에서 1명의 상근직원을 신규 채용했을 때 지원자는 단지 3명뿐이었다.

15) 이번 인사규정에는 국장들에 대한 승진시험제도 도입이 검토되고 있다.

것으로 지적되기도 하였다. 또한, 한국노총 중앙본부에서는 총무업무를 맡아왔던 여직원들의 인사관리에 고민을 안고 있다. 근속연수가 올라가면서 해당 여직원이 계속 총무일을 하는 것이 바람직하지 않다는 문제가 제기되기 때문이다. D연맹의 경우에는 이런 문제를 해결하기 위해 총무부서의 여직원을 복지부장과 여성부장으로 순환 배치전환을 하는 전향적인 조치를 취하기도 하였다. 이와 같이 상급 노조조직에 있어 남녀간에 동등한 업무배치와 승진보장의 요구가 잠재해 있음을 주목할 필요가 있다.

4) 교육훈련

노동조합운동이 발전해가면서 상급노동조합 상근간부의 교육훈련의 필요성은 점점 증가하고 있다. 특히 채용직 상근간부는 해당업무에 대한 전문성을 갖추어나가야 하고, 급속한 사회변화에 따른 업무내용의 변화도 따라잡아야 한다. 최근에는 상급 노동조합에 대한 조합원의 기대와 요구수준이 전보다 훨씬 높아진 것도 큰 부담이다. 현재 상근간부에 대한 직무관련 교육은 거의 없는 편이고, 1년에 1-2회 정도 수련회 형식의 전반적인 노동관련 주제에 대한 교육이 이루어지고 있을 뿐이다.16) 직무교육과 관련해서는 해당 부서의 업무와 직접 관련이 있는 교육(총무의 회계교육이나 문화부의 문화매체교육 등)에 대해서는 협의를 거쳐 노조에서 교육비를 지원하고 있다. 해외연수의 경우는 종종 있는데, 일단 해당 부서 상근간부가 가는 것이 원칙이고, 특정 업무가 아닌 경우는 기회균등의 원칙에 따라 연수대상자를 선정하고 있다. 최근에는 상근간부들이 정규대학이나 대학원에 진학하여 공부하는 경우가 더러 있는데, 이는 주로 간부들이 외부 환경변화와 조합원들의 기대수준 상

---

16) C연맹은 정기적으로(1달에 1번 또는 2달에 1번 정도) 노동관련 토론회를 개최하여 상근간부교육을 실시하고 있다. 민주노총도 비정기적으로 컴퓨터교육이나 정세교육을 실시하고 있다.

승에 따른 자기 전문성 계발의 필요에서 비롯되는 것으로 이해된다.[17]
그러나 이런 방식의 개인적인 교육과정에 대해서는 한국노총조직에서는
부분적으로 교육비를 지원하는 반면, 민주노총조직은 교육비 지원이 거
의 없는 실정이다.

현실적인 상근간부 교육훈련체계는 미진한 상태이지만 사례노조들 모
두 상근간부에 대한 교육훈련 확충의 필요성에 대해서는 공감하고 있
다. A노조는 교육훈련은 아니지만 10년 이상 근무한 사람에게는 1달의
안식휴가를 부여하고 있다. 민주노총에서도 안식년제도의 도입이 결정
되었으나 세부규정은 아직 없는 상태이며, 다만 6-7년 근무한 사람에
대하여 6-12개월의 교육연수휴가제를 검토하고 있다. 다른 상급 노동조
합들에서도 안식년제도의 필요성에 대해 동의하고 있으나, 아직 추진계
획을 마련하고 있지는 못한 실정이다.

5) 조직문화 및 의사소통

조직의 원활한 업무와 조직 내 민주주의를 위해서는 민주적 조직문화
가 정착되고, 조직 내 부서간 의사소통이나 정보교류가 활발하게 이루
어질 필요성이 있다. 사례조직들의 경우를 보면, 기본적인 의사소통이나
정보교류는 정기적인 주간회의를 통해서 이루어지고 있다. 주간회의를
통해 다른 부서의 업무를 대체로 파악하게 된다. 민주노총과 한국노총
처럼 상근간부의 수가 많은 조직의 경우에는 전체회의[18]를 열기가 어렵

---

17) "민주노총이 출범한 지 몇 년이 지나면서 노조활동 자체가 세분화되고 활동
영역이 넓어지고 있다. 노조 상근간부가 감당해야 할 영역 또한 넓어지고 있
고, 각 분야별로 전문성은 더욱 요구되고 있다. 이런 상황에서 상근간부의 역
량강화를 위한 시간과 노력이 시급히 요구된다. 단위노조나 조합원들이 연맹
에 요구하는 수준은 계속해서 높아지고 있기 때문에 이에 대한 연맹간부들의
자기개발과 역량강화가 시급하다"(C연맹 노조간부의 면담내용).
18) 원활한 의사소통을 위해 민주노총이나 C연맹에서 전체 실무자회의를 추진하
고는 있지만, 정기적으로 실시되지는 못하고 있다. 상근간부수가 적은 조직의
경우는 주간회의를 통해서 이런 문제가 자동적으로 해결되고 있다.

기 때문에 실장급회의를 통해 의사소통하는 것이 보통이다. 의사소통과 관련해서 회의가 가장 많은 곳은 한국노총이다. 한국노총에서는 매일 아침 8시 30분에 사무처장과 본부장들이 모여서 사업에 대한 논의를 진행하고 전체적인 윤곽을 잡는다. 여기서 해결되지 않은 문제는 임원과 함께 논의하게 된다. 또 각 부서의 사업은 각 부서회의를 통해서 해결하고, 모든 사업은 국장급 차원에서 논의되고 추진된다.

피면담 상근간부들은 일하면서 가장 큰 보람을 느낄 때가 자신의 의견이나 정책아이디어가 조직 내 논의에서 수용되어 노조의 공식사업으로 추진되는 경우라고 입을 모은다. 이러한 점에서 상근간부들은 조직의 방향 및 정책에 자신의 의견을 제시하고 동참할 수 있는 의사소통 및 정보교류를 매우 중요하게 여기고 있다는 점을 확인할 수 있다. 그러나, 현실적으로 일반 상근간부가 의사결정과정에 참여하는 통로는 그리 많지 않으며, 상근간부의 업무가 전문화되어가면서 자신의 업무 이외에는 관심도가 떨어지는 현상이 나타나고 있기도 하다.

조직문화와 관련해서 C연맹의 경우는 아래의 지적에서 드러나듯이 세 연맹조직의 통합 이후 상이한 활동노선과 내부 정치구도에 따라 상근간부들의 내부분열이 상존하게 되었으며, 그 결과로 이들 간부들간의 의사소통이나 인간관계 측면에서 적잖은 문제가 제기되고 있기도 하다.

"현장조직에 속해 있는 상근간부들은 노동조합보다 자신의 조직이 추구하는 바를 더 중요하다고 생각한다. 사무처간부들은 그런 문제에 대해 중립적인 입장을 취해야 하는데 그렇지 못하다. 이것은 정파적 이념차이도 있지만, 현실적으로 노조조직에 선거정치가 크게 작용하고 있어서 자기 조직에서 권력을 획득해야 하는 문제가 상존하고 있기 때문이다. 연맹위원장 선거에서도 각자의 조직에서 지지하는 후보에 대한 선거운동을 하기도 하였다. 따라서, 연맹조직의 내부운영과 인간관계가 개별 상근간부들의 활동가적인 입장에 따라 크게 영향을 받게 된다"(C연맹 노조간부의 면담내용).

다만, 중앙본부의 경우는 시간이 흐르면서 이러한 내부갈등이 겉으로 표출되지 않은 채 잠복되는 경우가 많은 반면, 지역본부에는 직접 현장 조직과 맞물려 있는 만큼 각 활동계파간의 갈등이 보다 첨예하게 드러나는 경우도 있다고 한다. 이를테면, 통합과정에서 지역본부 구성에서 평균적으로 1개 지역본부에 2개 정도의 조직이 편입되면서 인사문제나 의사소통과정에 문제가 발생하기도 하였다. 중앙본부의 경우에도 조직간의 갈등이 남아 있어서 조직의 원활한 의사소통과 정보공유가 효율적으로 이루어지지 못하는 문제가 여전히 존재하고 있다.

5. 맺음말: 상급 노동조합 상근간부의 고용관계 특징과 정책적 시사점

이상의 실태조사와 사례분석에 입각하여 우리나라의 상급 노동조합에 종사하고 있는 상근간부들의 고용관계에 대해 몇 가지의 특징적인 측면과 이로부터 도출되는 정책적 시사점을 다음과 같이 정리해볼 수 있다.

첫째, 인적 자원의 보다 효율적인 활용을 위해 상당한 투자와 체계적인 인사관리를 운영하고 있는 기업조직에 비해, 우리 상급 노동조합들에서의 인력관리는 매우 비체계적이며 소극적인 수준에 머물러 있다. 채용과 임금체계 및 승진·경력관리 그리고 교육훈련 등을 포함하는 인력관리의 전반에 있어 대부분의 상급 노동조합들은 아직까지 공식적인 인사관리규정을 가지고 있지 못하며, 다만 양 노총만이 최근에 체계적인 인사관련 규정을 도입하거나 준비중에 있다. 또한, 인력관리가 조직운영의 중장기적인 전략이나 계획에 기반하여 이루어지기보다는 단기적인 필요에 따라 임기응변적으로 처리되는 경우가 대부분인 것으로 드러나고 있다. 이를테면, 신규인력의 채용은 주로 결원 발생에 따라 연고추천의 방식으로 행해지고 있으며, 조직 내 승진 및 업무배치와 교육훈련역시 노조임원의 판단이나 상근간부들의 필요(또는 요청)에 따라 주먹구구식으로 이루어지고 있는 것이다. 이와 같이, 상급 노동조합의 인력관리가 소홀히 되고 있는 배경에는 우선적으로 열악한 재정상태의 제약요인이 적잖게 작용되는 측면도 언급될 수 있겠으나, 이에 못지 않게 노동조합 지도부의 '사람관리'의 중요성이 아직까지 충분히 인식되지 못하고 잇다는 점 역시 지적하지 않을 수 없다. 노동조합의 핵심 가용자원이 바로 상근간부라는 활동가역량에 있는 만큼, 이후 상급 노동조합에 종사하는 간부인력들에 대한 보다 전략적인 선발·육성·능력발휘·경력관리 등의 인력관리를 위해 공식화된 인사관리절차 및 규정의 마련과 더불어 인력관리에 대한 체계적인 정책 접근이 적극적으로 요망된다고 하겠다. 특히, 상급 노동조합의 운동적인 가치에 공감하여 동참하게 된 이들 활동가인력들에 대해 이 노조조직에 복무하는 동안 그 실천의지를 계속 발전시킬 수 있도록 조직 내의 경력계발 경로가 마련되어야 하겠으며, 더 나아가서는 상급 노동조합을 넘어서 사회운동 차원의 향후 진로까지를 포괄하는 활동가로서의 장기적인 직업비전을 제시할 수 있어야 하겠다.

둘째, 현재 우리 상급 노동조합의 고용관계는 매우 취약한 재정상태에 의해 근본적으로 제약받고 있다. 모든 노동조합들의 재정적 취약성으로 인해서 우선 채용직 상근간부들에 대해 사회적 기준으로 보거나 본인 가족들의 생계유지를 위해서도 턱없이 낮은 임금이 지급되고 있는 것을 확인케 된다. 이들 노조간부들은 현재까지 노조운동에 대한 개인적인 헌신성으로 경제적인 생활여건의 열악함을 감내하고 있으나, 이후 이러한 저임금의 직장생활을 통해 자신의 능력계발을 위한 개인투자는 물론 장기적으로는 가계부담으로 인해 지속적인 상급 노동조합의 간부활동을 유지할 수 있을지에 대해 강한 의문을 제기하지 않을 수 없다. 또한, 상급 노동조합들의 재정적인 압박은 업무의 전문성과 무관한 조직파견직 인력에 대한 의존 확대에 의해서, 그리고 신규 우수인력 확보의 어려움을 통해서 조직운영상에도 상당한 지장을 초래할 수 있을 것으로 판단되기도 한다. 따라서, 간부인력에 대한 일정 수준의 고용조건 및 인력관리기반을 보장할 수 있는 재정여건의 확보가 절실히 요청되는

바, 이를 위해서는 단기적으로 조합비의 적정수준 인상 및 다양한 재정
확충사업을 도모함과 동시에 중장기적으로는 지나치게 분화된 노동조합
간의 조직 통합을 추진하거나 특히 산별조직화를 통해 단사 노조들로
분산되어 있는 재정자원의 효율적 집중화를 추구해나가야 할 것이다.

셋째, 우리 상급 노동조합에서의 고용관계가 노조조직에 기본적으로
내재하고 있는 정치적인 속성에 의해 일정하게 영향받고 있음을 살펴볼
수 있다. 이를테면, 민주노총의 정무직과 한국노총의 조직파견직의 경우
위원장의 임기에 의해 해당 간부인력의 거취가 좌우되고 있으며, 또한
상당수의 노동조합에서는 노조지도부의 선거결과 및 활동성향에 의해
조직 내 업무의 재배치가 이루어지고 있는 것이다. 이러한 점은 노조의
생리상 불가피한 측면이 없지 않으나 가급적이면 상급 노동조합 상근간
부인력에 대해서는 업무수행의 전문성과 영속성을 위해 노조지도부의
정치적 임기와 무관하게 그들의 개별 능력과 적성에 따라 그리고 조직
차원의 효율성원칙에 맞추어 직무의 배치와 수행이 이루어지도록 하는
것이 바람직하다고 하겠다.

끝으로, 상급 노동조합에서 활동하는 상근간부들은 기본적으로 노동
운동에 대한 이념적 가치관에 따라 자발적으로 동참하였으며, 또한 물
질적인 보상보다는 자신의 실천과 노조조직의 활동성과에 더욱 큰 의미
부여를 하는 개인적 성향을 가지고 있는 것으로 볼 수 있다. 그런데, 상
급 노동조합의 현실적인 운영에 있어 상근간부들의 이러한 높은 행위가
치지향성을 오히려 제약하거나 마모시키는 조건이 존재하고 있음을 지
적하지 않을 수 없다. 민주노총계열의 조직에서는 과도한 계파적 구도
가 작용함으로써, 그리고 한국노총계열의 조직에서는 보수적인 활동방
식이 지배함으로써 각각의 상급 노동조합에 소속된 상근간부들이 심한
무력감과 자기회의를 토로하고 있는 것이다. 이에 더하여, 단기적인 활
동전개방식과 이로 인한 과다한 업무부담은 이들에게 노동운동의 이념
적 지향성을 공고히 하기보다는 오히려 희석시켜 노조활동에 대한 동기
부여를 약화시키고 있다.19) 따라서, 심리적인 보상을 강하게 추구하는

이들 상근간부들의 행위가치지향성을 더욱 북돋워줄 수 있는 조직문화
와 활동추진방식을 갖추어나가야 하겠으며, 지나친 업무부담의 장기화
로부터 벗어날 수 있도록 일부 상급 노동조합에서 실시되고 있는 안식
제 및 장기휴가제의 도입을 적극적으로 검토할 필요가 하겠다. 아울러,
노조 상근간부들의 전문업무 능력배양과 장래 경력계발을 체계적으로
지원하기 위해 서구 노조들에서 운영되고 있는 바와 같이 대학들과 연
계한 외부 교육훈련과정의 개설과 활용을 추진해볼 수 있겠다. 현재 우
리나라 상급 노동조합 상근간부들은 낮은 임금수준과 업무의 과다 등으
로 열악한 근로조건에 처해 있음에도 불구하고 노동운동에 대한 열정과
보람으로 자신의 업무를 수행하고 있다. 그러나 시간이 흘러가면서 이
런 열정과 보람은 점점 감소되고 있고, 전망이 불투명해지는 경향이 생
겨나고 있다는 다소 우려 섞인 지적을 접하게 된다. 상급 노동조합의
상근간부들이 종사하는 일의 기능과 역할이 활동가로서의 가치지향적인
소명(calling)과 피고용자로서의 직업(occupation)이라는 이중적 성격을
가진다는 점을 고려할 때, (앞의 설문조사에서 나타나듯이) 이들의 높은
이직률은 노조조직 차원의 인력관리에 심각한 문제가 존재하고 있음을
잘 드러내고 있다. 따라서, 노조단체들의 활동능력을 제고하기 위해서는
이들 조직의 핵심자원이라 할 수 있는 상근간부들의 활동가적인 가치지
향성과 직업적인 근무 및 생활조건에 대한 적절한 보장과 배려가 함께
이루어져야 한다는 점을 결론적으로 강조하고자 한다.

---

19) 슈트라우스(Strauss, 1992)는 노동조합과 시민사회운동단체에 종사하는 활동
   가들이 자주 경험하는 공통적인 문제점으로서 (첫째) 이들이 본래 이념적인
   지향을 가지고 참여하나 실제 업무는 매우 단순하고 피곤한 일에 매몰되게 된
   다는 점, (둘째) 이들의 활동에 대한 조직적인 지원이 제대로 이루어지지 못하
   고 오히려 조직 안팎으로부터 많은 제약조건에 직면하게 된다는 점, (셋째) 사
   업목표설정이나 활동방식에 대한 조직 내부의 의사결정에 제대로 참여하지 못
   하거나 자신의 이념적 지향을 반영시키지 못하게 된다는 점 등을 서술하고 있
   다. 그에 따르면, 이러한 현실적 조건 속에서 활동가들이 자신의 심리적 보상
   을 얻지 못할 경우에는 그 활동에 대한 동기와 실천의지를 상실하고 냉소적으
   로 변질될 우려가 있다고 지적하고 있다.

□ 참고문헌

신명호·이근행. 2000, 「사회운동단체 활동가들의 의식과 생활」, ≪도시와 빈곤≫ 통권 43호, 97-121쪽.

유홍준. 2000, 『직업사회학』, 경문사.

이병훈·오건호·인수범. 2000a, 「상급 노동조합 상근간부의 형성에 관한 연구」, 2000년 비판사회학대회 발표논문.

이병훈·오건호·인수범·노광표. 2000b, 「상급 노동조합의 간부역량에 관한 면담조사 보고서」.

Blau, Peter & Marshall Meyer. 1971, *Bureaucracy in Modern Society*, New York: Random House.

Bowles, Samuel & Herbert Gintis. 1990, "Contested Exchange: New Micro-foundations for the Political Economy of Capitalism," *Politics and Society*, Vol. 18, No. 2, pp. 165-222.

Clark, Paul. 1992, "Professional Staff in American Unions: Changes, Trends, Implications," *Journal of Labor Research*, Vol. 13, No. 4, pp. 381-392.

Clark, Paul, Kay Gilbert, Lois Gray & Norman Soloman. 1998, "Union Administrative Practices: a Comparative Analysis," *Journal of Labor Research*, Vol. 19, pp. 189-201.

Clark, Paul & Lois Gray. 1992, "The Management of Human Resources in National Unions," *the IRRA 44th Annual Proceedings*, pp. 414-423.

Clark, Paul & Lois Gray. 1991, "Union Administration," in Strauss, George, Daniel Gallagher, & Jack Fiorito(eds.), *The State of Union*, Madison: IRRA.

COSATU September Committee, 한국노동사회연구소 옮김. 1998, 『노동운동의 미래를 위한 셉템버 보고서』.

Drucker, Peter, 현영하 옮김. 1995, 『비영리단체의 경영: 현대사회를 주도하는 새 성장부문』, 한국경제신문사.

Dunlop, John. 1990, *The Management of Labor Unions: Decision Making with Historical Constraints*, Toronto: Lexington Books.

Kelly, John and Edmund Heery. 1994, *Working for the union*, Cambridge Univ. Press.

Michels, Richard. 1915, *Political Parties*, New York: Free Press.

Strauss, George. 1992, "Discussion," *the IRRA 44th Annual Proceedings*, pp. 440-442.

"상급노동조합 상근간부의 고용관계에 대한 연구"에 대한 토론

포럼 참가자

노동조합의 '경영'

실제 노동조합은 운동하는 조직, 투쟁하는 조직으로 살아왔다. 이른바 경영이라는 말은 노동조합의 적인 경영자들이나 하는 짓으로 보아왔던 것이 사실이며, 그렇기 때문에 그것을 노동조합에서 받아들인다는 것은 껄끄러울 수밖에 없다. 경영은 노조에게 매우 불편한 일이지만, 그럼에도 불구하고 이제는 많은 곳에서 경영개념의 도입이 필요하다고 이야기한다.

그런데 노조에 경영개념을 도입함에 있어 분명히 할 것이 있다. 노조자체를 전투적이고 체제변혁이라고 보는 사람에게는 이 말은 통하지 않지만, 노조가 제도화 과정을 밟아왔다는 것을 인정한다면, 지금 노조가 구멍가게식 운영을 하고 있는 것은 큰 문제이다. 영세한 규모로 영세한 재정으로 근근히 운영해나가는 것이 현재 한국의 노조이다. 지금 발표된 연구의 대상이 된 상근간부는 한국 상근간부의 반도 안 된다. 기업별노조라는 노동조합의 파편화·분권화 문제로 상당수의 노조 상근간부는 한 기업노조의 상근간부인 것이다. 그러니 간부의 육성을 통한 노동조합의 발전이 현실의 기반 위에서 살아남기 위해 어떤 변화가 필요한지, 즉 산별노조를 통해서인지 혹은 기업별 체제를 유지하는 노조통합인지 등, 규모의 경제를 실현할 노조의 변화를 추구할 방법에 대해 논의할 필요가 있다. 현재처럼 규모의 경제가 안 되고 재정도 안 되는 영세한 노조 차원에서 현재의 문제는 해결되지 않는다.

이 발표는 시리즈 중의 한 작품이므로 노동조합의 성격을 다루거나 기업노조에서 활동가 재생산 문제 등등은 숙제이다. 전투적인 노조에서는 이런 이야기를 백안시하겠지만, 전투적인 노조에게도 효과, 합리, 계획적인 사고가 필요하다는 것은 공감이 될 수 있을 것이다.

'조직문화'의 문제: 상근간부가 노조를 떠난다

조직문화와 관련해서 상근간부에게 여러 걸림돌로 제기되는 부분에 대해 발표자가 언급하고 있다. 이것은 특히 민주노총 계열의 분파성 문제를 중심으로 다룬 한 면담에서 잘 드러났다. 이를 통해 돈 문제보다 오히려 상근간부의 발목을 잡는 문제가 분파성일 수 있다는 사실도 확인할 수 있었다. 노조 내의 분파성은 노동운동에 대한 의미부여를 계속 훼손하는 작용을 한다. 반면 한국노총의 경우에는 민주노총에 비해 경제적 보상에 대한 관심이 컸고, 지도부의 보수적인 활동방식에 대한 불만도 많은 것으로 드러났다.

노동조합의 상근간부들이 활동에 환멸을 느껴 떠나는 경우가 많을 텐데, 이는 기본적으로 노동조합의 활동이 굉장히 정치화되었기 때문이라고 생각할 수도 있다. 노동조합의 활동 자체가 선거를 통해 정치게임화되어서 구조적으로 지도부와 조합원 간에 불신감을 조장하는 기제가 될 수 있는데, 우리나라에서는 상당히 이것이 진전되었다고 생각한다. 간부들이 자기가 가장 의미를 두는 가치 자체가 흔들리는 것이 노동조합을 떠나는 큰 요인이 된다.

결국 민주노총은 분파화의 문제, 한국노총은 의사소통의 부재라는 문제가 걸림돌인데, 다르게 생각해본다면 한 쪽은 분파 자체가 의사소통을 가능하게 하는 구조라고 볼 수 있을 것이다. 그런 면에서 한국노총이 아예 의사소통이 막혀 있는 경우라면, 한국노총에서는 분파성이 돌파구가 될 수도 있다고 본다. 한국노총은 위아래가 끊어져 있고, 민주노총은 한 집에 여러 집안이 있어서 옆으로 연결이 안 되는 구조이므로 서로간에 큰 숙제가 있다.

한편 상근간부의 경력에 대해서도 연구가 필요하다. 상근간부를 떠난 사람의 이전의 학력과 연령 등, 또 남은 사람과의 차이는 어떤 것인지 대략적인 특징이 궁금하다. 현재 노동조합의 큰 문제는 과거에 비해 정말 일 잘하는 사람을 끌어들이지 못한다는 데 있다. 근본적으로 자원이 부족하고 또 조직이 그것을 허용하지도 못한다. 첫번째 노동운동 포럼에서 지적되었던 노동조합 내 민주주의의 문제가 다시 여기에서 제기될 수도 있을 터인데, 노동조합조직 내부의 어떤 부분이 그런 문제를 야기시키는지 구체적으로 언급할 필요가 있지 않겠는가.

노조 빈부문제-자원의 전략적 재배분이 필요하다

비정규직 등 주변화된 노동조합운동에 관련해서도 고민할 부분이 많다. 노동조합운동 내에 빈익빈부익부 문제도 짚어보아야 한다. 대기업, 공공부문에 역량이 집중되어 있는 상황에서 비정규조직, 지역조직에서는 전문인력을 확보하기도, 재생산하기도 어렵다. 노동조합운동이 전사회적으로 전망을 열어가지 않으면, 전태일 열사가 가졌던 그러한 전망이 없이 기존 이익의 수호에 종사하는 전문인력들만 늘어나게 되면, 장기적으로 운동이 오히려 밝은 전망을 가지기 힘들지 않을까. 자원을 전략적으로 재배분하는 작업이 이루어져야 한다. 순전히 조직역량에만 인적자원관리를 맡기면 악순환에서 벗어날 수 없다. 양극화 과정 속에서 사회운동의 전반적인 전망도 보이지 않을 것이다. 노동조합이 사회의 진보에 복무할 수 있는 방법을 모색해야 한다. 가능하면 산별연맹, 최소한 한국노총, 민주노총 산하 산별연맹급은 노조의 자원과 힘의 불균형의 문제를 밝힐 만큼의 조사가 진행되어야 좋지 않겠는가. 또한 이 연구에서는 노조운동 내 빈부현상에 대해서는 고려가 부족하다. 연구대상에 포함되었던 큰 조직도 이 정도의 수준인데, 작은 조직의 경우는 어떻겠는가. 노동운동 전체에서의 인력과 자원의 전반적 재배치 문제는 아주 중요한 지적이다.

운동의 측면에서 상근간부를 바라본다

연구를 통해 가능하면 몇 가지 객관적 지표는 전수조사가 되었으면 좋겠다. 1994년 남아공에서 노동조합 상근간부에 대한 조사가 있었는데, 연구의 목적이 노조의 전략적 경영과 인적 관리에 대한 부분도 있고, 노동조합의 향후 전망에 대한 문제도 포괄하고 있었다. 남아공 노조는 당시 두뇌유출이 문제였다. 인종차별 정권하에서 벗어나고, 만델라가 권력을 장악하자 그나마 합법적인 단위인 노조에 있었던 인텔리들이 유출될 분위기였다. 그리고 지역선거시 노동운동의 역량이 상당히 유실되었다. 인텔리들이 선거에 많이 출마했기 때문이다. 우리 역시 유사한 상황에 직면하지 않을까. 즉, 운동적인 주제에서도 고민할 부분이 있다고 본다.

단기적으로도 임금문제, 분파나 조직문화 등의 사항보다도 노동조합운동의 사회적 지위라는 문제가 중요하다고 본다. 1980년대 후반에 비교하면 현재 노동조합운동의 권위가 상당히 실추되어 있다. 그리고 상근간부 차원에서 노동운동의 진로, 방향의 문제, 노동운동의 제도화 과정에서 어떻게 대처해야 했는가 등의 문제를 해결하지 못했는데, 이것이 해결되어야 좋은 인력을 끌어들일 수 있을 것이다. "내가 뭘 하고 있는 것인가?", "어떤 의미를 가지고 있는 것인가?"라는 문제가 상근간부에게는 훨씬 중요한 문제라고 느꼈다.

한국의 노동조합 간부에게, 떠나면 푸른 목초지가 있는가. 한국은 노동운동을 했던 사람들에게 어떤 사회인가, 그리고 노동조합 간부들에게 이제 얼마나 운동의 의지가 남아 있는가 등의 문제들이 있다. 남아공의 경우 백인 지배체제하에서는 노조간부 자리를 떠나면 갈 만한 곳이 있긴 해도 갈 만하지 못했다. 그러나 우리의 경우 노조간부들이 그런 자리에 안 가는 것은 간부들에게 노동운동의 의지가 아직 남아 있는 것 아닌가 하고 생각한다. 연구에서 조직조사만 있는데, 간부 개개인에 대한 설문조사가 필요하다고 생각한다. 상급단체별로 볼 때 한국노총은 노조간부의 퇴출로가 있다. 그런데 민주노총의 경우 배후지도 없고, 지금까지의 경험이 인정받을 수 있는 자리가 없는 상황이기 때문에, 앞으로 문제가 될 것이다. 이 부분도 사실 향후 연구과제이다.

상근간부의 임금문제

전망의 문제와 맞물린 임금문제를 소홀히 할 수 없다. 지금 우리의 노조 상근간부, 특히 전문직 간부들은 1987년부터 10여 년 넘게 운동을 해왔는데, 그 시기가 대략 20대부터 30대 중반까지 정도이다. 묘하게 이 시기가 이들에게 연령적으로 돈이 크게 필요하지 않은 시기였다. 그러나 지금, 전망이 있다면 몰라도 전망이 없다면, 시기적으로 맞물린 지금 임금문제가 그리 중요하지 않은 문제도 아니다. 연령적인 문제도 보아야 한다.

노조 상근간부들에게 저력은 있다. 대학원에도 가고 자신의 고민을 풀기 위해 노력하는 사례가 많다. 사실 돈을 확보해서 풀어갈 문제도 있고, 지도부위의 생각이 바뀔 문제, 조직간 얽힌 문제를 풀어야 해결될 것도 있다. 그렇게 되어야만 현재 십 년 이상 묵묵히 제자리를 지키고 있는 사람들이 더 신이 나서 일할 수 있게 되지 않을까.

실제 노조간부는 조합원보다 임금이 낮은 것에 대해 불만을 가지고 있다. 업무가 적은 것도 아닌데 노동조합이 고용한 사람들의 처우에 대해서 외면하는 것이 문제다. 노동조합이 표리부동한 측면이 있다는 사실을 지적할 필요가 있다. 갈수록 관료화되는 문제, 즉 동지적 관계에서 상하관계로 바뀌는 문제를 해결해야 한다. 특히 임금의 경우 파견직과 채용직의 임금격차가 클 때 간부들간의 위화감이 클 것이다.

노조전임자 임금문제와 산별노조

한국노총의 복수노조와 전임자 임금문제의 유예와 관련한 노사정위 합의에 대해 내부적으로 여러 비판을 하면서도, 전임자 임금지급이 불법이 되어 처벌이 되었다면 지금 수준에서 어떻게 되었을까 상상하지 않을 수 없다. 노동조합의 의지와는 상관없이 한국노총 사업장의 많은 곳이 유지가 안 되고 다른 방향으로 가거나 어려워졌을 것이라고 생각한다. 만약 전임자 임금지급이 금지되면 금융노조와 같은 산별노조도 타격이 클 것이다. 파편화된 조직구조, 지나치게 자원이 몰린 단사구조 등이 문제가 될 것이다. 자원을 산별로 몰리도록 하는 것이 해결책이 될 수 있다. 앞으로도 분권화가 진행될 것이고 기업 차원의 문제들이 노조활동의 중요한 문제가 될 것이므로, 전임자 임금지급은 계속되어야 한다고 생각한다. 산별의 흐름이 강화된다고 해서 전체적인 노동운동이 강화될 것이라고 생각하지는 않는다. 기업별노조가 약화된다고 한다면 말이다.

상근간부 노동조합의 필요성

한국노총 내에서 직원노조와는 별개로 한국노총 지역본부에 근무하는 사람들을 묶어서 활동가노조를 만들어서 설립신고를 했다고 알고 있다. 노총에는 직원노조, 활동가노조가 존재하는데, 이들이 무엇을 요구해야 할지, 어떻게 실제로 조직 내에서 구현해나가야 할지 등에 대한 처방은 구체적이지 않은 듯하다. 가장 바람직한 것은, 그 사람들끼리 하나의 연맹체를 만드는 것이라 본다. 이해관계를 분리할 부분은 분리시키는 것이 필요할 것이다. 미국의 경우 보조인력의 경우와 전문직의 경우 체제가 다르며, 보조직 노조는 별개의 산별노조를 건설하고, 전문직은 협의체를 구성하고 있다. 같이할 것은 같이하고, 아닌 것은 따로 할 필요가 있지 않겠는가. 노동조합 상근간부의 특성, 정치적 성향 등은 단위사업장의 문제해결은 물론 전체 노동운동의 흐름을 좌우할 만큼 영향력이 크다. 그럼에도 노동조합 상근간부에 대해 이루어진 본격적인 연구는 이제껏 없었다. 그런 면에서 의미가 큰 연구, 토론이었다.

제2부
비정규노동과 노동조합
조직형태의 다양화

보험모집 노동자에 대한 노동조합의 견해

이순녀*

1. 들어가며

우리나라의 근대적 생명보험은 1876년 일본과 강화조약 체결 이후 일본에 의해 도입되었다. 그후 1921년 한상룡 등의 친일실업가에 의하여 우리나라 최초의 생명보험회사인 조선생명이 설립되었고, 현재는 29개의 생명보험회사가 존재하고 있으며, 약 30만 명의 노동자가 보험모집업무에 종사하고 있다. 보험모집인은 대부분이 사회여건상 여성노동자로 이루어져 있으며, 주부로서, 가장으로서, 직장인으로서 항시 고용불안과 업적성과라는 2중3중의 고통을 받고 있으나, 국가와 자본은 노동자로서 인정하지 않아 법적 지위는 물론 헌법이 보장하고 있는 노동3권마저 박탈당한 채 무법의 사각지대로 내몰리고 있어 30여 만 보험모집인들은 헤아리기 어려운 처지로 내몰리고 있다.

2. 보험업과 보험모집 노동자의 법적 지위

1) 보험의 본질

보험의 본질은 법률이냐 경제냐를 두고 논쟁의 여지가 없진 않지만,

---

* 전국보험모집인 노동조합 위원장.

일부 보험노동자들의 문제로 인식하여 고민하는 노동계 측은 보험사가 보험약관이라는 법을 적용받을 소비자, 즉 보험계약자를 모아 법률의 적합성 여부를 판단하여 적용하는 '법'이라고 하는 주장도 있다.

그러면 이 법은 인간에게 정말 필요한가, 그렇지 않은가라는 사실적 가치에서 보아야 한다. 고대에는 집단생활을 하면서 장례비용을 공동으로 혹은 천재지변이나 재해로 인하여 손해가 발생할 경우 이를 공동부담으로 도와주는 제도가 있었지만, 근대의 보험은 자본의 이윤을 대변하기 위하여 정권이 만든 법이라고 보는 견해도 있다.

2) 모집이란

보험을 왜 판매라고 하지 않고 '모집'이라고 하는가에 대하여는 보험은 무형으로서 냉장고나 자동차 같은 물건을 판매하는 것이 아니고, 보험모집 노동자가 속한 보험사의 상품을 위임받아 홍보하고 판매를 개별 또는 집단적으로 성사시켜 계약응모자를 모아오면 그중에 계약체결의 적격 여부를 보험회사가 선택하고 하자가 없을 때에만 계약체결이 성립된다. 그러므로 보험모집 노동자들은 보험에 가입할 자를 모집해오는 일을 담당하고 있으므로, '모집'이라 한다. 따라서 보험모집노동은 보험사의 실질적인 영업업무를 수행하는 상시노동의 형태로 모집이라는 영업노동에 다름아닌 것이다.

3) 모집노동자의 법적 지위

보험모집 노동자들은 보험업 법에 다음과 같은 자라고 되어 있다.

• 보험업법 제1장 제2조 제3항
이 법에서 "보험모집인"이라 함은 보험사업자를 위하여 보험계약의 체결을 중계하는 자로서 제145조의 규정에 의하여 등록된 자를 말한다.

• 보험업법 제1장 제2조 제6항

이 법에서 "모집"이라 함은 보험계약의 중개 또는 대리하는 것을 말한다.

• 보험업법 제145조(보험모집인의 등록)

1. 보험모집인이 되고자 하는 자는 재정경제부령이 정하는 바에 의하여 금융감독원에 등록하여야 한다.

2. 제1항의 등록을 할 수 있는 자는 대통령령이 정하는 자격요건을 갖춘 자여야 한다

3. 다음 각 호의 1에 해당하는 자는 제1항의 규정에 의한 등록을 할 수 없다.

    1) 금치산자 또는 한정치산자.

    2) 파산자로서 복권되지 않은 자.

    3) 이 법에 의하여 벌금형 이상의 실형을 선고받고 집행이 종료되거나 집행이 면제된 후 2년이 경과하지 아니한 자.

4. 이 법에 의하여 등록이 취소된 후 2년이 경과하지 아니한 자.

5. 영업에 관하여 성년자와 동일한 능력을 가지지 아니한 미성년자로서 그 법정대리인이 제1호 내지 제4호에 해당하는 자.

6. 법인 또는 법인이 아닌 사단이나 재단으로서 그 임원 또는 관리인 중에 제1호 내지 4호의 1에 해당하는 자.

7. 과거의 모집에 관하여 수수한 보험료를 다른 용도에 유용하거나 기타 모집에 현저하게 부당한 행위를 한 지 2년이 경과하지 아니한 자.

(1998년 1월 13일, 1999년 2월 5일 개정)

보험모집인 법적 지위에 관한 연구에는 보험모집 노동자들에 대하여 법 학계에서는 보험사와의 관계를 구체적으로 잘 해설하였다.

보험모집 노동자는 보험사와 실질종속관계에 있으나, 보험회사는 사

용종속관계를 부인하고, 군사독재정권하에서 대법원 또한 수차례 보험 모집 노동자는 근로기준법상의 근로자가 아니라는 판례를 내림으로써 보험모집 노동자는 노동자로서의 권리를 박탈당해왔으나, 21세기에 들어와서까지도 그 판례는 여전히 불변하여 위세를 떨치고 있다. 그러면 과연 근로기준법이라고 하는 것이 어떤 시대에 어떤 형태의 근로여건을 중시하여 개정되었나 하는 것도 고민하여보아야 할 것이다.

우리나라의 근로기준법은 1953년 공장 그러니까 제조업을 중심으로 고려되었던 것은 누구나 잘 아는 사실이다. 사회가 발전하고 제조업에서 시비스산업구조로 발전하며 다양한 근로형태들이 생겨나고 있는 시점에서 제조업을 고려한 노동법에 근거하여 보험모집 노동자들을 판단하는 것은 크나큰 모순이 아닐 수 없다.

"즉 모집인은 보험회사에 종속되어 보험모집업무에 종사하게 되나 보험회사와 보험계약자 사이에 보험계약이 이루어지도록 중개역할을 할 뿐 보험회사의 대리인으로서의 지위를 갖지 못하고 있다. 그리하여 보험계약자가 보험모집인의 권유와 설명을 듣고 그 계약의 청약을 하였다 하더라도 이로써 보험계약이 성립되지 아니하고 보험모집인이 그 청약의 표시를 보험자(회사)에게 전달하여 보험회사가 이를 승낙하여야만 비로소 보험계약이 성립되게 된다"라고 하고 있다(서울대학교법학 연구소 양승규, 1996).

3. 보험모집인은 왜 노동자인가

1) 보험사와 모집노동자의 계약관계

보험사와 보험모집 노동자의 관계는 상시종속관계로 이루어져 있다. 매월 "증원"이라고 하여 보험계약자 모집업무를 대리할 모집할 사람(보험모집노동자)을 구해 회사에 면접을 하게 하고, 응시 전 교육과 응시 후

교육, 그리고 다시 지점장 면접을 거쳐 동반활동을 한 후 보험감독원에 등록하는 것으로 일관하며, 이때 회사에 제출하는 서류는 주민등록등본 한 통과 사진 두 장으로 마무리되며, 회사와 그 어떤 계약서도 작성하지 않는다.

그리고 지도장이라는 트레이너와 현장을 다니며 앙케이트 내지는 계약자를 만나는 요령, 또한 예절, 화법, 재방문, 요령을 익히고 유망고객 50명을 확보하여야 되며, 예약된 계약이 3건 이상에 보험료 얼마(회사마다 환산효율이 있음) 확보되어야만 보험감독원에 등록을 하여주고 있다.

이때 보험회사는 주부들에게 환상을 심어주고 있다. 보험여왕 아무개 연봉 1억 전국에 몇 명 등 또는 해외연수 특혜라고 하는 선전형식의 보도가 경제면을 장식하고, 각 보험사들은 이것을 가지고 신인 유치에 활용하고 있다. 하지만 이것들은 보험사의 홍보기사에 불과할뿐더러 이렇게 받는 것이 보험모집 노동자들의 실질수입은 아닌 것을 누구나 잘 아는 사실이다.

가령 어느 회사에서 퇴직금을 단체로 체결하겠다고 제의가 들어오면 회사가 직접 체결하더라도 중간에 보험모집노동자 명의를 이용한다는 것이다. 그러면 수당은 명목상 보험모집 노동자에게 지급되는 것이다. 그리고 진짜 수당은 리베이트로 어느 실력자의 주머니로 사라지는 것이 신문에 가끔씩 나오는 것을 보아도 알 수가 있는 것이다.

"대기업 계열사 등 10여 사 단체보험 가입 대가 100억 대 리베이트 수수"(박정철·안준현 기자, ≪한국일보≫ 2000. 8. 10).

그러나 처음으로 보험모집 노동자로 입사를 하는 사람들은 아무 것도 모르는 상태에서 모집노동자들의 권유와 보험사의 달콤한 유혹에 현혹되는 경우가 허다하다. 아무리 능력이 있고 잘난 사람이라 할지라도 타인한테는 우리나라 정서문화상 보험을 그것도 한 달 만에 선뜻 들어줄 리가 만무하다. 그래서 처음엔 어쩔 수 없이 가족 이름으로 보험을 모

집하게 되고 연고를 찾아다닐 수밖에 없다. 그리고 난 후에 보험회사에
서는 다음과 같은 계약서를 보험모집인과 계약한 것처럼 허위로 작성하
여 각 지점에 보관하고 있으며, 문제 발생시 그 계약서를 근거로 하여
처리하고 있다. 실태설문에서도 실지로 계약서를 작성한 보험모집 노동
자는 불과 0.5%에 불과하며, 95%는 보지도 알지도 못하고 있다고 밝
혔다.

   또한 보험회사는 입사시 같은 기본급, 자녀학자금, 상조비, 연금지원
등 많은 혜택을 받을 수 있다, 자아실현을 할 수 있는 길이라고 현혹시
키고 있시만, 이 모든 조건들이 정해진 목표를 달성해야만 한다는 사실
은 설명하고 있지 않다.

   "우선 보험자와 보험모집인 사이의 관계가 현실적으로 어떻게 설정되고
   처리되는지 살펴볼 필요가 있다. 전통적인 실무에 의하면 보험자와 보험모
   집인 사이에는 보험자가 모집인에게 보험의 모집사무를 위임 또는 위탁하
   고, 모집인에 대하여는 모집을 한 건수에 비례하여 보험자가 수수료를 지급
   하는 관계가 존재할 뿐 보험자는 모집인과의 고용관계를 설정한다는 의미를
   배제하기 위하여 채용이라는 용어를 사용하지 않고 '위촉, 위임'이라는 표현
   을 통상 사용하고 있다", "나아가서 명시적인 위임계약을 체결하지 않을 뿐
   만 아니라 공식적인 위촉장을 수여하지도 않는 것이 보험업계의 관행으로
   보인다"(양승규, 「보험모집인의 법적 지위에 관한 연구」, 1996, 48쪽).

   다음은 교보생명에서 구상권을 행사할 때 근거자료로 제출한 자료이다.

사건 2000년 가소 159983 갑제 1호

계 약 서

19 년 월 일
대한교육보험주식회사 이름 사장 귀하 주소

본인은 귀사의 생명보험 모집인(이하 "모집인"이라 함)으로 위촉됨에 있어 다음
각 조항 및 이 계약서에 부속하는 약정서와 같이 계약을 체결하고 그 증거로 본
계약서를 제출합니다.

제1조 신분은 보험업법 제2조 제3항에 의한 "보험모집인"으로 한다.
제2조 이 계약은 계약 체결일로부터 효력을 발생하며 그 후는 회사가 별도 정한 바에 의한다.
제3조 모집인으로 위촉 중 신분변경은 신분자격에 관한 규정 및 기타 제 규정에 의하여 변경되고 제 수당의 지급은 모집인 수당 지급규정에서 정한 바에 따르며, 그 외의 계약사항에 대하여는 특별한 사유가 없는 한 위촉기간중에는 계속 유효하고 따로 계약서를 갱신하지 않는다.
제4조 모집인으로서 다음 각 호의 사항을 준수하며, 만약 이를 이행하지 않을 시 회사의 제 규정에 의한 제재를 감수한다.
 (1) 모집인은 회사의 위촉에 의하여 회사가 정한 규정과 업무상 지시에 따라 성실히 생명보험계약 체결의 중개와 보험료의 수금 및 이에 수반한 업무를 대행한다.
 (2) 모집인은 회사의 계약 존속기간중 타 보험회사와 보험계약 모집 및 위촉계약을 체결할 수 없다.
 (3) 모집인은 소정의 신원보증서류를 구비하여 제출하여야 한다.
 (4) 모집인은 회사가 위임한 보험계약에 대하여 회사 소정의 영수증으로 보험료를 수금하고 지체 없이 회사에 입금하여야 한다.
제5조 회사는 모집인에게 보험계약 체결의 중개(보험료수금 포함)로 인하여 발생한 능률수당 및 제경비는 회사가 정한 모집인 제수당 지급기준에 의한다.
제6조 모집인이 만일 본 계약을 위반하여 회사에 손해를 끼쳤을 때는 즉시 배상하여야 한다.
제7조 회사는 모집인에게 채권이 있을 시는 제5조의 능률수당 및 제경비에서 우선 상계한다.
제8조 모집인이 회사에 끼친 손해를 배상할 수 없을 때는 모집인의 신원보증인에게 직접 손해배상을 청구할 수 있다.
제9조 본 계약이 소멸 될 때는 모집인은 회사에 속한 일체의 서류 및 금품 등을 지체없이 반환하여야 한다.

2) 보험자와 보험모집 노동자 사이의 내부관계에 대하여

보험회사와 보험모집 노동자 사이를 법적 혹은 사실상의 고용관계로 보지 않고 위임관계로 파악하는 것은 이해하기 어려운 일이다. 한 회사에 속하여 정해진 장소와 정해진 시간에 출근하여 업무지시와 관리자들의 감독과 지휘하에 업무를 수행하지만, 보험모집인 스스로 결정하여 완성할 수 있는 것이 아니다. 또한 보험모집 노동자들은 보험회사의 자본으로도 취급되고 있다. 즉 보험모집 노동자가 지방으로 이사를 하게 되었을 때 지점간의 거래가 이루어지고 있다는 것이다.

예를 들어본다면 삼성화재의 한 보험모집 노동자가 대전으로 이사를 했는데, 서울에서는 이 보험노동자의 값을 120%로 환산하여 받기를 원하였으나, 지방에서는 그 보험모집인의 값을 50%로 인정하며 받기를 거부하여 이 보험모집 노동자는 공중에 떠 있어서 그동안 일도 하지 못하며 무능한 보험모집 노동자로 전락하고, 나아가서는 그동안 어떠한 불의에 사고에 보호를 받지 못하게 되는 일이 일어나서 보험서비스의 문제가 대두되고 있었다. 이런 일은 보험모집 노동자 본인은 모르게 지점끼리 거래가 오가는 실정이다.

또한 보험모집 노동자들에게 사생활보호법을 위반하게 하는 사례가 벌어지고 있다. 즉 타인의 이메일 주소를 10건씩 입력하지 못할 시에는 가부(可否)판정 기준에서 부의 판정을 내려 기본급을 지급하지 않고 있다.

우선 보험모집인을 보험자에게 고용된 피용인으로 보면서 보험자와 보험모집인 사이의 내부관계는 고용계약, 노동계약을 체결하고 그리하여 보험모집인들은 보험자에게 고용된 피고용인으로서 독립된 보험대리점이나 보험중계인과는 다르게 보는 견해가 있다(양승규, 「보험모집인들의 법적 지위에 관한 연구」, 48쪽).

그리고 고용계약, 도급계약, 위임계약 등의 법리와 관련하여 보험모집인제도를 비교해볼 필요가 있다. 먼저 고용계약에서는 제공되는 노무에 의한 일의 완성은 고려하지 않은 것인데, 보험모집인의 위촉에 있어서는 보험자가 보험모집인의 보험모집에 관한 지휘, 감독권을 가지고 있다고 하더라도 중계에 의하여 계약이 성립되는 것을 전제로 그 보수가 결정된다는 점에서 고용계약과 구별된다. 보험모집인은 실적에 따라 그 보수가 지급된다는 점에서 일의 완성을 약정하고 일의 결과에 대하여 보수를 지급하는 도급의 경우와 비슷하지만, 보험모집인이 중개한 보험계약의 청약을 보험자는 승낙하거나 거절할 수도 있고 중개라는 사실행위만으로서 일이 완성되는 것이 아니라는 점에서 도급과는 다르다. 그리고 보험모집인은 보험계약의 중개를 위탁받는다는 점에서는 위임계약과 흡사하다. 보험중계 대리점이나 보험중개인처럼 독립된 지위에서 그

중개사무를 처리하지 못하고 보험사업자의 지휘, 감독을 받고 있는 점에서 순수한 위임자로 보기는 어렵다(양승규, 「보험모집인들에 관한 법적 지위에 관한 연구」, 50쪽).

"보험모집인은 특정한 보험자의 사실상 지휘, 감독하에 있어 양자 사이에 일종의 사용종속관계가 존재하고 있다"(양승규, 「보험모집인의 법적 지위에 관한 연구」, 83쪽).

3) 보험모집 노동자의 노동관계 조정법상의 권리

전국의 보험모집 노동자들은 회사의 일방적인 수당변경이나 결근 시 일당삭감, 증원을 하지 못할 시 승진의 누락, 보험료 송금수수료를 부당하게 전가하는 처사와 귀소를 체크하면서 개인 컴퓨터를 강제로 구입하게 하는 행위, 본인의 의사와는 상관없이 해고하며 유지율을 13회 차까지 보험모집 노동자들이 맞추어야 기본급을 지급하는 모순, 타 회사로 전직할 수 없는 전직동의제도라고 하는 직업이전의 자유를 박탈하는 현대판 노비문서와 잔여모집수당을 빼앗기는 데 분개하고 있는 가운데, 노동부에서 보험모집인들도 근로자에 "준"하는 자라는 개념을 신설하여 보호하겠다고 2000년 10월 4일 발표한 뒤, 2000년 10월 5일, 전국보험모집인노동조합을 결성하여 영등포구청에 설립신고를 하였다. 하지만 노동부의 유권해석에 의하여 영등포구청은 노동관계 조정법상의 노동자로서 인정하지 않는다고 설립신고서를 반려하였다.

이는 노동부가 사실적 관계를 확인하지도 않고 또한 보험모집인 노동조합의 증거자료 역시 외면하고 보험회사의 편에서 유권해석을 한 것이라는 비난을 받기에 충분하였다. 이는 30만 보험모집 노동자들이 대다수가 40-50대의 여성이며, 주부라고 하여 차별한다는 비판을 불렀고, 한편에서는 보험사들의 막강한 정치로비 때문이라는 지탄을 샀다.

노동부는 대법원의 판례를 평계로 보험모집 노동자의 노동3권을 가로

영등포구청의 문서번호 지정 68000-3092
반려사유

1. 출퇴근 및 활동구역에 있어서 특별한 제한을 받지 않고(조회 불참시 수당에 영향을 미치지만 다른 제재조치가 없어 출퇴근이 엄격히 통제된다고 해석하기 어려움),
2. 보험모집, 수금업무 등에 있어서도 각자의 재량과 능력에 따라 업무를 수행하고 있어 회사로부터 직접적이고 구체적인 지휘, 감독을 받는다고 보기 어려우며,
3. 보험모집 실적에 따라 수당을 지급받고 있으며, 실적 미달시 수당감소. 당사자간 약정에 의한 해촉 이외에 별도의 징계 등 제재조치가 없을 뿐만 아니라,
4. 보험모집 활동 이외에 겸업이 가능하여 회사에 전속되어 있다고 보기가 어려우므로 보험모집인은 노동조합 및 노동관계조정법상 근로자에 해당되지 않는다고 판단되어 반려합니다.

막았지만, 이 대법원 판례는 군사독재정권하에서 내려진 것이 지속되어 온 것이고, 대법원 또한 보수적인 곳이어서 누가 감히 이 판례를 바꾸려하지 못하고 있는 것이다. 이제는 국민의 정부이며 인권을 중요시하는 정책을 지향하고 있다고 하지만, 아직도 보험모집 노동자들의 인권은 여전히 무시되고 있는 것이다. 전국보험모집인노동조합에서는 보험모집 노동자들의 노동법의 법률적 견해를 살펴보며, 노동부의 유권해석은 잘못된 것이라고 주장하였다(별첨자료 참조).

4. 외국의 사례: 일본의 경우

우리나라는 일제강점기에 보험제도를 도입하였고, 그 결과 노동조건과 영업방식이 일본의 조건과 매우 같다(2000년 6월 23일, 도쿄여성노조 위원장 이토 미도리와의 교류).

현재 일본은 32만 명의 보험모집 노동자들이 노조에 가입되어 있으며, (유니온숍) 노동자로서 근로기준법의 보호를 받는 노동자로 인정받고 있다. 현재 일본 노조는 1982년 남녀고용평등법이 통과되었지만, 기본급에서 남녀의 차이가 있고, 미혼과 기혼의 차별문제를 제기하고 법정 투쟁까지 하였으며, 도쿄에는 보험모집 노동자들의 상담소가 있어서 보험모집 노동자들의 인권을 보호하는 데 많은 역할을 하고 있다고 하였다.

"일본 생명보험 모집인은 일사 전속제가 적용되며, 보험회사와 고용계약을 맺고 있는 자와 위임관계 내지 도급관계에 있는 자로 나누어집니다. 전자는, 회사에 의해 일정한 근무를 해야 하며, 근로기준법상의 근로자로 인정되고 있습니다. 반면, 후자는 회사와의 종속관계가 약하며 보수도 능률급뿐이며, 근로기준법상의 근로자로 인정되지 않습니다"(양승규, 「보험모집인의 법적 지위에 관한 연구」, 1996).

5. 계약자보호(서비스) 차원에 보험노동자 처우개선(노동자 성인정) 우선

현재 보험회사는 보험노동자들의 각종 수당을 불법으로 가로채고 있어 큰 고통을 주고 있다. 대법원에서 보험모집 노동자를 근로기준법상의 노동자가 아니라는 판결이 결정(1992.5.26.90.누9438)된 뒤, 보험사는 보험모집 노동자들의 모집잔여수당을 50%로 삭감하였다. 그 뒤 1996년 지노위에서 부당해고 구제신청이 기각되면서 모집수당을 모집유지수당이라고 고치면서, 1996년에 보험모집 노동자들의 모집잔여수당을 100% 주지 않고, 회사는 보험모집 노동자들의 수당을 가로채고 있다. 이때 보험모집 노동자들과의 어떠한 협상이나 상의도 없이 일방적으로 수당규정을 변경하였다. 이 또한 보험사의 횡포가 아닐 수 없는 것이다.

1) 잔여모집수당이란

보험노동자들은 모집수당을 3-4년에 나누어 지급받고 있다. 가령 수당이 15만 원인 암 보험상품을 판매하면 그 수당을 한꺼번에 주는 것이 아니고 30회로 나누어주고 있다. 예컨대 이 달에 암 보험을 팔아서 15만 원의 수당이 발생하면 다음달부터 5,000원씩 30회에 나누어 지급한다. 그런데 회사에서 다음달에 해고를 한다면, 나머지 15만 원을 보험모집 에게 모두 지급되지 않고, 1회분 5,000원만 지급되고 남아 있는 145,000원은 지급하지 않는다. 이런 것이 한두 건이라면 그 액수는 얼마 되지 않는다고 하겠지만, 그 건수가 수십 수백 건이라면 회사가 부당하게 취하는 액수는 어마어마한 액수로 된다.

현재 교보생명 같은 경우 70만 원을 받지 못하는 보험노동자들을 해고하고 있는데, 70만 원씩 평균 20회 받을 것이 남아 있다면, 1,400만 원을 받지 못하는 것이다. 이 액수에 1년에 해고되는 보험모집 노동자 수 15만 명을 곱하면 2천 1억이라는 돈을 보험사는 보험모집노동자들로부터 빼앗고 있는 것이다.

이렇게 보험회사들끼리 담합하여 잔여모집수당을 주지 않고 보험모집 노동자들을 노예처럼 부릴 수 있는 것이다. 보험모집 노동자들이 부당한 대우를 받고 있어도 묵묵히 붙어 있는 것은 소장들에게 잘못 보여서 해고라도 된다면 내가 땀 흘려 벌어놓은 잔여모집수당을 받지 못하기 때문에 충견처럼 지내고 있는 것이다. 즉 보험사들은 보험모집 노동자들을 현대판 노예를 만들어놓고 있는 것이다.

또한 뒤를 이어 유지관리를 하는 보험모집 노동자에게 유지수당을 지급한다고 하나, 그것도 상품에 따라 전혀 안 주는 것도 있어 통틀어 15%에 불과한 수당을 지급하고 있다. 그러므로 이어서 유지하는 보험모집 노동자들은 다른 보험모집 노동자들의 계약자(다른 모집자)에게 매력을 느끼지 못하는 것이다. 나에게 아무런 이익을 주지 않는데 질 좋은 서비스를 바라는 것은 무리이기 때문에 관리를 소홀히 하게 되는 것이다.

2) 과다한 증원 때문에 생기는 부실계약

부실계약은 또한 이런 이유에서도 발생한다. 보험모집 노동자들을 무작위로 채용하고 마음대로 해고하기 때문인 것이다. 마음대로 해고하는 이유는 보험모집 노동자들이 근로자로 인정받지 못하고 있은 제일 큰 원인이라고 본다. 그렇게 함부로 해고를 해도 제재를 가하는 곳이 없다는 것이 그 증거이다.

보험사는 보험모집 노동자들을 경쟁적으로 많이 채용하고 있다. '증원만이 살길'이라는 구호 아래 증원하는 것을 강제하고 있는 것이다. 증원을 하지 못하는 보험모집 노동자에게는 승진의 기회도 주어지지 않고 있다. 그래서 보험모집 노동자는 증원을 하기 위하여 보험사의 화려한 면만 이야기하고 수입도 과장되게 이야기한다.

하지만 보험계약하기가 그리 쉬운 일만은 아니다. 처음 몇 달은 가족이나 연고계약으로 유지할 수 있겠지만, 그러나 그것도 바닥이 나면 보험모집 노동자들은 스스로 물러나거나 해고를 당할 수밖에 없는 처지에 놓이게 된다. 가족이나 친지가 보험모집 노동자들에게 보탬이 되어주려고 가입을 해주었다가 모집노동자가 그만두면 더 이상 가족인 보험모집 노동자에게 득이 없는 보험을 지속하지 않으려 하기 때문에 그 보험도 부실이 된다.

3) 전근대적인 관리구조로 인한 고통

보험회사는 보험모집 노동자들의 실적목표를 과다하게 설정하여 책임을 전가한다. 정해준 목표를 달성하지 못하면, 심적인 스트레스는 이루 말할 수 없이 받게 된다. 즉, 팀끼리 경쟁을 시켜 달성하지 못한 팀은 달성한 팀에게 어떠한 대가를 지불하는데, 그 대가를 돈으로 지불하는 경우도 있고, 상품(봉사용품)으로도 대신하기도 한다. 그 팀에서 나 하나가 목표를 달성하지 못해 다른 팀원에게 경제적 손해를 끼치는 심리적

부담을 감수하기 힘들다는 것이다. 그래서 확실치 않은 계약을 성사시키고, 가족 친지의 이름으로 계약을 하게 되는데, 이렇게 해서 성사한 계약은 바로 부실보험계약으로 이어지고 있다.

보험모집인의 모호한 법적 지위로 말미암아 부실계약이 발생함은 물론 부담과 경비가 적은 보험모집 노동자를 보험회사들이 경쟁적으로 확대함으로써 고비용저효율 구조적 모순을 초래하고 있고, 보험모집 노동자들의 신분상의 불안요인이 야기되고 있다(한국개발원, 「금융유관기관 기능활성화 자율규제 기능 확대」, 2000. 6. 5).

6. 보험모집인의 실태 설문조사

본인이나 자기 가족 이름으로 가입하고 있는 보험건수는 아래의 표와 같다.

5건 이하	5건 이상	10건 이상	15건 이상	20건 이상
4.4%	27.1%	43%	13.1%	12.4%

실제 설문에서 보여주듯이 월급 타서 자기 보험료 내고 교통비, 점심값, 계약자 대납 등에 쓰고 나면, 항상 적자에 시달리게 된다. 그러면서도 그만두지 못하는 이유가, 응답자의 100%가 잔여모집수당 때문이라고 답했다.

보험모집 노동자가 꼭 필요로 하여 가입한 보험 모집은 4.4%에 불과하고, 심지어는 35건 이상의 가입자도 나타났다. 본인이 부담하는 보험료는 월평균 1,152,000원으로 조사되었으며, 평균임금은 1,306,000원으로 나타났다.

그리고 보험모집 노동자가 현재 근무하고 있는 회사에 만족하느냐는 질문에 대한 답을 보면 다음과 같다.

매우 만족	만족하는 편	불만족	매우 불만족
3.4%	12.2%	67%	17.4%

한편 모집인활동을 하면서 가장 심각하게 느끼는 불만과 어려움에 대한 질문에 대해서는,

1위: 해촉 후 잔여수당을 지급하지 않음

2위: 퇴직금, 사회보험, 휴가 등이 적용되지 않음

3위: 과다한 업무목표와 신인증원 강요

4위: 수입의 불안정

5위: 언제 해고될지 모르는 고용불안

6위: 상사들의 비인격적인 대우

7위: 보험모집인들에 대한 사회인식

8위: 성희롱 등 성적 피해 등으로 나타났다.

7. 결론

우리나라 보험모집 노동자들의 근로형태를 사회에서 보는 시각이 사업적으로 보아왔기 때문에 아직껏 지위가 명쾌하게 정리되어 있지 않다.

보험모집 노동자들을 볼 때 생존 '노동'의 시각에서 본다면, 그 매듭은 풀어가기가 쉬울 것이다.

우리나라는 세계 보험시장 점유율 6위를 자랑하는 선진 보험산업국이다. 99년 말을 기준으로 국민 한 사람이 연간 지출하는 보험료가 100만 원을 넘어섰으며, 생명보험사들의 전체 자산 규모가 100조 원을 넘는다. 그리고 국내 보험산업은 해가 갈수록 성장발전을 거듭하고 있다. 우리나라 보험산업의 이런 성장과 발전과정은 여러 가지 여건이 충족되었기 때문이겠지만, 그중 빼놓을 수 없는 것이 바로 보험모집 노동자들의 헌신적인 역할과 공로이다.

보험설계사 또는 생활설계사라는 이름으로 방방곡곡 골목을 누비며 계약을 쌓아올린 보험모집 노동자들이야말로 우리나라 보험산업 발전의 커다란 한 축이었다는 사실을 부정할 수 없다. 지금도 수십만의 보험모집 노동자들이 전국의 곳곳에서 계약자들과 만나며 희비가 엇갈리는 불안정한 생활을 하고 있다.

그리고 이들이 말품과 다리품으로 벌어들이는 보험료 수입으로 보험회사들은 거대자본으로 성장해가고 있는 것이다(1998년 4월-11월 생보설계사 1인당 생산성 8,660만 원). 그러나 이들 보험모집 노동자들은 하는 일과 기여도에 비해 사회적으로 훨씬 낮은 대우를 받고 있으며, 직업적인 위상 또한 기대에 훨씬 미치지 못하고 있다. 아직도 보험모집 노동자들을 온당한 사회적 직업군으로 인정하지 않고, 노동자로 인정하지 않고 있는 것이 대표적인 예이다.

90% 이상이 여성인 특성상 가부장적 사회구조에서 가사관리와 부모봉양, 육아와 자녀교육, 나아가 가족생계의 일부 또는 전부를 떠맡기에 이르기까지 여러 가지 역할을 동시에 요구받으며 이중삼중의 고통을 겪는 우리나라 직업여성들의 현실을 반영하는 대표적인 직능집단이기도 하다.

직장 내에서도 불합리하고 부당한 대우, 적정 수준 이상의 과중한 업무부담에 따르는 보험모집 노동자들의 애로와 고충은 어느 직종보다 심하다. 계약 및 고객관리과정에서 무리하게 부여되는 자기책임, 업적 위주의 소득구조에서 불가피하게 이루어지는 자기계약과 불법모집행위, 보험영업보다 더 스트레스를 안겨주는 증원 압력, 불평등한 고용구조를 악용한 중간관리자들의 언어적·물리적 폭력, 그리고 언제라도 회사에서 그만두라고 하면 그 날 부로 해고당하는 사람들이 바로 보험모집 노동자들이다.

특히 보험모집 노동자들이 공통적으로 분개하고 노골적으로 불만을 터뜨리는 것은 임금근로자의 임금에 해당하는 수당의 일부를 받지 못하는 제도적 모순이다.

이른바 잔여모집수당을 지급하지 않는 보험회사의 일방적인 내부규정에 따른 것이다. 이것은 직업선택권을 침해하는 전직동의제도와 더불어 보험설계사들의 개선요구사항 1순위에 올라 있다.

일일이 나열하자면 끝도 한도 없는 것이 보험모집 노동자들의 현실적인 문제점이다. 사회적인 편견에서부터 가정에서의 탐탁치 못한 선입견, 직장 내에서의 불합리하고 모순된 구조와 제도가 가져다 주는 보험모집 노동자들의 고충과 불이익은 이만저만이 아니다. 이러한 현실의 직접적이고 핵심적인 원인은 실제로는 노동자이면서도 '개인사업자'로 위장되어 있어 근로기준법의 적용은 물론 단결권, 즉 노동조합 설립조차도 침해받고 있는 데 있다.

이런저런 여러 가지의 악조건하에서도 수십만의 보험모집 노동자는 나름대로의 생존방법을 터득해가며 일을 해나가고 있다. 그것은 일에 대한 보람과 사명감, 금전적인 보상 등 일을 통해 얻고자 하는 나름대로의 목표와 가치가 있기 때문이다. 그러나 이 목표와 가치를 이루는 것이 불가능하다고 판단할 때, 보험모집 노동자들은 스스로 물러서고 만다. 물론 잔여모집수당을 포기한 채로. 해마다 그렇게 보험모집인 일을 시작하고 그만두는 사람의 수는 전체 보험모집인 인구수와 거의 같은 숫자에 이른다.

IMF 이후 실업문제와 비정규직 문제가 우리 사회의 가장 큰 숙제로 떠오르면서 상대적으로 여성의 취업이나 실업에 대한 논의는 오히려 뒷전으로 밀리는 양상을 띠고 있다. 그만큼 여성들이 우리 사회에서 차지할 수 있는 경제활동의 자리가 좁아지고 있다는 의미이기도 하다. 그런 가운데 그나마 특별한 전문지식이나 자격요건을 갖추지 않고 손쉽게 구할 수 있다는 점 때문에 보험모집 노동자는 여성취업의 훌륭한 취업로 구실을 하기도 했다. 그리고 혹자는 그런 보험설계사를 공식적인 우리나라 여성노동시장의 최후의 보루라고 표현하기도 했다.

보험모집인 일마저 못하게 되면 다음으로 선택할 수 있는 일은 아예 일 자체를 포기하거나 비공식적인 노동, 즉 음성적인 시장밖에 남지 않는다는 것이다. 보험모집인 가운데는 가족의 생계를 책임져야 하는 주부가장이 결코 적지 않다는 점에 비추어 이러한 문제를 방치한다는 것은 큰 대가를 요구하는 사회적인 문제가 될 수 있다.

보험모집 노동자들의 문제는 보험모집 노동자들만의 문제에 국한해서 접근할 것이 아니다. 사회 전반의 여성문제, 나아가 우리 사회 전체의 문제로 인식하고 개선해나가야 할 일이다.

보험모집 노동자들의 노동자성을 인정하여 근로기준법을 적용하고 노동조합 설립을 인정하는 것은 전체 여성노동자들의 생존권과 직결되는 매우 중요한 문제이다. 그들이 이루어놓은 보험산업의 비약적인 발전이 폄하되어서는 안 된다. 생산의 주체이면서도 점유와 분배가 이루어지지 않는 한 보험산업은 쇠퇴할 것이 분명하다 할 것이며, 이는 국가경제의 한 축이 무너지는 결과로 이어져 중대한 문제로 불거질 것이다. 자본만 살찌우고 생산주체를 착취하는 것으로 이어져오는 전근대적인 노동정책은 이제 철회되어야 할 것이다.

■ 별첨자료

전국보험모집인 노동조합 설립에 관한 법률적 견해

권두섭*

노동부는 어제 10월 30일 보험모집인은 노동조합법상 근로자가 아니라는 유권해석을 내렸고, 이에 따라 영등포구청은 전국보험모집인노조

---

* 민주노총 법규차장·변호사.

설립신고서를 반려했습니다. 하지만 이는 노동자의 단결권을 부정하는 잘못된 유권해석이므로 부당하며, 이에 대한 법률적 견해를 검토해 밝힙니다.

1. 근로자의 개념에 관한 현행법의 규정 및 대법원 판례의 태도

(1) 근로기준법 제14조는 "이 법에서 근로자라 함은 직업의 종류를 불문하고 사업 또는 사업장에 임금을 목적으로 근로를 제공하는 자를 말한다"라고 규정하고 있고, 노동조합 및 노동관계조정법(이하 노조법이라 합니다) 제2조 제1호 "근로자라 함은 직업의 종류를 불문하고 임금·급료 기타 이에 준하는 수입에 의하여 생활하는 자를 말한다."라고 하여 서로 다르게 노동자 개념을 규정하고 있습니다.

(2) 즉 노조법은 근로자의 정의에 있어서 근로기준법과는 달리 '사업 또는 사업장에서'라는 요건을 요구하고 있지 않고 근로기준법에서 정하고 있는 임금 외에도 '기타 이에 준하는 수입'을 추가하고 있어 근로기준법보다는 노동자의 개념을 넓게 규정하고 있습니다. 이는 근로기준법과 노조법의 입법 목적이 다르기 때문입니다. 근로기준법은 구체적 근로계약관계에 있어서의 최저 근로조건의 보장을 목적으로 하는 만큼 현실적으로 취업하고 있는 자를 대상으로 하게 되지만, 노조법은 노동자의 노동3권 보장을 목적으로 하고 있기 때문에 그 대상을 현실적 취업자에 한정할 필요가 없고 단결활동의 보호 필요성에 의해 결정되기 때문입니다. 이러한 견해는 현재 노동법학계의 통설이고 실업자도 초기업단위 노조에 가입할 수 있다는 노사정 합의도 이러한 맥락에서 가능했던 것입니다.

(3) 대법원 판례는 노동조합법상의 노동자성 판단과 관련하여 사용종속관계가 있는지 여부에 따라 판단하고 있습니다.

"노동조합법상 근로자란 타인과의 사용종속관계하에서 노무에 종사하고 그 대가로 임금 등을 받아 생활하는 자를 말한다고 할 것이고, 타인과 사용종속관계가 있는 한 당해 노무공급계약의 형태가 고용, 도급, 위임, 무명계약 등 어느 형태이든 상관없다고 보아야 할 것이며, 그 사용종속관계는 사용자와 노무제공자 사이에 지휘, 감독관계의 여부, 노무의 성질과 내용 등 그 노무의 실질관계에 의하여 결정된다 할 것이고, 그 사용종속관계가 인정되는 한 노동조합법상의 노동자로 보아도 무방할 것이다"(대법원 1993.5.25. 선고 90누1731).

(4) 그러나 한편 대법원은 골프장 캐디에 대한 판결에서 근로기준법상 노동자는 아니라고 판시하면서도 노조법상의 노동자에는 해당한다고 판시하여 두 법의 노동자 개념을 구분하고 있습니다. 그리고 판례는 사용종속관계에 있는지 여부는 당해 사안에서 판단하는 것이라고 합니다. 즉 종전 보험설계사(보험모집인)가 근로기준법상 노동자가 아니라는 판례는 그 사안에 한정되는 것이지 이 사안에 그대로 적용할 수는 없고, 더구나 위에서 보았듯이 노조법상 노동자 개념은 아래 판례가 언급하고 있듯이 근로기준법상 노동자와는 다르기 때문에 더더욱 그렇습니다.

캐디는 내장객 보조업무가 종료되면 소외 회사로부터 보수, 즉 캐디피를 지급받는바, 위 캐디피는 근로기준법상의 임금이라고 단정하기는 어렵지만 캐디가 소외 회사에 의하여 소외 회사의 골프장 캐디로 선발·채용될 때에 캐디와 소외 회사 사이에 캐디는 소외 회사가 임의로 지정하는 내장객에게 노무제공을 하기로 하고, 그 대가로 소외 회사로부터 캐디피로서 1경기당 일정한 금원인 금 5,000원을 지급받기로 하는 묵시적인 약정이 있는 것으로 엿보이고, 이와 같은 약정은 고용계약관계에 근사하다고 보이므로 캐디피를 노동조합법 제4조 소정의 "기타 이에 준하는 수입"으로 못 볼 바도 아니라고 보여지는 점(캐디피의 지급방법을 내장객이 캐디에게 직접 지급하는 방법으로 변경하였다고 해도 이는 위에 보인 바와 같이 캐디피의 지급의무가 있는 것으로 보이는 소외 회사가 소외 회사의 골프장에서 경기에 임하려면 어차피 캐디피를 지불해야만 할 입장에 있는 내장객으로부터 캐디피를 수령한 것으로 하고 그 대신 내장객에게 캐디에 대한 캐디피의 지급을 위임한 것으로 보아야 할 것이므로 캐디피의 지급방법 변경으로 캐디피의 지급주체가 달라진다고 볼 수는 없을 것이다)…(대법원 1993. 5. 25. 선고 90누1731 판결).

즉 판례는 현실적 노무공급관계에 있는 자의 노동자성 여부에 관해서 사용종속관계의 문제를 살피면서도 '기타 이에 준하는 수입'에 일정한 의미를 부여하여 임금성에 의문이 있는 일정한 수입을 그에 포함시키는 입장을 취하고 있습니다.

이에 따라 1999년 12월 17일 노동부는 재능교육 학습지교사노동조합 에 대하여 설립신고증을 교부한 사실이 있습니다. 당시 노동부는 학습 지교사들에 관하여 비록 근로기준법상 근로자가 아니라는 판례가 있으 나, 근로기준법상 노동자 개념과 노조법상 근로자 개념은 구분되어야 하고, 실제 근무형태를 볼 때 노조법상 근로자 개념에 해당하여 신고증 을 교부한다고 밝혔습니다. 이러한 학습지교사들의 근무형태는 보험설 계사와 사실상 동일한 형태이므로 이 건 보험설계사노동조합에 대한 설 립신고증도 교부되어야 하며, 학습지교사와 구별해 노조설립을 불허하 는 것은 부당합니다.

2. 보험모집인들이 노조법상 노동자인가에 대하여 실제 근 무형태를 기준으로 판단할 경우

1) 고용계약 형식의 문제

통상 입사를 하게 되면 보험회사는 일방적으로 도장 등을 임의로 제 작하여 내용도 알지 못하는 위촉(위탁)계약서를 작성하는 바(그 작성 여 부도 해고로 인한 지방노동위원회 구제절차에서 회사측에서 주장하여 알게 되었고, 이에 대하여 사문서 위조 등으로 고소한 상태임), 만일 보험모집인들이 개인 사업자라면 보험회사와 상호대등한 계약당사자인데 어떻게 이러한 일이 있을 수 있겠습니까? 이는 바로 보험모집인들이 종속되어 있다는 것을 간접적으로 증명한다 하겠습니다.

그리고 판례에 따르면 근로계약의 명칭은 중요하지 않습니다.

즉 회사와 위탁계약이라는 형태를 취하고 있으나, "타인과 사용종속 관계에 있는 한 당해 노무공급계약의 형태가 고용, 도급, 위임, 무명계약 등 어느 형태이든지 상관없으며"(위 대법원 판례) 또 대법원 1993. 2. 9. 선고, 91다21381 판결은 KBS의 TV시청료 위탁직 징수원이 근로자에 해당한다면서, "비록 위탁계약의 형식으로 채용되고 시청료징수업무의 처리과정에 있어 다소간 자유로운 지위에서 업무를 처리하였다고 하더라도 이들도 피고공사가 피용자로서 인정하는 계약직 징수원과 계약 체결 경위나 근로제공의 과정 실태 등이 같아서 위탁직 징수원도 실질적으로는 피고공사에 대하여 종속적 노무를 제공하는 근로자에 해당한다고 봄이 상당하다고 판단하였는바, 기록에 비추어보면 원심의 사실인정은 정당한 것으로 수긍할 수 있고, 거기에 채증법칙을 어긴 위법이 있다고 할 수 없다.

그리고 원심이 인정한 사실에 의하면, "위탁직 징수원도 계약체결 후 정년에 이르기까지 피고공사를 자신들의 직장으로 생각하고 오로지 징수원으로서의 업무에만 전념하였다 할 것이고, 업무처리 과정에 있어 다소 자유로운 입장에 있었다 하더라도 이는 텔레비전 수상기 보유자에 대한 호별 방문의 방법, 방문순서 등에 국한되는 것이고, 이 범위 안에서 업무처리상의 독자성이 인정되는 것은 그 담당업무의 특수성 때문에 그러한 것이지 이것만 가지고 사용자의 지휘, 감독과 통제로부터 벗어난 것이라고 할 수 없다"(당원 1988. 11. 8. 선고, 87다카 683 판결 참조)라고 판시하여 위탁계약의 형식을 취하였다고 하더라도 사용종속관계하의 근로자라고 볼 수 있으며, 업무의 특성상 처리과정에 약간의 자율성이 있다고 해도 사용자의 지휘, 감독의 통제를 벗어난 것이라고 볼 수 없다고 합니다.

2) 업무의 내용이 사용자에 의하여 정해지는지 여부

보험모집인들은 회사로부터,

첫째 조직도입, 신계약, 수금 등 영업소 운영에 따라 직접적인 지시를 받으며, 둘째 기본적인 업무가 회사로부터 지정받은 상품을 공급받아 이루어지며, 셋째 회사에서 개발한 판매기법을 일상적으로 교육받으며, 넷째, 체계화된 교육시스템을 통해 업무범위, 업무수행방법, 업무내용을 정해놓고 있습니다. 구체적으로 그 예를 살펴보면,

① 보험설계사후보 발굴수첩 등 작성 후 확인과 점검을 소장과 지점장에게 받고, 수금영수증으로 수금하고 이를 회사에 입금하며, 또한 효력상실예고 통보 및 수금방문증을 총무에게 확인하는 제도, ② 연금상품판매를 위한 판매기법에 관한 교육, ③ 보험금 지급 최소화를 위한 교육, ④ 고객의 직업, 나이, 성별 등에 따른 상품판매 교육, ⑤ 전문가 양성을 이유로 정기적으로 재무설계사 후보자 오리엔테이션 실시, ⑥ 당일 어떤 지역을 나갈 것이며, 누구를 만나서 계약을 유지할 것인지, 수금을 어떻게 할 것인지 등등 일일활동에 대한 계획을 작성하고 일과가 끝나면 지점장 또는 영업소장이 결재하며, ⑦ 활동할 지역과 장소를 선정 보고하여야 합니다.

3) 취업규칙 또는 복무(인사)규정 등의 적용을 받는지 여부

교보사규집 모집인규정은 복무, 표준일일활동, 경조사시의 활동, 건물, 기구, 물품의 애호보전 등, 판매용품의 취급, 비밀유지 등, 지위의 남용, 타 업무에의 종사, 휘장의 패용, 모집인의 신분자격, 교육, 상벌, 여비 등에 대하여 규정하여 엄격하게 적용하고 있습니다.

특히 삼성생명 보험영업예규 특별심사라는 부분에서 그 대상자로,

가. 대외적 표창 수혜자 또는 회사에 현저한 공이 있는 자

나. 일반심에 의한 자격조정이 현저히 불합리한 자

다. 자격유지기간중이라도 현 자격을 유지시킴이 현저히 불합리한 자

라. 기타 개개인의 자질, 활동상태 및 특수 사정 등을 감안할 때 그
자격조정이 현저히 불가피한 자로 정하면서,

지점장이 해당 점포장의 자문을 거쳐 특별심사를 실시(1차 결과)하고, 다시 지역본부에서 2차로 심사하여 승격뿐만 아니라 강격 내지 해촉을 할 수 있게 되어 있으며, 특히 해촉은 실시시기가 별도로 정해져 있지 않고 수시로 실시할 수 있게 되어 있습니다. 해촉 외에 근태관리에 따른 불이익조치로는 모집정지, 수당삭감, 특별교육 등이 있습니다.

특히 강격과 해촉 사유(4-3-2)를 보면, 강격은 '최근 수개월간 계속하여 업적 및 유지 불량자, 표준활동기준 불이행자'로, 해촉은 '보험사고자 또는 모집질서 위반자, 부실 가동자 또는 표준활동 장기간 불이행자, 기타 소속 점포장의 적당한 지시에 불응하는 자'로 하여 설계사의 직무수행 과정에서 점포장, 지점장, 지역본부장의 체계로 지휘와 감독이 행해지고 있고, 이에 불응하거나 불성실한 근무태도를 보일 경우에 해촉할 수 있도록 규정하고 있는 것이며, 이는 각 보험사가 거의 동일합니다.

4) 업무수행 과정에 있어서 사용자로부터 구체적·개별적 지휘, 감독을 받는지 여부

보험모집인은 조회참석, 교육이수, 1일 10인 이상 방문 또는 1일 3단체 이상 방문, 유망고객카드 신규작성 월 30매 이상 또는 신규정보카드 월 5매 이상 작성, 생활설계사 1일 1매 이상 작성, 일일 활동기록부를 작성해야 합니다

근무상태 및 업적이 현저하게 불량하여 개선될 가능성이 없거나 모집인으로서 부적당하다고 인정될 때는 근로계약이 해지(제19조), 상벌규정(제21조), 상사의 지시에 순응하며 직무를 성실히 수행하여야 하는 복무규정(제3조) 등의 적용을 받고 있습니다. 또한 팀장, 육성담당지도장, 교육담당지도장제도를 통해 신청인들의 업무를 지휘, 감독하며, 팀장의 역

할에 대하여 신인 도입 및 육성지도, 팀원의 관리 등으로 하고 있습니다.

지도장, 팀장 자격심사를 실시하고 있는데, 등급을 1-4급으로 분류하고, 매 3개월마다 평가하여 지점장이 심사 결정합니다. 이때 팀장의 평가기준으로 신인 도입이라는 항목을 설정하고, '피유치자가 위촉 2차월까지 입보를 필하고, 당월 또는 2개월 수습급 기준액 달성시 1명 간주, 평가기간 내 도입된 신인 중 기간통산(6개월) 유효월초 300만 달성시 신인 도입 2명 간주' 등을 규정하여 팀장이 평가를 잘 받기 위하여는 설계사를 적극적으로 교육, 지휘, 감독할 수밖에 없게 되어 있습니다.

5) 사용자에 의하여 근무시간과 근무장소가 지정되고 이에 구속을 받는지 여부

보험모집인들은 매일 아침 9시 30분까지 각 지점으로 출근하여 소장의 지휘, 감독을 받아야 하며, 결근시에는 임금을 정률적으로 감봉하는 근태관리가 이루어지고 있습니다

근무장소는 아파트 이벤트 협약서를 통해 부동산 중개소, 아파트 슈퍼마켓 등으로 회사에서 특정합니다. 하루 일과를 마친 후에는 다시 지점으로 돌아와 하루 업무에 대한 보고를 하고, 활동 업무일지를 매일 작성 보고해야 합니다. 소장은 수시 면담을 통해 보험설계사 업무를 감독하고 있습니다.

구체적으로 표준 일일활동을 정하여 조회 참석, 교육 이수, 1일 10인 이상 방문 또는 1일 3단체 이상, 고객카드 신규작성 월 30매 이상 또는 신규 정보카드 월 5매 이상 작성, 생활설계사 1일 1매 이상 작성, 일일 활동기록부 작성 등을 의무화하고 있습니다.

6) 비품, 원자재, 작업도구 등의 소유권

전화, 책상, 개인용 컴퓨터 등 비품 일체가 회사의 소유이며, 회사의

건물, 기구, 물품 등을 애호보전하고 모든 것을 절약하여야 하는 의무가 있습니다.

7) 업무수행시 필요한 용품의 공급은 회사에서 제공함

회사는 모집인이 판매에 사용하는 제 물품을 따로 정하는 바에 의하여 지급하며, 상품안내 책자, 팸플릿, 리플릿 등 제품안내와 회사홍보를 위한 자료를 제공받고 있습니다 .또한 10계명 교육, 애사심 고취 및 회사홍보용 선전구호지를 위한 자료를 제공받으며, 신인설계사 가능자를 발굴, 메모해서 관리하는 수첩을 제공받고 있으며, 신인 도입이 저조할 때는 평가를 받습니다.

8) 기본급이나 고정급이 정하여져 있는지 여부

신청인은 고정성수당, 활동관리촉진수당, 양성수당, 정착촉진수당을 기본급형태로 지급받았으며, 업적에 비례하여 지급하는 모집수당, 유지수당, 우적수당, 수금수당, 양성훈련비 및 복리후생을 위한 장기우적수당, 탁아수당, 연금지원수당, 자녀장학금, 결혼, 회갑, 사망시 경조금을 매월 통화로, 정기적·직접적, 전액을 지급받았습니다.

또한 신청인들이 금융감독원 회시를 통해 피신청인 회사는 현재 보험모집인에게 지급하는 금품을 임금으로 인정하고 있음을 확인하였습니다.

관련 판례를 살펴보아도, 대법원 1993. 2. 9. 선고, 91다21381 판결은 "또 위탁직 징수원이 기본급이나 고정급이 없이 징수한 시청료에 대한 일정 비율의 금액만을 수수료명목으로 지급받아왔다 하더라도 그것이 전체 근로에 대한 대가로서 지급된 것임이 명백한 이상 그 임금으로서의 성격(일종의 성과급 또는 능률급)이 부정되어지는 것도 아니라 할 것이므로, 위탁직 징수원도 계약직 징수원과 마찬가지로 피고공사에 대하여 실질적인 사용종속관계에 있는 근로자에 해당된다고 본 원심의 판단도 정당하다"고 판시하여 성과급 형태로 임금이 지급되더라도 사용종속관계하의 노동자라고 합니다.

노동부도 기술수당, 자격 또는 면허 수당, 특수작업수당, 직책수당, 직무수당, 출납수당, 항공수당, 입갱수당, 생산장려수당, 장려가급, 능률수당, 성과급 성격으로 매월 지급되는 영업수당(임금 68207-546, 94.9.7), 매월 총판매액의 일정 비율을 지급하는 판매장려금 또는 판매수당(임금 68207-492, 94.7.28) 등과 같이 근로의 질이나 양과 관련이 있는 금품은 임금이라고 하고 있습니다. 특히 임금성 여부에 대한 판단에서 "사용자가 지급한 것이라고 할 때 '지급'은 금품의 현실적인 수수에 한정된 것은 아니며, 널리 채무의 변제행위 내지는 이익의 공여를 가리키는 것으로 보아야 하기 때문에, 여관이나 음식점 등에서 손님으로부터 받는 팁만으로 생활하고 있는 여관 등의 종업원에 관해서는 팁수입을 받을 수 있는 영업설비를 사용할 수 있는 이익이 임금이라고 보아야 할 것이고, 마찬가지 이유로 오로지 고객으로부터 받는 팁만을 위하여 근로를 제공하거나 팁의 수수가 관례화·일상화되어 있고, 이 때문에 기본급이 매우 낮은 수준으로 정해져 있는 경우에도 근로자가 고객으로부터 받는 팁은 근로자가 사용자로부터 근로제공의 대가로 현금 대신에 일정한 영업설비를 이용할 수 있는 이익을 제공받는 관계로서 임금에 해당한다고 할 것입니다"(1969. 4. 21. 법무 810-4419). 이상의 내용을 질의 회시하여 영업설비 이용에 따른 이익공여도 임금으로 보는 등 임금인지 여부를 실질적으로 보고 있다는 것을 확인할 수 있었습니다.

9) 근로제공관계의 계속성과 사용자에의 전속성의 유무의 정도

보험모집인 사규에 따르면, 겸업 금지, 전직동의서를 통해 동종회사의 취업을 금지하며, 현실적으로 매일 아침 출근해야 하며, 귀소하지 않고 퇴근할 경우 임금이 삭감되므로 타사의 취업은 생각조차 할 수 없습니다.

또한 회사는 근무시간중 적시 회사가 정한 교육과정에 따라 업무상 필요한 교육을 행하며, 모집인은 반드시 소정의 교육과정을 이행하여야 하는바, 제3자에 의한 대체근무는 원천적으로 차단됩니다. 또한 모집인은 회사의 명예, 신용을 훼손하거나 또는 회사의 기밀을 누설하는 언동을 하여서는 아니 됩니다.

위 예규 생활설계사 인사편에 보면, 등록 부적격자의 유형 중 전산부적격자부분을 보면, 타 생보사 현재 재직중인 설계사 및 모집사용인, 손보사 현재 재직중인 설계사 및 모집사용인으로 규정하고 있어 원천적으로 겸직이 금지되어 있습니다.

10) 각종 복리후생제도의 운영

저축지원제도, 장학비, 탁아수당, 연금지원수당, 보증보험대출, 신용대출, 주택자금대출, 건강진단, 경조비, 장기활동자우대, 의료비지원 등 각종 복리후생제도를 운영하고 있습니다.

3. 결론

(1) 위와 같은 실제 근무형태에 비추어볼 때, 설사 엄격하게 사용종속관계를 요구하는 견해에 따르더라도 근로기준법상 및 노조법상 노동자에 해당한다고 할 것입니다.

(2) 산업사회가 발전하면서 최근에는 고용형태의 다양화(재택근무제 등), 근로시간제 및 고용의 탄력화(파트타임 노동자 등), 여성들의 출가형(出家型) 노동시장의 확대(주부노동자 등), 자기 소유의 생계수단을 활용하는 경우(워드 프로세서 등), 제3자의 조력을 받는 경우(지입 화물 운전자 등), 특수한 기능으로 보수가 고액인 경우(직업운동선수 등) 등 종전의 노동법에서는 쉽게 예상할 수 없었던 현상들이 나타나 전형적인 기업조직을 통한 지휘명령이나 보수지급이 명확하지 않은 사례가 증가하고 있습니다.

그러나 노조를 결성할 수 있는 노동자의 범위를 판단함에 있어서 무엇보다도 외형적인 지휘명령·보수지급·근로시간규제의 탄력화 이면에 존재하는 사용종속관계의 실태를 구체적으로 파악해야 할 것입니다.

(3) 기업이 감량경영을 진행함에 있어서 경영의 중책적 노동력 이외의 주변부분은 단기적·유동적 고용형태로 많이 전환시키고 있습니다. 특히 비노동자화 정책의 채택이라는 사정은 그 배후에 근로기준법 등에서 정하고 있는 사용자책임을 면하려는 사용자의 의도가 은폐되어 있고, 다양한 고용·취업형태의 설정 자체가 새로운 이익추구의 수단으로도 되고 있는 점에 유의할 필요가 있다는 것이 선진 노동법학계의 문제의식입니다. 보험업계 역시 이러한 목적하에 여러 형태로 노동자성을 회피하기 위한 방법을 쓰고 있습니다.

(4) 이렇게 기존 산업사회 초기의 전형적인 노동자와는 다른 형태의 노동자들이 등장하고 있는데, 이들 역시 근로기준법, 노조법의 보호를 받아야 하고 헌법상 단결권 등 노동기본권이 보장되어야 할 노동자들인 것입니다(이하 생략).

"보험모집 노동자에 대한 노동조합의 견해"에 대한 토론

포럼 참가자

보험모집인 노동조합의 현황

현재 노동조합에는 4,500명 가량이 가입해 있는데, 비밀조직과도 같다. 회사가 알면 바로 해고를 하며 보호받을 수 있지 않다. 그리고 모집인은 근로기준법상의 노동자가 아니기 때문에 지방노동위원회에서도 자기 소관이 아니라고 한다. 보험모집인노조는 모집인이 노동자로 인정되기까지는 조합원들을 보호해야 한다고 생각한다. 노조에서 전국회의를 한다고 하면, 회사측에서 나와서 누가 오는지 다 적어간다. 그러므로 회사에서 조합원들끼리 아는 척을 하기도 힘들 정도다. 노조에 가입했다는 이유만으로 해고당하는 일을 막기 위해서라도 노동자성을 인정받아야 한다.

그리고 조합원 중에는 40-50대 주부가 많은데, 이들은 아는 것은 별로 없지만 억울한 일이 너무 많아서 모이게 된 것이다. 모집활동과 관련한 재해실태 사례집을 보면, 사측 보상 같은 것은 전무하다. 월급 200만 원 받던 설계사가 교통사고 당해서 장애 3급을 받아서 입원하여 당연히 일도 못했다. 그런데 보상이 안 되었다. 보험인들은 직업분류에도 없다. 그리고 연봉 4,000만 원 받는 모집인도 직업이 인정이 안 되어 미국 비자가 안 나온다. 은행대출도 어렵고 해촉되어도 실업수당 같은 것도 없다. 보험모집 노동자들은 애초에 자기 돈으로 보험을 들 수밖에 없는 상황에 놓여 있다. 심지어 모집인의 재정이나 가족에까지 피해를 입힌 후 해고하는 경우도 있다. 거대자본과 싸우기란 너무나 힘들다. 합법성을 쟁취하고 불합리한 조건을 바꾸려고 하는 것이 큰 목표다. 특히 잔여수당을 못 받고 있는 것에 대해 민변에서 소송을 제기했으며, 결과를 기다리고 있다.

한편 보험산업의 생산성 증가를 위해서도 보험노조가 필요하다고 생각한다. 보험업체가 보험모집인의 연고를 지나치게 이용하여 쉽게 성과를 낸다면 궁극적으로 프루덴셜과 같은 다국적보험업체에 뒤질 것이고, 보험산업 전체의 경쟁력도 점차 쇠퇴해갈 것이다.

보험모집인 노동조합과 상급단체의 관계

어떻게 보면 민주노총의 비정규직 문제에 대한 사업들, 복수노조 인정 유예조치에 대한 항의는 진심에서 우러나온 활동이라고 볼 수 없을 것 같다. 보험모집인노조는 사무금융연맹과 많은 결합을 했고 논의를 했는데, 어려운 것은 사무금융연맹 조합원들이 보험모집인을 관리하는 입장에 있다는 점이다. 작년 1월달부터 서울지역여성노조와 만나서 모집인이 노동자로 인정받고 노동조합을 만들 수 있다는 것을 알게 되었고 학습지노조의 결성에서 힘을 얻었다. 출발은 서울지역여성노조의 설계사지부로 시작했는데, 사무노련에서 모집인을 산별로 따지면 사무노련조직이라는 주장이 있었던 것으로 알지만, 현장에서 부딪히는 소장이 모집인을 조직한다는 것은 불가능한 것이었다. 주체가 모집인이니 모집인이 주도하겠다고 민주노총 직할로 설립신청을 했는데 반려되었다. 소장들은 회사 앞에서 전단지를 돌리거나 노조결성을 통해 권리를 찾자는 의견을 제시하면, 전단지를 가지고만 있어도 해고시키겠다는 위협을 하거나 폭행까지 하였다. 최근 소장과 설계사가 함께 집회를 한 적이 있다. 민주노총 위원장이 설계사들을 조직하겠다고 공언해서 기대를 했으나 보험모집인을 조합원으로 받거나 하는 준비는 전혀 없었다. 일부 설계사 조합원을 사표를 쓰게 한 일도 있었다. 다른 회사에서 스카웃 제의를 받은 설계사들이 사표를 쓸 수밖에 없으니 연맹과 부딪히기도 했다. 연맹과 친해져야 좋겠다는 생각은 꿈이었고 꿈은 깨졌다. 사무노련에 가입신청을 해보았으나 준비가 안 되어 있다고 거부당했다.

준비가 안 되어 있다는 것은 의지가 없는 것이다. 노동조합은 주체가 의지가 있어야 되고, 사무금융연맹이 자기 산별이기 때문에 생각이 있다면 인적·물적 투자를 해야 하는데 그런 준비가 안 되어 있는 것이 아닌가. 사무노련에 가입해 있는 생보사를 보면 전부가 조합원이 아니다. 생명보험노동조합과 보험모집인노조는 공장장과 생산노동자의 차이처럼 대립할 수밖에 없다. 그들은 보험모집인들이 노동조합을 결성해서 자기 주장을 하면 본인들 몫이 줄어들지 않겠는가 하는 생각이 있는 것 같다. 애초에 여성노조로 출발했고 사무노련과도 자주 부딪히니 그런 것 같다.

노동운동의 상황과 비정규직 노동조합으로서의 한계

비정규직은 참 답을 찾기 어렵다는 생각이 든다. 생계문제가 너무 크기 때문에 쉽사리 실천하기가 쉽지 않다. 그런 차원에서 청년학생이나 재야인사들이 사회정의 회복 차원에서 노동자의 삶 회복을 주장했다면, 지금은 민주노총과 한국노총 등에 속한 정규직 노동자들이 노동법을 개정해서라도 비정규직 노동자의 삶이 개선될 수 있도록 해야 하는 것 아닌가. 노동자라는 개념 자체가 사회적 최약자의 개념인데, 그렇게밖에 살아갈 수 없는 사람들에 대해서 보호해주는 방향으로 움직여가야 하지 않겠는가. 실천의 문제인 것 같다. 그렇지 않으면, 당사자 주체만으로는 풀기가 너무나 어려운 문제이다.

그러나 현재 비정규직 투쟁의 구심이 될 만한 의지와 역량이 민주노총에는 없는 듯하다. 그렇다면 민주노총을 바라볼 게 아니라 캐다나 그런 노동자들과 함께 모이는 것이 낫지 않을까. 민주노총에 조직할 의사가 있다 하더라도 단지 상층의 의사 정도라는 생각이 든다. 다른 노동조합이 같은 수준에서 받아들이기 싫다는 것 아닌가.

지금 우리나라 노동운동의 현실을 보자. 우리나라 노동운동이 경제적 전투주의, 경제적 조합주의에 빠져 있다고 말한다. 그러나 비정규직 문제로 들어가면 경제적 조합주의라도 실현되었으면 좋겠다고 생각할 지경이다. 우리나라 노동운동이 어느 사이에 "소수의 가진 자(정규직 노동자)"를 위한 운동이 되어버린 것 같다. 지금 복수노조 5년간 유예에 대해 저항한다고 하지만, 진짜 그러고 싶다면 민주노총 대의원대회를 열어서 확인하여야 한다고 믿는다. 누구와 연대할 것인가. 누구나 이야기할 수 있는 것이 상급단체다. 그러나 이를 재고할 수밖에 없는 것이 현실이다. 비정규직 문제가 안 풀리면 정의로운 사회, 민주사회라고 이야기하기 어렵지 않겠는가.

비정규직 노조의 결집 그리고 연대

민주노총이나 노총이 아닌 제3의 노총 ― 비정규직 노총 ― 이 만들어지면 거기 가는 것이 옳으리라고 본다. 보험모집인 노조가 현재 싸우는 과정에서 혼자만의 힘으로 한계가 있다. 결국 연대를 해야 하는데 연대의 대상은 누구인가. 학습지, 캐디 등의 비슷한 처지의 비정규직 노조와의 연대, 아니면 각종 비정규직 단체들 ― 여러 공대위나 이른바 사회단체들 ― 이 또 하나의 연대의 대상이 될 수 있다. 모두가 중요한 연대의 고리들이다. 그렇지만 벌써 실망하고 있는 부분도 나타나는데, 어떤 부분과 연대를 하는 것이 보다 중요한가라는 것이 문제이다.

법을 바꾸는 문제, 판례를 바꾸는 문제에 있어서 중요한 수단의 하나는 사회적 압력이고 여론인데, 비정규직 노동자가 사회로부터 고립되고 노동운동으로부터도 소외되어 있어서는 안 된다. 한국통신 계약직 노동자와 보험모집인노조가 얼마나 연대를 할 수 있을까. 사회적 연대, 비정규직 공대위, 참여연대 등 사회단체들과 연대를 어떻게 꾸려나가서 이 문제에 대한 판례를 바꾸어낼 수 있겠는가 하는 것을 생각해보아야 한다. 지금 당장 상급단체보다는 비정규직 일반의 조직을 함께 해나가는 것이 필요하겠다. 양 노총이 경쟁자가 있다고 생각하는 것이 필요할 것이라 생각한다.

비정규직 문제에 있어서의 학계의 책임

비정규직 문제와 관련해 학계에서 연구를 할 때에는 현장 노동자들을 인터뷰하는 등 사측뿐만 아니라 노동자의 목소리를 충분히 듣고 반영하여 연구를 진행시켜야 한다고 믿는다. 노동부나 노동연구원, 양 노총 등이 비정규직 노동자들에게 관심을 가지게 되는 것은 먼저 비정규직 노동자가 싸우기 시작했기 때문이라고 생각한다. 이런 분야에 대해 연구를 할 때에는 노동조합과의 사전 모임 등을 통해 충분한 의견수렴이 이루어져야 한다. 비정규직 노조에는 유사업종에 종사하는 비정규직 노동자와의 연대는 물론, 사회여론을 이끄는 단체들과의 관계도 중요하다.

민주노총의 역할과 노사정위원회

민주노총이 합법성을 인정받기 위해 파견업과 관련된 엄청난 것을 양보하였다. 그러나 그에 연연하는 것보다 더 중요한 것은 현장을 조직하는 것이다. 민주노총에서 정규직과 비정규직 차별철폐를 가장 중요한 요구로 내걸지 않는 데에는 두 가지 이유가 있다고 생각한다. 첫째, 민주노총 소속의 핵심노조들이 사업장 내에 복수노조를 허용할 의지와 준비가 되어 있지 않기 때문이다. 과연 그것이 노동운동의 발전에 도움이 될지 안 될지는 따로 따져보아야 할 문제지만, 지도부는 우선 복수노조를 인정하지 않을 것이다. 둘째, 비정규직 노동자들의 문제가 한편 거시경제정책의 문제이고, 좁게는 노동시장정책의 문제일 수도 있다. 신자유주의라 해도 국가의 정책결정력이 가진 힘은 대단하다. 민주노총에 바라는 일차요구는 그것에 대한 최소한의 방어벽이 되어달라는 것이다.

실제로 싸우는 것은 아래에서이며, 올라가도 연맹이다. 민주노총이 정책 결정 과정에 영향을 제대로 미치기 위해서 노사정을 다시 바라보아야 한다. 민주노총이 해야 할 거시적 역할들을 수행할 공식적 통로가 없다는 것은 큰 문제이다. 금융위기라는 특수한 상황에서 급조된 노사정위원회는 원해서 만들어진 조직이 아니지만, 그런 많은 문제점에도 불구하고 그나마 그것을 통해 민주노총이 정책결정 과정에 참여할 방법을 확보하는 것이 중요하다고 본다.

그러나 민주노총은 그 대신 투쟁적 이미지와 선명성을 강조했다고 생각한다. 문제는 정책결정을 참여할 기구를 만드는 것이 아니다. 그것이 만들어지더라도 민주노총이 들어올 가능성이 적다. 그러기 위해서는 민주노총의 성격이 바뀌어야 할지도 모르기 때문이다. 그 대신 민주노총이 들어가 활동할 수 있도록 기구의 성격이 바뀌어야 하지 않겠는가. 현재 민주노총의 주장처럼 노사정위원회 참여에 따른 별다른 이득이 없는 것도 사실이다.

그렇지만 선명성에 지나치게 집착해서 노사정위를 반대하든지, 아니면 노사정위가 신자유주의를 실현시키는 들러리일 뿐이라는 지적들은 문제가 있다. 민주노총이 노사정에 대해 정확히 요구하는 바가 무엇인지 아는 사람이 별로 없다. 참여하지 않는다는 것이 방침이다. 왜 참여하지 않는지, 참여할 수 있는 조건은 무엇이며, 왜 그 조건인지 등에 대해 명확하게 대중적으로 공유할 수 있어야 한다. 민주노총 내에서 단병호 위원장이 "논의에 부치지 않겠다"고 한 이후 논의가 없었다. 특수한 국면에서 형성된 노사정위원회를 바꾸어내려는, 즉 어떤 조건이 되면 들어가겠다는 주장을 통해 적극적으로 논의에 부치는 과정이 중요하다고 본다. 실제적으로 비정규직 문제를 진지하게 논의한다면 들어가겠다는 노동계의 목소리를 낼 수 있는 공간으로 노사정위원회를 만드는 것이 중요하다. 선언적인 투쟁이 갖는 모순들이 굉장히 많이 나타나고 있다고 생각한다.

비정규노동자의 권리보장과 차별철폐를 위한 정책과제

박영삼*

1. 비정규 노동자의 개념과 정의

전체 임금노동자 가운데 비정규 노동자의 비중은 1990년대 들어 지속적으로 40% 이상을 유지해오긴 했으나, 1997년 외환위기 이후 정리해고제 허용과 파견법 제정 등 노동입법의 중대한 변화와 함께 대대적인 기업구조조정이 진행되면서 임시·일용직 비중이 전체 임노동자의 53%를 넘어서고, 다양한 비정규 고용형태가 확산되면서 이에 대한 체계적이고 종합적인 접근이 필요하게 되었다.

하지만 비정규 노동자 문제가 본격적인 사회적 쟁점으로 등장했음에도 불구하고 아직까지 이에 관한 정확한 개념 규정조차 합의를 이루지 못하고 있다. 이것은 무엇보다 노동력의 비정규화 현상을 바라보는 노동시장 주체들의 입장과 가치판단이 서로 다르기 때문이다.

최근 비정규 노동자에 대한 정의를 둘러싸고, 곧 다양한 형태를 띠고 나타나는 새로운 고용형태를 어떻게 '통칭'할 것인가 하는 문제와 관련해서, 비정규 노동자의 범주에 '어떤 유형의 노동자를 어디까지 포함시킬 것인가' 하는 두 가지 문제를 논쟁과 혼란이 일어나고 있다.

---

* 한국비정규노동센터 정책기획국장.

1) 비전형-비정형 대(VS) 비정규

정부나 학계 일각에서는 '비정형직' 또는 '비전형 노동자'라는 가치중립적인 용어를 사용할 것을 주장하고 있으나, 오늘날 뚜렷한 사회현상(신분제, 차별, 역전 불가능성)으로서 다양한 고용형태의 등장과 그러한 노동자들이 처한 상태를 드러내기에는 '비전형', '비정형' 개념은 매우 불충분한 의미만을 담고 있으며, 노사관계의 현실어로 사용되고 있는 '비정규' 개념을 배제할 수 있을 정도의 설득력을 갖지 못하고 있다. 그리고 미국, 일본 정부가 노사관계의 현실어로 사용하고 있는 'contingent'와 '비정사원(非正社員)'을 공식 용어로 사용하고 있는 점도 적극적으로 받아들일 필요가 있다.

따라서 오늘날 급증하고 있는 다양한 고용형태의 노동자를 통칭함에 있어 노동자의 기업 내 지위와 근로계약의 성격을 표현하고 있는 '비정규'라는 개념을 사용하는 것이 합리적이라고 생각된다.

이와 함께 모든 형태의 비정규 고용이 고용불안이나 저임금, 부당한 차별의 문제가 있다고 할 수는 없고, 비정규 취업의 자발성이나, 직무의 전문성, 노동수요, 채용관행 등 다양한 측면을 종합적으로 고려해서 판단할 문제이기 때문에 고용 '형태'보다 고용의 '질'을 드러낼 수 있는 '불안정 고용' 개념을 활용하는 것이 비정규화 현상에 대한 정책과제를 도출하는 데 도움이 될 것이다.

2) 비정규 노동자의 정의와 유형

비정규 노동자는 일반적으로 정규 노동자의 잔여개념으로 정의되며, 고용계약기간과 노동시간, 그리고 단일사용자 여부에 따라 ① 기간을 정하지 않은 상용(permanent) 고용으로 노동법상의 해고제한 등을 통한 고용관계의 안정성이 보장되고, ② 노동시간은 전일제(full-time) 형태로 근무하며, ③ 단일한 고용주를 위해 노동을 제공하는 정규직의 특성을

<표 1> 정규 노동자와 비정규 노동자

기준	정규 노동자	비정규 노동자
사용자	단일 사용자	불확실/이중적
계약기간	기간 정하지 않은 상용고용	임시적 기간제 고용
노동시간/노동일수	전일제(full-time)	단시간(part-time)
능력개발	특정기업	개인적 책임
노동권 보호	법률/단체교섭/노사협의	미적용
기업복지	특정기업	혜택결여
사회보험	기업책임	개인책임/부분수혜

<표 2> 비정규 노동자의 분류기준과 유형(명칭)

분류기준	종류	유형(명칭)
고용기간	임시고용	임시직
		계약직
		일용직
		촉탁사원
		인턴사원
노동시간	단시간	단시간(파트타임)
		아르바이트
고용주체	간접고용	파견
		사내하청
		용역
	특수고용	개인도급
		재택근로
		가내근로
기타	외국인	산업연수생
		불법취업자
	공공근로	공공근로

한 가지 이상 충족하지 못한 경우 비정규직으로 구분된다.

즉 기간을 정한 임시적인 고용계약을 체결하고(임시직, 계약직, 일용직, 촉탁 등), 정규직보다 노동시간이 짧거나(파트타임, 아르바이트 등), 고용주가 아닌 다른 사용자를 위해 노동을 제공하는 간접고용(파견, 용역, 도급, 사내하청, 소사장 등)이나 형식상 사용자와 노동자의 중간형태이면서 실제로는 종속적인 고용관계에 있는 특수고용형태 등은 모두 비정규직으로 정의된다.

그러나 고용형태의 다양화가 폭 넓게 진행되면서 추가적인 기준이 요구됨에 따라, 기업의 내부노동시장에서의 경력개발과 기업복지의 수혜자격, 노조결성이나 단체교섭 등 집단적인 이익대표성, 나아가 사회보험에 대한 사용자 부담 등과 같은 요소까지를 종합적으로 고려할 필요가 있다.

3) 비정규 노동통계 개선방향

비정규 노동자 통계에 대해서도 과소추정이라는 노동계 주장과 과대추정이라는 경영계의 상반된 주장이 계속 맞서고 있다.

그러나 미국과 일본의 경험에서 알 수 있듯이 비정규 개념의 정의와 유형을 둘러싼 혼란에도 불구하고 비정규 노동의 범주는 일반적으로 확대되고 있으며, 통계상의 기준들도 그 포괄범위를 넓혀가고 있다. 초기에는 고용기간을 정하고 있는지 여부, 즉 임시고용이 정규-비정규의 기준이었으나, 점차 고용조건의 예측성이나 가변성, 그리고 노동권과 사회보험을 비롯한 사회적 권리에 대한 접근 가능성 등 보다 포괄적인 기준들이 비정규 노동을 정의하는 기준으로 추가되고 있다. 아울러 그동안 통계상 개인사업자로 분류돼왔던 노동자들이 비정규 노동자에 포함되고 있다.

특히 우리나라는 IMF 이후 정규직 일자리의 비정규직화와 함께 초단기 고용계약과 파견, 간접고용의 증가 등이 이루어지고, 이러한 비정규 고용의 상호대체와 이동이 빈번하게 발생하는 상황에서는 임시직 중심의 협소한 비정규 정의나 통계로는 어떤 대책도 실효성을 갖기 어려울 것이다.

따라서 지금은 기업 차원에서 이루어지고 있는 비정규 운영실태를 보다 거시적인 안목에서 추적하고 각각의 고용형태간의 상호연관성과 이동경로를 충분히 파악하는 것이 절실한 과제이며, 이를 위해 무엇보다 비정규 고용에 관한 광범위하고도 집중적인 통계의 작성과 분석이 필요한 시점이다.

이를 위해서는 현재 노동부와 통계청이 작성하고 있는 부분적인 통계조사에 의존하는 방법에서 과감히 탈피해서 비정규 고용에 관한 집중적이고 정기적인 조사가 진행돼야 할 것이다.

가장 효과적인 방안은 통계청이 2000년 8월에 실시한 '경제활동인구조사 부가조사(supplement survey)'를 전면 보강하여 연 2회 이상 정기적으로 실시하는 방안이 필요하다. 아울러 노동연구원이 1998년 이후 매년 실시해 3회째 조사를 마친 '노동패널조사'는 비정규 고용을 지나치게 협소하게 정의하고 있는 문제점을 반드시 개선해야 할 것이다. 샘플의 통합에 무리가 없다면 부가조사와 패널조사를 집중적인 단일조사로 재편하면서, 사업체조사를 병행하는 방법을 구상할 필요가 있다.

특히 독립계약자 형태의 특수고용 노동자들과 파견, 사내하청, 용역 등 간접고용 노동자들을 파악할 수 있도록 하고, 1년 이상 고용기간을 정한 계약직과 명목시간제 노동자에 대한 파악 등을 위한 조사항목의 보완이 뒤따라야 할 것이다. 이 밖에 상용 정규직 노동자라 하더라도 장기적인 고용안정이 보장되기 어려운 불안정 취업자를 파악할 수 있는 합리적인 기준과 지표를 마련하도록 해야 할 것이다. 이와 함께 조사설계 과정에 비정규 노동자를 비롯한 노동시장 주체들의 의견을 반영할 수 있도록 노사정 대표와 전문가들이 참여하는 '(가칭)비정규고용종합실태조사위원회'를 설치할 필요가 있다. 또 이 같은 통계자료를 이용한 추가적인 조사연구활동이 자유롭게 이루어질 수 있도록 통계자료에 대한 접근과 이용가능성을 폭 넓게 허용해야 할 것이다.

4) 한국노동경제학회의 비정규직 규모 26.4% 주장에 대하여

우리나라 비정규직 노동자 규모가 53%가 아니라 26.4% 혹은 29.3%
에 불과하다는 노동경제학회와 한국노동연구원의 연구결과가 발표된 이
후 노동부가 이를 비정규 노동자 대책의 기초로 활용할 움직임을 보이
고 있는 것은 크게 잘못된 것이다.

그동안 비정규 노동자가 50%를 넘었다는 공식통계는 우리나라 노동
시장의 불안정이 위험수위에 이르렀다는 경고였고, 이를 바로잡기 위한
근본대책이 시급하다는 사회적 여론을 형성해왔다. 그러나 이 문제를
주로 제기해온 사회단체와 노동조합들은 단순한 통계수치에 집착한 것
이 아니라 비정규 노동자들이 급증하고 있는 '추세'와 그들의 사회적
'조건'에 더욱 강조점을 두고 있었다.

통계에 관해 이야기하자면 외환위기 이전에도 임시 일용노동자는 전
체 노동자의 40% 수준을 유지하고 있었으며, 이러한 상당수 주변부 노
동자 문제에 대해 우리 사회의 주류세력이 별다른 관심을 가져오지 않
았던 것도 사실이다. 그러나 IMF 구제금융 이후 비정규 고용의 사회경
제적 성격과 질은 근본적으로 달라졌다. 두 자릿수 경제성장이 계속되
던 시기의 임시·일용직은 지속적인 인력수요를 흡수하는 장치였지만,
오늘날의 비정규직은 만성적인 실업의 공포와 극단적인 저임금, 그리고
어떠한 사회적 보호장치도 제공되지 않는 '사회적 배제'에 내몰린 말
그대로의 '아웃사이더' 처지에 있다.

그러나 한국노동경제학회는 통계청이 지난해 8월에 실시한 '경제활동
인구 부가조사'의 원자료를 이용하여 '비정형 근로자' 수가 342만 3,000
명으로 전체 임금노동자의 26.4%라고 추정하였다. 범주별로 보면 고용
계약기간이 1년 미만인 노동자가 13.5%(175만 명)이고, 여기에 파견/용
역/가내근로 등 간접고용 노동자가 16.2%(210만 명), 그리고 시간제(파
트타임) 노동자가 9.4%(120만 명)로 조사되었다. 이 가운데 서로 중복
되는 부분, 즉 시간제이면서 임시직인 경우 등을 제거한 결과 비정규직

비중이 26.4%로 나왔다는 것이다.

 이 같은 통계기준은 그동안의 종사상 지위구분에 비해 비정규고용에 대한 구체적이고 객관적인 개념을 적용한 것이라는 점에서 진일보한 것이다. 파견, 용역 및 특수고용형태 노동자들이 통계에 포함되었고, 시간제 노동자들도 함께 파악될 수 있다는 점이 그렇다.

 그러나 노동경제학회 연구팀의 비정형 노동자 범주에는 '1년 미만의 고용계약'을 체결하고 있으면서, 계약을 수차례 반복갱신하거나 자동연장하는 방식을 통해 계속근로기간이 1년이 넘는 노동자들이 모두 제외되어 있다. 전체 임금노동자의 25% 수준에 이르는 이들이 정규직과 동등한 노동법상의 보호나 근로조건을 보장받는다면 하등 문제될 것이 없다. 그러나 현실은 결코 그렇지 않다. 계속근로기간이 1년을 넘는 비정규 노동자들의 고용불안이 훨씬 더 일반적이다. 그러므로 이 노동자들의 고용안정성이 객관적으로 입증되지 않는 한 노동경제학회가 지금까지의 근속기간을 포함한 계속근로기간이 1년이 넘을 것으로 기대되는 사람을 상용직으로 분류한 판단의 합리성은 인정되기 어렵다.

 정부가 계약의 반복갱신이나 자동연장으로 1년을 넘게 일한 비정규 노동자를 통계상 정규직으로 분류할 것이라면, 실제의 노동조건이나 사회적 보호장치에 있어서도 이들을 정규노동자로 대우하는 것이 마땅하다. 비정규직의 규모를 억지로 줄여서 문제의 심각성을 호도하려는 의도가 아니라면, 통계수치로만 비정규직 비율이 26%라고 주장할 것이 아니라 노동자의 실제 상태를 그것에 조응하도록 해야 한다는 말이다.

 이렇게 볼 때 32개 시민사회단체로 구성된 '비정규공대위'가 국회에 제출한 입법청원안에서 "기간을 정한 고용은 임시적, 일시적인 사유가 명백할 경우로 한정하고, 그 기간은 1년을 넘지 않도록 해야 한다."고 요구한 것은 너무도 정당하다.

 결론적으로 아직까지는 53%로 보고되는 통계청의 종사상 지위구분을 대체할 또다른 공식통계는 존재하지 않는다. 비정규고용의 통계에 관한 불신과 억측을 극복하는 길은 결국 우리 국회가 비준한 ILO의 '노동통계에 관한 협약'을 기초로 공정하고 객관적인 통계조사를 정기적으로 실시하는 방법밖에 없다고 하겠다.

이와 함께 통계결과를 처리하는 정부의 태도를 지적하지 않을 수 없다. 통계청이 부가조사를 실시한 것은 지난해 8월이었다. 계획대로라면 늦어도 10월말에는 결과가 공표되었어야 했다. 그러나 통계청은 무슨 이유인지 차일피일 공표시점을 늦추었고, 노동부의 간청에 따라 원데이터를 모두 노동연구원과 노동경제학회에 넘겨주었다. 구구한 해석이 가능하겠지만, 현재로서는 사회적으로 대단히 민감한 비정규직 규모에 관한 공식통계를 노동부를 통해 발표하도록 통계청이 자기 책임을 의도적으로 방기한 것이다. 이 점에서 "누가 숫자 놀음을 하고 있는지", 그리고 "누가 억지주장으로 현실을 호도하려 하는지" 비난받지 않으려면 통계청이 자체 분석결과를 공개하고, 원데이터를 노사정 3자에게 제공함으로써 자유롭고 활발한 토론을 보장해야 할 것이다.

2. 비정규 고용 추이와 현황

비정규 노동자가 전체 노동자의 절반을 넘어선 것은 1999년도 1/4분기로서 IMF 이후 정부의 강력한 경기진작책에 힘입은 경기회복기에 오히려 급증하기 시작했다.

1997년 4/4분기에서 1998년도 1/4분기 사이에는 취업자가 전체적으로 감소하는 가운데 상대적으로 일용직을 비롯한 비정규직의 감소가 더 두드러졌으나, 1998년도 하반기 이후 정규직의 감소와 함께 비정규 노동의 증가세가 두드러지고, 신규취업자 대부분이 비정규 노동의 형태로 증가하는 '비정규화'가 진행되었다. 비정규직 가운데서도 일용직보다는 임시직의 비중이 점차로 증가하는 양상을 보여 '비정규직의 장기화' 현상이 나타나고 있다.

비정규 노동의 확산은 일반적으로 알려진 것처럼 서비스업이나 단순

<표 4> 산업·직업·사업체 규모별 비정규 노동자 분포

(단위: 천 명, %)

구 분		전체	상용직		임시직		일용직	
		12,178	6,009	구성비	4,049	구성비	2,119	구성비
산 업	농림어업	183	118	10.3	32	17.5	132	72.2
	광공업	18	15	84.5	2	11.8	0.6	3.7
	제조업	3,188	1,889	59.2	888	27.9	410	12.8
	전기,가스	58	49	83.8	5	9.8	3.7	6.3
	건설업	1,075	305	28.4	208	19.4	560	52.1
	도소매·음식·숙박업	2,484	606	24.4	1,400	56.8	465	18.7
	운수,창고	838	636	75.9	157	18.7	44	5.3
	금융,보험	1,550	891	57.5	570	36.8	88	5.7
	기타	2,782	1,596	57.4	772	27.7	413	14.9
직 업	행정관리직	219	210	95.9	8	4.1	0.1	0.06
	전문직	906	818	90.4	80	8.9	6	0.7
	기술직및관련전문직	1,750	1217	69.5	497	28.4	35	2.0
	사무직	2,029	1,449	71.4	495	24.4	85	4.2
	서비스판매직	1,854	336	18.2	1,122	60.6	394	21.3
	농·어업 숙련노동자	68	10	15.1	18	26.4	39	58.5
	기능직	1,761	613	34.8	612	34.8	536	30.4
	기계조작·조립	1,543	1,045	67.7	419	27.2	77	5.0
	단순노무	2,046	308	15.1	793	38.8	944	46.2
사업체 규모	1-9인	5,078	1,030	20.3	2,578	50.8	1,469	28.9
	10-19인	1,864	961	51.5	614	32.9	289	15.5
	20-49인	2,054	1,376	66.9	476	23.2	202	9.9
	50-299인	2,113	1,700	80.4	298	14.1	114	5.4
	300인 이상	1,067	942	88.3	80	7.6	44	4.2

출처: 노동연구원(1999)에서 재인용

노무 직종에서만 두드러진 현상이 아니며, 사내하청, 도급 등의 형태로 제조업 분야를 포함한 전산업 분야에 걸쳐 폭 넓게 진행되고 있다. 비정규 노동자의 인구특성별 분포는 여성과 청장년 노동력에 상대적으로 높은 비중을 보이고 있으며, 정규직으로 넘어가는 과도적 단계가 아니라 비정규직으로의 취업이 고정화되는 경향을 보이고 있다.

비정규 노동이 확산되는 원인은 법·제도적인 요인, 경기순환상의 요인, 산업구조 변화, 그리고 노동력의 수요자인 기업의 고용전략과 노동시장에서의 공급 측 요인 등이 거론되고 있으나, 전반적인 비정규 고용의 확산추세나 비정규취업의 비자발성을 드러내는 각종 조사결과를 통해서 볼 때, 가장 주된 원인은 정치경제적 환경변화에 따른 노동수요자인 기업의 노동력 관리전략의 '유연화'에 있다고 할 수 있다.

특히 IMF 관리체제라는 미증유의 위기국면에서 기업들이 수량적 유연화를 공격적으로 구사한 것이 가장 직접적인 요인으로 작용했으며, 이를 뒷받침하는 정리해고제의 도입과 파견법 제정 등과 같은 제도상의 변화가 이를 더욱 촉진시킨 것이었다.

특별한 전기가 마련되지 않는 한 정부정책과 기업의 전략은 현재의 기조를 유지할 것으로 보이는 상황에서 고용의 비정규화는 당분간 계속될 것으로 전망되며, 무분별한 정규직의 비정규 대체와 비정규 노동자의 노동조건 악화, 사회불안의 문제를 해결하기 위해서는 비정규 노동자의 권리보장과 차별철폐를 위한 제도개선과 함께 비정규직 고용에 대한 합리적인 규제장치가 마련되어야 할 시점이며, 사회적인 차원에서 현재의 신자유주의적 구조조정에 대한 재검토와 함께 대안적 정책이 모색되어야 한다.

<표 5> IMF 시기 종사상 지위의 변화

(단위: 명, %)

99.6 / 98.6	상용	임시	일용	자영·가족종사자	실업	비경활	계(100)
상용	80.5	6.3	1.6	3.9	2.8	5.1	8,604
임시	11.0	55.3	7.8	7.7	5.1	13.1	4,898
일용	3.3	13.3	48.4	10.0	6.9	18.2	2,330
자영·가족종사자	1.2	3.1	2.7	83.5	1.4	8.2	13,178
실업	8.7	19.1	20.6	10.8	18.5	22.4	1,793
비경활	13.3	4.7	4.4	4.2	2.5	82.9	19,492
계	8,115 (16.1)	5,214 (10.4)	3,219 (6.4)	12,964 (25.8)	1,639 (3.3)	19,144 (38.1)	50,295 (100.0)

출처: 이병희, 황덕순(2000)에서 재인용.

3. 비정규 노동자 실태와 문제점

1) 비정규 노동자의 임금 및 노동조건

각종 조사결과를 살펴보면 비정규 노동자의 임금이 정규직 노동자에 비해 40-80%에 불과하다. 이러한 격차는 갈수록 확대되고 있는 추세이며, 특히 여성 비정규 노동자의 임금은 남성 정규직 노동자의 40% 수준에 불과한 실정이다. 상여금과 간접적인 부가급여 등을 포함할 경우 이 같은 격차는 더욱 클 것이다. 또 동일한 직무를 수행하는 경우에도 비정규직에 대한 임금과 근로조건상의 차별은 여전하다.

노동시간에 있어서는 계약직이나 일용직의 경우에는 정규직보다 약간 짧은 시간을 일하지만, 파견, 도급 노동자는 더 많은 시간을 일하고 있다. 대부분의 비정규 노동자들이 정규직과 거의 동일한 장시간노동을 수행하고 있다. 이와 함께 근로계약상의 노동시간을 초과한 장시간노동이 일반화되어 있다.

이와 함께 비정규 노동자들의 경우 상당수가 4대 사회보험 적용 대상에서 배제되고 있다. 절반에 가까운 비정규 노동자들이 사회보험이 적용되지 않아 고용불안과 함께 총체적인 생활불안에 직면한 노동빈민으로 전락하고 있다. 이러한 원인은 인건비 지출을 줄이려는 기업 측의 고용전략에도 그 원인이 있지만, 다른 한편으로는 우리나라의 사회복지 시스템이 기본적으로 정규직 노동자를 중심으로 설계되어 있기 때문이기도 하다. 이런 제도적 환경 속에서 비정규 노동자들은 기업복지와 사회복지 모두로부터 체계적으로 배제되고 있다.

- 비정규직 노동조건은 정확한 실태조차 파악되고 있지 않음. 다만 10인 이상 사업체 상용직을 대상으로 하는 노동부 ≪매월노동통계조사≫와 전체 임금노동자를 조사대상으로 하는 한국은행 ≪국민계정≫에서 부분적인 임금실태 파악은 가능함.

<그림 2> 임금수준 추이

(단위: 천 원)

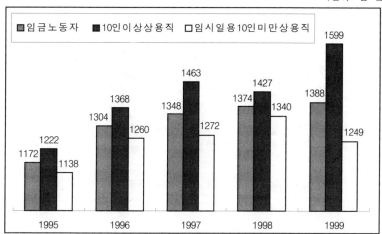

<그림 3> 임금인상률 추이(%)

(단위: 천 원)

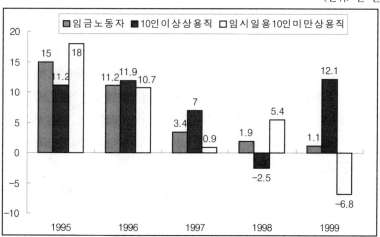

출처: 한국은행, 노동부.

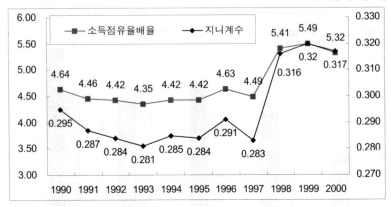

<그림 4> 노동소득분배구조 추이

(단위: 천 원)

출처: 통계청, ≪도시가계조사≫.

- 10인 이상 사업체 상용직 임금은 1997년 146만 원에서 1999년 160만 원으로 14만원 인상되었음. 그러나 임시·일용직과 10인 미만 사업체 상용직 임금은 127만 원에서 125만 원으로 하락했음(<그림 2> 참조).
- 1999년 10인 이상 사업체 상용직 임금인상률은 12.1%인데, 임시·일용직과 10인 미만 사업체 상용직 임금인상률은 −6.8%로 그 격차가 18.9%나 됨(<그림 3> 참조). 이것은 임시·일용직의 경우 극도의 저임금 일자리가 새로이 만들어지고 있기 때문임.
• 비정규직 고용이 확산되면서 노동자들 내부적으로 임금소득불평등이 크게 심화되고 있음.
- 1997년 말 외환위기 이후 지니계수와 소득점유율배율 모두 급증했음(<그림 4> 참조).

2) 비정규 고용계약의 실태와 문제점

임시(계약)·일용 노동자: 비정규 노동자들 가운데 가장 많은 비중을 차지하고 있는 임시직, 계약직 또는 일용직 노동자들은 계약내용의 불확정성, 일방적인 부당 계약해지, 반복갱신을 통한 비정규 고용의 장기화, 계약갱신을 이유로 한 불리한 근로조건 강요 등으로 고통받고 있다. 특히 비정규직의 고용불안을 역이용하여 계약갱신을 약속하면서 임금이나 근로조건을 불리하게 변경할 것을 강요하거나, 고용형태 자체를 변경하는 경우도 적지 않다. 이 같은 탈법, 불법 고용관행은 민간기업뿐만 아니라 정부나 공공기관에서도 예외가 아니다.

또 노사간의 협상 결과 정규직의 임금이 인상되어도 임시·일용직에게는 적용되지 않거나, 부분적으로만 적용하고 있다. 이에 따라 임시·일용직 노동자들은 몇 년째 임금이 묶여 있는 경우가 허다하다.

단시간 노동자 : 현행법에 의하면 단시간 노동자에 대한 비례보호원칙이 명시되어 있으나 실제 이것이 그대로 지켜지는 경우는 많지 않다. 가장 대표적인 문제로는 단시간 노동자의 소정근로시간을 아예 정하지 않거나, 정규직 노동자와 거의 동일한 시간을 일하게 하면서도 연장근로수당을 지급하지 않을 목적으로 명칭만 '파트타임'으로 부르는 이른바 '명목시간제'가 상당히 많다는 것이다. 또 월급이 아니라 일당으로 계산하면 일용직이라고 생각하는 것처럼, 시급을 기준으로 임금으로 계산하는 것이 파트타임인 줄 잘못 알고 불이익을 당하는 경우도 있다. 또 단시간노동자는 대부분 임시·일용직인 경우가 많아서 임시직 노동자들이 겪고 있는 문제들, 즉 고용불안이나 임금·근로조건의 차별 등을 동시에 겪어야 하는 이중고에 시달리고 있다.

파견노동자 : 파견노동자들이 겪는 주된 문제는 파견업체의 과도한 중간착취, 부당한 차별대우, 고용의 불안정성, 사용사업주의 법적 책임회피에 따른 불이익, 도급을 가장한 불법파견으로 인한 노동법적 보호를 전혀 받지 못하는 것 등이 지적되고 있다. 현행 파견법상 사용자의 책임은 사용업체와 파견업체 양자로 분리돼 있어

문제가 발생했을 경우 노동자들은 누구를 상대로 해결을 요구할
것인지가 분명하지 않거나 해결이 불가능한 경우가 많다.

이밖에 불법파견의 경우 용역업체의 노동자들은 그대로 있고 업
체의 사용자만 바뀌는 경우가 많다. 또 특히 용역계약을 둘러싼
저가경쟁입찰이나 최저가입찰 등이 하나의 제도로 굳어지면서 법
정최저임금이 노동자들의 임금상한이 되는 어처구니없는 현상이
확산되고 있다. 이 같은 불법파견의 사례들은 정원에 대한 규제를
받는 정부기관이나 공공기관에서 업무위탁계약을 체결하는 과정
에서 빈번하게 발생한다.

또한, 파견법에서 정하고 있는 '2년 초과 계속사용시 직접고용'
의무를 회피하기 위해 파견노동자를 사용회사 임의로 초단기 계
약직으로 전환시키거나, 도급으로 전환하는 사례도 발견됐다. 당
사자 의사와 무관하게 업체끼리 파견노동자의 고용과 근로조건을
바꾸는 것이다. 이럴 경우 파견노동자들은 아무런 문제제기를 하
지 못하고 있다.

독립사업자 형태의 노동자 : 학습지교사, 보험모집인, 지입차주, 골프장
캐디 등 특수고용 형태 노동자들은 노동자에게 일방적으로 불리
한 계약을 맺은 상태에서 사용자책임을 회피하는 기업들의 횡포
로 노동법상의 제반 권리를 박탈당한 채 항상적인 계약해지 위협
과 근로조건 악화에 시달리고 있다.

4. 비정규 노동자 보호를 위한 법제도 개선 과제

1) 1990년대 이후 노동입법의 동향 — 정리해고제 허용, 파견법 제정

비정규직의 확산과 정규직의 비정규직으로의 대체현상에는 기업의 고

용전략과 함께 이를 뒷받침하는 제도적 환경의 정비가 적극적인 역할을 했다. 이런 측면에서 정리해고제의 허용과 파견법의 도입은 오늘날 노동시장의 비정규화와 비정규 노동자에 대한 극심한 차별을 양산하는 주요 원인을 제공했다고 할 수 있다.

정리해고는 법제화되기 이전부터 이미 판례에서 인정하고 있었으나, '경영상 이유에 의한 해고'가 명시적으로 허용되고 영업의 양도나 인수·합병 등이 정당한 사유에 포함되면서 고용유연화의 실질적인 기반을 제공했다. 특히 실제 적용과정에서 대상자 선정기준 등에 대한 기업에 유리한 해석적용과 노사협의절차의 형해화, 기업들의 재고용의무 회피 등으로 본래의 취지조차 제대로 살리지 못했다.

파견법의 제정은 당시 불법적인 파견으로부터 노동자를 보호하고 파견노동의 무분별한 확산을 막자는 것이 그 취지였으나, 26개의 업무에 대한 상시파견의 허용과 노동행정의 부실로 저숙련노동의 주변화를 촉진하는 부작용을 낳고 있다.

특히 전문적이고 일시적인 인력수요를 충족시키고, 노동력수급의 불균형을 해소한다는 목적과는 달리 91.1%가 상시업무에 파견노동자를 사용하고 있으며, 사무보조와 단순노무가 대부분을 차지하고 있어 파견노동의 영구화가 우려되고 있다. 기업들도 파견노동자를 사용하는 주된 목적이 단순·보조업무(46.4%)와 인건비절감(21.5%), 고용조정용이(8.3%)라고 밝히면서 일시적인 인력수요는 18.8%에 불과해 기업들이 주로 단순·보조 업무에 파견노동을 이용함으로써 비용을 절감하고, 직접고용에 따른 노동법적인 책임을 회피하려는 의도임을 쉽게 짐작할 수 있다.

2) 비정규고용과 관련한 법원 판례와 노동행정의 동향

임시(계약)직 근로자: 현행법에 따르면 고용계약은 기간의 정함이 없는 계약을 체결하는 것이 원칙이고, 기간을 정한 경우에 그 한도는 1년을 초과할 수 없다. 그동안 법원은 1년을 초과하는 계약을 체결한 경우에 대해 그 시점부터 기간의 정함이 없는 계약이 되는 것으로 보았다. 그러나 최근 대법원전원합의체는 입장을 바꾸어, 근로계약기간은 노동법이 보호해야 할 근로조건이 아니라고 전제하면서, 1년을 넘는 기간을 정한 근로계약의 유효성을 인정하고, 계약기간이 만료되면 별도의 해고 절차 없이 고용계약이 종료된다고 판결했다.

이와 함께 임시직, 일용직 노동자들의 고용을 보호해주는 안전장치는 계약이 수회·수년 반복되면 기간의 정함이 없는 근로계약으로 본다는 법원의 판례가 유일하다. 그러나 수차례의 반복갱신이 이루어진 경우에도 사용자들이 이를 존중하지 않고 합리적인 이유 없이 계약갱신을 거부하는 경우가 허다하며, 이 경우 적극적인 소송을 제기하지 않는 한 아무런 법적 보호도 받을 수 없어 심각한 문제로 등장하고 있다.

단시간 노동자 : 근로기준법 제21조는 단시간 근로자를 "1주간의 소정 근로시간이 당해 사업장의 동종 업무에 종사하는 통상근로자의 1주간의 소정근로시간에 비하여 짧은 근로자를 말한다."고 정하고 있다. 단 1시간이라도 짧으면 단시간 근로자에 해당하게 된다. 근로기준법 제25조는 단시간 근로자의 근로조건에 대해 통상근로자의 근로시간에 대하여 '비례보호의 원칙'을 명시하고 있다. 즉, 단시간 노동자라 해도 근로기준법 적용을 통상노동자의 근로시간에 비례해서 적용받는 것이 원칙이다.

그러나 '단시간(파트타임)'이라는 이유만으로 각종 차별이 정당화되고 있다. 특히 명목상으로는 단시간 노동자 또는 파트타임으로 불리지만, 사실상 전일제 근로를 하는 경우나, 소정근로시간에도 불구하고, 시간외근로를 하여 결국 통상근로시간을 일하게 된 경우, 초과근로수당 지급을 의무화하고 있지 않다. 전일제 노동자와 다름없는 단시간 노동자에 대한 차별이 정당화되고 있다.

이와 함께 우리나라의 단시간 노동자의 대부분이 임시고용으로서, 임시, 일용 노동자가 안고 있는 동일한 문제를 겪고 있다.

파견노동자 : 파견법이 파견노동자 보호에 많은 문제를 드러내고 있는 이유는 법 자체가 가진 한계에도 원인이 있지만, 파견노동자 보호를 위한 적극적 노동행정과 엄정한 법집행의 결여도 큰 이유가 되고 있다. 정부의 노동행정과 법집행이 일관된 기준을 갖고 있지 않고, 지나치게 소극적이어서 예방적인 보호뿐만 아니라 사후적인 보호기능조차 거의 수행하고 있지 못하다.

특히 파견법 제6조 제3항의 해석과 관련하여 노동부의 모호한 해석과 태도가 파견노동자의 고용불안과 사용자의 탈법을 부추기고 있다.

독립사업자 형태의 노동자 : 우리 판례와 노동부의 입장은 계약의 형식을 불문하고 사실상 근로관계가 있는지를 판단의 근거로 삼고 있으나, 실제에서는 형식적 측면을 가장 중요한 근거로 삼아 대부분의 경우 이들의 근로자성을 부인하고 있다. 노동법상 "근로자성"을 인정받지 못하게 되면, 근로기준법뿐만 아니라, 최저임금법과 산업안전보건법, 4대 보험에서 전혀 보호를 받지 못하게 된다. 사용자들은 노동자보호에 관한 어떠한 법적 책임도 지지 않게 되는 것이다.

3) 근로자파견법과 노동행정의 문제점

파견법 제6조 제3항에 대한 노동부의 해석: 현행법의 "사용사업주가 2년을 초과하여 계속적으로 파견근로자를 사용하는 경우에는 2년의 기간이 만료된 날의 다음날부터 파견근로자를 고용한 것으로 본다. 다만, 당해 파견근로자가 명시적인 반대의사를 표시하는 경우를 제외한다."는 조항에 대해 노동부는 파견계약기간이 만료되는 파견근로자를 사용업체가 직접 고용하도록 지도한다고 하면서 이와 동시에 정규직 고용이 어려울 경우 계약직, 임시직, 일용직 등으로 고용토록 한다는 방침을 내세워 결국 후자의 방향으로 유도해버렸다. 또 계약기간이 만료되는 사용업체간에 파견근로자를 교차하여 배치하도록 하는 지도방침을 마련해 시달함으로써 사실상 탈법적인 근로자파견을 정부가 앞장서서 허용한 결과를 초래하고 말았다.

파견업체끼리 파견노동자를 교환하도록 하고, 임시계약직으로 채용을 유도하는 등, 파견노동자의 정규직화와 파견노동의 확산 제어라는 애초의 취지에 반하는 행정을 편 것이다.

1999년부터 2000년 7월 현재까지 노동부 파견사업 지도점검 결과에 의하면, 파견법을 위반하여, 처벌을 받은 사업주는 거의 없다. 862개의 위반업체에 대한 행정처분의 내용을 보면, 고발은 2건에 불과하고, 강력한 제재수단인 허가취소와 영업정지는 50건이다.

특히 사용업체에 대한 제재는 매우 약하다. 사용업체의 파견법 위반에 대해서는 (주)이랜드를 고발한 것이 유일하다. 대부분의 파견업체가 사용업체에 대해 종속적인 현실에서 파견업체 위주의 행정지도는 거의 실효성이 없다.

도급을 가장한 불법파견에 대해서 노동부는 거의 주의를 기울이지 않고 있다. 도급계약의 형식을 취하고 있는 사내하청, 소사장, 용역 등이 사실상 파견과 동일하게 운영되고 있는 상황에서 인사이트코리아와 서울대 등 사용업체가 지휘명령을 하고 직원의 채용과 인사에 직접 개입하는 등 불법파견 혐의가 짙은 곳이 수없이 드러나고 있는데도 불구하고, 노동부는 적극적인 행정지도를 등한히 하고 있다.

4) 비정규 노동자 보호를 위한 법·제도 개선 방향

노동시장의 유연화정책이 보수적인 판례와 노동행정으로 인해 더욱 가속화되고 있는 상황에서 노동자보호가 방치되어서는 안 된다. 이제는 차별적이고 불합리한 근로조건을 강요당하는 비정규 노동자들을 노동법의 보호장치 안으로 적극적으로 끌어안아야 할 것이다.

이를 위해서는 보다 적극적인 노동행정이 이루어지고 예방적인 보호기능을 위해 노동법 위반에 대한 처벌이 강화되어야 한다. 이와 함께 시대상황에 맞게 현행법을 대폭 정바함으로써 무분별한 비정규고용의 확대를 억제하고 비정규 노동자의 권리를 보호하는 것이 필요하다.

국제노동기구(ILO)는 파트타임 노동자에 관한 조약(175호)과 182호 권고, 그리고 가내노동에 관한 184호 조약과 권고를 제정한 바 있으나, 한국 정부는 ILO의 이사국이면서도 조약비준 숫자는 최하위의 수준에 머물고 있다. 전체 182개 조약 가운데 비중대상 협약은 97개이며, 이 중 7개만 비준한 상태이다. 이는 라오스, 캄보디아, 인도네시아와 유사한 수준이며, 아시아의 다른 나라나 중남미 국가들과 비교해도 ― 태국(11), 일본(42), 싱가포르(21), 멕시코(76), 스웨덴(87), 프랑스(115) ― 한참 뒤지는 수준이다. 이에 따라 정부에 ILO 관련 협약의 비준을 촉구하는 것은 물론 전세계적으로 급증하고 있는 비정규 노동자 문제에 관한 '신노동자권리헌장(New Workers' Charter)'의 제정과 추가적인 조약과 권고의 제정을 국제사회에 촉구할 필요가 있다.

이와 아울러 유럽연합(EU)이 파트타임협약과 유기고용협약을 체결하였고, 지난해부터 파견노동협약의 제정을 위한 협상을 진행하고 있음에 주목하여야 한다. 이는 노동시장 유연화에 관한 입법방향이 사용자나 정부의 주장처럼 규제완화 일변도로 흐르고 있는 것이 아니라, 규제완화 입법조치의 부작용 및 비정규직 남용을 바로잡기 위한 재규제화(re-regulation)의 방향으로 나아가고 있음을 보여주는 것으로 정리해고제를 허용하고 파견법을 시행한 우리의 처지에서 심각하게 고려해야 할 점이다. 반작용입법론(reaction theory)의 입장에서는 유럽 각국의 노동시장 관련 입법이 1970년대 후반 이후의 규제완화, 1980년대의 일시적 재규제화, 1990년대의 재규제 완화, 그리고 1990년대 후반 이후 또다시 재규제화의 방향으로 나아가고 있다고 보고 있다.[1]

---

1) Isabelle Schömann and Klaus Schömann, *In Search Of A New Framework For Flexibility-(Re)Regulation Of Non Standard Employment Relationships In The Eu*, 2000 참조.

노동계와 시민사회단체들이 제기하고 있는 비정규 노동자 보호를 위한 노동관계법 및 사회보험법의 개정 방향은 다음과 같다.

첫째, 임시(계약)직, 일용직 노동자의 무분별한 확대를 억제하고, 고용을 보호하기 위해 기간제고용을 합리적이고 객관적인 사유가 명백한 경우로 엄격히 제한해야 한다.

둘째, 단시간 노동자 보호를 위해서는 단시간 노동자의 근로시간에 대한 객관적인 기준을 마련하고, 단시간 노동자의 초과근로에 대한 규제, 차별금지가 명시돼야 한다.

셋째, 노동자파견제도는 기본적으로 중간착취의 폐해와 간접고용으로 인한 노동법의 형해화 우려가 있으므로 원칙적으로 허용되어서는 안 되는 것이지만, 이미 현실에서 존재하고 법으로 허용하고 있는 상황에서는 상시파견과 등록형, 모집형 파견을 금지하고, 파견노동자의 고용과 근로조건을 보호하기 위한 파견업체 허가요건 강화, 파견노동자의 노동권의 보장이 이루어져야 한다.

넷째, 특수고용 형태 노동자들을 보호하기 위한 방안으로 현재 노동법의 근로자 개념의 범위를 확대하여 노동자로서의 기본권리를 보장하도록 해야 한다.

다섯째, 4대 사회보험의 적용대상에서 배제되고 있는 비정규 노동자를 보호하기 위해 사회보험의 적용대상을 확대하여야 한다.

5. 결론

열악한 노동생활을 유지하고 있는 비정규 노동자의 사회적인 확산이 한 사회의 안정적인 발전에 기여할 것으로 기대하는 것은 무리이다. 사회의 안정적인 발전의 가능성은 근본적으로 그 사회의 통합성에서 찾아질 수 있다. 그런데, 한 사회의 가장 큰 부분을 차지하고 있는 임금노동자들이 취업형태에서의 지위 차이(정규 노동자인가 비정규 노동자인가 하는 차이)에 따라서 노동생활의 질의 격차가 심각해진다면, 그 사회의 통합은 유지되기 어렵다. 그러한 신분제적인, 대규모적인 사회적 균열은 그 사회의 안정적인 발전을 저해할 수밖에 없다. 따라서 그러한 상태는 어떠한 방식으로든지 적극적으로 해소될 필요가 있다.

비정규 노동자의 열악한 노동생활과 그 규모의 확산은 이 사회로 하여금 엄청난 규모의 사회적 비용을 지불하도록 할 것이고, 결국은 이 사회의 건강을 훼손하게 될 것이다. 미시적으로는 노동자들의 고용안정과 안정적인 노동조건을 보장하는 기업에 패널티를 부과하고, 이에 대한 책임을 사회와 노동자 개개인에게 전가하는 악성기업들에 특혜를 제공하는 셈이 된다.

따라서 정부는 노동시장에 대한 규제 완화 일변도의 정책을 철회하고, 일정한 수준의 규제를 유지할 필요가 있다. 그 규제는 노동시장에서 노동자의 제반 권리가 일정 수준 이상으로 보호받을 수 있도록 하는 것이어야 할 것이다. 특히 비정규 고용이 더 이상 확대되지 않도록, 그리고 기존의 비정규 노동자들이 차별적인 대우를 받지 않도록 하기 위한 법·제도적인 규제가 필요하다.

비정규 노동자에 대한 차별은 한편으로는 동일한 업무를 수행하고 있음에도 발생하지만, 다른 한편으로는 비정규 노동자에게 배정된 특정한 업무영역의 보상수준을 정규 노동자에게 배정된 여타 업무영역의 보상수준보다 낮게 책정하는 것이 원인이 되는 경우가 있다.

전자의 문제를 해결하기 위해서는 동일노동 동일임금 원칙을 구체화하기 위한 합리적인 기준의 설정이 필요하며, 이를 위해 정부가 공공부문에서 선도적인 모델을 도입하여 보급할 필요가 있다.

후자의 경우에 대해서는 노동자의 빈민화를 막기 위한 최저임금의 대폭적인 현실화(국민기초생활보장법에서 정한 수준의 실질적 최저임금 가이드라인)와 함께 공공부문 또는 비영리 민간부문에서의 직업훈련기관과 직업알선기관이 활성화되고 제 기능을 발휘할 수 있어야 한다. 특히 노동조합이 운영하는 직업훈련기관 또는 직업알선기관이 활성화되고 공공부문과 긴밀하게 연결되는 것이 중요하다.

이를 위해서 그리고 무엇보다 합리적인 정책개발과 사회통합적인 노동정책의 기초가 될 수 있는 객관적이고 구체적인 통계가 절실하다. 정부의 통계기준을 일치시키고 통계정보의 정부 독점을 해소하면서 정기적인 통계를 작성할 수 있는 제도개선이 시급히 이루어져야 한다.

"비정규노동자의 권리보장과 차별철폐를 위한 정책과제"에 대한 문답토론[2)]

포럼 참가자

비정규직 규모산출 문제

문 1년 단위로 반복갱신 계약하는 경우, 모두가 고용종료를 할 수 있는 것이 아니다. 법원에서는 세 차례 반복갱신 혹은 3년 반복갱신 두 요건 중 하나가 되면, 고용자 측에서 이유 없이 고용종료할 수 없다고 알고 있는데 사실인가.

답 3년이란 기준은 없다. 수차례에 걸쳐서 반복갱신한 경우에 근로계약으로 본다. 연세대 어학원 사건에 대한 판례가 있는데, 거기에서는 정규직을 계약직으로 바꾸고, 그 사람들을 정규직으로 대우해주다가 한 명만 해고해서 문제가 된 것이다. 다른 사례에서는 행정해석은 물론 판례도 없다.

문 KBS 운전직 노동자의 경우 18년 근무를 하다가 어느 순간 고용종료가 되었는데.

답 그 정도는 부당해고로 판단한다. 사례별로 판단한다.

문 어느 정도의 계약기간이 반복갱신되었을 때 정규직으로 인정할 것인가에 대한 합리적인 기준이 있어야 하는 것 아닌가.

---

2) 포럼 참가자들의 질문에 대해 발제자인 박영삼 비정규노동센터 정책국장이 답하였다.

답 정확히 그런 기준을 규정하고 있는 법은 한국에 없다. 비정규공대위는 1년안을 이야기하고 있다. 법원에 문제제기를 하면 길이 전혀 없는 것은 아니지만, 법원의 보호가 완전하지도 않고, 판례도 그리 축적되지 않았다. 병역특례요원이나 연세대 어학당 등의 특수 사례만 판례로 남아 있다.

문 퇴직금 판례는 상당히 많이 있는데, 이를 확대유추해서 부당해고로 판정받을 수 없을까.

답 그걸 확대하기는 어렵지 않을까. 좋은 말씀이긴 한데. 퇴직금은 연속근무에 대해 인정하는 것이다.

문 비정규직 규모가 50%가 넘는다는 수치는 특수고용직, 고용형태, 시간 등은 고려하지 않고 오로지 고용계약기간 형태만을 기준으로 삼고 있은 것이 아닌가.

답 통계청 조사에서는 기간만을 기준으로 삼고 있지 않다. 5인 미만 사업장 중에도 퇴직금이 지급되지 않거나, 고용계약기간이 정해지지 않았거나 하는 경우 등의 구체적인 조사지침이 있다. 통계청 조사요원들은 계속된 조사의 경험이 많으므로, 5인 미만 작업장 노동자들을 모두 임시직으로 잡지 않았을 것이다. 실제 이러한 조사요원들의 자질도 노동통계에 중요한 문제다. 통계청 조사지침을 보면, 기간 1년 미만, 임시직, 일용직, 사회보험급여, 퇴직금 지급 여부 등에 따라 정규직, 비정규직을 구분하고 있으며, 그중에서 기간이 제일 중요한 기준이 될 것이다. 지금 현재 종사상 지위구분은 1년이지만, 고용기간의 한시성뿐 아니라 사회보험 수급도의 문제 등까지 기준을 확장해야 한다는 주장에 대해 통계청이 수용해왔다고 생각한다.

문 통계청의 기준 중에서 애매한 점 중의 하나를 지적해보겠다. 패스

트푸트점에서 6개월씩 2년 동안 일한 경우에 원칙적으로 임시직인데, 퇴직금 받으면 상용직이고 못 받으면 임시직으로 구분하고 있지 않은가.

답 통계청 자료에서는 파트타이머 분류는 없고, 그 경우는 계약기간이 없는 경우로 볼 것이다.

문 노동경제학회의 비정규직 산출방법이 전혀 잘못되었다고 생각하는가.

답 단기계약을 반복함으로써 1년 이상 계속근로하고 있는 노동자를 완전히 제외한 것은 잘못되었다고 생각한다.

문 이제까지 통계청 자료는 고용계약을 기준으로 했을 텐데, 고용계약은 실제 조사에서 도움이 되지 않는다는 것인지 알고 싶다.

답 1년 미만 계약 반복갱신을 통해 1년 이상 노동하는 경우에 대해서 현재까지는 비정규직으로 본다. 고용계약이란 일차적으로는 중요한 지표이다. 첨언하자면, 현재의 경제활동인구조사에서 나타나는 문제는 설문지에 조사인이 어떻게 스스로를 정규/비정규직으로 판단하는가에 대한 궤적이 남지 않는다는 점이다. 미국의 경우 예/아니오가 응답지에 기록이 되어 있어 자신의 위치에 대한 응답자 자신의 판별기준에 대해 나중에 고려할 수 있다. 우리나라의 경우는 어떤 질문에 어떤 답을 했기 때문에 이 사람이 비정규직이라는 것이 인정되는지 밝힐 수 없다.

문 ILO의 비정규직 기준은 무엇인가.

답 ILO에서의 최근 비정규직 개념은 제일 넓게 잡혀 있다. 21세기 노동시장의 경향을 조사하기 위해 비정규고용/실업 등의 문항 등에 대해 조사에서는 계약기간이 몇 년인가 혹은 고용이 극심하게 불안정한가의 여부까지 따진다. 미국의 BLS(미국 노동통계청)에서는 약 10% 정도를 비정규직으로 잡는다. BLS에서 문제삼는 것은 새로운 고용형태로서의 불안정 노동이다. 네덜란드에서의 파트타임은 정규직이다. 즉 노동자들에게 불안정한 고용개념이 아니라, 선택할 수 있는 대안적 노동형태로 인식된다. ILO나 EU 등에서는 비정규 고용에 대한 개념이 점차 자리잡혀가고 있는 중이다. 한시계약에서부터 자영업까지 다 포괄해서 논하고 정책을 결정하는 방향으로 가고 있다. 21세기적 환경에 맞게 노동자의 권리를 재규정하여 통계 등에서도 최대한 그 폭을 넓게 가져가는 추세라는 점을 고려해야 한다.

문 비정규직의 속성이 무엇인가. 규모만 놓고 본다면, 53% 내에, 파견근로의 경우 파견업체에 정규직으로 있으면 정규직으로 치는 것 아닌가. 그렇다면 우리나라의 경우 다 합치면 70%가 되지 않을까. 전체 고용의 70%가 비정규고용이라면, 그 문제의식이 희석화되어버리는 경향이 나타날 수 있다. 오히려 비정규고용이 보편적인 고용형태이고, 정규고용이 희귀해지는 그런 효과를 낳을 수 있는 것이다. 더 좁혀야 하지 않겠나?

답 불안정고용이 워낙 질적인 개념이고 계량화하기 어려우니, 있는 그대로 다 파악하고 문제가 되는 비정규고용은 무엇인가에 대해 연구해나가야 한다. 한국의 파트타임은 유럽의 파트타임과 다르고, 파견근로의 경우 도급에서도 임시일용직으로 잡히는 사람이 많을 것이다.

한국에서의 비정규직 대책

문 외국에서는 포괄적으로 법제화하기보다는 구체적으로 구분하여 비정규직의 존재형태 등에 대해서 어떻게 규제를 할 것인가 하는 식으로 접근한다. 우리 역시 비정규직 문제에 대해서 포괄적으로 접근할 것이 아니라, 구체적인 존재형태에 따른 고민을 해야 구체적인 대안을 생각해볼 수 있을 것이다. 사실 포괄적으로는 나올 안들은 다 나와 있다고 본다. 이제 노동부에서 해야 할 것은 구체적인 안들, 세심한 차원에서의 검토일 것인데 잘 안 되고 있다. 어떻게 보는지.

답 의지가 없는 것이다. 한국에서는 비정규고용에 대한 기준도, 개별 문제에 대한 규제도 없었다. 공대위 법개정안들은 기간제, 파견근로, 파트타임 등 개별적인 규제입법을 하는 것으로 되어 있었다.

문 공대위 안은 지나치게 원칙적이다. 법이란 현실과 적절히 타협해야 하는데, 통과를 전제로 한 법이 아니라고 생각한다. 비정규에 대한 법은 없으니 만들어야 되긴 하는데 말이다.

답 파견근로의 경우, 철폐되어야 한다는 입장만이 우선 가능하지 않은가라고 생각한다.

문 공대위 구성은 어떻게 진행되고 있는가?

답 공대위에서 개별적으로 입원청원을 냈다. 민주노총, 여연, 한국노총 등이 각각 안을 제출했다. 이들의 공통적인 부분이 공대위안이다. 한국노총의 경우 기간제 기준을 3년에서 1년으로 바꾸었다. 파견근로는 의견이 엇갈렸는데, 입장을 내지 않았지만, 파견제 자체의 철폐운동을 벌여나가는 것 정도가 합의된 듯하다. 공대위에서 노총은 복수노조 문제 때문에 같이하지 않는다.

비정규 규제정책의 국제적 추세

문 유럽 전체가 유연화로 혹은 규제로 간다기보다는, EU통합 과정에서 각국 제도가 달랐던 것이 통합 이후 통일적인 기준을 마련하는 과정이 진행되고 있다. 어떤 나라는 규제로, 어떤 나라는 유연화로

가는 식이라면 발표처럼 하나의 방향으로 해석하는 것은 무리가
아닐까. EU의 Social Chapter를 보면 최선진보다는 완화된 정도를
지향하고 있다. 물론 전체적인 방향에선 진보적이겠지만. 그리고
영국에서는 사용자들이 아우성이 워낙 심해서, EU 차원의 (법적)
규제가 효과가 있을 것이다. 그러나 비정규직이 적은 독일의 경우
는 오히려 영국과 반대로 규제를 완화시키는 효과가 있다.

답 EU의 통합과정에서 개별 국가적으로는 규제완화/규제강화 차이는
있겠지만, 기술적인 문제라기보다는 전세계적인 노동시장의 규제
완화 경향에 대한 반경향으로서의 규제 강화 흐름에 주목해야 한
다고 본다. 조직노동과 가까운 정치세력이 이를 주도하고 있는 것
아닌가.

문 이 논리는 우리에게 적용하면, 오히려 불리한 전개로의 빌미를 주
지 않을까? 우리나라의 경우 실효성이 적다 하더라도 여러 형태의
근로기준법이 현실과 동떨어져 있지만 규제가 강한 제도로 존재했
다. 우리나라는 이를 완화하기 위한 제도 개편을 한다는 것이 경영
자의 논리인데, 국제적인 추세를 이야기한다면, 우리는 더 풀어야
할 때라는 식으로 활용할 것이다.

답 이 논리 자체가 비정규 노동에 대한 적극적 대항논리는 아니다. 비
정규고용의 심각한 문제는 이에 대한 규제가 하나도 없고, 비합리
적이고 심각한 차별이 존재한다는 점이다. 그리고 노동기준 면에
서도 우리는 상당히 떨어져 있다. 우리의 논리는 우선 국제수준으
로 올라가자는 것인데, 노동부 관리들은 다른 나라들에서는 규제
완화가 진행되고 있다고 이야기를 한다. 이 논리는 그에 대한 반박
으로 가능할 것이다.

주변부노동자 통일조직으로서 지역일반노조운동의 가능성
부산지역일반노조의 조직방침을 중심으로

박영삼[*]

1. 들어가면서

지난해 이후 본격화되기 시작한 한국의 비정규노동자운동은 서서히 새로운 국면을 맞고 있다. 1년여를 경과한 지금 비교적 짧은 기간과 대단히 어려운 안팎의 조건에도 불구하고 다수의 노동조합들이 결성되고, 비정규 노동자의 권익을 옹호하기 위한 연대기구들이 출범해서 헌신적인 활동을 벌이고 있는 상황은 앞으로의 진보를 향한 좋은 조짐들이다.

특히 그동안 노조운동의 외곽에 방치돼왔던 비정규 노동자들이 스스로의 결단에 의해서 연대를 통한 권리확보에 나서고 있는 것은, 당사자들에게 장기적인 이익이 될 뿐만 아니라 점점 더 통제불능의 상태로 빠져들고 있는 한국 자본주의의 탈사회적 야만에 대한 도처의 견제를 마련한다는 점에서도 매우 고무적이다. 조직노동자의 비율은 그 자체로서 계급간 세력균형의 직접적인 바로미터이며, 약육강식의 룰이 지배하는 물신적 시장에 대한 인적 혹은 제도적 대항수단 가운데 아직은 그 실효성이 남아 있는 몇 안 되는 수단이기 때문이다. 그러므로 노동운동이 사회적 목표를 올바르게 설정하고 시대적인 책무를 기꺼이 짊어지려 하는 한, 노동조합의 조직확대는 사회진보의 기초가 될 수 있으며 또 그

[*] 한국비정규노동센터 정책기획국장.
■ 이 글은 월간 ≪비정규노동≫ 2001년 5월호 게재된 것을 수정·보완한 것임.

렇게 해야만 한다.

지금까지 비정규노동자들의 조직화는 다양한 형태로 이루어져왔다. 대표적인 사례를 중심으로 살펴보면 이랜드노조의 경우에서처럼 정규직 노동조합이 임시·파견직까지 조직대상을 확대한 경우가 있었는가 하면, 한국통신계약직노조, 방송사비정규운전직노조, 명월관노조, 롯데월드비정규직노조, 홍익회매점노조 등 기업 내 비정규직들이 결성한 노동조합들이 다수 있었다. 재능교육, 대교 등 학습지교사들의 노조결성은 전국적 단일조직 결성 노력으로 이어지고 있으며, 이는 전국보험모집인노조와 같이 직종별 노조의 결성 흐름과 맥을 같이한다. 이와 함께 전국여성노조 등 비정규직의 다수를 차지하는 여성을 조직대상으로 하는 노조결성 흐름도 신선한 충격을 안겨주었다. 한편 지난해 4월 결성된 부산지역일반노조를 시작으로, 수도권과 진주, 안양, 마산, 울산, 수원, 평택 등 몇몇 지역에서 이미 노조를 결성했거나 노조 설립을 준비하고 있는 지역일반노조운동이 있다.

이 같은 조직화 시도들은 기업, 직종, 성별, 계층/지역 등 노동자 결사조직으로서 노동조합의 '준거' 설정에 관해 제각각 차이를 보이고 있음에도 불구하고, 전체적으로 한국의 노동시장에서 점점 더 그 숫자와 비중이 늘고 있는 비정규직 노동자와 중소영세기업의 하층노동자들을 새로운 조직대상으로 설정하고 있다는 점에서 공통의 목적과 경향을 뚜렷하게 내보이고 있다. 그리고 이 같은 경향적 동질성과 방법론적 구체성의 차이는 하나의 논쟁적 주제, 즉 "어떤 조직화 수단이 새로운 노동자들을 결속시킬 수 있는 가장 유력한 수단인가?" 혹은 "새로운 노동조합이 새로운 노동운동의 흐름을 형성할 수 있을 것인가?"라는 토론적 쟁점을 형성해가고 있다.

아울러 이 문제는 우리나라뿐만 아니라 국제적으로도 이미 대단히 의미심장한 주제를 형성하고 있다. 실제로 비정규 노동자를 비롯한 새로운 노동자군의 조직화 문제는 1990년대 중반 이후 미국, 캐나다, 영국, 호주, 일본 등 비(非)유럽대륙 선진국 노동운동의 공통된 이슈였다. 국제노동기구 산하 국제노동연구소(IILS)가 1998년 12월에 주최한 '21세기 조직노동자(Network on Organized Labour in the 21st Century)'라는 주제의 회의는 세계화가 양산하고 있는 두 개의 새로운 노동자계층, 즉 고도의 전문기술을 가진 고임금 노동자와 절대다수를 차지하는 파트타임, 임시직, 파견 노동자 등 비정규 노동자를 어떻게 조직할 것인가에 관한 최초의 국제적 토론장이었다.

지질학에 비유하자면, "현대 노동시장의 지표면 아래에서 진행되고 있는 마그마와 지층 또는 지판의 변동들이 대륙의 융기와 침윤을 불러일으켜 마침내 새로운 산맥과 대양의 형성으로 발전할 수 있을 것인가" 하는 문제인 것이다.

이와 관련하여 이 글에서는 그동안의 짧은 조직화 노력 가운데 특별히 지역일반노조운동에 주목하면서 앞으로 주변부 노동자들의 통일적 결사체로서 지역일반노조의 유효성과 그 가능성을 검토해보고자 한다. 지역일반노조를 우선 검토대상으로 설정한 것은, 첫째 노동조합조직형태에 관한 그간의 논의가 기업별노조의 산별 전환을 중심으로 진행되어 왔기 때문에 상대적으로 생소한 지역일반노조에 관한 토론이 자칫 새로운 조직형태 논쟁으로 비화될 소지를 안고 있다는 점에서 그것에 대비한 토론의 기초를 제공할 필요가 있으며, 둘째로 기업단위 복수노조의 금지가 5년간 추가 연장됨으로써 조직화된 사업장의 경우 기존 노조가 기업 내 비정규 노동자들을 흡수하거나 그들의 단결권을 보장하기 위한 적극적인 노력에 나서지 않는 이상, 비정규 노동자들이 작업장수준에서 단결권을 확보하는 것이 대단히 어렵게 되었다는 점에서 초기업적 단결의 유효태로 지역일반노조가 검토될 필요가 있기 때문이다. 그리고 마지막으로 부산지역일반노조를 중심으로 이 운동을 추진하고 있는 주체들이 주변부 노동자 조직화를 위한 유력한 수단으로서 지역일반노조의 운동적 의의와 앞으로의 조직발전 전망에 대해 비교적 일관된 논리를 통해 구체적인 내용을 밝히고 있을 뿐만 아니라 선구적인 노력과 더불어 실천성과에서도 일정한 수준을 확보하고 있기 때문에 그것을 기초로 한 공론화가 가능할 것으로 기대되기 때문이다. 이를 위해 이 글에서는 부산지역일반노조가 최근 제기한 '지역일반노조'운동에 관한 주장을 중심으로 현 시기 지역일반노조운동의 가능성과 한계를 짚어보고자 한다.

그러나 미리 밝혀둘 것은 이 글의 목적은 어디까지나 비정규 노동자를 조직하기 위한 노동운동의 대안적 조직형태를 모색하기 위한 시론을 제출하는 데 그칠 것이라는 점이다. 비정규노동자운동은 이제 막 걸음마를 뗀 초기단계이며, 따라서 무엇이 옳고 그른가에 관한 정답을 미리 확정하는 데 급급함으로써 노동자운동의 풍부한 창의를 제약할 필요가 없으며, 지역일반노조 역시 본격적인 평가대상이라기보다는 앞으로 더 많이 실험되고 발전해야 할 '가능성의 운동'이기 때문이다.

2. 부산지역일반노조의 조직방침에 대해

지난해 4월 1일 부산에서는 17명의 노동자를 창립조합원으로 하는 부산지역일반노조가 결성되었다. 그리고 1년 남짓의 기간 동안 마을버스, 관광버스, 생활정보지, 유선방송, 대형할인매장, 청소업체, 정화업체 등 다양한 사업장과 간호조무사, 열관리사 등 직종의 노동자들에 대한 조직화를 시도해 2001년 4월 현재 조합원이 500여 명으로 늘어났고, 단체협약도 다수 체결하면서 활발한 활동을 펴고 있다.

이 노조는 특히 창립 당시부터 비정규직, 영세사업장 노동자를 조직하기 위한 지역일반노조운동의 필요성을 역설해 주목을 받았는데, 몇 차례의 수정을 거치면서 올해 3월에 재작성된 "지역일반노조운동을 위하여"라는 제명의 선전자료는 현 시기 비정규직과 중소영세사업장의 노동자를 조직하기 위한 지역일반노조운동의 의의를 다음과 같이 밝히고 있다.

"IMF 경제신탁통치 2년에 한국 자본주의와 우리 사회는 근본적인 변화를 경험하고 있다. 한마디로 세계경제를 주도하고 있는 미국을 중심으로 전지구적으로 확대재편되는 신자유주의 질서에 급속하게 편입되고 있다. 나라 경제의 중심을 초국적자본이 장악하여 경제주권이 심각히 훼손되고, 사회적으로는 중산층이 몰락하는 가운데 빈부격차가 극심해지면서 구조화 되는 소위 20 : 80의 사회가 되고 있다. 우리 사회의 이러한 부정적 변화의 중심에 절대다수의 노동자들이 실업자와 비정규직, 하청 등 주변부 노동자 로 전락하는 노동자계급 내부의 변화가 자리잡고 있다. 물론 이것은 신자 유주의 축적전략의 핵심인 노동시장 유연화정책의 결과이면서 동시에 이 러한 공세에 대해 올바로 대응하지 못한 노동운동의 한계와 오류에 의한 것이다. 흔히 우리는 그 한계의 핵심 내용으로 기업별노조운동을 꼽아왔다. 그리고 기업별노조운동의 한계를 극복하기 위한 대안으로 산별노조운동이 전개되고 있다. 이는 주로 민주노총 산하 산별연맹 등 기존의 기업별노조 내부에서 전개되고 있다. 이와 달리 그 바깥에서 새로이 만들어지는 대안 적 흐름도 형성되고 있다. 다양하게 전개되고 있는 지역노조운동이 그것이 다. 지역노조운동 가운데서도 문제가 되고 있는 것이 지역일반노조이다.”

이 가운데 주목을 끄는 것은 신자유주의적 노동시장 유연화 공세에 무 력한 기업별노조운동의 한계를 비판하면서, 그것을 극복하기 위한 노력 으로서 민주노총 산하 산별연맹들의 산별노조운동과 구분되는 대안적인 운동의 또 다른 흐름으로 지역일반노조운동을 거론하고 있다는 점이다.
부산지역일반노조는 비정규직 노동자와 중소영세업체 노동자들이 왜 지역일반노조로 조직되어야 하는가에 다음과 같이 설명한다. 비정규직 노동자들의 경우 먹고 살기 위해 업종과 산업을 불문하고 일을 찾아나 서야 하기 때문에 전통적인 업종·산업별 단결의 효용성이 떨어지며, 또 산업의 경계가 뚜렷하던 산업자본주의 시기와는 달리 초국적금융자본이 주도하는 현재의 경제체제에서는 업종·산업간 연계성과 복합성이 강화 되며, 기술발전에 따른 다양한 새로운 산업영역이 나타나 산업별 단결 의 기준을 모호하게 하고 있다는 것이다. 이에 따라 “저소득 노동자로 서 하나의 계층을 형성하고 있는 비정규직 노동자들이 산업·업종별이 아니라 일반노조로서 계급적 단결을 도모하는 것이 자신들의 처지를 개선할 수 있는 효과적인 방법이 될 것이다"라고 밝히고 있다. 이와 함께 중소영세기업 노동자도 그동안 직종별지역노조로 조직화되고 있으나, 지역적 연대활동을 기대하기엔 노조 규모가 지나치게 빈약하고 단체협약을 체결할 수도 없는 상태여서 "이들을 직종을 초월한 지역단위로 묶어세우는 것이 훨씬 효과적일 것"이라고 제안하고 있다.

한편 왜 '지역'이 중요한가에 대해서는 "노조활동이 노동자의 일상적인 생활권을 중심으로 이루어지는 것이 가장 바람직하고 관료주의 등 우려되고 있는 지도력 문제도 대중의 일상적 접촉과 직접적 판단이 보장되는 지역에서 보다 실천적으로 극복될 수 있다"는 점을 들고 있으며, 더불어 "지방자치의 성장과 함께 지역 차원의 정치·행정 권력이 발전함에 따라 지방적 수준의 사회적·정치적 투쟁을 통해 해결해야 할 많은 과제들이 주어지고 있는 시대적 현실도 지역운동의 중요성을 가중시키고 있다"고 밝히고 있다.

노조는 산별연맹들에 의해서 주도되고 있는 현재의 산별노조건설운동에 대해, 특히 주변부 노동자로 조직범위를 확대할 수 있을 것인가에 대해 대단히 비관적인 견해를 취하고 있으며, 이것은 결국 대기업=정규직=산별노조와 중소영세=비정규직=일반노조로 나뉘어지는 전국적 노조조직 재편 전망으로 최종적으로 제출된다. 노조는 비록 "기존 민주노조운동의 지도주체인 민주노총과 산별연맹의 주력부대인 대기업노조의 노력이 중요하지 않다는 것이 아니"라고 밝히고 있음에도 불구하고, "대기업 노동자들이 자신들과 일상적으로 함께 일하고 있는 하청 노동자들을, 또 비정규직 노동자들을 조합원으로 끌어안고 그들의 권익을 위해서도 투쟁해나가는 것을 생각해볼 수 있다. 그러나 지금까지의 경험으로 그것은 쉬운 일이 아니다. 아니 거의 불가능하다는 것이 확인되었다"고 판단하고 있다.

이에 따라 부산지역일반노조는 지역일반노조운동의 전국적인 조직발전 전망을 구체화하기 위한 방안으로, 지방에서는 공단노조건설운동을 통해 비제조업의 관련 노동자를 흡수하고, 대도시에서는 일반서비스 중심의 지역노조를 중심으로 시 전체에 산재해 있는 중소제조업관련 노동자를 조직할 것을 제창하고 있다. 그리고 이 같은 노력의 최종 결실로서 통합단일조직인 '전국일반노조'의 건설을 주장하고 있다.

3. 산별노조운동과 일반노조운동의 충돌 가능성

이 같은 주장은 다행히도 아직까지는 현실적으로 나타나고 있지는 않지만, 기존 산별연맹과의 관할권 충돌 문제를 적지 않게 노정하고 있다. 노조는 이와 관련하여 민주노총과 산별연맹의 적극적인 '협조'를 요청하고 있는데, 공단노조 건설 과정에서 "민주노총과 산별연맹은 지역일반노조운동을 조직적 계통으로 엮이지 않는다고 위험시할 것이 아니라 각 지역의 조건과 특성에 따른 자주적 지역일반노조 건설운동을 뒷받침하면서 공단노조 건설을 중심으로 지역일반노조운동의 전국적 연계를 보장하고 조율하는 역할을 할 필요가 있다. 광범위한 미조직노동자들을 조직화하는 막중한 과제가 오로지 자신들의 지휘통제하에서 이루어질 때만 의미가 있다고 여긴다면 이는 짧은 생각이다"라고 주장하고 있다. 서비스부문 중심의 지역일반노조가 제조업을 포함한 해당 지역의 중소업체 노조들을 포괄하는 것에 대해서도 "기존의 연맹들도 서로 협조하도록 하여야 할 것이다. 소속 노조가 떨어져나간다는 점만 강조해서는 결코 올바른 노조운동의 자세가 아니"라는 입장이다.

앞에서 살펴본 대로 부산지역일반노조가 대외적으로 천명한 지역일반노조의 구상은 사실상 기존의 산별노조운동이 결국 정규직 중심의 대기업노조간 통합으로 끝날 것이라는 부정적인 예측을 전제한 상태에서, 여기에 포괄되지 않는 모든 노동자들을 조직하기 위해 지역일반노조와 공단노조의 과도기를 거치는 전국일반노조를 건설할 것을 주창하고 있는 셈이다.

이 같은 부산지역일반노조의 주장은 민주노총이 비정규직 조직화에 관한 그동안의 연구성과와 토론을 집약해서 발간한『비정규노동자와 노동조합』에서 제시하는 조직화 방안과는 일정한 거리를 보이고 있다.

민주노총의 연구팀은 중소·영세 사업장, 비정규직 노동자들의 조직화에 있어서 기업별노조의 한계를 지적하면서 "기업별노조의 틀을 뛰어넘는 산별/지역별/일반노조 등 기업횡단적 조직구조 형성이 중요하다"고 지적하면서, 구체적인 유형으로 산별노조, 지역노조, 비정규직노조, 중소영세사업장노조 등 4가지를 제시하고 있다. 이 가운데 일반노조는 비정규직노조의 하나로 언급되고 있으며, 전국일반동경남부와 동경유니온은 일본의 전노협과 연합에 가맹하고 있는 지역일반노동조합 형태의 외국 사례가 소개되고 있다.

그런데 민주노총은 일반노조를 포함한 비정규직노조는 민주노총에 직가맹할 수 있다는 여지를 두면서도 지역노조에 대해서는 반드시 산별노조의 구성단위가 되어야 한다는 입장을 밝히고 있다. 민주노총은 지역노조의 위상에 대해 "일정한 지역적 한계 내의 산업별노동조합이며 여러 가지 활동경험을 통해 산업별노동조합으로의 이행을 궁극적 목표로 한다는 점을 명확하게 하여야 한다. 지역노조는 전국 단위의 단일 산별노조로 넘어가는 과도적 조직이며, 지역노조가 산별노조의 조직경험 축적수단이 되어야 한다"고 강조하고 있다. 지역노조가 일반노조와 같은 초산별조직 형태를 띠는 것에 대해서 바람직하지 않다고 보고 있는 입장인 셈이다.

물론 당시의 민주노총 보고서의 주된 목적은 비정규직 조직화에 관한 포괄적인 내용을 집약하는 데 있었으며, 조직형태에 관한 구체적인 방침을 도출하는 데 있지 않았다. 그리고 부산지역일반노조의 주장을 즉자적으로 심각하게 받아들일 필요도 없다. 다양한 활동가들이 조직화의 문제를 고민하면서 각자의 입장을 충분히 제출할 수 있는 것이고, 이는 충분한 토론을 위해서 필요한 일이기도 하다. 하지만 각 연맹의 산별노조 전환이 진행중에 있고, 이와 동시에 초기업수준의 비정규직 조직화가 모색되고 있는 가운데 일부 중소노조의 지역일반노조 가입이 이루어지고 있는 현재 시점에서는 비정규노동자들의 조직구성과 조직형태에 관한 합리적이고 체계적인 방침이 수립될 필요가 있다고 판단되며, 이 일을 산별노조체제의 확립 이후로 미룰 성질이 아니라는 생각이다.

따라서 활동가와 조합원들의 합리적인 판단을 위해서 이 문제에 관한 본격적인 논의를 시작하는 것이 필요한 때이며, 이 일을 전체적으로 조정하고 총괄하는 일은 결국 내셔널센터의 몫이 될 수밖에 없다.

이를 방치할 경우 그동안 기업별노조의 연맹 가입을 둘러싼 양대 노총간의 경쟁과는 전혀 다른 차원의 혼란이 민주노총 또는 한국노총 내부에서 발생할 가능성이 있어 보인다. 더구나 주변부 노동자의 조직화가 관련 상급조직들의 지원 없이는 효과적으로 추진되기 어려운 만큼 불필요한 마찰이 발생하지 않도록 미연에 방지하지 않는다면, 공동의 노력 자체를 꺼리게 되는— 즉 경쟁적 조직화 내지는 조직확대를 회피하게 되는— 부정적인 결과를 낳을 수도 있기 때문이다.

4. 산업별노동조합에 대한 인식상의 몇 가지 오류

한편 부산지역일반노조가 주장하고 있는 내용 가운데 지역일반노조의 필요성 그 자체에는 깊이 공감하면서도, 그것을 도출하는 일련의 논리적인 과정에는 동의하기가 쉽지 않은 부분들이 있음을 지적하지 않을 수 없다. 이는 논리적인 오류 때문에 주장 자체의 정당성이 훼손될 우려가 있기 때문이기도 하고, 같은 맥락에서 산별노조운동이나 지역일반노조운동이 부당하게 폄하될 것을 방지할 필요가 있기 때문이다.

문제가 되는 부분은 산별노조와 일반노조를 산업적 경계를 중시하느냐 그렇지 않느냐는 문제로 대비시킨 다음 현대의 복합산업화 경향을 일반노조의 필요성으로 연결시키고 있는 대목이다.

부산지역일반노조가 지적하고 있다시피 오늘날에 와서 20세기 초반에 확립된 기계제 대공업하에서 형성된 산업적 경계는 점점 더 모호해지고 있는 것이 사실이다. 과학기술의 진보와 함께 각종 신소재가 개발되고 컴퓨터를 이용한 첨단산업이 발전하고 심지어 생명공학이 가세하면서 화학산업과 금속산업의 구분이 옅어지고, 농업과 공업의 경계도 사라지고 있는 것처럼 보인다. 이와 함께 소비자의 수요에 대한 예측이 중시되고, 금융자본의 영향력이 커지면서 서비스와 제조업, 금융자본과 산업자본의 구분도 예전 같지 않게 되었다.

20세기의 전형적인 산업구분을 기준으로 본다면, 오늘날 세계 각국의 산별노조들은 일반노조에 훨씬 가깝다고 할 수 있으며, 앞으로도 점점 더 그렇게 될 것이라고 할 수 있다. 광산노조와 화학노조의 통합은 이미 세계적 추세를 이루고 있으며, 머지 않아 금속산업까지도 여기에 가세할 가능성이 크다. 미국의 경우 대부분의 산별노조들은 다른 산업영역에도 조직확대의 손길을 뻗치고 있다. 특히 해외이전이 쉽지 않은 서비스부문의 조직화에는 자동차노조, 공공노조, 서비스노조가 모두 뛰어들고 있는 형국이다. 섬유노조에서 출발한 일본의 젠센동맹은 의류판매부문을 장악하기 위한 목적으로 백화점을 비롯한 유통서비스업의 조직화에 착수했지만, 지금은 오히려 조합원의 비중이 역전된 상태이다.

산업구조 자체의 변화, 노조조직간의 통합, 조직확대를 위한 타 산업진출 등이 이 같은 경계구분을 변화시키고 있는 주요인들이다. 그러나 재화나 서비스의 성격 변화와 전혀 무관한 조직통합이나 관할권 침해의 경우 실제로는 그러한 산별노조들이 해당 산업분야의 주변부 노동자들의 조직화는 등한시하면서 조직화가 손쉬운 영역으로 관심을 돌리거나 덩치만 키우려 한다는 비판을 받고 있으며, 이 같은 비판에 동의하는 쪽은 오히려 진보적인 노동운동진영이다. 따라서 산업적 경계가 허물어지고 있다는 것을 이유로 들어 일반노조의 필요성을 제기하는 것은, 사실에도 부합하지 않을 뿐만 아니라 바람직하지도 않은 주장이며, 기존의 산별연맹들에 대한 불필요한 선전포고를 하게 하는 역효과만 낳을 것이다.

역사적으로 보면 산업별노조와 일반노조는 노동자의 숙련이나 직무와 무관하게 해당 영역의 모든 노동자를 조직한다는 점에서 본질적으로는 동일한 뿌리를 갖고 있다. 특히 영미권에서 산별노조와 일반노조의 차이는 발생사적 시점이라는 차이에 기인할 뿐이다. 즉, 산업적 독점과 대공업이 확립되기 전에 시작된 일반노조운동은 '산업(industrial)'이라는 개념 자체를 인식할 수 없었고, 자신들이 폐쇄적인 장인노조와 근본적으로 다르다는 의미에서 '일반(general, not specific)'노조라는 개념을 사용했던 것이고, 이것이 노조운동의 전통과 명칭으로 계승되고 있는 것일 뿐이다.

1백 년에 가까운 역사를 자랑하는 영국의 일반노조나 미국의 산별노조 운동은 광산과 철도, 부두 등에서 일하는 모든 노동자를 조직하려한 노동조합으로 성격상 동일한 노조이다. 심지어 '단 하나의 노조(One Big Union)'를 슬로건으로 내세우면서, 미국 노동운동 역사상 가장 급진적인 생디칼리즘을 표방하고 있는 ― 부산지역일반노조가 차용했음직한 외국 이론으로 의심되는 ― 세계산업노동자연맹(IWW)조차 단일조직의 구성단위로서 산업별노조를 주장하고 있다.

산별노조가 일반노조와 다른 점이 있다면 그것은 조직화의 기본단위를 직장(기업)으로 설정하고 있다는 점이다. 산별노조는 해당 기업의 모든 노동자를 하나의 조직에 가입하도록 한다. 그 노동자가 생산직이건, 사무직이건, 정규직이건, 비정규직이건 상관없이 하나의 조직에 속하게 된다. 그러므로 '1산업 1노조(One Industry One Union)'라는 산별노조의 조직슬로건은 실상 '1기업 1노조(One Company One Union)'를 핵심내용으로 하는 것이다. 그렇다면 일반노조는 왜 직장을 조직화의 기본단위로 삼지 않는 것인가? 그것은 다름 아니라 경쟁조직, 즉 숙련공노조가 이미 그 작업장 안에 조직원을 두고 있었기 때문이다. 그러나 만약 어떤 작업장에 다른 노조의 조직원이 없다면 일반노조 역시 그곳의 모든 노동자를 조직하려고 한다. 전자의 경우에는 노동자위원회를 설치하고 후자의 경우에는 분회를 두게 되는 것이다. 이렇게 볼 때 일반노조와 산별노조의 차이는 경쟁조직을 인정하느냐 그렇지 않느냐의 차이라고 해도 과언이 아니다.

이렇게 볼 때 아주 보기 드문 예외로서 우리나라와 일본의 경우 일반노조운동의 독특한 모델이 성립할 가능성이 있다. 두 나라에서는 특정 기업의 정규직 노동자로 구성되는 기업별노조가 이미 존재하고 있고, 이 조직이 역사적으로 숙련공노조와 동일한 역할을 할 수 있기 때문이다. 즉, 정규직 기업별노조 중심의 산별연맹을 평등주의적 산별노조로 전환시키는 것이 불가능하다고 판단하고, 그 외부에서 일반노조가 들어설 가능성이 있는 것이다. 이것은 비교적 가능성이 높은 시나리오이며, 앞으로 기존 노조들의 태도가 달라지지 않는 이상, 이 같은 주장에 근거한 일반노조운동은 정당성을 갖게 될 것이다. 이 때문에 부산지역일반노조의 주장이 논리적으로는 문제가 있지만, 그러한 주장 자체의 타당성조차 무시될 수는 없다고 보는 것이다.

5. 주변부 노동자 조직화에 관한 원칙을 세울 때

기존 노조가 비정규직 노동자들의 조직화에 대해 지극히 무관심한 상황이라면, 중소영세기업의 노동자들과 비정규직 노동자들이 서로 힘을 합쳐서라도 이에 상응하는 정도의 규모와 교섭력을 갖춘 별도 조직을 결성하려는 것은 너무도 당연한 일이다. 그런 점에서 부산지역일반노조가 '지역일반노조운동'을 주변부 노동자들이 자주적으로 권리를 확보할 수 있는 유력한 수단으로 내세우고 있는 것은 어쩌면 현재의 노동운동의 지형을 그대로 드러내고 있는 것이기도 하다.

그러나 문제가 되는 것은, 우리나라에서 일반노조가 성공적으로 자리잡을 경우, 그것은 부산지역일반노조가 말하는 대로 정상적인 산별노조와 정상적인 일반노조가 노조운동의 두 축을 형성하는 것이 아니라, 불구화된 산별노조와 이상한 일반노조가 혼합된 구조를 갖게 된다는 점이다. 이것은 비록 현실화될 가능성은 높지 않지만, 운동의 목표를 추구하는 과정에서 적지 않은 진통을 예상하게 하는 대목이다.

그렇다면 앞으로 지역일반노조운동이 논리적으로나 실천적으로나 정당한 근거를 갖기 위해서는 어떤 노력이 필요한가? 우선 앞서 말한 대로 내셔널센터 차원에서 이 문제에 관한 합리적 해법을 찾기 위한 전략과 방침을 제시할 필요가 있다. 그리고 지역일반노조와 산별노조 건설운동이 상호보완적인 방향으로 발전할 수 있는 길을 찾아내야 한다는 것이다. 예컨대 기존의 산별연맹에 가입한 중소노조가 일반노조에 가입하는 것이 필요하다면, 역으로 일반노조에 참여하고 있는 사업장분회가 특정 산별노조로 옮겨갈 수 있는 길도 열어주어야 할 것이다. 그래야만 올바른 산별노조와 제대로 된 일반노조가 병립할 수 있을 것이다. 결과적으로 노동조합에 가입하기를 원하는 노동자가 어떤 조직에 속하는 것이 바람직한가에 대한 포괄적인 방침을 제시하는 작업이 시급히 요청되고 있는 것이다.

물론 초기업수준의 노동조합들이 관할권 문제를 완벽하게 해결한다는 것은 사실상 불가능한 일이다. 하지만 최소한의 원칙이 마련되어야 조정과 타협도 가능할 것이다. 일례로 2000년 12월에 미국의 서비스노조(SEIU)를 비롯한 3개의 노조는 로스앤젤레스공항을 상대로 조직화 캠페인(multi-campaign)을 공동으로 진행했었다. 캠페인이 시작될 때는 한 개의 사무실에서 출발했지만, 캠페인이 종료된 후에는 3개의 지부(local) 사무실로 각각 독립했다고 한다.

조직대상 노동자가 여러 사업장에 산재하고 있는 지역일반노조의 특성상 성공적인 조직화를 위해서는 다른 노동조합 또는 연맹과 협력할 수가 있고 또 그래야만 한다. 이것을 가능하게 하려면 원칙을 마련하는 일이 최우선적으로 검토되어야 한다.

6. 해결해야 할 다른 문제들 — 희망의 노동운동을 위하여

이와 함께 지역일반노조운동이 다른 지역으로 확산되고 또 성공적인 노동조합 모델로 뿌리내리기 위해서는 핵심적으로 해결해야 할 과제들이 있다.

우선 지역사회에 기반한 노조운동이 성공할 수 있는 객관적인 토대를 마련하는 일이다. '지역'이라는 변수가 노동자와 주민들의 의식을 규정하는 주요한 요인인 것은 틀림없지만, 노동자들이 지역단위 노동조합으로 뭉칠 수 있느냐 하는 문제는 바람직한 가치와는 무관한, 어떤 준거집단에 대해 소속감과 일체감을 느끼는 노동자들의 현실적 태도에 달려 있다. 그동안 우리나라의 노조운동은 기업별노조체제를 장기간 유지하면서, 노동조합이라고 하면 기업노조를 연상하게 되고, 그것도 생산직과 사무직의 경계가 분명한 '기업별직종노조'를 떠올리게 된다.

대기업의 정규직 노동자들에 비해 비정규직이나 중소영세업체 노동자들이 소속기업보다는 노동자라는 계층적 동일성을 중시할 가능성이 더 높은 것은 사실이다. 기업간 이동이 잦고 기업에서 제공하는 가부장적 온정주의에 따른 보상이 거의 없는 노동자들이 지역적 연대에 참여할 가능성이 더 높다고 가정할 수 있다. 그러나 기업이라는 준거 외에도 직업이나 직종 등 다른 다양한 요인들이 노동자들에게는 중요할 수 있으며, 이것이 지역일반노조의 결속력을 높이는 데 장애로 작용할 수도 있다. 더구나 부산지역일반노조의 경우 간호조무사와 열관리사 등 일정한 자격을 갖춘 직업의 노동자들까지 가입대상으로 하고 있기 때문에, 그러한 노동자들을 지속적으로 인입할 수 있는 구체적인 방안이 마련될 필요가 있다. 비정규 노동자들은 실제로 다양한 노동자계층이 포괄되어 있는 집단이며, 그중에는 비록 소수이긴 하나 독자적인 조직을 선호하는 계층도 있을 수 있다.

하지만 최근 들어 지역공동체노동조합주의(Community Based Unionism)는 21세기 노동운동의 새로운 화두로 떠오르고 있으며, 각국의 노동조합도 조직확대를 고민하면서 주민운동과 노동운동의 결합을 대단히 중요한 요소로 인식하기 시작했다. 진보적 사회운동이 발전하는 시기에 노동조합의 조직화도 큰 진전을 이룩했다는 역사적인 경험을 보더라도 기층의 주민운동과 노동운동이 결합하는 것은 매우 중요한 일이라고 하겠다. 따라서 지역일반노조가 지역 차원의 노동자연대를 발전시켜나가기 위해서는 노동자들의 정서적 태도와 함께 실질적인 이해와 요구를 보다 객관적으로 파악하려는 작업이 충실히 선행될 필요가 있다. 이와 함께 노동조합과 공통의 이해를 가지는 지역의 시민사회단체들과 긴밀히 협력하고 조직원 교류에도 적극 나서는 등의 지역연대활동에 대한 창의적인 아이디어를 내고 실천하는 일도 필요할 것이다.

다음으로 무엇보다 중요한 단체교섭과 협약의 체결 문제가 있다. 그간의 지역노조 경험에서 알 수 있듯이 종업원이 아닌 기업 외부의 노동조합이 사용자를 단체교섭에 응하도록 만드는 것은 결코 쉽지 않은 일이다. 더구나 지역일반노조의 경우 사업장의 성격이나 조합원의 동질성이 취약한 만큼 이 문제는 심각한 도전으로 다가올 것이다. 설사 조합원들이 강력한 결속을 이룬다 하더라도 동맹파업의 현실적인 어려움이 적지 않기 때문이다. 이런 현실적 장애 때문에 일반노조 중에서도 조직의 저변을 계속 확대하면서 위력적이고 직접적인 단체행동(파업)에 호소함으로써 협상을 관철시키는 유형이 있는가 하면, 단체교섭보다는 제도개선을 통해 노동조건에 관한 최저기준을 확보하려는 양상을 보이기도 한다.

전자의 유형은 20세기 초반에 영국과 호주의 일반노조가 구사했던 방식으로, 사용자의 교섭회피가 빈번해지자 자유당의 영향력을 믿고 중재와 조정에 의존하고 있던 폐쇄적인 장인노조들과 달리 새롭게 결성된 일반노조들은 조직의 문호를 완전히 개방함으로써 모든 노동자의 참가를 허용한 다음 위력적인 파업을 최대의 무기로 활용했다.

반면 우리와 사정이 유사한 일본의 경우 전국일반노조동경남부, 동경유니온 등 비교적 활발한 활동을 펼치고 있는 지역일반노조들조차 단체교섭을 통한 해결보다는 조합원의 해고와 차별 등 노사문제에 대한 법정투쟁과 임시직·파트타임 노동자의 권리보장을 위한 제도개선운동에 치중하고 있다. 즉, 노사자치영역의 취약성을 법원과 국가를 상대로 하는 정치적 해결을 통해 보충하려고 하는 것이다.

선진국의 일반노조들 가운데 상당수가 1920년대를 전후로 사라지고 만 것은, 사회주의자들의 영향력을 두려워한 국가권력의 탄압 때문이기도 하지만, 노동조합의 활력을 일상적으로 유지할 수 있는 내부 기반을 상실했기 때문이기도 하다. 이것은 출발단계에 있는 지역일반노조들이 항상 염두에 두어야 할 교훈이라고 생각된다.

물론 단체협약을 성공적으로 관리할 수 있는 능력을 확보했다고 하더라도, 주변부 하층노동자들의 전체적인 노동조건과 생활상태를 개선하기 위한 정치투쟁의 필요성은 줄어들지 않을 것이다. 오히려 저임금과 항상적인 고용불안, 부당한 차별과 사회적 배제로부터 고통받고 있는 비정규, 영세사업장 노동자들이 인간다운 삶을 누리기 위해서는 이 같은 잘못된 사회구조를 근본적으로 개조하는 사회변혁운동으로 나아가지 않으면 안 되기 때문이다.

부산지역일반노조는 다행히도 지난해 청소대행업체, 케이블방송 등의 몇몇 사업체에서 단체협약을 체결하는 데 성공했다. 그리고 올해에는 비정규 노동자의 권리확보를 위한 제도개선 투쟁에도 적극 나설 것을 다짐하고 있다. 부산에서 시작된 지역일반노조운동이 비정규 노동자를 비롯한 주변부 노동자들, 나아가 명실상부한 '노동자 일반'의 목소리를 대변하는 노동조합으로 성장하고, 21세기 한국의 노동운동을 희망의 운동으로 다시 세우는 선도적인 역할을 할 수 있기를 기대해본다.

"주변부노동자 통일조직으로서 지역일반노조운동의 가능성"에 대한 토론

포럼 참가자

지역일반노조의 가능성

북부노동사랑회가 서울지역일반노조로 개칭해서, 단협도 체결하고 설립인가증도 받았다. 화학약품을 생산하는 대명케미컬이라는 회사에는 단 1명만이 조합원이고 나머지는 사장 친척들인데, 이 사람이 혼자 지역일반노조에 가입해서, 성수동에 있는 조합원 전체가 점심시간에 시위를 했다. 화학약품을 하수구에 그냥 버리는 악덕기업인 이 회사에 지역주민들까지 나와서 집회에 결합해서 결국 교섭을 체결할 수 있었다. 서울지역여성노조가 서울경인지역 평등노조로 개칭했는데, 조선호텔의 경우도 비정규직 호텔여성노동자가 이 노조에 가입해, 정규직으로 전환이되었다. LG캐피탈 노동자들도 서울지역여성노조에 가입해, 부당노동행위 부당해고 구제신청을 통해 정규직으로 인정이 되었다. 명월관노조도유사한 경우이다. LG캐피탈노조는 여성노조로 계속 남고, 정규직화한조선호텔 근로자들은 정규직노조로 옮겨갔다. 워커힐, 명월관 노조의 경우는 민주노총 서비스연맹에 가입해 있다. 합법성을 위해서는 지역일반노조에 호텔종사원지부를 만들면 되지만, 서비스연맹에서 반발하였다.

또한 우리나라 산별노조운동, 앞으로 10년 동안은 비정규직을 포괄하는 훌륭한 산별로 커갈 것 같지 않다. 그러니 지역으로든 어떻게든 비정규직을 조직하는 시도가 상당히 중요한 것 아닌가. 일반적 구속력 제도의 활용과 관련해서, 사업장 단위에서는 구성원의 반 이상이 단협을 체결하면 전체 구성원이, 그리고 한 지역 내 동종산업 중 3/4이 단협을 체결하면 그 수준으로 그 지역 내 동종산업 전체 수준이 상승하게 된다. 서울지역아파트노조가 복수노조에 걸리느냐 안 걸리느냐에 대해, 대법원 판결로는 제2사업장 노조만 금지되고, 지역노조는 사업장 단위와 차원을 달리하므로 특히 비정규화와 관련해서 인정했다. 지역별노조가 업종과 관련이 되면, 우리나라의 경우 비정규 노동자들의 권리를 상승시킬 수 있는 조직형태가 될 것이라 본다. 현재 2002년 말까지 사업장 내 복수노조가 금지된 상황에서 유일하게 비정규 노동자의 권익을 향상시킬 수 있는 방법으로 대법원도 인정한 부분이라는 점이 강점이다.

지역일반노조에 대한 회의 및 우려: 지역일반노조 건설을 위한 조건들

정규직 중심의 노조가 비정규직에 대한 관심 없이 그들의 이해관계를 적대시하거나 거리감을 가지는 경우가 뚜렷하다고 본다. 즉 정규직 중심의 노조가 비정규직의 노동조건의 개선을 위해 헌신하기에는 멀었고, 따라서 비정규직 중심의 운동이 있을 수밖에 없는 상황이다. 하지만 지역수준의 노조가 발전하려면 몇 가지 조건이 필요하다. 우리나라는 나라 전체가 중앙집권화되어 있는데, 외국과 비교하여 이런 상황은 굉장히 드물다. 지역노동시장이 형성되어야 하는 것 역시 지역노조 형성에 중요한 배경이 된다. 일반노조가 비정규직 소규모 조직조합만을 의미하는 것은 아니다. 이러한 조건이 있으면서, 노동자들의 횡적 유대감 같은 것이 존재할 때 지역일반노조가 가능하지 않을까. 이런 것이 부족하다면 과연 얼마나 지속 가능하겠는가. 이러한 문제제기로 정규직 노조를 각성시키고, 전체적으로 끌어들이는 작업이 병행되지 않으면 비정규직 소규모 작업장이 중심이 되어 노조를 끌어나간다는 것은 무척 힘든 일일 것이다. 재정이 큰 문제일 텐데, 실제로도 많은 조합원들이 자신에게 문제가 생기면 조합비를 내다가 해결이 되면 조합비를 안 내고 다시 문제가 생기면 돌아오는 식의 조합활동을 한다. 그러니 시작은 이렇게 하더라도 결국 정규직 노조가 비정규직을 포함하고 그들을 위해 노력하는 형태로 되어야 하지 않겠는가.

노동운동 전체의 발전방향과 지역일반노조와의 관계

발제자는 이 글을 통해 운동론이나 현재의 실천수준에서 논리적 귀결을 이야기한 것이 아니라, 우회적으로나마 현재 노동운동 내의 복잡하고 골치 아픈 문제들에 대해 터놓고 이야기하고 싶었다. 현실의 비정규 노동자 문제는 극한적 상황에 있고, 현재의 산별노조 전환은 많은 시간을 요하는데, 그동안 무엇을 할 것인가. 미래의 운동에 더 많은 영향을 끼치게 될 노동자들의 경험이 그 간격 동안 축적되고, 그러한 경험들이 이후 운동론을 만들어나가는 데 한 기초가 된다. 그러니 산별노조로의 전환을 시도하려면 정말 잘 계획을 세워야 하고, 많은 것을 고려해야 한다는 이야기를 하고 싶었다.

노동운동에 대한 새로운 실험적 접근이라는 면에서는 지역일반노조운동이 타당하지 않겠는가라는 생각을 한다. 노동운동을 둘러싼 환경 자체가 불확실해지고 급변하고 있고, 서구에서도 산별의 기존 틀 자체가 내부적으로 새로운 변형을 요구받고 있는 한편, 비정규직이라는 새로운 노동자층을 어떤 그릇에 담을 것인가라는 문제의 해결책에는 아직 비어 있는 구석이 많다. 이런 성과들이 모여지는 가운데 5년, 10년 뒤에 노동운동은 재편을 할 수도 있고, 일정한 세를 만들어서 지속될 수도 있는 것이다. 소중한 시도나 성과로서 정당하게 평가를 받아야 하지 않을까 한다.

그렇지만 노동조합의 원칙을 지킬 필요가 있다

그런 시도에 대해 정당하게 평가해야 한다는 지적이 틀리지는 않다. 그렇지만 그냥 이런 시도를 하다 보면 무엇인가 될 거다라는 식으로 접근해서는 안 된다. 기업별노조 틀이 워낙 강고하므로 이것을 깨는 작업이 우선 필요하다고 생각한다. 그런 면에서 지역뿐만 아니라 비정규직이나 여성노조, 실업자노조 등의 실험에 의미가 있다고 생각한다. 그러나 원리를 훼손하면 안 된다. 노동조합은 노동시장의 독점을 통해 권리를 지키자는 것이고, 이를 위해 지금까지 나온 답은 산별노조라고 본다. 지금 산별노조가 못하니까 다른 시도를 해보자가 아니라, 제대로 된 산별노조를 만들자는 것이 답일 것이다. 지역노조운동은 지금이 처음도 아니고, 역사적으로 보면 계속 실패했던 실험이다. 그러한 실패의 근본적 이유는 재정부족이나 활동가의 능력 문제 등이 아니라 노조형태 자체에 있다. 기본적인 분산성과 그러한 분산성에 기초한 단협과 단체행동의 문제나 전체 제도개선 문제에서의 집중성 부재의 문제가 크다. 지역노조에서의 단협은 주로 기업 차원의 단협인데, 그것은 굳이 지역별노조가 아니라도 할 수 있다. 그리고 가장 그것을 잘할 수 있는 쪽은 같은 직종의 같은 산업의 노동자들일 것이다. 파업의 경우도 마찬가지인데, 지역노조도 파업을 하기 힘들 것이라 본다.

지역노조가 타당성을 가지는 유일한 경우는 산별노조가 제 역할을 해내지 못하고 있을 때이다. 비정규직 문제만 해도 산별노조가 아니고서야 구체적인 초점에 맞추어 법 제정, 개선 문제를 제기하기 힘들 것이다. 비정규직 스스로 애로를 많이 느낄 것이라고 보며, 관할권 문제가 아니라도 노동운동 전체에도 문제가 될 소지가 있다.

산별끼리는 기본적으로 이해관계의 충돌이 없다고 생각할 수 있는데, 노동자의 속성에 기초한 여성노조, 남성중심 노조나 정규직-비정규직 노조가 있다면 갈등이 생길 수밖에 없다. 물론 내부구성이 다양한 노조라면 언제나 갈등이 생기게 마련이지만, 산별노조의 경우 의사결정의 과정에서 민주적인 의사결정 과정을 거쳐 소수의 의견을 존중할 수 있다. 즉 지역일반노조는 과도기에는 긍정적일 수 있으나 집중보다는 분산성을 띠게 될 것이고, 현실에서의 부산지역일반노조의 경우 더 나아가 실패한 생디칼리즘적 성향을 띠고 있는 듯하다.

업종별·지역별 지역노조의 가능성

우리나라의 경우 지금 현 단계에서 지역성이라는 것이 좋든 나쁘든 존재한다. 이런 조건에서 산별체제가 할 수 있는 것은 최저기준을 세우고 보호하는 것이지 않을까 생각한다. 그러므로 종국적으로 각 근로자에게 타당한 근로기준은 한 단계 더 거쳐야 한다. 지역노조가 업종별 혹은 직종별로 결합될 수 있다면, 지역노조는 중간단위로서 의미가 있다고 본다. 그래서 지역별업종노조는 궁극적으로 독일식으로 산별노조의 지역지부형태로 흡수되는 것이 당연하다. 지역공동체 기반 노조주의(Community Based Union)란, 노조의 조직형태를 말하는 것이 아니라 노조의 지향, 지역 차원의 이슈를 발굴하고, 지역공동체와 밀접한 관계를 갖자는 정도의 입장인 듯하다.

정규직 노동자의 이해관계와 노조형태

AFL-CIO노선에 찬성하는 바는 아니지만, 백인남성에게 장악되었던 지부가 그 조직대상을 지역의 하층노동자들에게까지 확대되면서 그 권력구조도 바뀌었다. 한국의 경우도 노동조합 내부정치에 대한 분석이 더 필요하다. 현재 정규직 기업노조들은 갈등의 내부화를 굉장히 두려워한다. 지역일반노조운동의 불씨를 지피는 것은 이러한 구조를 개혁하고자 하는 의도에서이다. 민주노총의 내부방침이야 비정규직을 조합원으로 받아들이고 단협도 바꾸는 것이지만, 민주노총으로서 지금 가장 현실적인 대안은 복수노조 허용과 복수노조간의 관계에 대해 고민해야 하는 것이 아닌가 생각한다.

새로운 접근이 필요하다

향후 노동조합운동의 조직전망은 기존의 조직전망 논의의 빈 구석을 채우거나 보조적인 논의에 그치는 것이 아니라, 새로운 조직전망을 그리는 쪽으로 발전해나가는 것이 바람직하다고 생각한다. 산별노조와 지역일반노조를 날카롭게 나누고, 후자를 비판하는 입장은 상당히 구조주의적이라 느껴진다. 그러한 비판은 지난 1백여 년의 경험에 바탕을 둔 운동경험이지, 이후 세기에 적용될 수 있으리란 보장을 하지 못한다. 조직전망에 대해 열린, 다시 말해 큰 그림도 그려보고, 구체적인 문제도 탐구하는 방식으로 연구를 해나가야 할 것이다. 미국, 캐나다 등을 보면 요즘 산별노조는 산별간 경계가 희미해지고, 일반노조적인 활동을 하고 있다는 이야기가 많다. 우리 현실에 맞는 새로운 접근, 그것을 강조하고 싶다. 다만 현실적으로 지역노조의 기반은 커뮤니티가 되어야 한다는 것이 전제이다. 과거의 산별노조가 그 시대의 노동자의 대변을 가장 잘 하는 구조를 가지고 그 역할을 했다면, 지금 우리의 현실은 어떤지, 또 어떤 가능성이 있는지를 논의해야 할 것이다.

노동운동의 또 하나의 원리로, 집단의 의식, 정서 등이 기존 조직에서 충족되지 못하면 바깥에서 찾고자 하는 정서나 의식이 존재한다는 것을 인정하면, 새로운 모델이 탄생할 수 있고 또 그럴 여지를 열어두어야 할 것이다. 산별노조가 만병통치로 이야기되는 것은 문제가 있다.

기업별노조운동은 과거의 직업별노조와 형태상으로는 굉장히 유사하다. 조직된 노동자는 보호하고 배제된 노동자들에 대해서는 무시하고 적대시하는 점에서 말이다. 그리고 이러한 단점은 산별노조에도 마찬가지라 보인다. 산별노조는 이제 일반노조적인 성격을 많이 띠고 있다. 굳이 비정규직 문제가 아니라 하더라도, 현재 산별노조는 작업장 내 다양한 집단들, 다양한 요구들 등 변화한 환경에 대해서 탄력적으로 대응할 준비가 되어 있지 않다.

우리가 노조의 조직구조에 대해 어떤 것이 바람직하다고 해서 그대로 되지는 않는다. 노조의 조직구조는 노동시장의 현실을 반영하는 것이다. 산별노조가 만들어지는 것이 하늘에서 떨어진 것이 아니다. 산별노조를 구성할 만한 노동시장 내의 동질성이 있는 것이다. 해고문제나 비정규직 문제가 계속 제기되는 것은 기업별노조만으로 해결하지 못하기 때문에 그렇다. 그렇기 때문에 산별노조 이야기가 나오는 것이다. 부산지역일반노조가 생기는 것도 산별노조가 제대로 기능하지 못하기 때문에 생겨난 요구 때문이라 본다.

노동운동과 새로운 사회운동

노동조합운동은 경험이 축적되어 교과서로 남아 있는 것이라고 생각한다. 우리나라의 경우 노조가 활성화되었던 것은 현재까지의 교과서적 지침보다는 민주화운동 등 사회운동적인 영향이 크다. 미국의 경우도 인종차별반대운동, 월남반전운동 등과 함께하면서 노조가 역량을 확대하였다. 역사적 정당성을 획득할 수 있었기 때문인데, 한국의 경우 노조의 조직확대도 지금까지 경험 이외에도 새로운 사회운동적 요소에 주목해야 한다고 생각한다.

부산의 신민주노조운동은 새로운 사회운동적 기운을 노조가 안아오기 위한 고민이 녹아 있다. 그리고 부산지역일반노조도 체계화 과정을 거치고 있다. 지금 부산노조는 평조합원들이 움직인다. 애초에는 활동가들이 움직였으나, 규모가 커지면서 활동가는 열 명 가량에서 두 명으로 줄어들었고, 나머지는 평조합원들이 운영한다. 조합원들은 기업별 단체협약을 맺는데, 정당한 법률적 단체행동보다는, 같이 가서 공동으로 집합행동을 한다. 지역노조의 고유한 특징이 있지는 않은 듯하다. 그렇지만 산별노조를 추진한 기간이 짧지는 않았다. 전반적으로 직종별, 업종별 노조가 새로이 부각될 수 있는 것 아닌가 하고 생각한다.

우선 지금은 새로운 그림 짜기의 와중이므로, 산별도 선택 중 하나로서 고려해야 하고, 직종, 지역운동도 모색될 수 있다. 경직적인 사고방식을 가지고 거기에 맞추려는 것이 아니다. 과거, 현재 한국 노동운동의 모습을 보건대 우선 집중을 해야 한다는 것이다. 핵심은 있어야 한다. 보다 많은 토론과 노력이 필요하다.

전국여성노동조합에 대한 이해

최상림*

전국여성노동조합은 1999년 8월 29일 결성되었다. 1999년은 한국에서 처음으로 여성노동조합이 결성되어 여성노동자운동의 새로운 출발을 알린 된 뜻 깊은 해이다.

전국여성노동조합은 여성우선해고, 비정규직의 급속한 확산 등 악화되고 있는 여성노동자 현실에 대응하여 여성의 노동권과 단결권을 확대해나가기 위해 건설된 조직이다.

전여노조는 서울, 인천, 부산, 광주, 부천, 안산시흥, 마산창원, 익산전주, 대구 등 9개 대도시에 지역지부와 방송국구성작가, 일용영양사 지부를 두고 있다. 사업장 단위로는 골프장경기보조원 분회, 방송국구성작가 분회, 호텔룸메이드 분회, 인하대 청소미화원 분회, 학교급식 분회 등 30여 개 분회에서 조합원이 활동중이다. 조합원의 80%가 비정규직 여성노동자이며, 연령별로는 30-40대 기혼여성이 70%를 차지하고 있다. 조합원들은 서비스직, 생산직, 사무직 등 다양한 업종에서 일하고 있으며, 여성노동자면 업종과 지역에 관계없이 누구나 가입이 가능한 전국단위 노동조합이다.

---

* 전국여성노동조합 위원장.

1. 여성노동조합조직의 모색

전국여성노동조합은 1987년 이후 여성노동자 권익향상 — 고용안정, 평등노동, 모성보호, 보육시설 확대 — 을 위해 앞장서 일해왔던 여성노동자회들의 활동경험과 인적·물적 자산 위에서 출발하였다. 그간 사례연구 차원에서 검토되고 있던 여성노동조합[1]에 대한 공론화는 성차별적 구조조정 등 여성노동자의 지위가 심각하게 위협받고 있던 1998년에 있었다.

1998년 11월, 한국여성노동자회협의회와 전국민주노동조합총연맹, 한국연구소가 공동연구한 비정규직 여성노동자 조직화방안 발표회에서 여성조직화를 위한 유효한 모델로서 여성노동조합에 대한 연구가 발표되었다.

또 1999년 1월 한여노협과 여성민우회, 한국노총, 민주노총이 공동주최한 '여성노동운동방향에 관한 여성간부 워크숍'에서 미조직 여성의 조직화와 성차별 구조의 개선을 위한 여성노동조합이 필요하며, 여성노동단체들이 여성노동조합 결성의 주체가 되어야 한다는 제안이 있었다.

이에 한국여성노동자회협의회에서는 8개 지역 대표자회의를 통해 다음과 같은 결정을 하고, 1999년 주요 조직사업 방침으로 여성노조 결성

---

1) 우리에겐 생소한 여성노동조합이지만 세계적으로 다양한 시도들이 있어왔다. 가장 오래 된 덴마크 여성노동조합은 약 110년 전인 1885년 올리비아 넬슨에 의해 조직되었다. 1995년 현재 10만의 조합원이 가입되어 있고, 64개 지부를 갖고 있다. 가까운 일본의 여성노조는 기존 노동조합의 남성중심성에 문제를 느낀 여성노동자들을 중심으로 만들어졌다. 여성독자노조는 1987년부터 교토, 오사카, 간사이, 가나가와 등에서 지역노조의 형태로 결성되고 있다. 가내 노동자 및 임시직 서비스 노동자들을 조직하는 새로운 모델로서는 인도의 세와 노동조합이 있다. 세와에서는 노조활동뿐만 아니라 협동조합활동, 신용협동조합(은행)활동 등을 통하여 다양한 방식으로 여성들을 조직하고 있으며, 법률, 교육활동, 직업훈련, 비디오 홍보, 보건, 탁아사업 등의 서비스 사업을 병행하고 있다. 세계 각지의 여성노동조합들은 나라는 틀리지만 여성의 이해를 대변하지 못하는 기존 노동조합에 대한 새로운 대안으로서 여성노동조합을 만들어서 활동하고 있다는 공통점을 갖고 있다.

을 결정하였다.

① 여성노동자 조직운동의 발전을 위해서는, 미조직 여성의 다수를 차지하고 있는 불안정고용 여성노동자층을 조직할 수 있는 여성 노동조합이 요구되고 있다.

② 기존 지역노조의 경험을 볼 때, 이러한 성격의 노동조합이 성공하기 위해서는 안정적인 상근역량과 정책역량이 보장되어야 한다. 여성노동관련 교육, 선전, 상담, 조직, 법제도운동 등을 통해 활동경험이 축적되어 있고, 여성노동문제에 대해 인식을 갖는 회원들이 있는 여성노동자회가 여성노동조합 추진을 위한 적극적 역할을 하여야 한다.

③ 여성노동자회는 그간 회원대중조직으로서의 성격과 전문지원조직으로서의 성격을 함께 안고 왔다. 여노회에서 회원대중조직으로서의 성격을 분리하여, 회원들이 여성노동조합 건설의 주체로서 활동할 수 있어야 한다. 그리고 여노회가 여성노동조합의 성공적 정착을 위한 적극적 결합과 지원을 한다.

2. 여성노동조합 태동의 조건

1) 여성노동자 고용불안의 심화

지난 10년간, 여성의 노동시장 진입은 정규직보다는 비정규직, 일용직, 파견직 노동이거나 법적 보호에서 제외되는 임금노동 및 비공식부문 노동의 비중이 커지는 쪽으로 채워졌다. 전체 여성노동자 중 5인 미만 사업체에 종사하고 있는 여성이 69.1%[2]에 달하고, 임시 일용직 종

---

2) 통계청, 『경제활동인구연보』, 2000.

사 여성이 70%에 이르는 등 여성노동자의 전반적인 고용악화와 취업구
조의 변화는 여성노동자의 노동조합조직률을 지속적으로 하락시켜왔다.
이 같은 상황이 여성노동조합을 출범시키는 객관적 배경이 되었다.

2) 여성노동자 조직률의 지속적 하락

이 같은 현실을 막아내지 못하면서 여성노동자 조직률은 지속적으로
하락해 심각한 상황에 이르고 있다. 1987년 11.1%였던 여성노동자 조
직률은 1997년에 이르러서는 5.6%까지 떨어졌다. 1987년 15.3%였던
남성조직률이 1997년 14.9%임과 비교[3]해볼 때, 노동조합조직률 하락
은 여성노동자조직 실패에 기인하고 있음을 알 수 있다. 정보화사회의
장밋빛 그림의 뒷전에서 점점 더 많은 여성들이 노동3권에서 소외된 사
각지대에 방치되고 있는 현실을 보여주고 있다. 주변노동력으로 밀려나
고 있는 여성노동자를 조직하고, 그 이해를 대변할 수 있는 조직이 있
어야 한다는 절박한 요구 속에서 여성노동조합조직이 태동되었다.

3. 전국 여성노동조합 건설 의의

(1) 여성노동자의 단결권 확대를 위해서는 직장과 직종, 지역을 뛰어
넘어서 가입할 수 있는 전국단일 여성노동조합이 필요하다.
여성노동자의 노동조합 가입률이 5%밖에 안 되는 이유는 현재 여성
노동자들이 일반적 노동조합의 형태인 기업별노동조합에 가입하기 힘든
고용구조에 있기 때문이다. 즉 기업단위 노동조합을 운영하기 힘든 100
인 미만 사업체에 여성의 89.5%(1993년)가 근무하고 있으며, 노동조합
에 가입하기 힘든 임시일용직 여성노동자의 비중이 현저히 높다. 또 여

---

3) 권현지, 「조직률 급락과 노동조합의 대응」, ≪노동사회≫ 1월호, 1999.

성은 경기변동, 출산·육아에 따른 취업과 실직을 반복하고, 이에 따라 업종과 취업형태의 변화가 심하여 기업단위 조합원으로 있기 힘들다.

따라서 여성노동조합은 이 같은 여성의 삶의 방식에 맞춰, 회사와 직업, 지역과 관계없이 일하는 여성이면 평생조합원이 될 수 있는 초기업단위 노동조합을 결성하여 여성노동자의 권익확보와 조직확대를 해나가고 한다. 이는 헌법에 보장된 단결권을 실질적으로 확보해나가는 운동이며, 한국 노동조합운동의 주요 과제인 미조직노동자의 조직화라는 주요 모델을 만들어가는 운동으로서의 의의를 지닌다.

(2) 여성노동조합은 다른 일반노조와 달리, 여성노동자의 요구와 권익을 조합의 일차적 과제로 안고, 그 해결을 위해 조직하고 투쟁하는 노동조합이다.

여성노동조합은, 대공장 남성 정규직 중심의 노동조합 운영과 조합내 남성간부의 보수성 등으로 여성의 능동적 참여를 만들어내지 못하고 있는 기존 노동조합활동의 한계를 극복하는 조직으로 활동하고 있다. 한국노총과 민주노총 소속 조합원의 설문조사에 따르면, 여성조합원의 조합활동에서의 애로사항으로 '조합의 남성 중심성, 남성간부들의 보수성, 기혼여성의 가사노동의 부담으로 인한 시간배치의 어려움'을 지적하고 있다.[4] 여성노동조합은 기존의 노동조합에 그 대상이 여성으로만 바뀐 조직방식을 지양한다. 여성노동조합은 여성으로서의 자기존중감과 성장을 도모할 수 있는 사업방식을 채택한다. 여성들이 갖고 있는 관심과 어려움, 결혼, 출산과 육아, 직장과 사회 속에서 불평등한 지위의 개선 등을 주요 활동으로 한다. 따라서 여성노동조합은 직장 내 교섭만이 아니라 자녀와 함께하는 프로그램, 자기개발을 위한 소모임활동, 취업알선 등 여성에게 필요한 다양한 활동을 추진한다.

---

4) 1999년 민주노총 자체조사에 따르면, 여성조합원의 비중은 20%이나 여성대의원은 6.8%에 머물고 있다.

4. 전국여성노동조합 정책요구안 ― 7대 영역, 37개 과제

1) 고용안정과 고용촉진

① 비정규직, 영세사업장, 가내노동자, 노동자로서 인정받지 못하고 있는 여성노동자(캐디, 학습지교사, 생활설계사, 방문판매원 등) 등 고용형태에 관계없이 모든 일하는 여성들에게 노동관련법 적용 전면확대
② 탈법적인 고용형태에 대한 강력한 규제
③ 명목시간제의 정규직 전환과 단시간 근로자의 노동시간 상한선 설정과 차별금지
④ 가내노동자를 위한 보호정책과 법 제정
⑤ 파견노동에 대한 규제와 관리감독 강화
⑥ 노동시간단축
⑦ 직업훈련 확대와 여성할당제 도입

2) 실효성 있는 여성실업대책 수립

① 정부 실업대책의 여성 수혜현황에 대한 심층 조사
② 실업급여를 받는 기간 상향조정
③ 여성가장을 위한 지원제도를 지속적으로 추진
④ 저소득층의 기초생활수준의 확보
⑤ 공공근로의 단기성 극복과 공공부문에서의 일자리 창출
⑥ 공공취업알선기관의 여성부문 기능강화
⑦ 정부 실업대책기관의 기능강화 및 실업대책 프로그램에 대한 홍보 강화
⑧ 신규 여성실업자를 위한 다각적인 대책 마련

3) 고용평등

① 남녀고용평등법의 실효성을 높이기 위한 방향과 내용으로 평등법 개정
② 적극적인 여성지원조치(고용할당제) 실시
③ 기업의 남녀평등실현 계획과 이행에 관한 보고서 작성의무 부과, 행정지도 강화
④ 군가산점제의 폐지
⑤ 민간고용평등기구의 설치와 명예고용평등감독관제의 도입

4) 모성보호권리 확대

① 출산휴가기간 100일로 확대, 임신·출산관련 질병에 대한 출산휴가 연장
② 산전후휴가기간중 100% 소득보장을 사회부담화
③ 임신중 태아검진휴가 및 야간근로 금지
④ 유급유산휴가의 도입
⑤ 공무원에게도 모성보호관련 조항을 동일하게 적용

5) 직장과 가정생활 양립을 위한 사회적 지원조치 확대

① 육아휴직기간중 고용보장과 소득보장
② 가족간호휴가제도의 도입과 휴가기간중 고용보장
③ 배우자의 유급출산휴가제도(1주일) 도입
④ 보육시설, 방과후 아동지도시설, 학교급식 정부지원 확대
⑤ 고용주의 육아지원 방안의 다양화와 직장보육시설 확대

6) 복지

① 비정규직, 가내노동자, 노동자 신분을 인정받지 못하고 있는 여성
노동자 등 기존 노동조합으로부터 소외되어 있는 여성들의 노동3
권 보장
② 모든 노동자들에게 최소한의 근로조건 보장
③ 최저임금 개선과 성별, 연령, 학력별 임금격차 해소
④ 무등록업체와 임금체불업체에 대한 대책 수립
⑤ 기업주의 법준수의식 향상을 위한 교육홍보 확대
⑥ 여성노동관련 행정력의 획기적인 강화

7) ILO 협약 비준

현재 우리나라 정부는 ILO 100호 협약(남녀 동일가치노동에 대한 동일
보수에 관한 협약), 111호 협약(고용과 직업의 차별에 관한 협약)만을 비준
하고 있을 뿐이므로 정부에서는 이른 시일 내에 다음과 같은 주요한
ILO협약을 비준하고, 국내법을 정비해야 한다.

- 103호(모성보호에 관한 협약)과 모성관련 협약: 납중독에 대한 여성
과 아동의 보호에 관한 권고(4호), 벤젠중독의 위해에 대한 보호에
관한 협약(136호), 간호직원의 고용, 근로조건 및 생활상태에 관한
협약(149호), 페인트칠에서의 백연사용에 관한 협약(13호)
- 171호(야간노동에 관한 협약)
- 175호(시간제근로에 관한 협약)
- 177호(가내근로에 관한 협약)
- 156호(가족부양책임이 있는 남녀노동자에 대한 기회와 대우의 평등에
관한 협약)

5. 2000년, 2001년 주요 이슈 및 투쟁

1) 70%에 이르고 있는 비정규직 여성의 권익개선 및 조직화를 위한 투쟁: 비정규직 여성권리찾기 운동본부 결성과 활동

전국여성노동조합은 급격히 진전되고 있는 여성의 비정규직화와 이에 따른 근로조건의 악화, 고용불안 대응투쟁을 주요 과제로 하는 조직이다. 누구나 쉽게 가입하고 조합의 지원을 받을 수 있는 여성노동조합은 비정규직 여성노동자들의 권익개선을 위한 효과적인 투쟁조직으로서 역할을 할 수 있었다. 여성노동조합은 2000년 들어 여성노동자회와 공동으로 '비정규직여성권리찾기운동본부'를 결성하여 법적 권리를 홍보하고 투쟁을 지원해왔다.

운동본부는 '① 실업국면이 여성 비정규직화의 양산 및 근로조건의 악화로 이전되고 있는 상황에 대한 운동적 대응이 있어야 한다. ② 비정규직 문제는 법도 지켜지고 있지 않은 현실에 있으므로 법적 권리 확보를 위한 상담 및 지원, 여성노조로 조직화를 통한 단결력 강화가 중요하다'는 취지하에 결성되었다. 운동본부를 통해 비정규직 노동자들의 법적 권리를 알리는 캠페인을 전국 9개 지역에서 매월 정기적 시행하여 상담 및 투쟁지원(전단제작, 캠페인, 생활정보지광고, 언론보도)을 해왔다.

또한 특수고용 여성노동자의 현실을 이슈화시키는 한편 파견법 2년 대응활동을 전개하였다. 파견대응활동은 파견노동자 사용 2년을 앞두고 대량해고가 예상됨에 따라, 중앙 및 지역단위에서 신속하게 파견여성노동자의 실태를 조사·발표함으로써 파견노동자의 고용불안 및 저임금 현실, 현행 파견법의 폐해를 시의성 있게 알려내었다. 또한 상담창구를 통해 수많은 상담을 접수하였으며, 조합원 가입을 통해 모범적인 투쟁사례를 만들어왔다.

(1) 계약직 시간제 노동자들에게 일방적 해고통보 철회 및 미불임금지급

○○혈액원에서 2000년 1월 1일자로 5년차 이상 계약직 시간제를 해고 조치하였다. 해고조치된 계약직 시간제 간호사와 헌혈권장원 15명은 모두 5년차 이상 근무자들로 4-6차례에 걸쳐 재계약을 해왔으나, 혈액원 측은 1999년 11월, 12월에 걸쳐 28명의 계약직 시간제 직원을 신규 채용하면서도 장기근속자들을 '근속연수 5년차 이상자, 근무성적이 저조한 자' 기준으로 계약기간 종료를 일방적으로 통보하였다. 전국여성노조 서울지부에서는 조합원 가입을 받고 '수차례에 걸쳐 재계약을 한 비정규직의 경우, 재계약 회피는 해고에 해당하고 따라서 정당한 해고사유가 있어야' 하므로 이번 해고조치는 부당함을 주장하며 즉시 철회할 것을 촉구하고, 해고철회를 요구하는 '출근투쟁'을 지속했다. 이에 1월 21일 사측으로부터 복직시키겠다는 통보를 받고, 1월 24일 ○○혈액원장과 협상을 실시하여 이번 해고가 불법적인 것이므로 2월 1일부터 출근하도록 하고, 그동안 시간제란 이유로 지급하지 않았던 주휴, 월차, 연차 등 법정수당에 대하여 지급하도록 하겠다는 약속을 받아냈다. 본 건은 법률적인 보호조차도 제대로 받지 못하고 있던 비정규직 여성노동자의 대표적인 사례로서 여성노동조합 서울지부를 통해 해결을 할 수 있었다.

(2) 파견노동자에 대한 해고 및 전출명령 철회 및 원직복직 쟁취

전국여성노조 마산창원지부 박○○, 한○○ 조합원은 9년 전 ○○물류(파견업체)에 입사하여 ○○국민차에서 지게차 운전을 하였다. 그러나 ○○국민차에 파견되어 일하는 150여 명의 지게차 운전자 중 3명이 여성이라는 이유로 해고를 당했고, 1999년 12월 17일자로 ○○물류로부터 ○○기계로 전출명령을 받았다. 해고와 전출이라는 충격으로 한○○ 조합원은 교통사고를 당하였고, 진단서를 내고 휴식한 후 복직을 원했으나, ○○물류는 무단결근이라는 이유로 다시 해고를 하였다. 또한 회사는 박○○ 조합원에게도 ○○기계로 전출명령을 내고도 일자

리를 주지 않는 등 부당한 대우를 하였다. 이에 전국여성노조 마산창원지부는 노동위원회에 남녀차별금지, 남녀고용평등법, 부당해고와 관련하여 파견회사와 교섭을 진행하는 한편, 부당해고 구제신청에서 승소하여 복직 판결을 받았다. 이 건은 파견노동자란 신분상 제약 때문에 언제라도 나가라고 하면 당할 수밖에 없었던 관행에 제동을 건 중요한 투쟁이다.

(3) 학교식당 조리사들의 고용불안 및 근로조건 저하에 맞선 분회결성

지난 2월 14일 전국여성노조는 ○○대학교 중앙식당 운영업체인 ○○유통 사무실에서 제1차 교섭을 진행하였다. 요구안에는 조리사들의 월차, 생리휴가의 보장, 토요일 잔업에 대한 임금지급, 정규직에게 무리한 휴가를 주면서 임시직에게 일을 돌리는 것에 대한 근로조건 개선에 관한 사항이다. ○○대 식당은 민영화되면서 2년마다 최고입찰가를 내고 들어오는 용역업체에 식당운영권을 주고 있다. 따라서 용역업체는 식당조리사들의 고용안정이나 음식의 질에 관심을 두지 않고, 조리사들을 정규직에서 비정규직으로 바꾸고 음식의 단가를 낮추는 방법으로 입찰가에 투자한 비용을 빼내려고 하는 것이다. 이런 현상이 비단 ○○대 식당의 경우만 해당되는 것이 아니란 점에서 많은 여성노동자들의 비정규직화를 우려하게 한다. 전국여성노동조합 마창지부에서는 4달간의 교섭을 통해 '방학기간중 일자리 제공, 미불임금 지급' 등을 따내고 교섭을 종결지었다. 현재는 ○○유통의 부실운영으로 인해 학교측이 새로운 식당운영업자를 찾고 있는 상태이다. 이에 여성노조에서는 '고용승계, 체불임금 해결'을 요구하며 투쟁중이다. 이 건은 1년 내지 2년마다 운영업체가 바뀌면서 고용 및 근로조건 승계가 되지 않는 용역업체 종사 여성노동자들이 고용안정과 근로조건 개선을 여성노조 가입을 통해 만들어가고 있는 대표적 사례이다.

(4) 학원의 일방적 강사해고 관행에 제동, 복직 및 미불임금 청구

3월 17일 마산 ○○학원에서 일방적으로 해고통보를 받은 강사 4명

은 이 건을 여성노조에 상담하고 조합원으로 가입하였다. 여성노조에서는 지방노동위원회에 부당해고 구제신청을 하는 한편, ○○학원 측에 본 사실을 통보하고 교섭에 들어갔다. 4차례의 교섭을 통해 5월 3일자로 복직키로 합의하였다. 또한 해고기간중의 임금 및 미불 법정수당은 노동부 판결에 따라 이행키로 합의하였다. 이 건은 근로기준법 위반과 일방적인 해고가 당연시되고 있는 학원계의 근로조건에 대해 문제제기하고 여성노조를 통해 법적 권리를 확보한 주요 투쟁사례이다.

(5) ○○중공업 사무직 파견 여성노동자 재계약투쟁

○○중공업 사무직 여직원은 90명 중 75명이 파견직으로 근무하고 있다. 이들 파견 여사원은 명목만 파견직이지 실제로는 7-8년씩 근무하면서 정규직의 일을 해오고 있으며, 채용 및 해고에 관한 결정권을 ○○중공업이 행사하고 있었다.

이들 중 6월 30일자로 파견기간이 2년 된 여사원 66명을 대상으로 ○○중공업은 '1년 촉탁고용 39명, 해고를 전제로 인수인계기간인 2개월 아르바이트직 27명' 명단을 발표하였다. 이에 반발한 여직원들이 여성노동조합 인천지부에 가입하고, 인천지부와 ○○중공업노동조합이 힘을 합쳐 투쟁한 결과, 전원 1년 직접계약의 성과를 낳았다.

파견 노동자의 고용안정을 위해 사용업체의 정규직 노동조합과 비정규직 노동조합이 힘을 합쳐 싸운 본 투쟁은 '비정규직의 문제는 비정규직의 단결과 정규직 노동조합의 연대를 통해 풀어나가면 훨씬 효과적'이라는 사실을 되새기게 해준 사건이다.

(6) 주부사원 23명을 정규직 남성사원으로 대체하기로 한 노사합의 철회하고 정규직 쟁취

○○타이어는 현재 조합원 2,300명 전원이 남성이고, 촉탁직(회사 직접고용)은 남녀가 있으며, 용역직도 있다. ○○부서에는 남자사원이 120명이며, 이들 모두는 조합원이고 주부사원 23명은 5-6년 근무하면서도

비조합원이고, 조합가입을 받아주지도 않았다.

1994년 파업 당시 회사측에서 가장 투쟁적인 부서인 ○○반에 최초로 여성을 투입함으로써 노노갈등이 시작되었고, 결국 3월 1일 노사안정위원회에서 이들을 1년에 8명씩 3년 내에 23명 전원을 남성 정규직 사원으로 대체한다고 합의하였다.

광주지부에서는 정규직 노동조합 위원장을 면담하여 남녀차별적 노사합의를 철회하도록 촉구하였으나, 노조에서는 어쩔 수 없다고 답변하였다.

3월 15일 회사측에서 간담회를 통해 '해고하지 않는다. 다른 부서로 전환배치시켜주겠다'고 말하였으나, 본인들은 다른 부서에서도 마찰이 있을 수 있으므로 전환배치를 받아들이지 않기로 결정하였다.

이에 노동부에 남녀고용평등법 위반으로 진정하는 한편 '전환배치 반대, 정규직화'를 요구하며, "비정규직의 정규직화! 주부촉탁사원 전환배치 절대 반대한다"라는 내용의 플래카드를 회사 정문 건너편에 설치하였다.

회사측에 분회설립을 통보하고, 교섭요청 공문을 발송하였으나 회사측은 복수노조이므로 교섭에 임할 수 없다는 입장을 표명하였다. 이에 12월부터 회사 내에 대자보를 부착하고 노동청에 진정서 제출하였으며, 노동위원회에 부당노동행위 구제신청서 제출 등 법적 대응을 전개하였다. 2001년 4월 주부사원들 전원을 정규직으로 전환하기로 회사측과 합의하여 1년에 걸친 정규직화 투쟁을 승리로 마무리지었다.

2) 법적 보호에서조차 벗어나 있는 여성노동자들의 권익개선과 조직화를 위한 투쟁

전국여성노동조합에서는 골프장 경기보조원 투쟁을 통해 '법적 권리에서 소외되어 있는 여성노동자의 문제'를 알리고, 노동조합이라는 주체형성을 통해 법개정투쟁으로 확대해나가고 있다. 노동자이면서도 법적 보호를 받지 못하는 이들 업종노동자의 문제는 10년 넘게 있어온 문제지만, 여성노동조합을 통해 투쟁주체를 만들고, 이를 통해 지속적으로 사회문제화할 수 있었다. 경기보조원, 학습지교사, 보험설계사, 우유배달원, 화장품외판원, 개인사업자 등록을 한 텔레마케터 등 100만을 넘는 인구이다. 대다수 기혼여성들로 점차 늘어나고 있다. 이들 업종에서 일하고 있는 노동자들은 회사의 지휘, 감독하에 일하면서도 개인사업자라는 이유로 근로기준법도 적용되지 않는 법의 사각지대에서 일하고 있다.

(1) 골프장 경기보조원 조직건설 및 권익개선을 위한 활동

1999년 10월, 경기보조원 최초의 노동조합인 전국여성노동조합 ○○골프장 경기보조원분회를 결성하였다. 골프장에서 일하고 있는 2만여 경기보조원들은 그동안 노동법의 보호와 사회적 관심에서 소외된 채 일해왔다. ○○골프장 경기보조원분회에서는 1999년 12월부터 회사측에 단체교섭 요청을 하였으나, 회사에서는 '근로자가 아니므로 근로조건에 관한 교섭을 할 의무가 없다' '바빠서 교섭을 못하겠다'며 교섭을 해태하였다. 나아가 회사측은 4월 25일 분회장 및 상집 전원, 핵심 대의원, 조합원 11인에 대해 근무정지 통보를 해왔다. 이에 노동조합 사수 및 부당징계 철회를 위한 20여 일간의 투쟁을 전개하여 '근무정지 철회, 노조활동 인정' 등의 성과를 안고 전원복직하였다. 또한 노동부에서 1월에 낸 질의에 대해 5개월이 되도록 답변을 회피하고 있어, 노동부 항의방문, 노동부 앞 항의집회 등 투쟁을 진행하였다. 마침내 5월 16일 '○○골프장 경기보조원이 근로기준법상의 근로자'임을 증명하는 행정해석을 끌어냈다. 이 투쟁은 골프장 경기보조원의 노동3권 및 근로기준법상의 근로자 권리를 사회적으로 이슈화하고 공감대를 넓힌 주요한 사례이다.

(2) 가내부업 노동자들을 우롱한 '밤까기부업 임금체불사건' 대응

1999년 11월에 전북지역 일대에서 '밤까기부업'에 종사하다가 임금체불된 사건이 여러 차례 접수되었다. 이 사건은 한 회사 — (주)○○ —

에 의해 저질러진 체불사건이었으나, 피해자수는 600-700명으로 전북 일대에 걸쳐 있었다. 회사가 체불한 금액도 전체적으로 3억 원 가량으로 추정되었다. 익산에 사는 사람들치고 이 '밤까기부업'을 안 해본 사람이 없을 정도였고, 게다가 피해자 대부분이 어린아이가 딸린 가정주부와 활동능력이 없는 장애자, 그리고 노인들이 대부분이었다. 그러나 가내부업 노동자들에게는 노동법이 적용되지 않으므로 노동부에서는 외면만 하고 있었다. 전국여성노조 익산전주지부에서는 피해자들의 민사소송을 지원하고 있다.

(3) 방송국구성작가분회

마산창원지부 방송국분회는 '고료인상, 고용계약서 작성, 프로그램 개편시 협의체계'를 요구하며, 지난 3월 26일과 29일, 마산 ○○측에 교섭을 요청하였다. 사측이 교섭을 거부하자 방송국 구성작가, 리포터들은 3월 29일부터 단체행동에 돌입하였다.

고소득 프리랜서 직종으로 알려진 구성작가들의 실상은 한 달 70-80만 원을 벌려면 하루 8시간 이상을 일해야 하고, 사측에서 정한 프로그램에 맞춰 지휘감독하에 일을 해야 하는 자유계약자 아닌 노동자로서 일하고 있다. 원래의 업무인 대본구성뿐만 아니라 출연교섭, 진행 등 여러 가지 일을 수행해왔지만, '노동자가 아니기 때문에' 점심식권이나 출장비조차 지급받지 못하는 차별대우를 당했다. 뿐만 아니라 프로그램이 개편될 때마다 자신의 고용안정에 대해 어떤 발언권도 가질 수 없는 무권리 속에서 일했다. 이런 현실을 바꾸고자 마산 구성작가들은 전국여성노조 마산창원지부에 집단가입, 1999년 12월 9일 마산창원지부 방송국분회를 만들었고, 이후 단결하여 자신의 권리를 지켜왔다.

지난 3월 26일, 마창 방송국분회는 근로기준법 적용, 4대 사회보험 가입, 방송개편시 협의체계 구성, 근속연수에 따른 임금체계, 그 외 식권 및 출장비 등에 관한 교섭을 신청했다. 그러나 사측은 '고용관계가 아니므로 교섭대상이 아니'라며 교섭을 거부하고 있다. 이에 3월 29일,

30일 조합원들은 ○○식당 옆에서 집회를 가진 후 요구안이 적힌 조끼를 입고 단체행동에 들어갔다. 현재 마산 구성작가 및 리포터들 전원이 전국여성노조에 가입, 행동을 함께하고 있다. 조합원들은 이번 투쟁을 통해 "우리의 문제제기가 모든 것을 잃는다 해도 아주 소중한 경험이 될 것이며, 나 자신, 인간인 나의 존엄성을 지키며 살아갈 수 있게 해줄 것이다. 또한 비정규직 여성들의 권리를 찾는 데 중요한 씨앗이 될 것이다"라며 확신을 가지고 투쟁에 임하고 있다. 이번 단체행동은, 노동자로 인정받지 못하는 방송국 프리랜서(구성작가, 리포터, 진행)들이 노동조합을 통해 자신들의 노동권을 선언한 최초의 사건이다. 또한 앞으로 방송국 프리랜서들의 근로자성 인정과 노조활동 보장을 위해 전국의 동지들과 함께 싸워갈 것이다.

현재 전국여성노동조합 방송사지부를 결성하여 공동대응을 하고 있다.

3) 최저임금 인상 및 청소 용역노동자 조직화를 위한 투쟁

(1) 최저임금에 맞춘 수당 삭감

○○대학교 내 청소용역회사 소속 23명의 미화원들은 10여 년씩 오전 7:30-오후 4:30까지 건물 2개 동 및 주변을 청소하는 일을 해오고 있지만, 용역회사가 자주 바뀌면서 최저임금에도 못 미치는 임금으로 근무해왔고, 1998년 9월 1일자로 현재 회사와 재계약한 상태이다. 그런데 사측이 2000년 9월 1일자로 연봉제에서 월급제로 돌리면서 기본급을 최저임금 421,490원으로 맞추고, 대신에 상여금과 식대 30,000원을 삭감하는 계약서를 들이밀고 서명하도록 강요하였다. 그리고 이에 반발한 최○○ 씨를 부평소재 아파트로 발령하였다.

10월 19일, 22명의 미화원들이 여성노조 인천지부에 가입하였고, 전체가 모여 임시로 대표단 3명을 구성하였다. 그리고 10월 27일, 회사측에 근로조건에 관한 단체교섭을 요구하였다. 11월 3일부터 교섭이 시작되었으나, 회사측의 무성의한 태도로 27일에는 점심시간에 쟁의복을 입고 빠른 교섭타결을 촉구하는 선전전을 실시하여 11월 30일 6차 교섭에서 식대 2만 원 복원, 상여금 200% 지급, 부당발령 취소를 합의 타결하였다.

(2) 청소용역 실태조사 및 최저임금 대응 활동

전국여성노동조합에서는 지난 2000년에 청소, 식당 업종 여성노동자들의 조직과 투쟁을 진행해왔다 — 전여노조 마창지부 ○○대 중앙식당 분회, 인천지부 ○○대 미화원 분회, 인천지부 ○○전문대 미화원 분회, 서울 룸에이드 분회 등. 이같은 활동경험에 기반하여 2001년에는 식당, 청소 용역노동자 조직화를 확대하고 노동조건 개선을 위한 활동을 전개하기로 결의하였다. 고용불안과 최저임금수준의 근로조건을 강제당하고 있는 청소, 식당 용역노동자의 현실개선을 위한 기초조사로서 실태조사를 실시하고 최저임금 인상을 위한 정책제안, 근무여건 개선을 위한 조직 및 투쟁이 진행되었다.

5월부터 7월까지 3개월 동안 집중적으로 실태조사 결과 보도, 토론회, 전국 캠페인 선포식, 서명운동, 최저임금위원회에 대한 수차례에 걸친 지속적인 작업이 입체적으로 진행되었다. 이 같은 대응을 통해 우리 사회에서 처음으로 최저임금의 실상과 이에 대한 사회적 여론화를 불러일으켰고, 최저임금액 심의과정에 상당한 영향력을 미쳤다. 최저임금위원회 설치 이후 최초로 집행된 행동이라서 최저임금위원회 위원들에 대한 압력행사가 되었으며, 시민·사회단체의 적극적인 개입을 불러오는 계기를 마련하였다.

6. 조직화

여성노동조합 결성의 목표는, 여성조직률이 지속적으로 하락하고 있

<그림 1> 여성노동자 고용 정부통계와 통계에도 안 잡히는 여성노동자

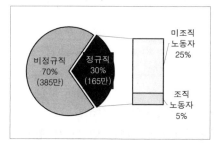
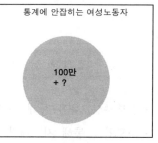

비정규직	노동법적용대상	노동법에서 제외	
		집단	개인
인구	385만	100만	?
대상	계약직, 임시직, 일용직, 파트타임, 파견직, 용역직	학습지교사, 캐디, 방송국 구성작가, 보험설계사	가내노동, 파출부, 간병노동자
조직화	법적 권리 홍보, 노조가입, 법 위반사항 고치기, 법개정투쟁	노조가입, 특수고용노동자 근로기준법적용 법개정, 여론화	실업대책본부, 직업훈련, 취업 알선
사례	○○중공업 파견노동자 재계약투쟁, 혈액권장원 불법용역 철회, 일용 영양사 고용안정투쟁	○○골프장 노조결성, 근로기준법개정청원, ○○구성작가 투쟁	두레회, 상조회, 일손나눔, ○○가사서비스전문협회

는 기존 노동조합운동의 한계를 극복하고 여성노동자 대중을 광범위하게 조직하고 여성노동자 주체적인 대중운동을 전개하고자 함이다. 따라서 여성노동조합은 여성대중의 경제적·직업적·생활적 요구를 폭 넓게 수렴하고, 조직하고 담아낼 수 있는 노동조합활동을 계획한다.

1) 누구를 어떻게 만날 것인가?

• 현장조직(조합원이 있는 사업장조직)
• 상담을 통한 조직: 월1회 캠페인
• 조직가능한 사업장, 업종에 대한 접근: 조직정책토론회, 조사사업

- 여성을 폭 넓게 만날 수 있는 복지 프로그램: 취업알선, 직업훈련, 건강검진

2) 어떻게 조직할 것인가

- 간부양성교육을 통해 중간지도력을 강화한다: 간부학교
- 소모임을 통해 자기개발, 생활문제를 함께하는 인간관계 형성: 소모임 프로그램 제공
- 사업장 조직화를 위한 세부 프로그램을 통한 조직활동가 훈련: 조직일꾼 교육, 조직화 매뉴얼 개발
- 사업장이 유동적인 층(간병인, 가정도우미, 부업 등)을 위한 경제공동체 활동영역 개척(가사전문서비스협회, 일손나눔, 부업방)

3) 어떻게 활동할 것인가

- 권익개선투쟁: 조합원 사업장의 근로조건 개선을 위한 교섭 및 일상활동, 쟁의지원
- 제도개선활동: 조합원의 요구와 결합한 제도투쟁, 노동법적용 확대, 최저임금인상
- 공제활동: 실업과 취업, 반실업을 넘나드는 조합원의 특성에 맞는 취업알선, 직업훈련, 경제공동체 등의 조합사업, 도서교환, 생활법률 상담, 자녀 프로그램, 지역사회와 결합한 의료서비스 등 지역네트워크 구축

4) 여성의 성장과 자기존중감을 높이는 여성친화적인 조직운영

전국여성노동조합은 여성노동자가 쉽게 가입할 수 있는 조직방식과 더불어 여성으로서의 자기존중감과 성장의 기회를 만들어가는 사업방식을 표방했다. 여성들이 갖고 있는 관심과 어려움, 결혼, 출산과 육아, 직

장과 사회 속에서 불평등한 지위의 개선 등이 조합의 주요 과제이다. 따라서 여성노동조합은 지난 1년 동안 여성노동자로서의 권리 찾기와 더불어 '여성으로서의 자신의 삶을 말하고 동질감을 발견하고, 자신의 장점을 발견하고 자신감을 가져나갈 수 있는' 자기개발 프로그램을 주요하게 진행하고 있다. 전국여성노동조합에서는 이를 위해 '살아온 이야기, 장점 발견하기, 성격진단, 여성의식, 의사소통, 자신 있는 나의 스타일 만들기' 등의 기초 소모임 프로그램을 배포하였다.

여성친화적인 조직운영을 위해서는,

① 개방적 인간관계 설정이 가능한 프로그램, 자기존중감을 높이는 프로그램 운영을 일상적으로 진행하고,

② 또한 운영위원들이 스스로 회의진행이 가능하도록 소모임 진행방식을 통일시키고 회의자료를 구체적으로 작성 배포하며,

③ 작은 실천이라도 가능한 한 많은 사람들이 하나씩 나누어 주체적으로 참여하는 활동이 일상적으로 진행되어야 하며,

④ 조합원 연락망 등과 같은 방식으로 조합에 잘 나오지 않는 조합원에 대해서도 개별적 연락관계를 유지할 수 있는 체계를 갖추고,

⑤ 자녀양육 및 가정문제에 관해 함께 의논하고 대안을 만들어가는 부모역할 훈련 프로그램이나 조합원 자녀를 위한 캠프, 도서교환 사업 등 프로그램 배치가 있어야 한다.

7. 결론

현재 전국여성노동조합은 상급단체에 가입하고 있지 않으며, 활동 속에서 연대하고 있다. 노동법 적용에서 제외되어 있는 여성노동자에게 법적용을 확대하기 위한 법개정투쟁은 여성연대를 중심으로 진행하고 있다. 조합원들의 일상적 권익투쟁은 지역 차원에서 민주노총과의 연대를 통해 함께 진행하고 있다. 여성노동조합의 결성은 여성노동자 현실

에 대한 사회적 관심을 불러일으켰다. 전국여성노동조합은 '나도 조합원이다'라는 생각만 해도 가슴이 벅차다는 50대 아주머니의 삶의 무게, 1년에 평균 23일의 휴가가 있었으면 좋겠다는(법적 휴가는 34일이 가능하다) 여성노동자의 소박한 꿈, 차별 없는 근무환경에서 능력껏 일하고 싶다는 당연한 희망을 모아나갈 것이다. 여성노동조합을 통한 여성노동자의 조직화, 세력화는 양성평등적 사회발전을 만들어갈 것이며, 현재의 조합운동이 여성노동자에게 참여의 기회를 확대하고 성평등적 활동방식을 채택하도록 하는 진보적 역할을 맡아나갈 것이다. 또한 정규직·조직노동자 중심의 노동조합운동이 미조직·비정규직·소외계층 노동자 조직화에 보다 관심을 갖고 지평을 넓혀나가는 모델이 될 것이다.

제3부
노동운동의 현안과제

노동시간단축, 미래를 위한 선택

김성희*

우리는
혼자 있을 시간이,
타인과 깊숙이 관계를 맺을 수 있는 시간이,
집단의 일원으로서 창조적인 일을 할 수 있는 시간이,
우리 자신의 일을 몸소 창조적으로 행할 수 있는 시간이,
우리 외부에서 주어지는 즐거움을 주체적으로 즐길 수 있는 시간이,
아무 것도 생산하지 않고 그저 우리의 모든 근육과 감각을 사용할 시간이 필요하다.

그리고 바라건대,
많은 사람이 동료들과 함께
정말 건전한 세상을 만드는
방법을 기획할 시간이
필요하다.

－프레드 톰슨, 「폴 라파르그, 일과 여가: 전기적 에세이」,
『게으를 수 있는 권리』 중에서

---

* 전 한국노총 중앙연구원 연구조정실장.

1. 노동시간단축의 의미를 되돌아보며

서구 산업국가들에서 20세기 초 최저노동시간이 주 48시간으로 제도
화된 후 40시간제가 도입되는 데 약 반세기가 걸렸고, 그로부터 35시간제
로 진전되는 데 또 반세기가 지나고 있다. 기준시간으로 생활임금을 충족
하지 못하는 대부분의 노동자들이 여전히 추가노동에 매달리고 있다.

『게으를 수 있는 권리』를 쓴 폴 라파르그는 1세기도 전에 8시간 노
동의 단지 16분의 1의 시간만 투입해도 모든 사람이 먹고 쓸 생필품과
생활 편의용품을 생산할 수 있다고 진단했다. 과거에도 지금도 노동자
들은 자신이 입고 먹을 것의 수십 배, 수백 배 이상을 생산하고 있다.
그러나 생산의 결과물은 골고루 배분되지 않고 있으며 노동자들은 이
결과물을 향유할 시간마저 충분히 갖지 못한다. 아니, 적게나마 휴식과
재충전을 위해서 쓸 수 있을 시간마저 소비자본에 내몰려 불필요한 소
비문화의 홍수 속에 탕진하고 있다. 노동해방이 인간해방이라고 외치며,
이에 저항했던 노동운동의 역사가 곧 노동시간단축의 역사라고 언명하
는 것도 무리가 아니다.

다른 각도로 보면, 노동시간단축은 고도성장시기 노동공급이 부족했
을 때에만 일어났던 현상이 아니며, 지속적으로 진행되었다. 일시적인
성장의 정체나 하락이 발생하더라도 경제는 지속적으로 성장하는 경향
을 갖고 있다. 노동시간단축은 일시적인 성장이 아닌, 이런 장구한 성장
추세에 따른 그 성장과실의 일부 배분이라는 성격을 갖는다. 70년대 경
제위기 이후 특히, 1980년대 신자유주의 유연화 논리의 득세 속에서 진
행되는 노동시간단축 협상에서 실노동시간단축을 상쇄하고 임금감축의
결과를 가져오는 유연화된 노동시간제도가 교환되거나 시간단축에 비례
한 임금감축이나 협상임금 인상 자제와 같은 논리가 큰 영향을 미친다.
이와 같은 양상은 노동자에 대한 성장과실의 과소배분의 또 다른 요소
이다.

성장과실의 배분은 이윤 대비 임금으로의 배분, 노동시간단축을 통한

배분, 고용증대를 통한 일자리로의 배분으로 구분할 수 있다. 노동자들에게 노동시간단축이 갖는 진취적인 의미란 사회복지제도의 확대 등 사회적 임금을 포함한 임금향상, 여가시간의 확대, 고용기회의 확대 등 세 가지 측면을 포함한다. 문제는 이 모두를 동시에 그리고 일시적으로 관철할 수 있는가 하는 문제이다. 고용에 초점을 둔 일자리 나누기(work-sharing)의 방안으로 제시되든, 여가시간의 확대를 초점으로 한 삶의 질 향상의 방안으로 제시되든 최근 자본의 유연화전략이 주도하는 흐름에서 노동시간단축은 성장과실 배분에서 괄목할 만한 노동자의 성과로만 나타나지 않는다.[1]

1997년 말 경제위기 이후 한국에서 제시된 노동시간단축은 인원감축을 축으로 이루어지는 구조조정 국면에서는 일자리 나누기를 통해서 노동자 생활의 파탄현상을 방지하는 방안으로서 제시되었다. 또한 실업률이 하향 조정되는 시점에서는 성장과실을 다소나마 균형 있게 배분하면서 장시간노동으로부터 벗어나 최소한의 인간다운 생활을 모두가 누릴 수 있게 하기 위한 방안으로서 삶의 질 향상을 위한 목적이 강조되었다. 경제위기하의 한국에서 이런 논의가 가능했던 것은 무엇보다 과거 성장과실이 노동시간 측면에서 거의 배분되지 않았으며, 엄청난 초장시간노동에서 초래되는 사회적 비용과 노동자의 희생이 매우 크다는 사실에서 출발한다.

특히 경제위기 이후 생산성 증가율은 낮아졌지만 노동소득분배율은 낮은 수준에서나마 지속적으로 상승하던 추세에서 반전하여 오히려 악화되었고, 보수증가율도 높은 증가율을 보이다 감소세로 돌아섰다. 노동시간은 지속적으로 단축되는 경향이 다소 강화되었으나 다른 지표의 변화에 비추어보면 감소율은 매우 낮은 편이다. 그러나 현실은 어떠한가? 경제위기를 겪으면서 노동소득분배율은 악화되었다.[2] 이는 경제위기가

---

[1] 경제위기를 경과하면서 현안이 되고 있는 주 40시간제로의 노동시간단축안과 관련하여 쟁점사항에 대한 입장차이는 노동시간단축의 본질적 의미와 현실적 의미 사이의 긴장을 반영하고 있다고 할 수 있다(4절 참조).

<표 1> 한국의 1인당 생산성, 보수, 노동시간, 소득분배율(연평균증가율)

(단위: %)

시기(특징)	1인당 생산성(a)	노동소득 분배율(b)	1인당 보수(c)	1인당 노동시간(d)
1980-88 (87년 전후)	5.7	0.9	7.0	0.4
1989-92 (89년 44시간제)	5.9	2.4	6.8	-1.6
1993-97 (90년대 중반)	5.1	0.1	4.8	-0.4
1980-97 (전체)	5.6	1.0	6.3	-0.3
1997-99 (경제위기 이후)	3.2	-3.0	-0.6	-0.8

주: 1) 보수와 노동시간의 괄호 안은 생산성 증가율과 노동소득분배율 변화율의 합계
　　가 실질임금 증가율과 노동시간단축률로 배분되는 비중임. 이 관계를 수식으로
　　쓰면 a+b=c-d=c+d'(노동시간단축)
출처: 한국은행, 『국민계정』 각 연도; 통계청, 『경제활동인구연보』 각연도

곧 노동자의 생활위기로 비화되는 현실을 보여주는 지표이다(<표 1>
참조).

이런 경향을 반전시키기 위해서는 사회 전체 성원에 대한 고용기회의
확대와 적정 생활수단의 보장, 사회 전반적 소득불평등의 완화를 위한
사회연대적 정책을 채택할 필요가 있으며, 그 핵심적 방안이 바로 노동
시간단축이다(김성희, 1999: 1).[3]

2) 지니계수는 1997년 0.283에서 2000년 1분기에 0.325로 급격히 높아져 소득
불평등도가 커졌다. 도시근로자가구 가운데 소득수준 상위 20%의 소득을 하
위 20%의 소득으로 나눈 소득배율 역시 같은 기간 4.49배에서 5.56배로 확대
되었다. 물가상승률을 감안한 200년 2/4분기 실질소득은 193만 9,400원으로
외환위기 이전인 1996년의 194만 7,900원에 못 미쳤고, 1997년 203만 1,100
원의 95.5%에 불과했다. 대다수 국민들의 삶은 5년 전으로 후퇴했으며, 소득
의 양극화는 더욱 심화되었다.
3) "적정 임금, 작업장 민주성, 사회적 불이익집단에 대한 기회평등을 결합하는
것이며, 정규직과 비정규직, 공식적 실업과 경제활동인구 밖의 인구를 모두 포
함하고 가정과 작업장 사이의 양립성을 고려하는 고용의 개념"(Ginsburg et
al., 1997: 7-8)을 바탕으로 고용지위나 고용 여부에 관계없이 사회적 생활수

또한 노동시간단축 방안은 실업문제, 삶의 질의 문제를 새로운 사회
원리를 통해 해결하는 방안이자, 인원감축 중심의 비용절감전략과 외형
성장 중심 전략을 수정하여 질적인 구조개혁을 유도할 수 있는 정책적
의미를 갖는다. 장시간노동에 기초한 비용절감형 전략에 의존할 유인을
제거해, 인건비절감에 치중하는 구조조정의 폐해를 막고, 본래 목적인
고생산성, 고부가치형 기업구조로 전환을 촉진할 기반을 마련해야 한다.
기업의 인건비감축전략은 '저숙련저생산성저품질저가격저부가가치'
의 악순환 고리를 가진다. 저가제품의 대량생산은 이미 한계에 도달한
경쟁전략이다. 노동시간단축은 '고숙련고생산성고품질고가격고부가
가치'의 선순환을 형성하기 위한 초석이기도 하다.[4)]

역사적 타협으로 뒷받침된 케인지언정책으로 공황을 이른 시기에 극
복한 스웨덴은 수출산업 중심이라는 한국과 유사한 경제환경을 가진 소
국이다. 스웨덴의 구조전환 촉진형 노동시장구조를 보면, 고임금정책을
통해 저임금에 의존하는 한계기업의 퇴출을 유도하고, 연대임금정책
(solidary wage policy)으로 인해 역시 인건비 경쟁이 배제되어 있는 고
생산성부문의 끊임없는 구조개선 압력을 행사할 수 있었다. 저임금정책

준 이상을 보장할 수 있는 소득수준을 보장하는 사회적 임금(social wage)을
보장하는 사회(Ferner and Hyman, 1998: 18)로의 이행은 노동시간단축을 기
반으로 추동될 수 있다.
4) 저숙련노동을 통한 저노동비용으로 저부가가치의 상품을 대량생산하는 비용
중심 전략(cost-based strategy)과 고숙련고임금고생산성 노동을 통해 고부가
가치 상품 생산을 추구하는 부가가치전략(value-added strategy)의 대비에 대한
논의(Locke and Kochan, 1994 : 373-375; Appelbaum and Batt, 1994를 참조)
는 매우 논쟁적인 성격을 띤다. 부가가치전략으로 주창되는 미국의 고기능생
산조직(High Performance Work System)과 기업단위의 협력적 노사관계(micro
corporatism)에 대한 찬양의 근거와 현실성은 매우 취약하다. 이들 부가가치전
략을 추구하는 기업은 소수이며, 감량경영을 핵심수단으로 삼는 "거대 다국적
기업의 비용중심전략이라는 바다에 갇힌 섬"의 형국에 불과하다. 또한, 강력
하고 독립적인 노동조합운동과 거시적 협력관계가 결합된 독일 노사관계의 생
존력(Ferner and Hyman, 1992)조차 이제 다국적기업의 비용중심전략의 훨씬
더 강력해진 위력 앞에 약화되고 있다(Ferner and Hyman, 1998).

은 단기적으로 기업생존에 도움이 될지 모르지만 장기적으로 산업구조를 낙후하게 만든다. 저생산성부문에서 퇴출당한 노동자에 대해서는 스웨덴의 강력한 노동시장정책과 사회보장정책으로 보호한다. 적극적 노동시장정책(active labour market policy)은 저생산성부문의 퇴출된 노동자를 고생산성부문으로의 이전을 촉진하기 위한 생활지원과 교육훈련정책을 통해 산업구조 변화에 적응할 수 있도록 돕는 한편, 노동자를 고생산부문에 맞는 고숙련인력으로 전환시킨다.[5]

노동시간단축 방안은 이런 구조전환 촉진형 정책에 부합하는 정책이다. 산업구조 고도화를 꾀하는 산업정책은 저숙련 장시간노동에 의존하는 구조를 배제하는 노동시장정책과 부합되어야 하며, 노동시간단축은 이런 전반적 노동시장정책의 방향을 함축하고 있다.

점점 장시간노동체제와 이에 의존한 단순 비용절감형 전략이 설 자리는 줄어들고 있다. 경제위기를 전후로 '더 많이, 더 크게'만 추구했던 사람들의 생각도 변하고 있다. 주 5일제 도입의 기초여건이 성숙해지고 있으며, 이 흐름을 공식화하고 가속화할 필요성이 높아지고 있다. 전반적 사회경제시스템을 안정되고 성숙하게 구축해나가는 데 가장 필요한 해법이 노동시간단축이다.

---

5) 스웨덴의 연대임금정책과 적극적 노동시장정책과 같은 노동정책은 산업구조 고도화를 꾀하는 경제정책의 의미도 갖고 있다. 더구나 임금소득자기금(wage earners' funds)을 통해 고생산성부문에서 생긴 이윤에 대해서 노동자가 집단적으로 투자를 관리하는 정책을 추진하기도 했다. 70년대 말 '이윤과 투자의 사회화'까지 추구한 시기는 적자재정정책과 사회복지정책으로 특징짓는 케인즈주의와 사회민주주의를 한 단계 진전시킨 스웨덴 모델의 황금기였다. 이후 정치지형의 변화와 함께 임금소득자기금의 후퇴와 스웨덴노총(LO)의 연대임금정책에서 연대노동정책(solidary work policy)으로의 전환을 거쳐 신자유주의 모델로 후퇴했다. 이에 대해서는 김성희(1996a)를 참조

2. 21세기 한국사회의 선택지: 유연화 모델인가, 노동시간 단축 모델인가

사회경제시스템의 바람직한 변화 방향으로 두 가지 상반된 방향이 제시된다. 유연화 모델과 노동시간단축 모델이다.

주류경제학에서도 인정할 수밖에 없었던 노동시장의 특수성(Fine, 1999: 117-156 참조)과 노동규제의 불가피성을 넘어서 시장 지상주의를 노동영역에까지 확산시키고 있는 유연화론은 1970년대 중반 석유위기 이후 등장하여 1980년대 이후 대세를 형성하면서 이후 자본전략 주도기의 담론으로 자리하고 있다. 이런 흐름에 힘입어 유연화를 통한 경쟁력 향상과 조속한 경기회복이 만병통치약처럼 제시되고 있다. 그 주장의 근거가 되는 미국의 노동시장 모델을 평가해보자. 과연 미국은 우리가 추구해야 할 모델인가? 1990년대 중반까지 두 자릿수 실업률을 기록하고 있는 유럽에 비해 아주 낮은 실업률을 유지하는(1995년 5.6%, 750만 명) 비결은 노동시장의 유연성과 저임금비용 때문이며, 이는 바로 유연화 모델의 우월성을 입증해주는 것인가?

유연화론자들은 정리해고제와 파견노동제를 입법화했듯이 자유로운 해고와 고용형태의 변경이 가능하도록 노동시장을 변화시키고, 노동자들도 평생직장의 개념을 평생고용의 개념으로 빨리 바꾸어 다양한 직종과 직장을 경험하는 사회로 전환해야 한다고 주장한다. 고용형태가 평생고용, 상용고용 중심에서 고정계약제와 불완전고용의 형태로 바뀌고, 1세대 1고용에서 맞벌이가 아니면 생활이 불가능한 사회로 전환되며, 일시해고(lay-off)가 일반화되는 미국식 노동시장이 모델이다. 남는 과제는 사회의 불안정성을 제거하는 수준으로 관리되는 사회보장제도의 보완이다.[6]

그러나 미국 사회의 이면에는 저임금, 저생산성 직업(맥도널드 햄버거

---

[6] IMF가 구제금융 조건으로 제시한 내용이다.

의 파트타임직을 일컫는 이른바 Mc Job)의 '은둔실업(hidden or disguised unemployment)'에 속하는 방대한 층이 존재한다. 취약한 사회안전망과 실업의 위협으로 인해 노동자들은 정규직 대신에 저임금, 임시직, 파트타임을 가리지 않고 어떤 직업이든 받아들인다.

미국노동통계청에 따르면, 공식 실업 750만 명에 더해 정규직을 구하지 못해 파트타임직에 종사하는 450만 명과 직업을 원하기는 하지만 적극적으로 구직활동을 하지 않고 있는 실망실업자 570만 명을 더한 무직업률(jobless rate)은 12%를 넘는다고 한다. 노동시장의 상황은 임금수준에도 반영되어, 1995년 평균 실질임금은 1965년 수준으로 떨어져 30년 이전 수준으로 후퇴했다. 반면 "최고경영자의 봉급은 생산직 노동자 평균임금의 42배에서 141배로 상승했다. 소득불평등도는 더욱 증가해 상위 20%의 소득은 하위 5분위 계층의 14배에 이른다"(H. L. Ginsburg et al., 1997: 23-26).

과연 우리는 양극분해된 '이중구조화된 사회'(two-tier society; D. Gordon, 1996)로 나아갈 것인가? 미국 사회는 사회 내 불안정성을 흡수할 수 있는 완충구조로서 다인종적 사회구조를 갖추고 있다. 일례로 흑인청년의 실업률은 36%에 이른다. 또 한 가지 예로서 미국의 교도소 수감률은 유럽 국가의 10배에 이른다. 1995년 160만 명으로 이들의 대부분은 직업을 구하기 어려운 소수인종의 청년으로 민간 수용시설을 제외하고도 실업자의 약 2%를 흡수한다(H. L. Ginsburg et al., 1997: 24). 흑인과 히스패닉계의 30%, 모자가정의 40%가 넘는 인구가 그나마 낮게 설정되어 있는 미국의 빈곤선에도 미치지 못하는 생활을 하고 있다.

양극분해된 사회의 비극은 다른 곳에서도 나타난다. 대처 집권기에 복지해체 등으로 대두되었던 영국의 '두-국민전략(two-nation strategy)', 대량실업 발생의 시기에 저임금직에 주로 종사하는 이민노동자에 장려금을 주어 본국으로 돌아가도록 조처하였던 독일의 노동시장정책이 도달했던 '2/3의 사회(two-third society)'(이는 독일 통일 후 동독지역을 통해 재현됨) 등은 모두 비정규고용과 사회빈곤층의 확대를 통해 경제위기의 고통을 전가하는 방식을 뜻한다.

또한 1994년 말 닥친 금융위기 이후 1998년 4.8%의 성장률을 기록한 멕시코는 성공적인 위기극복의 사례로 보이지만, "거시경제의 활력은 대중의 빈곤을 대가로 달성"(*Wall Street Journal*, 1999. 3. 16)된 것이다. 국민생활은 10년 전에 비해 오히려 낮은 수준으로 하락했고, 소비자 구매력은 1994년 말 페소화 폭락 이전에 비해 39%나 낮은 수준이다. 하루 2달러 이하의 소득을 가진 극빈층은 1997년 이래 2년여 동안 인구증가의 2배에 이르는 400만 명이나 증가하고, 전체 인구 중 빈곤층 비중은 위기 이전 7명 중 1명 정도에서 위기 이후 최근까지는 7명 중 5명에 이른다.

대규모 실업자의 지속적인 발생과 장기실업자의 증대, 빈곤층의 급속한 확대와 중산층의 붕괴, 생활불안정 계층에 속하는 비정규직 비중의 급증과 같은 현상이 한국의 경제위기 과정에서 나타나고 있다. 대중의 빈곤을 희생양으로 삼는 경제 살리기 방안인 유연화 모델인가, 아니면 노동시간단축이라는 대안인가 하는 선택의 갈림길에 서 있다.

미국 모델과 대비되는 유럽 모델의 특징은 유럽 경제의 장기침체로 인한 두 자릿수 실업률에 대처하는 해법에서 두드러진다. 집단적 감원에 대해서는 노동자의 생활보호대책을 사전에 마련하는 사회적 조처(social plan)를 취하는 것이 일반적이다. 해고 제한에 대한 규정과 비정규직 노동자에 대한 보호기제를 통해 노동자의 개별적·집단적 권리가 유지되고 있기 때문에 일방적인 유연화의 흐름이 아니라, '경직성과 유연성의 조화(harmony of rigidity and flexibility)'를 도모하거나 유연화된 시장흐름에 대응할 수 있는 '재규제화(reregulation)' 움직임도 나타나고 있다. 특히, 정규노동시간단축을 통한 일자리 나누기라는 연대주의와 평등주의에 기초한 고용 유지와 창출에 주력했던 사례가 대표적이다.

양극분해된 사회의 비극을 보여주는 대중빈곤 모델인 미국식 유연화 모델의 실패를 거울삼아 구조조정과 고용조정의 관계에 대한 새로운 모델인 노동시간단축을 중심으로 한 유럽대륙식 모델을 적극적으로 채용할 필요가 있다.

3. 외국 사례로부터 교훈: 유연화 물결 속의 노동시간단축 적용의 의미와 한계

1) 어떻게 도입할 것인가

노동시간단축을 통해 실업을 해결하려던 최초의 사례는 대공황기 미국에서 30시간 노동제를 제시한 상원의원 블랙의 제안이다. 블랙안은 기업 측과 이에 결탁한 보수적인 정치인들의 반대로 인해 최초의 문제제기라는 의의만을 가진 채 실행되지 못했다. 적극적인 공공투자를 통한 일자리창출 방안인 뉴딜정책으로 실업정책의 초점이 맞춰졌지만, 이 또한 보수적인 기업과 정치인들의 반대로 인해 규모를 대폭 축소한 채 타협적으로 실시되었다. 결국 실업은 전쟁이라는 전혀 별개의 돌발사태이자, 비극적인 사건을 통해 해결되게 된다. 사회적 세력간에 명확하게 입장이 갈리는 사안이기 때문에, 노동시간단축을 통해 일자리를 확대하고, 적극적인 재정투자를 통해 일자리를 만들어내는 선택은 결코 쉽게 달성되지 않는다는 사실을 확인할 수 있다.

독일은 노동시간단축을 주로 산별노조가 주도하는 투쟁과 교섭을 통해 성취했다. 노동시간단축이 산별협약의 형태로 나타나게 된 것은 독일 노사관계의 특징과 노동조합 구조에 따른 것이다.[7] 독일은 조직률은

---

7) 독일은 노동시장에 대한 법률적 규제의 강력한 전통을 지닌 것으로 평가되지만(legalism), 법적 규제는 어디까지나 기본틀로 기능하고 구체적인 내용은 산별교섭을 통해 결정된다. 또한 노동조합 구조의 측면에서 교섭과 투쟁의 주체는 주로 산별노조이며 중앙조직(최대 조직인 독일노총(DGB))의 역할은 정책연구와 지원의 기능에 한정된다. 독일의 산별교섭과 작업장 보충교섭의 이중적인 교섭구조는 스웨덴 등 중앙조직의 역할이 강한 나라에서 나타나는 중앙교섭이 첨가된 3중 교섭구조와 비견된다. 노동시간단축의 문제에서도 노총조

높지 않지만(약 40% 정도), 산별협약은 미조직사업장의 노동자에게도 적
용되기 때문에 교섭 적용률의 측면에서 노조의 노동자에 대한 대표성은
매우 높은 수준이다. 이런 조건으로 인해 산별 '교섭'의 방식으로 노동
시간단축이 전개된 것이다. 가장 격렬한 파업사태를 동반했던 1979년과
1980년, 1984년으로 이어진 독일 금속노조의 '주 35시간 노동제 쟁취
투쟁'이 대표적이다. 1985년부터 주당 40시간에서 평균 38시간(37-40
시간)으로 노동시간단축을 실시한 이후 최근에 이르기까지 줄곧 노동시
간단축이 주요한 노사갈등의 쟁점으로 대두되고 있다.

프랑스의 사례는 정부가 주도적인 역할을 하면서 입법을 통해 노동시
간단축을 시도한 전형적인 사례이다. 프랑스는 1981년 주 41시간에서
1985년 35시간으로 점진적으로 노동시간이 단축해왔다. 39시간으로 단
축될 때까지 노동시간단축에 따른 임금삭감은 없었다. 이후 1993년에
일자리 나누기를 통해 노동시간을 39시간 이하로 단축하기 위한 5개년
계획이 시도되었고 1998년 35시간 노동시간 입법으로 이어졌다.

영국의 경우 1979년 39시간으로 노동시간을 단축하였는데, 완전한 1
시간의 작업 단축이라기보다 작업 종료시간을 부분적으로 단축하는 제
한된 양상으로 진행된 사례이다. 기술과 작업속도의 변화, 초과노동의
증가, 높은 생산성으로 대개 상쇄되고 고용단축의 효과는 나타나지 않
는 요인이 되었다. 영국은 유럽연합 내에서 가장 높은 평균노동시간을
기록하고 있으며, 이는 노동시간에 관한 규제가 거의 없는 전통과 관련
된다(ILO, 1995: 267). 영국의 경험은 제한된 수준으로 진행된 노동시
간단축은 실효성이 없다는 사실을 보여준다.

벨기에의 노동시간단축과정에서 나타나는 두드러진 특징은 국가가
'모범적 사용자(model employer)'로서의 선도적인 역할을 했다는 점이
다. 3자협약을 통해 실행되지만 국가가 공공부문의 사용자로서 모델을
제시하는 방식이었다. 3자협약으로 실현 가능한 방안을 마련하고, 정부

직과 중앙교섭의 기능과, 산별조직과 산별교섭의 기능에서 상대적 비중은 이
런 노동조합구조와 노사관계제도에 따라 다르다.

의 주도로 최초의 추동력을 얻는 한편, 3자협약의 실질적 이행이 산업 또는 기업단위의 호응을 유도하면서 이루어진 것이다. 3자협약의 방식이 주축을 이루었기 때문에, 노동시간단축과 노동시장 유연화가 동시 추진되는 방식으로 이루어지는 특징도 나타난다.

노조가 추동하는 협약 중심의 독일과 정부 중심의 프랑스, 3자합의 중심의 벨기에 유형으로 단순하게 구분할 수는 있지만, 국가가 노사 합의를 유도하는 역할과 주도하는 역할이 단순하게 구별되지는 않는다. 국가 주도와 국가의 합의 유도가 배치되는 관계는 아니며 병행, 보완의 관계이다. 벨기에 정부는 노사정 3자합의를 위해 주도적으로 역할하면서 모범적 사용자로서 공공부문에서 모델을 제시하였고, 프랑스 정부는 3자합의를 유도하기 위한 우선적인 조처로서 입법을 통해 선도하였다. 독일의 경우 입법의 역할은 기준점만을 마련할 뿐 구체적인 사안에 대한 방향을 제시하지는 않으며, 그 주도 역할은 강력한 산별노조인 금속노조(IG Metall)가 담당했다.

노동을 둘러싼 사회적 제도와 환경의 반영물이긴 하나, 한국의 경우 변화가능성이 많은 노사관계의 동태적인 특징과 제도의 미정형화로 인해 모든 선택의 가능성이 열려 있다. 사회적 합의의 형체는 있으나 기반은 약하고, 노조의 영향력은 전국적 수준에서 체계화되어 있지 않다. 현 정부가 신자유주의 해법으로 일관하지 않으리라 전제할 때 즉, 시간단축에 대한 의지가 조금이라도 있을 때 세 가지 선택 가능성을 갖고 있다. 강력하게 주도할 것인가, 합의를 유도하고 선도할 것인가, 노사간의 문제로 두고 심판의 역할(한국의 현실에서는 방관자의 역할)을 할 것인가?

2) 유연화와 교환을 어떻게 볼 것인가?: 독일의 사례

1950년에서 1975년까지 임금증가와 노동시간구조의 개선(주 5일 근무제 등)과 함께 연간 실노동시간이 2,316시간에서 1,737시간으로 감소했다. 1973-1974년 석유위기로 이런 흐름에 변화가 나타났으며, 이후 시

<표 2> 독일의 노동시간단축 과정

합의 시기	주당시간 (발효일)	임금(발효일)	개별적 차별화	변동 기준
1984	38.5 (1985. 4. 1)	+3.3%(1984. 4. 1) +2.0%(1985. 4. 1) +2.9% 시간단축에 따른 임 금보상(1985. 4. 1)	37-40시간 (공장 평균 38.5)	2달
1987	37.5 (1988. 4. 1)	+3.7%(1987. 4. 1) +2.0%(1988. 4. 1) +2.66% 시간단축에 대한 임금보상(1988. 4. 1)	36.5-39.0시간 공장 평균 37.5(1988), 37.0(1989)	6달
	37.0 (1989. 4. 1)	+2.6%(1989. 4. 1) +1.35% 시간단축 따른 임 금보상(1989. 4. 1)		
1990	36.0 (1993. 4. 1) 35.0 (1995.10.1)	+6.0%(1990. 3. 1)	공장 종사자의 13%는 자 발적으로 주당 40시간까지 작업가능(1990. 4. 1) - 임금 또는 2년 내 휴가 로 보상	6달

출처: 독일금속산업 협약, 1984, 1987, 1990; G. Bosch(1990: 616)에서 재인용.

간단축 측면에서 노동조건의 개선은 지체되었다. 1978/9년 금속노조는 6주간 파업에도 불구하고 35시간 쟁취에 실패하고, 연차휴가, 고령노동자와 교대제 노동자에 대한 추가 휴일 자격부여에 대한 양보를 쟁취하는 데 그쳤다. 사용자의 입장은 단호했지만, 1984년 대규모 파업 이후 38.5시간제에 합의하는 등 노동시간단축을 향한 길이 열렸다. 1990년 35시간제에 대한 최초 합의가 금속산업에서 시작되고 노동시간단축과 임금자제, 노동시간 유연화 간의 타협이라는 노사 상호수용의 방법으로 해결된 것이다(<표 2> 참조).[8]

(1) 노동시간단축 협상: 유연화와의 교환

1984년 전후한 당시 서독의 신자유주의의 열풍은 미국이나 영국보다 온건한 편이었다. 그러나 공동결정권이나 노동조합의 협약을 통한 노동

---

8) 독일 노동시간단축의 역사에 대해서는 G. Bosch, 1990: 611-618을 참조.

조건 규제에 대해 이를 우회해 사용자의 선택권을 확대하려는 흐름은 지속적으로 나타났다. 노동조합이 노동시간단축을 추진했던 정치적 배경은 신자유주의의 열풍에 대처하는 대안으로서 제시된 것이다.9)

　1984년 당시 서독의 온건노조는 조기퇴직제를 선호했고, 금속노조(IG Metall)를 비롯한 강성노조는 노동시간단축을 요구했다(K. Thelen, 1989: 67).10) 결국 노동시간단축을 쟁점으로 노사간 대결이 벌어진 1984년 봄 상황은 마주 보고 달리는 두 기관차와 비유되기도 했다. 금속의 헤센 지역(Hessen)과 바덴뷔르템베르크 지역(Baden-Württemberg)의 7주 파업과 인쇄종이노조의 12주 파업을 통해 결국 완전 임금보상을 통한 38.5시간으로 단축에 합의하게 되었다. 중앙협약의 기초가 된 레베르(Leber) 타협안의 핵심은 주 38.5시간으로 노동시간을 단축하는 것과 함께 공장수준에 이를 실행하는 과정에서 유연성을 부여하는 것이었다. 유연화의 내용은 다음과 같다(G. Bosch, 1990: 616).

① 개별적 차별화 : 개별 노동자의 주당 노동시간은 37-40시간 범위에서 허용한다. 그러나 개별 기업에서 전체 노동자의 평균시간은

---

9) 1980년대 초부터 개정 논의가 시작되어 1985년에 제정된 고용증진법(Employment Promotion Act)이 서독에서의 신자유주의 열풍을 대표한다. 이 법이 작업장평의회의 공동결정권 자체를 바꾸지 못했지만, 산별노조나 작업장평의회의 영향력을 우회하여 노동력의 유연성을 증대시킬 수 있도록 사용자의 선택권을 넓혔다. 첫째, 최고 18개월까지 고정기간계약으로 신규노동력을 고용할 수 있도록 허용되었다. 둘째, 하청 또는 임시직 노동자의 최대 재직기간을 3개월에서 6개월로 연장하였다. 셋째, 파트타임 근무와 직무공유(job sharing)를 촉진시켰다. 넷째, 사용자가 작업장평의회와 감원과 관련된 '사회적 계획(social plan)'을 협상해야 하는 몇몇 조건들을 재규정함으로써 공동결정권을 약화시켰다. 이 법으로 상징되는 정부의 새로운 노동시장정책은 단체교섭과 공동결정을 통해 그 지위를 잘 보장하지 못하는 노동자들의 이용을 쉽게 함으로써 사용자의 인력관리의 유연성을 증대시키는 목적을 가지고 있었다.

10) 조기퇴직제는 퇴직연령을 58세로 단축하자는 안으로, 과거 1970년대의 주요 쟁점이었으나 노동시간단축에 대한 효과는 적었던 것으로 평가된다. 1984년까지 생산직 평균 퇴직연령은 57.9세, 사무직은 60.5세로 낮아졌다(G. Borsh, 1990: 612).

38.5시간을 초과하지 못한다.

② 변동노동시간(탄력적 노동시간): 주당 노동시간은 주 5일 동안 균등하게 또 불균등하게 분산이 가능하다. 그러나 주당 평균시간은 두 달 기간 이상으로 38.5시간을 초과하지 못한다.

③ 분권화: 노동시간, 개별적 차별화, 노동시간 변동폭의 정확한 시점은 기업수준에서 경영진과 작업장평의회 간에 합의되어야 한다.

노동시간단축과 유연화 간의 교환의 양상은 그 이후로도 지속된다. 1987년 독일금속노조가 더 많은 노동시간단축을 제기했을 때 금속사용자연합(Gesammetall)은 더 많은 유연성에 대한 요구를 들고 나왔다. 1987년 단체교섭도 둘 사이의 거래를 통해 타결되었다. 또한 사용자는 노동시간에 대한 추가적 양보의 대가로 노동시간의 추가적 유연성과 함께 몇 년간 산업평화와 안정성을 위해 장기계약을 요구하였다. 그 결과 전례가 없는 3년 단위의 노동시간과 임금에 대한 협약이 체결되었다(<표 2> 참조). 최대 균형기간(탄력적 시간제 적용기간)은 2개월에서 6개월로 연장되어 생산요구와 수요의 계절변동에 따라 노동시간을 조절하는 데 있어서 사용자는 더 많은 재량권을 확보하였다. 노조는 적용대상 노동자의 범위를 좁히고, 1984년 노동시간단축의 혜택을 보지 못하고 여전히 주 40시간제가 적용되던 수습공에 대해 노동시간단축을 적용하게 되는 등 노동자간 차별적 적용을 제한하는 데 성공했다. 이 결과는 노동시간 유연성의 확대와 차별화의 축소라는 형태로 나타났는데, 노동자의 연대성을 중시했던 금속노조의 교섭전략을 반영한다.

1990년 독일금속노조는 유연성에 대한 추가적 양보로 35시간제 최초 합의에 도달하였다. 1987년 협상 이후 금속노조가 배운 쓴 교훈은 노동시간단축에 대한 보상을 포함한 추가 임금인상은 매년 협상되어야 한다는 사실이었다.[11] 차별화조항이 개정되어 대상자를 명시하지 않고, 종

---

11) 협약을 맺을 때 금속노조는 소비자물가가 안정적으로 유지될 것으로 가정했다. 1986년과 1987년에는 0.2% 하락과 상승 등 예상과 일치했지만, 1988년 1%

업원의 13%까지 40시간 노동이 허용되었다. 이 13%조항은 시간외수당이 없는 정규임금이나 2년 이내 휴가로 보상하는 방식을 취했다. 어린 자녀를 둔 종사자는 탄력시간제로 근무할 권리를 가지며, 500인 이상 사업장에선 재고용을 보장받고, 5년 양육휴가를 가질 수 있게 되었다. 금속노조는 유연성 확대를 사용자에 대한 양보로서만 아니라, 고숙련직의 노동조건 개선의 기회로 간주하였다. 연구개발직이나 조립라인 종사자들에게는 안식휴가제가 시간단축을 적용하는 유일한 길이었다.

금속노조는 1990년에 합의된 1995년 10월부터의 주당 35시간으로 단축의 조기실시와 주당 30시간으로의 계속적 단축, 합리화, 해고의 금지와 고용보장, 노동시간단축시 임금 완전보전을 주장하였다. 당시 주당 노동시간은 36시간, 실업자는 600만 명 수준으로서, 실업해법으로서 노동조합은 조기단축을 주장하게 된 것이다. 사용자 측은 임금 10% 감축 주장과 이후 '임금동결과 주당 40시간으로 연장'을 주장하면서 견해가 극단적으로 맞섰다. 결국 타결된 안은 최소 2년간 고용안정 달성과 기업사정에 따라 노동시간을 유연화시킨다는 내용이었다.

이에 따라 노동시간 유연화가 더욱 확대되었다. 예로서 벤츠자동차는 조석 2교대에 고정 야간근무조가 결합되는 근무형태를 도입, 생산의 필요에 따라 2교대를 3교대로 전환 가능하게 되고, 심야노동이 부활되게 되었다. 이로부터 1일 3교대, 주 6일 근무, 1교대 8시간 근무제가 증대하게 되었다. 노동시간 유연화, 임금감축과 고용안정 간의 교환의 형태를 띠면서 명목상 임금삭감 없는 35시간제 도입이라는 성과를 얻어냈지만, 기업 또는 사업장 단위의 노동시간 추가 축소에 대한 임금삭감을 허용하게 되었다.

1994년 협약의 중요성은 임금삭감을 동반한 일자리 나누기에 대한 독일금속노조의의 수용이라는 측면이다(EIRR 254). 비슷한 협약이 10개의 산업에서 650만의 종업원에게 적용되었다. 반면 절반 정도의 협약

상승과 1989년 3% 상승으로 임금소득의 GNP비중은 30년간 최저인 64.8%로 하락했고 이와 반대로 이윤은 폭발적으로 증가했다(Bosch, 1990 : 618).

은 고용유지를 보장하고 있으며, 1994년 70만 종사자의 노동시간이 일자리 나누기 협약에 의해 감소된 것으로 추정된다. 그중 50만이 금속협약으로 이루어졌다. 고용안정을 얻는 대신 유연성과 부분적일지라도 임금삭감을 수용한 결과(시간당 임금은 유지되지만, 유연화 등 다른 부수적인 요인으로 발생하는 임금삭감)로 귀결되었다.

(2) 시간단축과 유연화의 교환에 대한 평가

셸렌은 두 가지 유연성(개별적 차별화와 변동노동시간)을 시간의 유연성(유연화; flexibilization)과 개별적 유연성(차별화; differentiation)으로 구분하고, 두 가지 사항 중 차별화는 노동자간 연대성을 훼손하는 것으로 노동조합조직에 위험스러운 것으로 평가했다(Thelen, 1994). 또한 산별교섭을 공장수준에서 실행하기 위한 2차협상의 기능이 강화되었다. 유보조항(opening clause)으로 남겨진 유연화 협상과정에서 차별화조항은 독일사용자단체(BDA)의 적극적 권유에도 불구하고 단지 13%의 작업장에서 적용하는 데 합의가 이루어졌다. 노동시간의 유연성 측면에서는 2개월간의 준거기간을 활용하는 탄력적 노동시간제도의 활용이 많이 나타났다. 금속산업 내 3,300개의 공장을 대상으로 한 조사에서 주당 노동시간단축을 실행한 공장은 절반에 못 미쳤으며(47.7%), 여러 주에 걸쳐 노동시간단축을 배분하거나(8.3%) 단축된 노동시간분을 모아 휴일과 주말 사이의 휴일을 설정하는 방식(30%)으로 실행하였다. 결국 유연화조항을 활용하는 방식으로 시간단축이 이루어진 것이다(Thelen, 1989: 69).

노동시간단축의 결과에 대해 금속노조는 '금기를 깬(a broken taboo)' 큰 승리라고 선전한 반면, 사용자들은 경직된 협약으로부터 후퇴를 얻어낸 중요한 일보전진이라고 평가했다. 노동자는 사용자가 완강하게 거부하던 노동시간단축으로 진전할 계기를 얻었지만, 다른 한편 사용자는 유연화와 교섭분권화를 위한 터전을 구축했다. "이제 문은 주 35시간 노동으로 열려 있지만, 단축된 더 유연한 노동시간으로 또 다른 문도 열리게"(Thelen, 1989: 70) 되었다. 독일 노동조합은 신자유주의의 유연

화 추구에 대해 대응할 터전을 마련했지만, 독일 사용자들의 입장에서
는 유연화의 실현 기반도 동시에 마련된 것이다.

한편 1990년에 들어서면 금속노조는 탄력제나 파견제 확대가 갖는
문제에 주목하기 시작했다. 노동시간단축의 혜택을 다양한 직종과 조건
의 노동자에게 확대 적용하면서 동시에 탄력제 운용방식에 대한 엄밀한
정의나 노동시간단축 효과의 누출을 막기 위한 초과노동 규제에 초점을
두기 시작했다(Bosch, 1990: 620-621). 탄력제 협약은 1988년 12월 폭
스바겐에서 처음 조인되었다. 1일 노동시간은 9.5시간을 초과할 수 없
고, 중점 노동시간은 5시간이며, 노동시간의 주당 대차는 1개월 내 8시
간을 초과하지 못하며, 충분한 여분시간을 가진 노동자는 매달 하루의
휴가를 가질 수 있다는 내용이다. 1989년 이후 국가보험을 적용 받지
못하는 파트타임 수의 감축을 위해서 소매업에서 사용자는 주 20시간
이하 계약을 노동자 본인의 요구가 아닌 한 체결할 수 없도록 하였다.
파트타임 노동자는 1-2시간의 '초단시간노동(minishift)'을 피하기 위해
1일 최저 4시간 작업해야 한다고 규정하였다. 다른 부문에서는 초과노
동 최고치(a ceiling on overtime)에 대한 협약이 체결되었다. 금속산업에
선 월 20시간 최고한도를 설정하는 방식, 가구산업에서는 작업장 평의회
가 동의할 때 추가가 가능하나 이에 대한 의무적인 휴가를 부여하는 방
식으로 협약이 맺어지는 등 부분적으로 규제장치를 도입하기도 했다.

산별교섭체계인 독일의 노동시간단축은 산별교섭을 통해서 실현된다.
1994년 개정된 법정노동시간은 주 48시간, 1일 10시간의 최대한도만을
정해놓고 있으며, 구체적인 사항은 교섭을 통해 결정된다. 노동시간단축
은 기업 차원에서 세부적으로 정해야 할 사항이 많은 사안이라서 공장
수준의 보충협약이 불가피하고 그 역할이 확대되는 등 노동조건 결정과
정이나 노사관계구조에서 변화의 내용을 담고 있다.

첫째, 모든 협약은 노동시간단축과 유연화(시간유연화-탄력제의 확대적
용과 차별화)의 교환이라는 공통적인 특징을 갖는다. 더 많은 노동시간
단축은 언제나 더 많은 유연성의 도입으로 귀결되었다. 유연성의 확대

는 노동시간단축이 목표로 하는 고용유지나 창출의 여력을 축소하는 반면, 임금감축 없는 노동시간단축으로 인한 기업비용의 증가를 상쇄하여 노동시간단축의 기업 차원 적용을 촉진하는 양 측면의 효과를 갖는다. 유연화를 거부하기 어려운 흐름이라고 보고, 노동조합이 노동시간단축이란 대응을 통해서 효과적으로 수용한 결과라고 긍정적으로 평가하는 입장이 있는 반면, 노동시간단축과 함께 임금인상 자제, 유연화 확대적용 등으로 수세적이고 실패한 결과라고 부정적으로 평가하는 입장이 있다.12) 노동시간단축은 노동자에게 절대선이 아니며, 독일에서처럼 산별교섭의 방식으로 협상을 통해 타협점을 찾게 될 때 노동조합 측이 기댈 수 있는 정치경제적 여건에 따라 결과의 향배는 많이 달라질 수 있다는 점을 알 수 있다.

둘째, 유연화조항과 차별화조항 등 유연화의 형태별 구별이나 파트타임, 견습공 등 노동시간단축의 직접적 혜택을 받지 못하는 비정규직에 대한 고려 등 노동자간 연대성의 문제에 대한 시사점을 찾을 수 있다. 기업이 설비가동시간을 유지하기 위해 노동시간단축의 적용에서 예외로 취급할 수 있는 차별화조항은 숙련직이나 핵심 노동자층과 그 이외 노동자로의 양분화를 촉진할 수 있다는 점에서 노동조합이 좀더 적극적으로 대처했어야 한다는 주장(Thelen, 1989)이 있는 반면, 실제로 적용한

---

12) 노동시간단축의 방향을 포함해서 노동조합운동의 전략과 진로에 대한 논쟁을 전개할 때 주장이 담고 있는 이념과 지향점의 차이를 명확히 구분하고 시작하는 것이 좋을 것이다. 노동시간단축을 평가하는 입장도 '변혁 프로젝트의 한 국면 전술방안'인지, '사민주의 프로젝트의 전략전술'로 볼 것인지에 따라 달라진다. 유럽에서 노동시간단축이 이루어졌던 배경에는 신자유주의와 사용자 주도성의 시기, 친노동자 사민주의정당의 집권과 노동시간단축 주도, 고실업의 시기, 노동운동의 수세적 국면, 노동운동의 대안전략으로서 노동시간단축안의 제기와 같은 사실이 깔려 있다. 임금감축, 임금인상 자제와 같은 점에 명시적인 양보를 하지 않는 노동시간단축 방안이 실현된다 하더라도 유연화조항에 대한 양보나 분권적인 협상구조의 확대와 같은 현실이 벌어진다. 이를 평가할 때 노동시간단축 방안에 부여하는 의미에 따라 의견이 달라질 수 있다. 또한 임금감축은 없더라도 임금인상 자제를 수용하는 협상에 대해서나 부분적인 임금감축을 수용하는 경우에는 더 치열하다.

기업은 일부 대기업복합체에 지나지 않았기 때문에 같은 유연화의 효과로 평가하는 입장(Bosch, 1990)도 있다. 어쨌든 노동조합은 유연성 여부를 결정한 것이 아니라, 단지 어떤 형태의 유연성인가를 결정할 수 있을 뿐이었다. 다른 한편, 비정규직에 대한 노동시간단축의 적용을 위한 조항이나 파트타임 규제조항은 노동시간단축의 실행효과를 높이기 위해서나 노동자연대를 구축하기 위해서는 반드시 필요한 사항이다.

셋째, 명목상의 임금이 감축되지 않더라도 협상임금 인상을 자제하거나 다년간 임금계약에서 예상했던 것보다 실제 물가상승률이 더 높아지면서 실질임금이 삭감되는 결과를 초래하는 등 임금감축의 결과가 나타났다. 또한 유연화의 확대적용으로 시간외노동 할증임금 부분이 줄어드는 등의 실질소득 감소효과가 더해진다. 고용안정을 담보로 하는 협상은 노동조합의 입장에서 수세적일 수밖에 없으므로 불가피하다는 관점과 노동시간단축으로 인해 소득의 불균형만을 심화시키고 근무형태만 복잡해졌을 뿐이라는 비판적인 관점으로 나뉜다. 노동시간단축은 유연화와 신자유주의의 시기에 선택할 수 있는 노동조합의 전략적 대응방안이기도 하지만, "변화하고 있는 노동조합의 대변 기능과 대변 대상의 변화"(M. Terry, 1994)[13]에 직면하고 있는 노동조합의 기능의 변화양상을 모순적으로 보여주는 사안이기도 하다. 독일의 금속노조가 "신자유주의를 더 잘 뚫고 나간 것"(Thelen, 1989: 82)이라는 평가는 비관적인 다른 나라의 사례가 많기 때문이기도 하지만 크게 틀린 말은 아니다.

넷째, 독일 노사관계구조에서 변화와 관련되는 항목으로서 독일의 이중체계(산별노조가 주체가 되는 산별교섭과 작업장평의회를 중심으로 한 사업장교섭)의 중심축을 하방이동시키는 계기로 작용하고 있다. 분권화된 교섭에 대한 사용자의 요구가 관철되는 양상을 띠고 있으며, 독일형 이

---

13) 대변 기능 자체의 변화란 임금을 중심으로 한 양적, 분배적 쟁점에서 고용과 생산과 관련한 질적, 생산중심 쟁점으로 변화를 말한다. 대변할 대상의 변화란 제조업 중심의 정규직에서 서비스업이 집중된 비정규직으로 대변대상의 확대를 의미한다.

중체계의 안정성 자체가 위협받고 있다는 진단도 제기된다. 다른 한편, "단체교섭의 분권화라기보다는 교섭간— 지역 또는 산별교섭과 작업장 교섭 간— 분업의 복잡성이 증대된 것으로 이해해야 한다"(Bosch, 1990: 622)는 주장도 있다. 과연 독일형 이중체계의 무게중심의 변화를 어떻게 평가할 것인가? 산별노조의 작업장 기반에서 분리되어가는 과정에서 기업논리를 수용하는 '비공식적인 협력(wildcat cooperation)'을 수행하면서 노동자간 연대성을 해치는 '공장이기주의(factory egoism)'의 기반이 되거나, 전국노조의 영향력으로부터 분리되어 '비공식적 갈등(wildcat strike)'을 통해 '맹동주의적 경향(syndicalist tendencies)'을 띨 수도 있다(독일형 이중구조의 변화에 대해서는 Müller-Jentsch, 1995; Rogers and Streeck eds., 1995; Thelen, 1994; Trinczek, 1995 등 참조). 특히, 불황기에는 임금과 고용안정이 공장의 성패에 달려 있다는 의식이 확산되어 공장이기주의의 경향이 돌출하게 되면서, 사용자 주도성이 관철되는 형태로 귀결될 가능성이 있다. 독일의 법치주의적 요소와 제도적 타협을 전제로 하는 노사관계구조의 여건상 급격한 변화는 잘 일어나지 않지만, 동요의 조짐도 분명하게 목격되고 있다.

이 모든 변화가 노동시간단축 협상의 시기에 나온 것은 사실이지만, 노동시간단축 교섭으로부터 시작된 것은 아니다. 신자유주의의 흐름과 맞서기 위해 노동시간단축이 노동조합의 전략적 대안으로 제출되면서 변형되는 과정에서 나타난 결과이다. 노동시간단축이 실현되지 않았더라도 유연화·분권화를 주도하는 사용자의 요구는 지속적으로 나타났을 것이다. 노동시간단축이란 방향의 선택과 구체적인 협상결과가 상황변화에 어떤 작용을 했는지가 초점이다. 노동시간단축은 '수세적 국면의 적극적 전략'으로서 가치는 분명히 가졌던 것으로 평가할 수 있다.

3) 임금감축, 정부보조와 시간단축 : 프랑스 사례

프랑스는 1981년 주 41시간에서 1985년 39시간으로 점진적으로 노동시간이 단축되었다. 1997년 오브리법의 통과로 주 35시간제가 도입되기까지 사회당정부와 보수당정부가 교체되는 와중에도 지속적인 노동시간단축 실험이 있었다. 언제나 정부 주도의 입법이 핵심적인 역할을 했다는 점은 프랑스 노동시간단축의 일관된 특징이다.

(1) 프랑스의 노동시간단축 과정

고용위기에 대한 대응에서 노동시간단축의 전통은 1936년 인민전선정부로 거슬러올라간다. 1919년 주 48시간제, 주 6일 근무, 1일 8시간노동이 법제화된 이후 1936년 주 40시간제와 2주 연차휴가제가 법제화되었다. 1963년 4주 연차휴가제 도입 이후 노동시간단축에 대한 논의가 한동안 단절되었다가 1980년대 들어와 다시 활발하게 전개되었다(<표 3> 참조).

1980년대에는 5개년고용법과 들르바르법, 세권법 등을 통해 39시간제와 탄력적 시간제가 도입되고, 정부 주도 입법방식의 핵심적인 특징들이 형성된다. 1990년대에는 1993년 5개년고용법을 통해 연단위노동시간제나 시간외노동에 대한 규정이 도입되고, 1996년 로비앙법을 거쳐 1998년 오브리법의 통과로 8190년대부터 프랑스 정부가 지향해왔던 35시간제 입법이 이루어졌다.

1982년 39시간제 도입 이후 35시간제로의 이행이 제기되었지만, 1998

<표 3> 프랑스 노동시간단축의 역사

연도	노동시간제	기타 도입된 규정
1919	주 48시간제	1일 8시간, 주 6일 근무
1936	주 40시간제	2주 연차휴가
1963	주 39시간제(82년법)	4주 연차휴가
1982	탄력적시간제(들르바르법)	
1986		5주 연차휴가, 사회보장비 감면제 도입
1993	5개년고용법	연단위노동시간제, 시간외노동과 파트타이머 관련규정
1996	로비앙법	고용유지 목표 추가
1998	주 35시간제(오브리법)	임금액수와 상관없이 일정한 지원금

년에 이르러서야 35시간제에 대한 입법이 이루어졌다. 1982년에는 39시간제와 5주 연차휴가제가 도입되었다.

1981년 사회당정부는 1985년부터 주 35시간제를 도입하는 데 주력하였다. 모루아(Mauroy) 수상은, "노동시간단축은 이제까지 실업에 대한 대응 중에서 가장 효과적 수단이며… 85년 35시간제를 실제로 성취할 때에만 새로운 고용의 창출이 이루어질 것(Bastian, 1994: 132)"이라고 했다. 결국 논란 끝에 82년 정부 법령으로 5주간의 유급유가와 40시간에서 39시간으로 주당 기본시간을 단축하였다. 최저임금에 해당하는 노동자나 공공부문의 노동자에 대해서는 임금상실이 없이 실시하였다. 임금감축에 따라 노사관계가 불안해지는 상황에 직면해 당시 미테랑 대통령은 사적 부문에 대해서도 임금상실이 없을 것이라고 발표했다. 임금삭감이 이루어진 것은 38시간을 채택하며 70% 임금보상을 실시한 금속산업과 38.5시간과 66%의 임금보전을 실시한 화학산업에서만 발생했다. 법정시간인 39시간 이하로 도입한 산업에서만 부분적인 임금삭감이 이루어진 것이다.

1982년법의 발효 이후 세 달 동안 맺어진 협약에서 주당 39시간 이하인 35시간으로 추가로 감축한 기업에서는 임금상실과 함께 이루어졌다. 이로부터 '35시간 노동제로의 점진적 노동시간단축'이라는 사회당정부의 주장에 대해 노동자들은 비판적인 태도를 가지게 되었다. 그러나 사회당정부는 '연대협약(solidarity contracts)'을 통해 주당 노동시간단축을 지속적으로 촉진하였다. 감원을 회피하기 위해서나 고용을 증대시키는 기업에 대해서는 사회보험 기여금을 3년 동안 점차 감소하는 추세로 면제해준다. 연대협약은 35시간제, 고용의 5% 증가, 생산성 10% 증가를 목표로 했다.

1986년 사회당정부는 노동시간의 단축과 재편에 대한 추가 입법안〔도미니크 타디(Dominique Taddei)의 공식보고서에 근거한 것으로 타디안이라고도 한다〕을 통과시켰다. 이 계획은 임금상실 없는 32시간으로 노동시간단축, 교대작업의 증대를 통해 자본활용시간을 증대시키는 것을 골자로 한다. 이 입법안은 금속산업의 협약안으로 이어져 실질화되었다. 이와 함께 1986년 들르바르법(Delabarre Act), 1987년 세귀법(Seguin Act)이 제정되어 탄력적 시간제를 도입하였다.

1982년법으로 대표되는 1980년대의 프랑스 노동시간단축의 특징은 이후 1990년대에도 약간의 변형을 거쳐 계승된다. 고용을 목표로 한 연대적 성격의 노동시간단축, 노동시간단축의 지원과 협약 촉진을 위한 사회보장비 감면 방식을 통한 정부지원제도, 생산성 향상과 설비이용시간의 유지, 확대를 목표로 하는 노동시간제도의 개편과 같은 내용은 입법을 통한 '정부 주도적 방식과 협약을 통한 적용'이라는 프랑스 노사관계를 특징짓는 고유한 성격을 반영하면서 프랑스의 노동시간단축의 전형으로 자리잡았다.

1992년 이래 "프랑스 정부는 사용자로 하여금 노동시간단축과 임금감소를 협상함으로써 더 많은 노동자를 채용하고 감원을 회피하도록 촉구"(EIRR, 226)하였다. 1993년 실업 증가와 기업들의 잇따른 감원계획 발표에 직면하여, 당시 발라뒤르 총리는 다른 대안이 도출될 때까지 감원을 자제해달라고 사용자에게 요청하였다. 발라뒤르 지침으로 알려진 정부방침은 공공부문에서 추가적 감원을 금지하는 것으로 해석되었다. 이에 호응해서 국가 소유의 전자장비그룹인 톰슨시에스에프(Thomson-CSF)사는 노조와 일자리 나누기 협약을 맺었다. 이 협약으로 1,600명의 감원을 철회하고, 조기퇴직 대상자 800명을 제외하고 18개월간 추가적 감원 중지를 보장했다. 주요 일자리 나누기 수단은 18,500명의 종사자에 대해 정규시간을 38.5%로 3% 감축하고 임금도 3% 감소하는 것이다. 임금감소에 대한 노동자들의 불만과 저항으로 인해 이후 1994년 발효된 입법을 통해 임금삭감 폭은 줄어들었다.

'고용을 위한 임금과 노동시간의 동시 감축'이라는 기업 협약의 흐름과 달리, 프랑스 정부는 이런 협약에 적용받는 노동자들의 상실임금을 부분적으로 보전할 수 있는 장치를 마련하고자 했다. 그러나 프랑스 정부는 노사 양측의 반대에 직면하여 이를 철회하고, 1993년 말 의회에서 통과된 '5개년고용법(the Five Year Employment Act)'을 제출하였다. 노동시간단축과 함께 1년 단위의 탄력적 노동시간제를 도입하는 '연 단위(탄력적) 노동시간제(annualization)'를 촉진하고 파트타임과 시간외노동에 적용될 수 있는 규칙을 수정하는 내용이 핵심이다. 이를 산업수준과 기업수준에서 협상하도록 유도하면서 연단위 노동시간제에 필요한 새로운 작업조직 형태의 도입도 촉진하였다.

정부의 협약 촉진의 수단은 국가보조였다. 국가보조는 첫해에 사용자의 사회보장 부담금의 40%에 해당하며, 이어지는 두 해 동안은 30%이나 시간외노동에 대한 보상절차는 금전적 보상에 비해 보상휴가의 비율을 증가시키는 방식으로 시간외노동에 대한 유인을 약화시키도록 수정하였다. 국가보조가 이루어지는 기업은 연단위 노동시간제를 도입하는 기업협약을 조인하면서, "적어도 15%의 노동시간단축, 상응하는 또는 부분적인 임금감축, 단축된 6개월 내 사업체의 평균인력의 최소 10%에 이르는 신규노동자의 충원, 적어도 3년 동안 증가된 인력의 유지'를 조건으로 정부 당국과 공식협상을 통해서만 수혜가 가능"(EIRR, 239)했다. "모든 장치의 세부적 사항은 기업 협약에서 만들어졌으며, 산별협약을 통해서는 표준 노동시간을 단축하고 초과노동시간 할증률을 감소하는 노력"(Industrial Relations Europe, 1996a)이 이루어졌다. 그러나 "이전의 일자리 나누기 계획의 경험이 고용에 따른 국가보상의 현실성에 대해 의문"(EIRR, 246)을 가지도록 했기 때문에 활발하게 협상이 이루어진 것은 아니다.

프랑스 정부는 일자리 나누기에 관한 입법화 방침으로 위협했지만, 노사간 협약을 촉구하는 것을 더 선호했다. "1995년 10월 노동시간단축에 관한 광범위한 협약의 일부로서 프랑스 사용자는 최초로 노동시간단축이 실업방어에 효과적이라고 인정"(EIRR, 263)하기에 이르렀다. 당시 맺어진 200개가 넘는 기업협약에 대한 분석을 분류하면 세 가지로 나누어진다(ILO, 1995). 프랑스민주노동자동맹(CFDT)과 아즈나르(Guy Aznar)에 의한 조사연구에서 구분한 것으로 첫째, 방어적 협약으로서 고용유지를 위해 '벼랑 끝에 선' 조인된 협약을 가리킨다. 둘째, 파트타 임근무를 촉진하기 위한 목적의 자발적 협약이다. 셋째, 사용자의 요구 에 의해서거나 설비이용도를 높이기 위한 노사 의견일치이거나 노동시 간조직과 관련된 협약이다. 이 경우 고용에 대한 영향은 간접적으로서 예를 들어 새로 창출된 야간근무에 새로운 노동자를 충원하거나 기존 노동자를 재배치하는 방식을 통해 이루어진다. 두 연구에서 나타난 당 시 협약의 특징은 협약의 대부분이 노동시간단축에 국한되지 않는다는 점이다(ILO, 1995). 파트타임 근무, 노동시간의 전반적 감축, 점진적 조 기퇴직제, 신규충원자에 대한 교육, 고용계약의 조기종결, 시간외노동에 대한 보상휴가 등 광범위한 규정을 다루고 있다. 어떤 규정은 모든 종 업원에게 적용되기도 하며 일부는 자원자에게만 적용된다. 또한 기업협 약은 임금보상 여부나 정도가 다양한 분포를 보인다. 5개년고용법에 대 한 평가는 엇갈리지만, 기대만큼의 큰 성공은 거두지 못했다. 더구나 시 간단축에 따른 임금감소로 인해 노동자들의 반발을 불러일으키고 탄력 적 시간제가 대폭 도입되는 등 노동조합의 기대에는 미치지 못한 정책 으로 평가된다.

1996년 6월 11일 제정된 로비앙법(Robien law)은 93년 12월 20일 제 정된 5개년고용법의 제39조를 확대한 법이다. 두 법의 차이는 세 가지 이다(<표 4> 참조).

첫째, 5개년법과 달리 로비앙법은 노동시간단축의 공세적 측면(고용창 출)뿐만 아니라, 수세적 측면(고용유지)까지 목표로 삼고 있다. 둘째, 5개 년고용법이 임금감소를 규정하고 있는 데 반해, 로비앙법에는 임금에 관한 별도 규정이 없다. 셋째, 5개년고용법에는 연단위노동시간제가 규 정되고 있는 데 반해, 로비앙법에는 노동시간 재편과 관련된 별도 규정 이 없다. 법개정에 따라 이루어지는 산업, 기업 차원의 노동시간단축 협 상을 통해 임금감축 여부나 노동시간제 개편방식이 결정되도록 한 것으 로 핵심 쟁점사항 결정에서 당사자간 협약의 중요성을 강조하는 형태로 변화했다. 임금감축에 대한 규정이 담긴 1982년법이나 5개년고용법에

<표 4> 5개년고용법과 로비앙법의 비교

1993년 5개년고용법	1996년 로비앙법
• 공세적 측면만을 의도 • 임금 감소 • 제3유형에 의한 변형시간제(modulation typeⅢ): 연단위노동시간제(annualization)	• 공세적 측면과 수세적 측면 의도 • 임금에 관한 규정은 없음 • 노동시간단축에 수반되는 노동시간의 계획적 이용에 대한 세부 규정 없음

출처: Rémy Aufrere(1998).

<표 5> 로비앙법의 노동시간단축 규정

	첫째 사례	둘째 사례
노동시간단축	10%	15%
일자리 창출 또는 유지	10%	15%
사회보장 분담금의 감면 ─첫해 ─그후 6년간	40% 30%	50% 40%

출처: Rémy Aufrere(1998).

대한 노동자의 반발이 컸던 현실을 반영하는 것이다.

로비앙법에서는 10% 또는 15%의 노동시간단축을 통해 그에 상응하는 비율의 고용창출과 유지를 목표로 하면서 해당 기업에 대해 첫해 40-50%, 그후 6년간에 걸쳐 30-40%의 사회보장금 분담금 감면을 통한 지원제도를 도입하였다(<표 5> 참조).

이에 대해 일부 노조는 사용자에 대한 사회보장 분담금 감면조처는 7년인 데 반해 고용유지나 창출의 기간은 5년으로 불비례성이 발생하고, 수세적 측면에 대한 지원은 감원방지계획(social plan)의 성실한 이행을 방해할 뿐이라고 비판하면서 사용자에 대한 특혜조처로서 귀결될 가능성이 크다고 지적하기도 한다.[14]

1998년 5월 현재 로비앙법으로 2,000개의 협약이 체결되어 약 35만 5,000명에 적용되었으며, 이로 인해 2만 5,000명의 새로운 일자리를 창출하고, 1만 7,000명의 일자리를 유지한 것으로 평가되고 있다. 2,000

14) 이런 입장의 CGT-FO의 견해에 대해서는 이 장의 마지막 절 노조평가에 대한 부분과 Rémy Aufrere(1998)를 참조

개의 협약 중 74%는 공세적 측면을 겨냥하고 26%는 수세적 측면을 겨냥한 것으로, 협약의 60%는 근로시간의 연단위 탄력적 시간제(annualization)를 규정하고 있으며, 협약의 63%는 임금의 완전보상을 정하고 있다(Rémy Aufrere, 1998을 참조).

로비앙법의 효과는 프랑스의 대량실업을 해소하기에는 역부족이었다. 기업에 대한 사회보장 감면조처라는 유인장치에 기초하여 기업협약을 유도하는 데 초점이 있었기 때문에, 사회 전반적인 노동시간단축을 촉진하지 못했다. 법정노동시간을 35시간제로 규정하는 입법을 추진하게 된 배경에는 프랑스의 만성적인 고실업에 대한 처방으로서 자발적인 성격의 노동시간단축에만 의존할 수 없었기 때문이다.

1998년 6월 13일 노동시간단축의지원및촉진에관한법(이하 오브리법)이 통과되었다. 오브리법의 통과로 1980년대 초부터 프랑스 정부가 추진해왔던 35시간제로의 이행이라는 숙원이 1차적으로 마무리되었다. 이 법에 따라 2002년 1월부터 주 35시간의 새로운 법정노동시간이 시행되는데, 20인 이상의 임금노동자를 고용하고 있는 사업장에는 2000년 1월부터 적용된다.

1998년 6월 13일의 오브리법에 의해 실행된 노동시간단축정책은 주요하게 다음과 같은 내용으로 구성되어 있다(G. Cette et A. Gubian, 1998; R. Aufrere, 1998; G. Cette, 1999; D. Taddei, 1997; G. Cette et D. Taddei, 1998 등을 참조).

① 법정 주당 노동시간의 35시간으로 단축: 2000년 1월까지는 노동자 20인 이상의 기업, 2002년 1월에는 20인 이하의 기업에 적용
② 노사간의 협상 장려: 동법 2조는 노동시간단축에 관해 협상할 것을 요구하며, 재정적 지원은 노사간에 협상이 조인되는 조건하에서 이루어짐을 명시하고 있다. 다른 한편 많은 규정들은(추가노동시간, 관리직급의 노동시간 등등) 1999년 말에 투표에 부칠 2차 법안에 의해 결정될 것이라고 발표되었다. 이 2차 법안의 내용은 그

동안 이루어진 부문별, 기업별 협상 내용을 참고하게 될 것이다. 기업 차원의 노사간의 협상이 조인되는 조건하에서 재정지원이 이루어지도록 한 것은 물론 단체협상을 촉진시키기 위함이다. 특정한 협상은 노동법 규정을 위반하는 것을 가능하게 할 수도 있다. 이는 노동시간 분야에서 규정에 따른 권리보다는 계약에 따른 권리를 발전시키는 데 기여할 것이다. 다른 한편 이러한 접근은, 이렇게 실행되는 노동시간단축 모델이 두 계약당사자들의 이해에 부합되는 것을 전제로 한다.

③ 법정 노동시간의 단축 이후에도 노동시간이 35시간 이상인 기업에 대한 재정적 부담 부과: 이러한 기업들은 법정노동시간단축에 따라 초과노동시간으로 변한 시간분에 대한 추가비용 부담(1999년 말의 2차 법안에서 다룰 시간외노동 규정에 의해 결정될 예정)이 발생하게 되어 노동비용의 상승을 감수해야 한다. 한편, 2차 법안에 의해 결정될 예정인 추가노동시간에 대한 규정은 노동시간이 가장 긴 기업으로 하여금 의무적으로 사실상의 노동시간을 단축시키는 효과를 발생시킨다.

④ 법정노동시간단축 전에 노동시간을 최소 10%에서 35시간까지 단축시키는 협상이 노사간에 조인될 경우, 신규채용이나 고용유지가 이루어지는 조건하에서 기업에 대해 재정적 지원을 한다(<표 6> 참조).

⑤ 4조에 의해 자세히 밝혀진 바와 같이, 노동시간단축이 휴가일수를 늘리는 형태를 띨 수도 있으며, 이는 시간저축구좌를 통해 4년 동

<표 6> 오브리법에 의한 노동시간단축 지원금 액수(프랑)

	1차년도	2차년도	3차년도	4차년도	5차년도
10% 노동시간단축으로 6%의 고용 증대 혹은 고용유지 효과를 내는 경우	9,000	8,000	7,000	6,000	5,000
15%의 노동시간단축으로 9%의 고용 증대 혹은 유지 효과를 내는 경우	13,000	12,000	11,000	10,000	9,000

출처: P. Cahuc et P. Granier, 1998; R. Aufrere, 1998.

안에 걸쳐 적립해둘 수 있다.

노동시간단축은 다음과 같은 세 가지 방법으로 적용된다. 첫째, 일 단위 단축으로서 1일 노동시간 중 48분을 감소하는 방법이다. 둘째, 주단위 단축으로서 주 노동시간 중 4시간을 감소하는 방법이다. 셋째, 연 단위 단축으로서 다음의 두 가지 방법으로 연단위 노동시간의 단축을 계산한다. 하나는 연단위 탄력적 시간제로서 1년간 평균하여 주당 35시간으로 계산하는 방법이고, 다른 하나는 주 39시간 노동을 유지하면서 추가적인 휴가를 23일 부여하는 방법이다.

이 과정은 매우 탄력적이다. 법정노동시간단축으로 노동시간단축을 촉진하면서 동시에 노사간 협상에 의한 방법을 높이 평가하고 협상에 필요한 시간을 주기 때문이다. 이러한 접근법은 예컨대 로비앙법이나 법정노동시간을 40시간에서 39시간으로 낮추고, 5주의 유급휴가를 일반화시켰던 1982년 1월 16일 법령 등과 같은 이전의 정부개입과 구별된다. 물론, 이러한 탄력성은 참가자 모두에게 이익이 되는 협상을 이끌어내기 위한 목적과 노동시간단축의 비용조달이 고용에 미치는 긍정적인 영향을 극대화하기 위한 목적에서 비롯된다.

오브리법의 지원책의 일부는 로비앙법과 유사하다. 노동시간단축에 의해 고용이 창출되거나, 또는 고용이 유지될 때 상당한 정도의 재정적 지원을 하기로 한 것은 동일하다. 이러한 이득을 얻기 위해서는 기업이나 노사는 몇 가지 제약조건, 특히 고용창출과 신규채용에 관한 제약조건을 준수하는 협상을 이루어내야 한다.

그러나 창출되거나 유지된 일자리수에 관한 제약조건은 로비앙법보다는 오브리법의 경우에 훨씬 유연하다. 오브리법에서는 최소10%의 노동시간단축에 의해 최소 6%의 고용창출(공세적인 협상의 경우)이나 유지(수세적인 협상의 경우)가 이루어져야 하는 반면(15%의 경우에는 9%), 로비앙법에서는 10%의 노동시간단축은 10%의 고용창출이나 유지가 이루어져야 했었다. 오브리법의 이러한 유연성은 명백하게 노동생산성 향상을 실현 가능하게 했으며, 아주 더 많은 기업들이 재정적 지원을 받을 수 있도록 했다.

마찬가지로 오브리법의 지원 시스템은 로비앙법의 그것과 다르다. 기업이 얻는 이득은 더 이상 기업의 임금수준과 비례하지 않게 되고 사후적으로 공공재정을 악화시키지 않은 범위 내에서, 5년간에 걸쳐서 점차 줄어드는 정액으로 지급된다. 로비앙법에서는 기업의 임금수준에 따라 기업이 부담하는 사회적 분담금의 삭감액이 결정되어 임금수준이 높은 기업이 더 많은 삭감액을 얻을 수 있었다. 이러한 지원 시스템의 특징은 가장 낮은 임금수준의 기업과 노동자에게 유리한 재정지원이라는 것이다. 1999년 7월 이전에 10%의 노동시간을 단축하는 기업에는 첫해에는 9,000프랑을 지원하고, 해마다 1,000프랑씩 줄여서 5번째 연도에는 5,000프랑이 지급된다. 노동시간단축을 신속하게 실시하도록 하기 위해서 지원금은 시간이 경과함에 따라 낮아진다. 즉, 1999년 7월 이후에 10%의 노동시간을 단축하는 기업은 최초의 지원금(사회보장분담금의 삭감액)은 2,000프랑이 감소된 7,000프랑이고, 해마다 1,000프랑씩 줄어 5,000프랑에 이르게 된다. 마지막으로 다음과 같은 몇몇 경우에는 지원금이 늘어난다. 최소 15%의 노동시간단축의 경우 연간 4,000프랑이 추가되고, 고용창출이 최소수준을 넘었을 때나 특정 형태의 노동자를 고용했을 경우(젊은 층, 장기실업자 등등) 연간 1,000프랑이 추가된다. 노동집약적 기업의 경우에도 지원금은 늘어난다. 임금수준에 비례해서 지원했던 로비앙법은 균형비용을 초과했기 때문에 결코 일반화될 수 없었는데, 이는 국가재정에 너무 많은 비용을 전가시킬 것이기 때문이었다.

(2) 임금감소, 정부지원과 시간단축 간의 관계에 대한 평가

35시간제를 규정한 오브리법은 로비앙법과 비교해서 크게 네 가지 면에서 차이가 있다.

첫째, 로비앙법과 달리 오브리법에서는 법정 정규시간의 35시간으로의 단축을 전제로 한다는 점이다. 로비앙법이 사회보장분담금 감면조처를 통해 기업들이 일자리 나누기 협약을 맺도록 유도하는 유인장치만 마련하고 있는 데 반해, 오브리법은 법정시간단축을 전제로 하고 있기 때문에 노동시간단축 협약을 지원하면서 동시에 촉진하기 위해 기업에 대한 '유인장치와 더불어 견인장치(pull and push)'가 갖추어져 있다.

둘째, 로비앙법에서는 시간단축의 비율과 고용유지 창출의 비율이 같았는데, 오브리법에서는 10%(15%) 단축에 6%(9%) 고용창출 또는 고용유지로 생산성 향상의 여지를 남겨놓아 노동시간단축 협약을 촉진하는 요인으로 작용할 수 있다.

셋째, 로비앙법에서는 노동시간단축 지원금이 임금총액에 비례했는데 반해, 오브리법에서는 임금총액과 무관하게 일정하기 때문에 상대적으로 저임금업종이나 중소기업에 도입이 용이해졌다. 또한 노동집약적인 기업이나 장기실업자나 청년실업자를 고용하는 경우, 지원금이 늘어나기 때문에 취업가능성이 낮은 취약계층의 재취업 가능성을 높이는 방향으로 설계되어 있다.

넷째, 1999년 7월 이전까지 단축하는 기업에 대해서 높은 지원금을 줌으로써 조기도입으로 인한 확산효과를 고려하였다. 이는 법정노동시간단축을 전제로 했기 때문에 가능한 체계이다. 아울러 로비앙법에서는 2년차 이후에는 일정한 단축지원금이 부여되는 데 반해, 오브리법에서는 매년 지원금액수를 줄임으로써 정부의 재정부담을 줄이면서 동시에 기업지원의 과도한 측면을 완화하고 조기도입을 촉진하고자 한다.

노동시간단축의 도입을 촉진하기 위해 인건비 증가요소에 대해서 유의하면서 이를 체계적으로 구성된 정부지원금과 연계시키는 방식으로 발전시켜온 점을 눈여겨볼 필요가 있다. 과거 임금감소를 동반했을 때 노동시간단축이 부정적으로 인식되었던 데 비해 노동자의 호응도도 높아졌으며 바람직한 성장과실 배분의 한 예를 보여주고 있다.

오브리법에 대해 노사간은 물론 이데올로기를 달리하는 학자들간의 논쟁이 치열하다는 점은 충분히 예상할 수 있다. 그러나 노동조합 내부에서도 노동시간단축에 대한 찬반 논란이 있다. 완전임금보상의 방식을 택하더라도 협약임금 인상률의 완화 등으로 인한 임금저하와 이로 인한 노동자들의 구매력저하는 불가피하며, 따라서 노동시간단축은 노동자의 대안이 될 수 없다는 주장이 반대측의 논지이다[프랑스노동자총동맹-노동자의 힘(CGT-FO) 정책 담당자와 산하 프랑스철도노동자연맹(Fédération des Cheminots)과의 인터뷰 자료].

노동시간단축에 수반하는 임금비용의 증가를 정부보조금, 생산성향상분으로 충분히 상쇄할 수 없으며, 이에 따라 완전임금보상이 아니라 부분보상을 하는 방식, 협약 임금인상률을 동결하거나 완화하는 방안을 통해 해결하자는 오브리법의 주창자들의 논지를 둘러싼 논란이다.

프랑스민주노동자동맹의 경우, 고용문제 해결에 초점을 두고 노사정 3주체의 비용분담을 통해 이를 해결하는 방안으로서 오브리법을 지지한다고 밝히고 있다. "이번 노동시간단축의 특징은 국가주도에 의한 도입이라는 점이다. 국가에 의해 제시되고 기업과 노동자도 대가를 지불하게 되는데, 노동자는 노동강도 강화, 탄력적 시간제의 확대 등의 대가가 발생한다. 반면 사용자는 고용유지나 고용창출 대신 사회보장 분담금의 삭감의 혜택을 받는다. 정부는 고용유지 또는 고용창출 기업에 대해 사회보장 분담금을 삭감해주므로 실업완화라는 노동정책적 목표를 위해 재정수입 삭감을 감수하고 이를 사회적으로 바람직한 자원의 배분으로 평가하는 것이다"(위의 CFDT-FGMM과의 인터뷰 자료). 12%의 실업률에 직면하고 있는 프랑스의 고용문제를 해결하는 과제에 초점을 두면서 노동시간단축 법안에 적극 찬성한 것이며, 일자리 나누기와 공정한 소득분배(비용분담)를 통해 해결방안을 찾는 데 동의한 것이라는 입장이다.

노동시간단축이 이루어질 때 자본은 노동조직 변화에 주도권을 행사하면서 생산성 향상 즉, 가동률 증대와 이로 인한 노동강도 강화와 같은 현상이 초래되는데, 노동조건이 악화되지 않으면서 동시에 고용창출 효과를 보장하기 위해서 이에 대해 대처하는 것이 노동조합의 중요한 과제라고 인식하고 있다. 또한, 프랑스민주노동자동맹은 총연맹 조직간 의견차이는 초과노동시간 문제에 있다고 본다.[15] 초과노동시간 감축에 따른 초과수당 삭감액은 5-7%에 이른다. 자동차회사 푸조시트로앵에서는 토요일 초과노동을 정상시간으로 평가해서 초과수당 프리미엄이 감축되었다. 초과노동을 감축하는 방법으로서 사용자는 노동시간 재조직화를 도입한다. 이런 문제에서 일반적 이해와 개별적 이해가 엇갈리게 되는 것으로 평가한다. 노동강도 강화 없는 생산성 향상을 노동시간과 작업조직의 재조직화를 통해 달성한 EDF-GDF와 같은 협상내용을 모델로 제시한다.

반면 노동자의 힘은 노동시간단축은 고용창출효과가 없다고 본다. 퇴직노동자를 대신하는 고용만 증가할 뿐이며, 따라서 실질적 고용증가가 발생하지 않는다는 것이다. 그것도 정규직의 60% 임금을 받는 임시직이 증가할 뿐이라는 점에서 부정적으로 평가한다. 특히, 임금하락이 어떻게든 발생하게 되므로 문제라는 평가이다. "성장을 견인하는 것은 소비다. 시간단축으로 임금이 줄면 소비가 줄고 따라서 실업은 오히려 증가한다. 시간단축은 고용에 대한 초단기적 해결책일 뿐이며, 효과적이지 않다. 또한 유연성이 증대하고 조기퇴직이 증가하면 임시직이 늘고 임금은 준다. 이로 인해 성장은 저하된다"(노동자의 힘 산하 프랑스철도노동자연맹과의 인터뷰 자료).

대안으로 국방비 삭감을 통한 수요증진이 중요한 것으로 보며, 1세기 동안 노동시간단축은 생산성 향상의 필연적 결과이므로 인위적 수단의 효과는 없다는 입장이다. 그러므로 "노동생활의 향상을 주장하면 양보할 것이 없다. 반면, 고용문제 해결에 초점을 두면 유연성이나 임금 측

---

15) "프랑스의 1998년 법정노동시간은 38.50시간이고, 실제초과노동시간은 주 3시간. 금속의 경우는 연간 초과시간 한도가 94시간이고, 실제초과노동시간 주 2시간이다. 따라서 실제노동시간은 '정규시간 38.50시간+초과시간 2시간=40시간 30분/주'이다. 2000년부터 정규시간 35시간에 초과시간은 얼마가 될지 모르는 상황인데, 경영자는 주당 4시간, 연간 180시간까지 확대를 요구하고 있다. 노동자의 힘은 이에 동의한 것이다. 노동자의 힘은 경제적 조합주의를 주장하는 데 반해 CFDT는 모든 노동자의 이해를 대변하겠다는 철학의 차이에서 비롯된 것이다"(인터뷰 자료).

면에서 양보가 불가피해진다. 이것이 함정이다. 기업비용 유지가 관건이라고 하면서 결국 고용은 유지, 창출되지 않고 임금만 하락하는 결과를 초래한다. 생산성과 유연성은 높아지므로 결국 소비만 감소하게 된다"(위의 인터뷰 자료).

프랑스민주노동자동맹과 노동자의 힘 사이의 노동시간단축에 대한 견해차이는 뿌리깊은 이념의 차이에서 연유한 것으로 단편적으로 평가할 수 없다. 다만, 시장경제의 틀 내에서 제출되는 노동자의 대안이란 항상 양면성을 갖게 마련이라는 점을 확인시켜준다.

노동시간단축의 고용효과에 대한 논란과 얽혀 있는 '완전임금보상여부', '초과노동시간에 대한 제한', '노동시간이나 작업조직 재편에 따른 소득의 감소', '협약임금인상의 완화나 동결'과 같은 구체적 사안이 초점이다. 이 모든 문제는 '연대를 강조하며 고용문제 해결에 초점을 두면서 임금소득의 부분적인 감소를 수용하는 선택'이냐, '노동자의 정체성을 강조하며 전반적인 소득과 성장과실의 공정한 분배를 통한 노동생활의 질 향상에 초점을 두면서 임금에 대한 직간접적인 양보를 거부하는 선택'이냐로 구분될 수 있다. 전자의 입장은 인본주의의 외피를 쓴 현실타협주의로 비난받으며, 후자의 입장은 경제주의적 전투성에 머문다는 비난에 직면한다.[16] 노동시간단축 방안을 어떻게 설계하는 것이 옳은 것인지 이 두 가지 주장에 담겨 있는 경고에 주목해야 할 것이다.

한국과의 차이점이라면 한국에서는 실업해결책이 아니라는 점이며, 삶의 질 향상과 소득의 균형분배를 위한 목적이라는 점에서 차이가 있다. 특히, 탄력제도 중요한 쟁점이지만 국제관행과 차이가 있는 휴일휴가제도에 대한 논란이 초점이다. 또 한 가지 관련제도의 개악의 방향은 전혀 상반된다. 휴일휴가 확대나 할증률 인상이 아닌 인하의 방식은 한

---

16) 프랑스민주노동자동맹과 노동자의 힘의 견해를 인터뷰에 근거해 평가하는 것은 지나치게 단순화할 위험이 있다. 노동시간단축을 둘러싸고 노동자 내부의 찬반의견의 극단을 보여준다는 점에서 참고하길 바라며, 양 조직의 공식적인 견해로 해석하지는 않았으면 한다.

국만의 쟁점사항이다. 관련제도를 정비해야 할 필요성이 반드시 개악의 필연성으로 연결될 필요가 없는 사안이기도 하다.

4. 노동시간단축의 쟁점과 시각 비교

시간단축을 둘러싸고 "경영압박이냐, 실업해결이냐"(White, 1987: 1)[17] 또는 "경제수준 저하냐 삶의 질 향상이냐"의 근본적인 대응논리가 맞서 있다. 그러나 그 양상은 이제 실제 정책 도입안의 쟁점에 대한 논란으로 구체화되고 있다.

1) 논의 과정과 정책방안 쟁점 비교

1989년 주 44시간제 도입 이후 10여 년 만에 제시된 '주 40시간 주 5일 노동시간제' 도입은 오랜 논의를 거치면서도 실현되지 않고 있다. 정부측은 몇 차례 실시 의사를 밝혔지만 구체적인 노력은 기울이지 않은 채 노사정위원회에서의 지루한 논의만을 강조하였다. 그 와중에 노동계는 '참여-탈퇴 또는 불참'을 반복하면서 노사정위원회 안팎에서 조기도입을 압박했지만, 논의만의 한계를 극복하지 못하고 정부의 가시적인 조처를 끌어내는 데 실패했다(<표 7> 참조).

현재 상당히 논란이 되고 있는 노동시간단축의 쟁점사항에 대해 노사정의 입장을 바탕으로 평가해본다. 종래 '노동시간단축'을 결사 거부해 왔던 경총은 지난 6월, 월차휴가 및 생리휴가 폐지, 가산수당 50%에서 25%로 인하, 연차휴가 축소, 유급주휴일 폐지, 근로시간제 탄력화 도모,

---

17) 일반적으로 사용자측은 기대하는 고용효과는 없고 노동비용을 상승시켜 오히려 기업의 고용흡수력을 감소시킨다고 주장한다. 이에 반해 노동조합측은 심각한 실업문제를 해소할 수 있는 바람직한 방안이라고 주장한다. 이는 고용효과 논쟁과도 관련 있는데, 이에 대해서는 '김성희·노정휘(1999), 『노동시간단축의 경제적 효과』, 한국노총 중앙연구원'을 참조.

<표 7> 노동시간단축 관련 합의의 과정

시기	명칭	내용	참고
1998. 2. 8	노사정 위원회 합의	정부는 노사정 및 관련 전문가가 참여하는 가칭 "근로시간위원회"를 1998년 상반기 중 구성하여 근로시간단축을 통한 고용안정방안을 강구한다.	양노총
1998. 6. 5	노사정 위원회 합의	근로시간위원회를 설치하여 법정근로시간·실근로시간단축 및 임금조정 등 근로시간제도 개선을 논의하기로 함	양노총
1999. 6.25	노정합의	법정근로시간단축 등 근로시간과 관련된 제반 제도에 대하여 노사관계제도개선위원회에서 그 개선방안을 논의하고 그 결과를 토대로 1999년도 중 관련법안을 마련한다.	한국노총
2000. 4.28	노사정 위원회 합의	'근로시간단축특별위원회' 설치	한국노총
2000.10.23	노사정 위원회 합의	삶의 질 향상과 경쟁력 향상의 동시추구를 위한 '근로시간단축 및 관련 임금, 휴일·휴가제도' 노사정 합의	한국노총

주: 중간중간 정부여당의 노동시간단축 추진 발표가 여러 번 있었지만, 당시 노사정, 노정 합의의 수준을 넘지 못하는 생색내기나 여론 떠보기에 지나지 않았다.

근로시간 및 휴일휴가 비적용범위 확대, 법정노동시간단축 실시시기 유예기간 설정 등의 7가지 전제조건이 받아들여진다면 노동시간단축에 대해 '논의'할 수 있다는 입장을 밝히면서 입장을 선회했다.[18]

이에 화답하듯 한국노동연구원과 노동부도 경총의 요구안을 거의 수용한 내용의 노동시간단축안을 내놓은 바 있다. 총론에서 삶의 질 향상과 경쟁력 향상을 동시에 추진하자는 주장은 단계적 실시, 휴일휴가제의 개편 등에서 사용자의 입장을 수용하고 있다. 실시 여부의 측면에서만 노동계의 입장을 반영하고 있으며, 세부적인 내용에서 쟁점사항은 사용자 측의 입장을 수용하고 있다.

하지만 정부의 의지, 자본의 합리적 판단, 노동계의 현명한 전략전술

18) 그 배경으로 노동계를 노사정위원회의 틀 안에 묶어두기 위한 정부여당의 설득과 압력이 가장 크게 작용했다고 보는 편이 옳을 것이다.

이 결합한다면 정부의 한 발 앞선 결단을 통해서 시행되거나 노사정위원회라는 제한된 틀 내에서라도 핵심 쟁점에 대한 타당한 절충방안이 도출될 일말의 가능성은 있다. 그 가능성이 높아지는가 아닌가는 정부의 의지가 가장 중요하기도 하지만, 한편으로 노동운동 내 노동시간단축투쟁의 현 국면을 보는 시각의 차이를 조정하는 일이 더 급한 일이기도 하다. 유연화의 물결 속에서 노동시간단축이 갖는 의미에 대한 관점과 노동의 미래전략과 상에 대한 설정 방향이 차이의 원인이라고 할 수 있다.

2) 노동운동 내 노동시간단축안에 대한 관점 비교

신자유주의와 유연화의 논리가 대세를 이루고 있고 경제위기의 한파에서 벗어나지 못하고 있는 현 시점에서 노동시간단축이 갖는 의미는 무엇인가? 노동운동 내 시각차이를 2000년 10월 23일 노사정위원회 합의(민주노총 불참)에 대한 평가를 토대로 비교해보면서 노동시간단축 추진 방안과 의미를 재음미해본다.[19]

협상 참여자인 한국노총은 내용에 대해 크게 기대를 하지 않으면서도 실시 합의를 도출했다는 점에 의미를 부여하고 있다("노동조건 후퇴 없는 2001년 전산업 실시에 한 발 다가서서 — 노사정위, 당면현안 조속히 해결하라", 한국노총 노사정위원회 노동시간단축 관련 합의에 대한 성명서)라는 평가를 내리고 있다. 단지 의미가 있다면 성명서에 표현했듯 지지부진했던 논의과정에 꼭지점을 마련한 것이다.

합의에는 참여하지 않은 민주노총의 경우, 노동시간제도를 개악하고 노동조건을 후퇴시킨 합의안은 노동시간단축의 근본취지에 어긋난다는 시각에서 비판하고 있다. 이 합의문에 대해 민주노총은 "'노동자의 삶

---

19) 협상안은 의견차이를 봉합하는 수준에서 다루고 있으며, 구체적인 진전은 없는 선언적인 내용에 가깝다. 이에 대해서는 김성희, 「노동시간단축 합의안 평가와 향후 전망」, ≪민주노동과 대안≫ 2000년 12월호' 참조.

의 질 개선'이란 주5일 근무 도입 취지를 무색케 하며, 임금을 삭감하고, 휴일휴가를 크게 축소하고, 업종과 규모를 감안한 단계별 실시를 기정사실로 만드는 것이 아닌지 크게 우려하며, 만약 이것이 사실이라면 결코 받아들일 수 없음을 분명히 한다"고 밝히고 있다(민주노총 성명서, "노동조건 후퇴·단계별 실시론 받아들일 수 없다: 정부가 나서서 노동조건 후퇴 없는 주5일근무제 도입 법안 제출해야"). 노동조건 후퇴를 동반한 합의안에 대해 비판하고 대안적인 방안으로 정부측이 의지를 갖고 삶의 질 향상 차원의 노동시간단축법안을 주도적으로 추진할 것을 촉구하는 내용을 담고 있다.

사회진보연대의 입장은 "노동시간단축 합의의 비밀"이 노동시간단축의 탈규제화에 목적이 있는 것으로 평가하며, 전면적으로 비판한다.[20] 이 합의문은 "노동시간단축과 연동하여 노동시간 탈규제화를 추진하려는 정부와 자본의 노동법 개악 시도의 연장선상에 위치해 있다"고 비판하면서 노동계가 주장하는 사안인 임금삭감 여부, 그 실시 시기 및 단계적 실시 여부 등의 핵심 쟁점에 대해 모호하게 표현한 반면, 관련 임금, 휴일휴가제도의 개선에 대해 명시적으로 밝혀 개악의도가 분명히 드러났다고 평한다. "노동시간단축 합의에 담긴 비밀이 노동시간에 대한 탈규제화라는 노동법 개악 시도라는 사실은 '노동개혁'이라는 포장과 '노동시간단축'이라는 상품성으로 인해 철저히 은폐되고 있다"고 평하면서 "노동력 유연화를 위한 제도적 정비라는 점에서" 1997-1998년 정리해고 및 파견제 도입을 통한 노동유연화와 맥락을 같이하는 "제2차 노동법 개악"이라고 결론짓고 있다.

앞서 외국사례를 통해 살펴보았듯이 독일의 노동시간단축 과정은 강

---

20) "합의문에서 노동시간단축의 필요성으로 밝힌 '근로자의 삶의 질 및 창의력 향상'이라는 취지의 실현은 고사하고, 온전한 의미에서 '근로시간단축 합의'라고 보기도 어렵다. 이날 합의문의 핵심은 바로 '기업의 경쟁력 확보를 위해 국제기준에 걸맞도록 관련 임금, 휴일·휴가제도를 개악!'하는 것에 있기 때문이다"(사회진보연대 성명서, 「노동시간단축의 합의의 비밀」).

<표 8> 노동시간단축에 대한 노사정 입장 비교

쟁점	세부 쟁점	노동	자본	정부(노동부)*	비교
법정시간단축	목표	실시	전면 반대에서 7대 전제조건 제시 입장으로 변화	실시 - 단계적, 유예조처 검토	1989년 방식은 300인(금융 150인) 이하 사업장에 1년 유예조처
	유예	없음	중소기업유예조처	1989년 방식 고려	
	단계	2001 전면실시	점진적 방식	점진적 방식 검토	
임금 및 실노동시간단축	목표	노동조건 저하 없이 삶의 질 향상목표 따라	경쟁력 유지 위해 단축된 시간만큼 비례적 임금감소	경쟁력 유지와 삶의 질 향상의 두 가지 복표 조화 주상	삶의 질 향상을 위한 노동시간단축의 추진의 결과 생산성향상이 달성된다는 경로 설정에 대한 이해의 차이. 생산성향상이 전제이냐 노동시간축의 결과냐는 입장의 차이. 생산성 논리 자체를 부정하는 견해도 노동계에 다수 존재
	임금	기준임금 보전	비례적인 임금 감소	고려 안함(사업장별 협약사항)	
	초과근로축소	법정 초과시간 한도의 엄격한 규정 도입. 할증률의 인상	할증률 인하(25%)	기준 엄격화와 할증률 인하를 언급하나 후자에 무게를 둠	
	탄력화	현행 유지(2주 또는 1개월)	기준을 1년단위로 확대	기준을 6개월 또는 1년으로 하는 방안 검토	
휴일휴가제도	목표	노동조건 저하 불가. 휴가사용권 확대 추진	전면적인 폐지와 축소	국제기준에 따른 주휴무급화, 생리 및 월차 폐지 그러나 연차 확대에 대해서는 침묵	
	주휴	유급제 유지	무급화	무급화 중심 검토	폐지 후 연차로 그대로 흡수 후 자격요건과 일수의 축소 가능성
	월차	현행 유지	폐지	폐지를 중심으로 검토	
	연차	현행 유지와 자격요건(출근일수와 근속년수 규정) 완화	연차 상한선 설정과 대체수당의 축소조항 신설		
	생리	현행 유지	폐지	산전후 휴가 확대와 연동 검토했으나 별도 고려로 변화	

주: 정부 특히 주무부서인 노동부의 입장은 간접적인 방식으로만 확인될 수 있을 뿐이며, 관련문건을 통해 파악한 내용임.

력한 산별노조의 강고한 파업투쟁을 통해서도 탄력적 제도의 도입과 이
로 인한 비정규직의 확대를 수용(보완적 보호조처 마련 노력 병행)하면서
이루어졌다.21) 이를 35시간제를 향한 진전된 발걸음으로 볼 것인지, 유
연화를 향해 열린 문으로 볼 것인지는 노동운동 내 근본적인 관점의 차
이를 반영하는 측면이 있다. 하지만 어떤 제도화된 투쟁의 수단도 훼절
한 타협이라고 선언하지 않는 한 유연화를 향한 문이라는 점만을 강조
하는 것은 지나치다.22)

한국에서 쟁점은 프랑스와 달리 휴가확대가 아니라 휴가축소와 맞물
려있다. 그렇다 하더라도 연간노동시간제 도입이나 시간외수당 축소 등
우회적인 방식의 임금 자제의 수용과 같은 조처가 동반된 프랑스의 사
례를 프랑스 노동자들 다수가 긍정적인 진전으로 평가하고 있다는 점을
염두에 둘 필요가 있다. 직접적인 임금감소는 거의 이루어지지 않았지

---

21) 비정규직 확대와 노동시간단축의 관련성의 문제는 진지한 고찰이 필요한 문
제이다. 한편으로 노동시간단축 합의안 자체가 비정규직과 무관하거나 아니면
비정규직을 양산하거나 상대적으로 소외와 차별을 부추길 가능성은 있다. 그
러나 노동시간단축이 비정규직의 노동조건을 직접적으로 악화시킬 것이라고
단언하기는 어렵다. 할증률 인하나 월차휴가 폐지는 모든 노동자의 사안이다.
특히, 할증률 인하는 시간외노동 수당에 생활비를 의존하고 있는 현실상 한국
의 어떤 노동자도 결코 받아들일 수 없는 조건이다. 시간외수당을 거의 받지
못하고 있는 사무직 노동자만이 약간 무관심할 뿐이다. 월차휴가는 사용률이
높고 이용하기도 용이한 휴가제도였다. 연차휴가로 흡수하는 형태로 이름만
바꾸거나 1-2일 줄이고 최초 발생 근속년수를 6개월 이하로 줄이는 방식으로
도 비정규직에 대한 피해는 피해갈 수 있다. 또한 노동시간단축은 비정규직
고용을 늘릴 가능성이 있다. 문제는 정규직으로 고용할 여력을 비정규직 확대
로 이용 또는 대체하는가가 문제일 뿐이다.
노동시간단축으로 산업부문별, 직종별, 고용형태별로 다양한 영향이 나타날 것
이며, 이에 대한 천착이 필요하다. 구체적인 적용모델은 대상의 특성을 구분하
지 않고 파악될 수 없다.
22) 이런 점에서 "2차 노동법 개악 기도"라는 평가는 과장된 것이고, 노동시간단
축의 구체적인 쟁점을 다루는 데 있어 적합하지 않은 틀로 비판하는 것이라고
할 수 있다. 합리적인 수준에서 평가해서 내릴 수 있는 결단을 통해 노동시간
단축으로 향한 문을 열어젖히는 편이 진보인가, 수세적인 자세를 견지하며 덧
문을 치는 것이 진보인가.

만 연간노동시간제 도입이나 우회적인 방식의 임금조정이나 배치조정의 탄력성을 수용하여 이루어졌다. 물론 정부가 강력한 유인책이자, 견인책인 정부지원금 제도를 활용하며 선도하는 역할을 했다는 점은 중요하다. 그 가능성을 열어놓을 수 있는 전향적인 발걸음을 노동계가 전혀 시도하지 않고 정부의 의지박약만을 탓하는 것은 한계가 있다. 노동시간단축의 진보성과 사회연대적 의미를 추구하는 노동운동의 상을 보여주는 데 지나치게 인색한 것은 아닌가? 그렇다고 두 나라의 노동시간단축이 협상과 합의나 정부의 선도로만 이루어진 것이 아님은 분명하다. 제한된 틀일지라도 노사정위원회를 참여해서 활용하든 불참해서 활용하든, 정치적 교환(political exchange)을 압박할 수 있는 동원(mobilization)이 없이는 이루어질 수 없다. 노동운동에서 누구나 놓치고 있는 것은 다수의 동조자를 중간에 갈팡질팡하게 방치하고 있다는 점이다.

유연화시기 노동시간단축은 노동자에게 절대선일 수 없다. 따라서 최선을 추구하는 전략이 필요한 사안이다. 그 최선이 무엇인지에 대해 논의할 수 있는 공간이 필요한 시점이다. 이번만은 아니고 노동시간단축은 지속적인 과제로서, 노동의 담보물로서 계속 남아 있을 것이다. 노동시간단축 사안의 잠복과 계속되는 대치상태는 후일 노동에 반드시 유리하게만 전개되지는 않을 것이다.

5. 맺는 말을 대신하여

신자유주의의 흐름과 맞서기 위해 노동시간단축이 노동조합의 전략적 대안으로 제출되면서 변형되는 과정에서 유연화와 맞물리는 반작용이 나타난다. 이는 바람직하지 못하지만 다른 한편, 노동시간단축이 실현되지 않았더라도 유연화를 주도하는 사용자의 요구는 지속되었으리라는 점도 인정해야 한다. 노동시간단축이란 방향의 선택과 구체적인 협상결과가 상황변화에 어떤 작용을 할 것인지 산업부문별, 고용형태별, 직종

별로 구체적인 적용모델을 만들어나가야 한다. 궁극적으로 신자유주의
와 유연화에 대한 대안적 가치를 극대화하기 위해 노동시간단축을 '수
세적 국면의 적극적 전략'이라는 관점에서 볼 필요가 있다.

우리에게는
"가만히 멈추어 서서 바라볼 시간"이 필요하며,
무슨 사건에 참여할 때는
어느 정도 긴장감도 느껴야 한다.

－프레드 톰슨, 「폴 라파르그, 일과 연가; 전기적 에세이」,
『게으를 수 있는 권리』 중에서

모든 일을 게을리 하세.
사랑하고 한잔하는 일만 빼고.
그리고 정말 게을리 해야 하는 일만 빼고.

－폴 라파르그, 조형준 옮김, 『게으를 수 있는 권리』 중
조셉 야블린스키의 영어판 서문 중에서

□ 참고문헌

기아자동차주식회사 노동조합. 1998, 『노동시간단축을 통한 고용유지 방
　　　안』, 10월 발간 자료집.
김성희. 1999a, 『노동시간단축의 쟁점과 과제: 주 40시간 노동제 도입에
　　　관한 연구』, 한국노총중앙연구원.
──. 1999b, 「일자리를 위한 사회적 연대 추진 방안: 노동시간단축을
　　　통한 일자리나누기의 세부 정책방안」, 한국노총중앙연구원 노동시
　　　간단축 토론회 발표문, 4월 7일.
──. 1996, 「스웨덴 모델: 노동의 대안적 체제의 실험」, 《경제와사회》 제
　　　31호, 한국산업사회연구소.

──── 편저. 1998, 『고용구조재편의 세계적 추세와 노동조합운동의 대응』, 한국노총중앙연구원.

김소영. 1998, 「근로시간단축의 쟁점과 과제: 근로시간의 재조직 및 휴일, 휴가 운용의 개선」, 노사정위원회, 11월 27일.

박우성. 1999, 「프랑스의 법정근로시간단축과 평가」, 한국노동연구원.

서영주. 1999, 「99년 실천적인 노동시간단축 투쟁을 위하여」, 노동조합기업경영분석연구소 토론회, 1월 29일.

윤진호. 1998, 「노동시간단축을 통한 일자리나누기와 노동조합의 정책과제」, 전국민주노동조합총연맹 정책토론회 자료집, 11월 10일.

이병희. 1998, 「노동시간단축을 통한 일자리나누기의 모색」, 미발표 원고.

이은숙. 1998, 「노동시간단축과 생활임금 보장 투쟁의 현재적 의의」, 한국노동이론정책연구소 창립심포지엄 발표문.

전국민주노동조합총연맹. 1999, 『노동시간단축의 정책과제』.

폴 라파르그. 조형준 옮김. 1997, 『게으를 수 있는 권리』.

한국경영자총협회. 1999a, 「근로시간단축에 대한 경영계 입장」, 3월.

Aufrere, R. 1998, "Dispositif de la lio Robien du 11 juin 1996 et Loi d'orientation et d'incitation relative à la réduction de la curée du travail du 13 juin 1998," in 김성희 편저, 『고용구조재편의 세계적 추세와 노동조합운동의 대응』, 한국노총중앙연구원.

Bastian, J. 1994, "Work Sharing: The Reappearance of a Timely Idea," *The Political Quarterly*.

Bosch, G. 1995, *Social Europe: Flexibility and Work Organisation, Office for Official Publications of the European Communities*, Luxemburg.

────. 1990, "From 40 to 35 hours : Reduction and flexibilisation of the working week in the Federal Republic of Germany," *International Labour Review*, Vol. 129, No. 5.

Cahuc, P. et P. Granier. 1997, *La Réduction du Temps de Travail: Une solution pour l'emploi?*, Economica.

Cette, G. 1999, "Employment, unemployment and reducing working time: the French approach," to be presented at the Conference on Reductions in Standard HoursEmployment Effects, Università degli Studi di Roma Tre, Rome, 24-25 May 1999.

Cette, G et A. Gubian. 1997, "La Réduction de la Durée du Travail: Les Évaluations Convergent-ells?", in Cahuc, P. et P. Granier(eds.), *La Réduction du Temps de Travail: Une solution pour l'emploi?*, Economica.

FGMM-CFDT. 1999, "Accords Aubry."

Hunt, J. 1996, "Has Work-sharing Worked in Germany?," NBER Working Paper 5724.

ILO. 1997, *Yearbook of Labour Statistics*, ILR Press.

ILO. 1995, "Perspectives," *International Labor Review*, Vol. 134 No. 2.

Neifer-Dichmann, E. 1991, "Working time Reductions in the former Federal Republic of Germany: A dead end for employment policy," *International Labour Review*, Vol. 130, No. 4.

OCDE Division de la Communication. 1997, "35 heures: mode d'emploi Dix questions-réponses pour savoir ce qui va changer," 13 Oct.

OECD. 1998, "Working Hours : Latest Trend and Policy Initiatives," *Employment Outlook*.

Problèmes économiques. 1998, "35 heures: l'état du débat," *Hebdomadaire,* N 2,561, 25 mars, La documentation Française.

Rubin, M. and R. Richardson. 1997, *The Microeconomics of the Shorter Working Week*, Ave.

Schmid, G.(ed.) 1994, *Labour Market Institutions in Europe: A Socioeconomic Evaluation of Performance*, M. E. Sharpe.

Seifert, H. 1991, "Employment effects of working time reductions of the former Federal Republic of Germany," in *International Labour Review*, Vol. 130 No. 4.

SNCF. 1999, "Accord National sur les 35 Heures," Juin.

Taddei, D.(ed.) 1997, *La réduction du temps de travail*, La documentation Française.

Thelen, K. 1994, *Union of Parts: Labor Politics in Postwar Germany*, Cornell University Press.

———— . 1989, "Neoliberalism and the Battle over Working-Time Reduction in West Germany," in Forglesong et al.(eds.), *Politics of Economic Adjustment*, pp. 65-85.

Treu, T. 1989, "Introduction," in A. Gladstone, R. Lansbury, J. Stieber, T. Treu and M. Weiss(eds.), *Current Issues in Labour Relations: an International Perspective, A Publication of the International Industrial Relations Association*, Walter de Gruyter·Berlin·New York.

Trinczek, R. 1995, "Germany: The Case of the Metal Manufacturing Industry," in OECD(ed.), *Flexible Working Time: Collective Bargaining and Government Intervention*.

White, M. 1987, *Working Hours: Assessing the potential for reductions*, ILO, geneva.

"노동시간단축, 미래를 위한 선택"에 대한 문답 및 토론[23]

포럼 참가자

노동시간단축이 경제에 미치는 영향

노동시간단축의 경제적 효과 분석은 모델 세우기 나름이다. 경제학의 한계로도 볼 수 있지만, 어떤 변수를 택하는가에 따라서 답이 달라진다. 오히려 경영자들을 설문조사하는 것이 더 맞지 않는가라는 이야기도 있고, 사람들의 생각이나 의지까지도 고려하는 연구가 필요하다고도 볼 수 있다. 노동시간단축의 고용창출 효과, 경제에 대한 영향 등에 대한 상반된 연구들이 있으므로, 지금까지의 경제적 효과에 관한 연구만으로는 이것이 옳다고 말할 수 없지 않을까 한다. 오히려 노동시간단축의 경제적인 효과가 문제라기보다는 우리나라의 기초적 여건이 사회적으로 성숙해 있는가가 중요하다. 은행부터 5일제를 실시하자라는 주장에 대한 반발은 현실적으로 불편해서라기보다는 '노동시간단축 자체가 용납이 안 되는' 차원에서 제기되고 있다고 본다. 한편으로 노동시간단축으로 경제적인 손실을 감수해야 하는 곳이 많은데 이것도 문제다. 시간외임금 삭감 등으로 임금이 주는 등의 결과가 예상되는 제조업에서는 노동자들이 달가워하지 않는다. 노동시간단축이 경제에 미치는 영향을 쉽게 판단할 수 없지만, 지금이 내수촉진을 펴야 할 시점인가 아닌가 하

---

23) 포럼 참가자들의 질문에 대해 발제자인 김성희 한국노총 중앙연구원 연구위원이 답한 내용과 그에 대해 혹은 다른 이슈에 대해 참가자들이 첨언한 토론 내용으로 구성되어 있다.

는 정책적 판단과 노동시간단축의 실시는 밀접한 관련이 있다. 내수촉진을 통해 경기부양이 필요하다는 판단을 한다면, 노동시간단축은 그를 위한 획기적인 방법이다. 하지만 노동시간단축의 비용을 감당하지 못하는 영세기업은 어떻게 되는가는 여전히 남아 있는 문제다. 함부로 이야기하긴 쉽지 않지만 장기적으로는 고부가가치 산업구조로의 변화를 촉진하는 것이 필요하지 않겠는가. 임금을 지급할 수준의 이익도 내지 못하는 기업은 생존할 수 없게 만들고, 고부가가치 산업을 육성한 스웨덴식 모델이 하나의 사례가 될 수 있을 것이다.

문 내수촉진을 통해 경기부양을 할 수 있다지만, 다른 나라의 경우를 보면 생산성 향상이 뒷받침되지 않는 내수촉진은 보통 인플레이션으로 귀결되곤 했다. 단위노동시간당 노동생산성 증대가 아니라면 내수촉진을 통한 경기부양은 무리가 아닌가?

답 유럽 전체가 저성장으로 헤매고 있을 때, 노동시간단축은 한 해법이 되었다. 한국의 경제정책 입안자들은 이런 생각을 잘 하지 않지만, 프랑스의 경우는 긍정적인 효과가 있었다고 본다. 어느 정도의 폭인가에 대해서는 논란이 있을 수 있지만, 노동시간단축에 생산성 증대 효과가 있다는 사실에 대해서는 대부분 인정한다. 노동시간단축제도가 갖추어지면, 기업이 이에 적응하면서 대응책을 마련해나가게 될 것이다. 그리고 생산성은 노동의 탄력화와 결합해 기업이 제대로 대처만 하면 높을 것으로 예상한다. 물론 이는 노동자에게는 노동강도 강화로 이어지므로 또 다른 문제가 될 수는 있다.

문 단위시간당은 그렇다 하더라도, 단위임금당 노동생산성이 높아질 것인가라는 문제가 중요하다.

답 자본주의는 굉장히 역동성을 가지고 있다. 시간당 임금이 높아졌을 때 굉장히 혁신이 빠르게 일어났다. 어느 시대에나 노동시간단축은 어렵다. 지금이 바로 그때다. 혁신을 위한 압력을 줄 수 있지 않겠는가.

노동시간단축, 시기상조인가

문 한국의 평균노동시간을 49시간이라고 보도한 타임지 보도를 보았
다. 한국의 법정근로시간은 44시간이지만, 이 상한선 규정이 표준
치로 악용되고 있는 것이 우리나라의 현실이다. 이러한 상황에서
노동시간단축이 실질적인 효과가 있을지 의문이다. 역사의 죄인이
되기 싫으면 근로시간단축하면 안 된다는 한 중소기업 경영자의
주장을 접한 적이 있다. 구조전환은 필요하지만, 한국은 선진국이
아니다. 아직 한국에서는 질보다는 양으로 메워야 할 부분이 많은
것 아닌가. 근로시간단축은 엘리트 노동단체, 엘리트 국가의 과도
한 요구가 아닌가.

답 실노동시간과 법정노동시간이 거의 일치해야만 여건이 성숙된 것
이 아닌가라는 시각은 충분히 일리가 있다. 그리고 노동시간단축
으로 기업비용이 늘어날 수 있고, 영세자영업이나 부실기업에 노
동시간단축이 미치는 영향이 크다는 것은 인정한다. 그럼에도 불
구하고 지금의 노동시간단축 논의는 선진적으로 나아가자라는 것
이 아니라 더 이상 이렇게 사회를 끌고 나가서는 안 된다라는 관
점에서 보아야 한다. 장시간 일하고, 과로사하기도 하고 재해도 많
이 발생하는 사회에서 노동시간단축은 시스템을 변화시키기 위한
중요한 전환점이라고 보며, 그렇다면 어느 정도는 그런 문제를 감
수할 수 있지 않겠는가.

문 시기상조라고 느껴지는 부분에 대해 몇 가지 지적하겠다.
① 우리나라 근로시간의 흐름을 보면 경제가 불황일 때 근로시간은
상승했으며, 1991-1993년 금융위기 이후 근로시간이 증가하고 있
다. 왜 이러한 현상이 나타날까. 이는 지금 단축이 필요한가에 대

한 중요한 판단근거가 될 것이다.

② 우리나라 노동시장의 이중구조로 인해 같은 능력, 배경이 있는 사
람이라도 2차 노동시장에 갈 수 있지만 결정은 경영 측의 선택에
의해 이루어진다. 이는 소득격차의 확대로 나타날 것이다. 현 단계
에서 노동시간단축을 하게 되면, 직접적 수혜자는 대기업의 핵심
근로자들이다. 생산성은 물론 노동비용도 증가할 것이고, 그 비용
은 2차 노동시장의 근로자에게로 전가될 것이라는 우려가 크다(발
표문에서도 이 문제를 지적하고 있다).

③ 고부가가치 산업구조로의 압력으로 작용할 것이라는 주장에 대한
반박이다. 물론 기업은 적응하려 노력하겠지만, 시간이 걸리고 비
용을 수반한다는 두 가지 문제가 걸린다. 불확실한 요인이 많다.
고부가가치로의 이동을 위해서는 특히 숙련기술을 가진 노동자가
필요하지만, 한국의 노동시장에는 고숙련·고학력 인력은 부족한
대신 저숙련·저학력 인력은 과잉이다. 이는 몇 개월 훈련으로 해
결되는 문제가 아니다. 이러한 전환과정에서 생기는 부정적인 경
제적 효과는 어떻게 해소될 수 있는가 등의 문제가 발생할 텐데,
이런 효과 역시 분석해야 하지 않는가.

답 지금 노동시간은 다시 늘어나고 있다. 그런데 노동시장의 구조변
동과 관련하여 그것이 어떤 영향을 미쳤는지 확인해야 할 것이다.
한편 이중구조의 문제가 발생할 우려가 크다는 점은 분명하다. 독
일의 사례를 참고할 필요가 있다. 하지만 구체적으로 한국의 경우
에 대한 대책논의는 현재 부족하다. 노동자 계층별로 연구가 잘 안
되어 있을뿐더러, 비정규직 규모 자체가 논란거리가 되고 있다. 대
표적 3D업종인 염색공단의 공장에 가보았다. 이러한 공장에서는
임금으로 승부할 수는 없다. 장시간노동을 시키는 대신 임금을 맞
추어주는 정도인 것이다. 그러나 이 사람들도 격주휴무 아니면 일
을 안 하는 추세라고 한다. 그곳 사람들도 생각이 바뀌고 있고, 사
용자들도 할 수 없이 격주휴무제를 실시하고 있다. 결코 시기상조

만은 아니다.

노동시간단축과 인력문제

문 노동시간단축은 임금노동자 이외의 사람들에게도 큰 영향을 미칠
것이다. 노동시장 중의 큰 이슈로, 여성문제, 고령층문제, 자영업자
문제가 있다. 우리나라 자영업자는 대부분 임금노동자도 안 되니
까, 영세하나마 자영업을 하는 것이다. 그리고 여성과 고령층은 잠
재능력을 발휘할 길이 막혀 있으므로, 어떻게 이들에게 최소의 인
간다운 생활을 보장하는 소득을 보장할 수 있는가를 생각해보아야
한다. 현재의 시스템에서 자영업자는 자신의 노력으로 돈을 번다.
자본소득은 거의 없다. 그러나 노동시간단축이 되면 자영업자들이
자기의 인건비도 안 나오니까, 버티지를 못하고 도시의 빈민이 될
가능성이 있으며, 이렇게 영세한 자영업자 수는 300-400만 명 정
도에 이를 것이다. 이들에게 노동시간단축은 구체적으로 어떤 영
향을 미칠까.

답 노동시간단축의 혜택에서 자영업자가 소외될 가능성이 가장 높다.
자영업자들도 근로자라는 개념으로 보호를 해줄 필요가 있다. 위
장 자영업자들도 상당히 많다. 건설운송노조 등이 대표적인데 이
들은 실질적으로 근로자이면서 서류상 자영업자로 존재하므로 각
종 혜택에서 소외되어 있다. 이들도 4대 보험 적용을 받게 해주는
등의 대책이 필요할 것이다.

휴일축소 문제

찬성 재계의 경우 원래는 지금의 수준으로도 양보하지 않으려 했다.
그러나 청와대의 의지로 휴일휴가와 교환하자는 의견에 동의한 것
이다. 휴가문제를 거론하는 것은 실리적이지 않다고 본다. 독일에

서도 근로시간단축으로 비정규직 확대를 허용했다. 어느 나라를 보더라도 노동시간단축은 근로시간 탄력화를 수반한다. 프랑스는 오히려 휴가를 확대하긴 했지만, 시간외 근로수당을 축소하고 연간탄력근로시간제를 도입했으니, 평균 소화하는 휴일도 많은 우리나라 상황에서 법정휴일수는 단축될 필요가 있다.

반대 노동시간단축 시행시 최대휴일은 22일 정도로 하자는 논의가 진행되고 있다고 알고 있다. 너무 많이 줄이는 것이 아닌가. 그리고 소규모 사업장에 있는 노동자들에게는 법정노동시간, 연차 같은 것 없다. 그래도 휴일을 줄이게 되면 그나마 사용자들에게 정당하게 요구하지도 못하게 된다는 것이 문제다. 노동시간을 줄이면 좋지만, 월차 폐지가 큰 문제이다. 근속연수에 따라 비정규직의 연차를 발생시키는 것으로 하는 안이 있는 것으로 알지만, 역시 총 휴일수가 22일이라는 것은 문제이다. 병원이 대표적인 케이스로, 거의 대부분의 사용자들이 근로시간 문제에서는 법을 어기고 있다. 그러나 5일 근무를 하면 쉬는 날과 그렇지 않은 날이 명확하게 보이기 때문에 노동일수의 규제 등에서 큰 변화의 가능성이 있다.

민주노총, 사회진보연대 등 노동시간단축에 대해 다른 시각을 가지고 있는 운동단체들과 논의를 하는 것이 더 필요하다. 본 토론에서는 운동진영 내 차이에 대한 토론은 미진할 수밖에 없어서 아쉬운 점이 남았다. 교육, 주택, 노후생활 등 한국은 사회적으로 보장받지 못하는 것이 너무나 많은 반면 기대노동생애가 너무 짧다. 그러니 임금을 높이라는 압력을 기업주에게 가하는 것이다. 이 정도는 받아야 교육도 하고 집도 사고 하므로. 따라서 한국의 경우 임금수준은 높다 해도 생활수준은 매우 낮다. 근본적으로 시간단축을 하면서 시스템 자체를 바꾸어야 한다. 임금수준이 조금 낮아지더라도 생활수준을 높일 수 있도록 하는 대안이 필요하다.

공공부문 노동운동의 현황과 발전방향

김태현*

1. 들어가는 말

공공서비스부문 노동운동은 규모는 물론 그 성격이나 노사갈등의 측면에서 노동운동의 새로운 중심으로 떠오르고 있으며, 정부와 노동조합 사이에 새로운 각축의 장이 되고 있다. 공공부문은 현재 전체 조합원의 27%를 차지하고, 규모에서 제조업에 맞먹으며, 단위노조 평균 조합원 수가 1,800명을 넘어 전체 평균의 몇 배가 되고, 조직률도 약 50%에 이른다. 이러한 주체적 조건은 공공서비스의 특수성과 맞물려 노동조합에 여러 가지 이점을 제공한다.

공공부문은 IMF 경제위기 이후 정부의 '신자유주의 구조조정의 선도부문이자 집중적인 공격지점'이었다. 이로 인해 '고용안정·복지 축소·민영화·해외매각' 등을 둘러싸고 크고 작은 노동쟁의들이 잇달았으며, 이처럼 '강요된 노동쟁의'는 '공공부문 개혁'의 쌍생아로 자리잡고 있다. 이 글에서는 공공부문 현황과 노동조합 실태를 정리하고, 과제를 살펴본다.

* 한국노동사회연구소 연구위원.

2. 공공부문 현황

1) 공공부문의 정의

공공부문 노동운동을 말할 때 가장 먼저 부딪히는 문제는 공공부문
(public sector)이란 무엇인가 하는 문제다. 이는 무엇보다도 노동조합의
조직범위와 관련하여 중요하다. 노동조합에서 조직범위는 조합원의 이
해관계 통합, 대표성 확보, 조합원 단결에서 효율적으로 운영될 수 있는
구조를 말한다. 일반적으로 노사관계에서 공공부분은 두 가지 방식으로
분류된다. 하나는 소유와 지배구조 측면을 기준으로, 다른 하나는 생산
되는 재화나 서비스 성격을 기준으로 분류한다.

먼저 소유와 지배구조 측면에서 공공부문이란 정부나 공공단체가 운영
하는 것을 말하며, 좁은 의미의 공공부문에 해당된다. 이는 노사관계에서
정부가 사용자로 되는 경우로 정부기관뿐 아니라 정부투자기관, 출연기관,
공공법인체 등을 포함한다. 두번째는 광의의 의미로 생산되는 재화와 서
비스의 내용에서 '공공재(public goods)'를 생산하는 공공서비스부문을 공공
부문으로 정의하는 방식이다. 두 가지 정의는 상당 부분 중복되며, 이는
사회적 조건, 정부의 성격과 자본주의 발전 정도에 따라 변화한다.

노동운동이나 노사관계 측면에서 보자면 전자의 개념을 중심으로 사
용하면서, 후자의 관점을 염두에 두는 것이 올바르다. 만일 생산되는 재
화나 서비스 성격을 중심으로 바라볼 경우 공공서비스부문의 대상은 지
나치게 확대될 수 있고, 이는 조직 내부의 동질성을 현저히 약화시킬
것이다. 특히 단체교섭과 관련하여 공공·민간 부문의 혼재(즉 동일서비
스, 이질적인 사용자의 존재)는 교섭구조를 어떻게 설계할 것인가의 문제
를 낳는다. 그러나 다른 한편 필수 공공서비스부문의 소유권이 비록 민
영화 과정에서 민간부문으로 이전된다 하더라도 사업내용상 공공성이
큰 부문은 공공서비스부문으로 정의해야 할 것이다(전력이나 통신의 경우
대표적이다).

2) 공공부문 현황

공기업은 출자자가 중앙정부나 지방자치단체냐에 따라 국가공기업과
지방공기업으로 양분되는데, 국가공기업은 다시 정부투자기관, 출자기
관, 출연기관 및 재투자기관으로 나누어진다.[1] 2000년 현재, 공공부문
노동자수는 1,219,590명이며, 전체 임금노동자 1,314만 명의 9.28%를
차지하고 있다. 이는 일본의 11%, 독일의 17.9%, 영국의 19.9%에 비
해 작은 규모이다(강충호, 2000, 「공공부문 단체교섭의 실태조사」). 그 구
성을 살펴보면, 공무원이 약 88만 명으로 70%를 차지하고 있으며, 그

---

1) • 투자기관은 정부가 납입자본금의 50% 이상을 소유하고 있는 공기업으로서
   대개 특수 공공사업을 수행하기 위해 특별법에 의해 설립되며 정부투자기
   관관리기본법에 의해 관리된다. 예외적으로 한국산업은행, 중소기업은행,
   한국수출입은행 등과 은행법 제2조의 규정에 의한 금융기관들은 정부가 납
   입자본금의 50% 이상을 출자하였음에도 불구하고 정부투자기관관리기본법
   의 적용에서 제외되어 정부투자기관으로 분류되지 않는다.
   • 출자기관은 정부가 납입자본금의 50% 미만을 소유하고 있는 기업으로서 개
   별 설립법이나 사업법에 근거하여 주무부처의 통제를 받는다. 최근 구조조
   정의 과정에서 그간 정부투자기관에 속했던 한국통신, 가스공사, 담배인삼
   공사 등은 출자기관으로 전환되었다.
   • 재투자기관은 투자기관이나 출자기관이 다시 투자한 기관으로서 각 기관별
   로 독립된 법령에 의해 설립되었으므로 국가의 직접 통제를 받는 것은 아니
   나, 투자·출자기관의 통제를 통해 간접 영향을 받는다.
   • 지방공기업은 대개 지역주민생활에 필수적인 재화 및 서비스를 제공하고 있
   는데, 주로 수도, 가스, 의료, 주택, 운수 등의 사업을 행하고 있다.
   • 정부산하기관 중에서 출연기관은 국가 또는 지방자치단체 등의 예산출연으
   로 설립되고 기관운영에 필요한 상당분의 경비도 예산으로 지원되고 있는
   기관을 말한다. 주로 연구기관 등 공익상 필요한 서비스이나 수익성이 희박
   하여 민간기업이 존재하지 않으므로 기관별 설립근거법령에 의해 정부 산하
   기관으로 설립되어 있다.
   • 위탁기관은 정부를 대신해서 공공목적으로 등록, 검사, 허가 등을 수행하는
   기관, 단체 및 자회사를 말하는데, 법령에 근거하여 회비, 수수료, 부담금 등
   을 징수하거나 특수목적사업을 영위하면서 운영수입을 충당한다.
   이밖에 특수법인 형태의 공공법인체는 관계법에 의해 기관운영에 필요한 재원
   을 정부의 일부 보조 등으로 충당하는 법인들이다.

<표 1> 공공부문의 고용현황

구분	세부구분	내용	고용인원	비고
정부기관	국가공무원	일반행정 및 현업기관	144,680	일반행정 80,529 현업(철도,체신)64,151
	지방공무원	각 시·도 및 교육청	310,053	지방자체단체 250,445 (시도 65,128/시군구 185,317)
	공안공무원	법무, 경찰, 소방	115,682	법무 20,514 경찰 95,011/ 소방157
	교육공무원		289,140	사립학교 교원 제외
	소 계		859,555	
공기업	정부투자기관	조폐공사 등 13개	57,183	
	정부출자기관	담배인삼공사 등 13개	150,000	* 인원수 추정
	재투자기관	한전기공 등 67개	50,000	* 인원수 추정
	지방공기업	서울지하철 등 89개	30,349	지하철 4, 의료원 35, 도시개발 11, 시설관리공단 24, 제3섹터형 공사9,기타 6
	소계	182개 기업	287,532	
정부출연·위탁·보조기관	정부출연기관	산업연구원 등 105개	43,503	연구기관55, 비연구기관44, 비연구기관자회사 6
	정부위탁기관	공무원연금관리공단 등 68개	28,000	위탁기관 45, 자회사 23
	보조연구기관	국방군사연구소 등15개	1,000	전체보조기관수는 27개, 부처산하에 210개
	소계	188개 기관	72,503	
합계			1,219,590	

중 지방공무원이 31만 명, 교육공무원이 29만 명, 그리고 국가공무원이 12만 명이며, 공기업 종사자는 29만 명이다.

공기업의 고용현황을 보면, 13개 정부투자기관에 5만 7천 명, 담배인삼공사 등 13개 정부출자기관에 15만 명, 67개 재투자기관에 5만 명, 그리고 89개 지방공기업에 3만 명 정도가 각각 고용되어 있다,

지방 공기업의 경우, 가장 많은 수를 차지하고 있는 것은 의료원 35개이며, 도시개발 11개, 시설관리공단 24개, 제3섹터형 공사 9개, 기타 6개이며, 숫자는 작지만 직원수로는 지하철공사 4개가 가장 많은 수를

차지하고 있다. 총 89개로 노동자수는 30,349명이다.

출연기관은 연구기관 54개, 비연구기관 44개, 비연구기관의 자회사 6 개 등 총 105개 기관에 약 4만 3,000명이 속하고 있다. 또한 위탁기관 은 68개 2만 8,000명이 근무하고 있으며, 보조기관은 15개에 1,000명 이 근무하고 있으며, 정부산하기관에는 모두 72,503명이 일하고 있다.

3. 공공부문 노동조합의 현황

공공부문 노동조합은 현재 약 222개 노동조합, 조합원수 413,578명 으로, 우리나라 전체 노조수의 3.9%, 조합원수의 27.9%를 차지하며, 단위노조 평균조합원수는 1,862명으로 전체 노조 평균인 263명에 비해 7배나 크다. 제조업 산별연맹 조합원수가 464,989명임을 고려하면, 공 공부문 노조가 차지하는 위치가 점차 커지고 있음을 알 수 있다.

1988년의 경우, 노조수 210개, 조합원수 29만 4,000명, 우리나라 전 체 노조수의 3.4%, 조합원수 기준 17.2%, 조합당 평균 조합원수 1,400 명에 비교하면, 노조수는 조금밖에 늘지 않았으나 조합원수는 30% 이상 늘었다는 것을 알 수 있다. 조합원수가 증가한 이유는 교사의 단결권이 보 장되고, 1988년 이후로도 지속적으로 노조가 결성되었기 때문이다.

그리고 분산성은 공공부문 노동조합의 또 다른 특징이다. 한국노총 산하에는 16개 산별연맹에 104개 노조, 215,327명의 조합원이 있으며, 민주노총 산하에는 공공연맹을 비롯하여 8개 연맹 106개 노조에 197,078 명이 있고, 독립노조가 12개, 노조 1,173개가 있다. 즉 무려 24개의 산 별연맹으로 나뉘어 분산되어 있는 것이다. 특히 13개 정부투자기관의 경우, 14개 노동조합이 6개 상급단체로 나뉘어 있다.

1988년 현재 공공연맹 29만 4,000명 중 1987년 6·29 이전에 결성된 노조수가 32개, 17만 9,000명에 불과한 점을 고려하면, 교원노조를 포 함하여 대부분의 공공부문 노조가 6·29 이후 결성된 신생 노동조합임

<표 2> 연맹별 공공부문 노동조합 현황

노총	연맹	조합수	조직규모	조직대상
한국노총	철도노조	1	25,816	철도청
	전력노조	1	24,367	한국전력
	정보통신연맹	6	3,999	한국공중전화, 한통기술 등
	금융(일부)	13	41,775	산업은행 등
	담배인삼	1	6,240	담배인삼공사
	도시철도	3	6,145	도시철도,대구지하철
	공공서비스	11	10,745	근로복지공단 등
	공공건설	3	4,922	도로공사 등
	정투연맹	16	16,247	주공, 토공 등
	한교조	1	25,014	교사
	체신	1	23,492	체신공무원
	연합	42	22,588	서울시청 등
	관광	2	188	88관광개발 등
	광산	1	3,051	석탄공사
	자동차노련	1	714	교통안전공단
	항운	1	24	해사위험물검사소
	소계	104	215,327	
민주노총	공공연맹	68	81,796	한통, 농업기반, 관광공사
	전교조	1	75,000	교사
	보건의료노조	3	12,316	국립대,지방공사의료원등
	사무금융	22	19,590	농협, 축협 등
	언론연맹	9	6,880	KBS 등
	대학노조	1	1,298	15개 국립대학
	민간서비스	1	13	제주국제컨벤션
	금속산업연맹	1	185	한양공영
	소계	106	197,078	
독립노조		12	1173	대전엑스포공원 등
합계		222	413,578	

을 알 수 있다.

그리고 공공부문의 산별노조 전환이 가속화되고 있다. 한국통신, 체신, 철도는 그 자체가 전국 규모의 노조이며, 전교조, 한교조, 보건의료노조처럼 기업별 틀을 깨뜨린 산별노조가 결성되어 있다. 그리고 과기노조와 연전노조 등 소산별노조로 전환한 조직도 있다.

정부기관 노동조합은 철도, 체신노조, 국립의료원으로 구성되어 있다가, 1999년 7월 교원노조 합법화로 전교조와 한교조가 결성되어 가장

<표 3> 투자기관 노동조합 현황

노조명	상급단체	조합원수	설립일자
한국조폐공사	공공연맹	1,142	88.2.14
농수산물유통공사	정투노련	396	89.1.28
대한석탄공사	광산노련	3,051	80.12.13
대한주택공사	정투노련	2,773	87.8.8
한국토지공사	정투노련	1,542	87.9.1
한국관광공사	공공연맹	625	74.8.22
한국전력공사	전력노조	24,367	63.5.13
대한광업진흥공사	정투노련	278	88.12.19
한국수자원공사	정투노련	2991	87.11.12
농업기반공사	공공연맹/연합노련	1,955/4,088	88/90
한국석유공사	정투노련	613	88.10.19
대한무역투자진흥공사	정투노련	230	88.5.2
한국도로공사	공공건설노련	4,167	87.9.1
계	6개	48,218	

주: 농업기반공사의 경우 노동조합이 2개 존재한다(공공연맹 산하 공사노조, 연합노련
산하 농지개량조합노조)

<표 4> 분류별 공공부문 노동조합 현황

구 분		노동조합수	조합원수	비고
정부기관	공무원	6	149,768	철도, 체신, 교원
	비공무원	34(48)	18,144	
	소계	40(54)	167,912	
공기업	정부투자기관	14	44,043	한국통신 등
	정부출자기관	15	80,184	
	재투자기관	48	17,393	
	지방공기업	24(51)	22,459	
	소계	101(128)	164,079	
정부출연기관		23(59)	18,327	
특수·재단·사단법인		62(76)	60,731	
공공부문 전체		226(317)	411,049	

주: ( ) 안은 산별노조나 업종별 노조의 지부를 포함한 숫자임.

많은 조합원수를 자랑하고 있다. 단, 교원노조원수는 사립학교 교원도
포함한 숫자이다(이들은 보수 등에서 공립교원과 같은 대우를 받고 있음).
한편 지방자치단체에서 일하는 기능직·고용직 공무원 중 사실상 노무에
종사하는 공무원으로 구성되는 자치노조는 1999년 6월 서울시내 각 구

청 소속 고용직 공무원들이 서울지역자치단체노동조합을 결성한 이래, 9월에는 전국지방자치단체노동조합으로 재출범하였다. 자치노조의 가입 대상은 전국 자치단체 소속의 기능직·고용직 공무원으로서 기능직 10만 명, 고용직 5,000명으로 전체 지방정부 공무원 30만 명의 약 1/3 수준에 이른다. 자치노조의 설립에 대해 노동부와 서울시 등은 조례가 없다는 이유로 노조 설립신고를 반려하였다.

아직까지 단결권이 보장되어 있지 않은 공무원의 경우, 6급 이하 공무원을 대상으로 한 공무원직장협의회만 인정되고 있는 실정이다. 1998년 '공무원직장협의회설립·운영에관한법률' 및 관련조례의 제정으로 설립되기 시작한 공무원직장협의회는 전국에 걸쳐 우후죽순으로 설립되었고, 지난 3월 전국공무원직장협의회총연합(전공련)이라는 연합체를 결성하였으며, 현재 가맹조직수 80여 개에 가맹회원수는 4만 명에 이른다. 그리고 비공무원인 정부기관 노동조합은 대부분 시청 환경미화원이나 공원관리 등 지방자치단체 상용직 노조, 국립대 직원노조들로 구성되어 있다.

공기업 중에서 투자기관과 출자기관은 거의 대부분 노동조합이 결성되어 있으며, 지방공기업에서 가장 많은 숫자는 지방공사의료원이지만 이들은 현재 보건의료노조에 가입되어 있다.

4. 공공부문 노사관계의 현황

1) 공공부문 노사관계의 일반적 특징

(1) 정부와의 관계

공공부문 노사관계는 정부가 사용자라는 측면에서 민간부문과 분명하게 구분된다. 특히 임금과 노동조건, 그리고 기관 운영 전반에 걸친 정부의 지배와 개입은 노사관계의 성격을 좌우하고 있다. 공무원의 경우, 정부가 예산권을 가지고 지배하고 있다(단, 공무원은 예산안이 정부에 의

해 결정되더라도 최종적으로는 국회나 지방의회에서 확정되는 절차를 거친
다). 공무원과는 달리 공기업의 경우, 국가가 일차적인 사용자로 나서지
는 않는다. 또한 정부가 기관의 일상적인 운영이나 행정에 관여하지도
않는다. 하지만, 정부의 관련 부서가 법령에 근거해 각종 지침을 제시하
면 경영진은 이를 따를 수밖에 없다. 결과적으로 공공부문 노사관계는
정치환경에 영향을 받으며, 이에 따라 그 성격과 방향이 결정된다.

사실 공기업의 경영은 항상 경영상 문제를 안고 있었다. 특히 통제와
책임의 소재 문제는 대표적이다. 공기업은 정부의 직접통제로부터 자율
적인 구조를 갖도록 한다는 의미에서 의도적으로 설립된 기관이다. 만
일 통제가 지나치게 엄격하면 독립기관으로 설립한 이점이 사라진다.
역으로 통제가 지나치게 느슨하면 공기업으로 유지할 유인이 없어지고
만다. 이러한 특징들은 책임성 측면에서 혼란을 가져온다. 공기업은 정
부부문일 뿐 아니라 상업적으로 활동하는 조직이다. 상업적으로 활동하
나 주주가 존재하는 것은 아니다. 정부 소유라고는 하나 정부가 재정을
충당하는 것도 아니다. 자체 경영진과 이사회가 있지만, 동시에 정부부
처에 책임을 진다.

공공부문의 경우, 사용자 개념이 불분명하다는 특징을 가진다. 즉 공
공부문에서 경영의 권위는 정부부처나 직접적인 사용자 사이에 분산되
며, 다른 한편으로는 실질적인 경영진과 형식적인 경영진 사이에서 나
뉘기도 한다. 그 결과, 공공부문에서 경영진의 교섭 책임은 "일반적으로
분산되고 분할되며 공식적인 책임이 실질적인 책임과 구별된다." 이러
한 경영책임의 분산성은 공공부문의 단체교섭 전략에서 '다면적 교섭
(multilateral bargaining)'이 나타나는 중요한 근거를 제공한다.

(2) 대중과의 관계

공공부문 노사관계가 갖는 또 다른 특성은 공공부문에서 생산하는 재
화와 용역의 성격이 공공성을 띠고 있으며, 일반대중이 그 서비스의 주
요 고객이라는 점이다. 이 때문에 단체행동이 여론에 미치는 영향이 크

고, 때로는 단체행동권이 제약을 받는다. 노조의 단체행동은 집단이기주의로 매도되기 일쑤다. 많은 경우, 공기업은 민간기업과 같이 이윤을 극대화하기 위해 노력하기보다는 공공서비스라는 설립목적을 실현하도록 요청받는다. 그러나 최근 들어 경영상의 주요 평가기준으로 경영합리화, 민영화, 상업화가 제시되면서 공공부문의 본래 취지인 공공서비스 정신이 쇠퇴하고 있다.

(3) 단체행동의 성격

공공부문은 일반적으로 전국수준에서 대규모화된 산업의 특성을 가지므로 노동조합의 규모가 크고, 중앙집중성이 높다. 또한 쟁의가 발생하면 전국적인 쟁의로 나타난다. 이것은 공공부문이 제공하는 서비스의 공익성과 결합하여 공공부문의 노사갈등이 국민생활에 미치는 영향력이 크다는 것을 의미한다.

공공부문에서 나타나는 정치적 영향력은 시장조절 메커니즘이 제대로 작동하지 않는다는 사실과 맥을 같이한다. 그 결과 공공부문 노동조합에서 단체행동, 즉 사용자에 대한 경제적 제재가 갖는 한계는 분명하다. 즉 민간부문에서 노동조합의 성공은 궁극적으로 사용자의 이익을 위협에 빠뜨릴 수 있는 능력에 의존한다. 반면 공공부문 노동조합은 그들이나 사용자가 활동하고 있는 정치적 환경에 영향을 미칠 수 있는 능력에 의존한다. 이러한 정치적 영향력은 정치적인 산수(시민들의 투표성향에 영향을 미칠 수 있는 능력), 공공서비스의 공급중단에 따른 정부의 정치적 타격과 선거구민의 잠재적인 지원축소, 그리고 공공노조 간부들이 가지고 있는 정치적 연결망에서의 위상 등에 좌우된다. 즉 노동조합의 전략은 강한 정치지향성을 띠는 것이다. 그러나 다른 한편 이러한 정치적 행동에 대한 선호는 노조지도자의 단체행동을 기피하게 만들고, 또한 그것이 발생하더라도 이를 노동자들이 가진 불만에 대한 '정치적' 표현으로 이용하게 만든다.

2) 공공부문 노사관계의 현황

우리나라 공공부문의 경우, 현업공무원을 제외한 공무원에 대한 단결권의 금지, 공무원인 노동조합의 교섭권 형해화 및 단체행동권 봉쇄 등으로 공무원의 노동기본권을 극도로 억제해왔다. 이는 ILO의 원칙과 조약에 위배되는 것이며, 수차례에 걸쳐 ILO 권고를 받아왔다. 그동안 정부는 단체교섭권이나 단체행동권에 대한 제약, 가이드라인이나 예산안 통제, 이사회나 사장의 임면권을 통해 공공부문 노사관계에 직접 개입해왔으며, 이로 인해 파행적인 노사관계가 형성되었다. 더욱이 기업별노동조합주의에 의해 대정부 영향력은 극도로 왜소화되어 있으며, 기업별 교섭이 일반적이었다. 이로 인해 공무원과 공기업의 임금인상률은 민간부문에 비해 매우 낮은 수준에 머물러 있는 실정이다(<표 5> 참조).

(1) 공무원

오랫동안 철도, 체신, 국립의료원 현업공무원만 단결권을 인정받았다. 또한 현업공무원은 형식상 단체교섭권이 있으나, 임금협약은 체결조차 하지 못하고, 공무원노조협의회를 통한 비공식적 접촉과 건의 정도에 머물러 있으며, 실질적 교섭권을 박탈당해 있다. 아울러 단체행동권 금지 법률이 위헌이라는 판정이 났지만, 개정조차 하지 않고 있는 상황이다.

<표 5> 공공부문 임금 가이드라인 및 타부문의 평균임금 인상률 비교(%)

연도	91	92	93	94	95	96	97	98	99	2000
공무원 임금인상률	12.7	9.8	3.0	6.2	6.8	9.0	5.0	(삭감)	-4.5	6.7 +7.5
정투 가이드라인	5.0	5.0	3.0	5.4	5.0	8.0	5.0	-4.1	-4.5	5.5
비농전산업	17.5	15.2	12.2	12.7	11.2	11.9	7.0	-2.5	12.1	

주: 정부투자기관 임금 가이드라인은 1995년까지는 기본급기준, 1996년부터는 총액기준.
출처: 강충호(2000), 「공공부문 단체교섭의 실태조사」에서 재인용.

교원노조는 오랜 투쟁을 거쳐 노사정위원회의 합의를 거쳐 1999년 7월부터 합법화되어 민주노총의 전교조와 한국노총의 한교조가 설립되어 있다. 공립교사의 경우, 교육부장관과 1년간에 걸친 단체교섭 끝에 단체협약을 체결하려 했으나, 기획예산처가 제대로 예산에 반영하지 않아 실질적 교섭권을 박탈당하는 결과를 빚었다. 더구나 사립학교의 경우, 사학재단이 사용자단체로서 교섭을 하도록 법제화되어 있음에도 불구하고 재단 측에서는 교섭을 거부하고, 정부는 이를 수수방관하고 있어 단체교섭조차 하지 못하고 있는 실정이다.

아직까지 단결권이 보장되지 않은 공무원의 경우, 노조의 전(前)단계로 6급 이하 공무원을 대상으로 한 공무원직장협의회만 인정되고 있다. 이 직장협의회의 경우에는 원래는 노조의 전 단계로서 설립되었지만, 실제로는 가입범위도 대폭 축소되어 있고, 고충처리 기능을 제외하고는 실질적 협의 기능을 하기 어렵도록 법령에 명시하고 있다.

한편 공무원은 아니지만, 자치단체에 근무하는 상시일용직(상용직) 노동자는 주로 환경미화원이나 공원관리 등의 업무를 맡고 있는데 점차 민간위탁으로 바뀌어가고 있다. 지방자치단체가 직영하는 환경미화원의 경우 연합노련에서 지자체노조대표자회의를 거쳐 연합노련 측과 행정자치부에서 비공식 교섭을 하고, 그 결과를 다음해 '환경미화원 예산편성기준'에 반영하는 정도다. 단체교섭은 지방자치단체별로 이루어지는데, 서울시의 경우 서울시청노조와 구청으로부터 교섭권을 위임받은 서울시(그러나 교섭단에는 각 구청에서 참여)가 교섭을 한다.

(2) 공기업

정부투자기관관리기본법에 의하면 투자기관 임직원의 보수는 기획예산처장관이 작성·통보하는 '정부투자기관예산편성지침'에 따라 이사회가 정하도록 되어 있고, 투자기관의 사장이 편성한 예산은 이사회의 의결로 확정되도록 되어 있다. 따라서 노동조합의 경우, 실질적인 교섭권은 제한되어 있다. 최근 공공부문 구조조정지침을 통해서 퇴직금누진제 폐지, 연봉제 및 계약제 도입 등 각종 지침이 남발되어 단체교섭권이 더욱 유명무실해지고 있다.

출자기관 역시 설립법이나 사업법에 근거하여 주무기관의 통제를 받으며, 감사원 감사 등을 받기 때문에 정부의 감독이나 통제로부터 자유롭지 못하다. 특히 감사원 감사에서 정부예산지침을 벗어난 이면합의 등을 문제삼고 있으므로 어려움이 있다. 재투자기관 역시 '정부투자기관의 출자회사 설립 및 관리지침'을 통해 통제가 가능하고 모기업이 사장임면권을 갖고 있으며, 역시 감사원 통제를 받으므로 정부로부터의 간섭을 받을 수밖에 없다.

지방공기업의 경우, 지방공기업법상 행정자치부에서 '지방공기업 예산편성지침'을 통해 간섭하고 있으며, 사장임면권이나 이사회 구성에 지방자치단체가 개입하므로 자율교섭이 이루어지기 어렵다.

(3) 출연·위탁·보조기관

정부는 1999년에 '정부출연연구기관등의설립·운영및육성에관한법률'을 제정하여 감독기관을 국무총리로 일원화하고 5개 연구회를 신설하였다. 이에 따라 국무총리가 작성한 예산요구기준에 근거하여 작성·제출하고 해당 연구회의 승인을 얻어야 한다. 비연구출연기관의 경우에는 기획예산처가 제시하는 예산편성지침의 구속을 받는 주무부처의 승인을 얻어야 하므로 모두 정부의 직접적인 통제하에 있다. 더욱이 감독기관 이사회에 주무부처에서 당연직 이사로 참여하므로 인사예산 및 제반 운영을 실질적으로 주도하고 있다.

형식적으로는 엄연한 민간단체인 위탁·보조기관에 대해서도 경영진 임명 등을 통해 개입하고 있을 뿐만 아니라, 기획예산처에서 '정부출연·위탁기관 경영혁신 추진계획'을 발표하여 기관의 폐지, 통폐합, 민영화, 인력감축 등을 추진하였다. 1999년 9월에는 정부보조기관 등 경영혁신 추진계획을 통해 마찬가지로 인력감축, 인건비 및 복리후생비 축소, 퇴직금누진제 폐지 등을 추진하였다.

3) 구조조정의 현황

김대중 정부는 IMF 위기 이후 공공부문 개혁을 4대부문 개혁의 일환으로 발빠르게 진행해왔으며, 특히 공공부문의 경우 ① 인력감축 위주의 노동자 희생, ② 민영화, 해외매각 등 공공부문의 축소, ③ 절차상 노동자 배제, ④ 남겨진 공공부문 역시 경영혁신을 추진해 효율성과 수익성을 제고하는 방향으로 노동배제적 신자유주의 구조조정을 추진해왔다.

(1) 인력감축

정부는 인력감축을 공공부문 구조조정의 주된 목표로 설정하여 2000년 말까지 총 13만 1,000명을 감축, 원래 목표(13만 명) 대비 804명 초과 달성하였다고 자화자찬하였다. 이 규모는 1997년 말 현재 인원에 비

<표 6> 공공부문 인력감축 현황

(단위: 천 명)

| | 인원 (97년말) | '98~'01 계획(A) | '98~'00년 | | | | 진도율 (C/A,%) | 인력감축 비율 | '01년 계획 |
			계획(B)	실적(C)	(C/B,%)				
계	727	142.6	130.3	131.1	101	92	18.3%	12.8
중앙부처	162	26.0	21.9	21.41	98	82	13.2%	4.6
지자체	298	56.6	49.5	49.5	100	87	16.6%	7.1
공기업	166	41.2	41.2	41.72	101	101	25.1%	-
산하기관	101	18.8	17.7	18.53	105	98	18.3%	1.1

주: 1. 항만공사법 지연에 따라 502명은 '01년으로 이월
　　2. 조폐공사 260명, 농업기반공사 174명 등 초과감축
　　3. 건강보험공단 1,080명, 우정산업진흥회 63명 초과감축

<표 7> 2001년 공공부문 인력감축계획

중 앙 부 처	산 하 기 관
정통부(3,756): 집배분야(1,297), 발착분야(1,635) 등	건강보험공단 607
해수부(436): 부산·인천항만관리공사화(375)등	환경시설관리공사 302
철도청(341): 공안요원 감축(341)	교통안전공단 157
농림부·재경부(66): 종자관리소 지방이양(55) 등	산업디자인진흥원 15

해서 18.3%에 해당되는 비율이 감축된 것이다. 특히 공기업의 경우 25.1%로 가장 많은 인력감축이 추진되었다. 올해에도 1만 2,000명이 넘는 인력감축을 추진할 계획이다.

(2) 민영화·해외매각

11개 민영화대상 공기업 중 국정교과서(1998. 11), 종합기술금융(1999. 1), 송유관공사(2000. 4), 포철(2000. 10), 종합화학(2000. 11), 한중 (2000. 12) 6곳을 완료하고 5곳을 추진중이다. 남은 5개 가운데서도 한전은 한전민영화관련 전력산업구조 개편 3법이 공포(2000. 12. 23)되고, 발전자회사 분할방침이 며칠 전에 확정돼 2002년 민영화가 추진중이다. 한국통신의 경우는 민영화촉진을 위한 전기통신사업법이 개정·공포(2001. 1. 8)되어 외국인 주식소유한도가 33%에서 49%로 늘어났으며, 2002년 6월까지 정부지분(59%)을 국내외에 매각했다. 담배공사는 정부·은행지분(53%)을 DR발행 등을 통해 매각하고, 난방공사는 금년중 지분 51% 매각(정부·한전지분 중심)하고, 가스공사는 2002년까지 도입·도매부문 2개 자회사를 매각하기로 하여 2002년까지는 11개 대상 공기업 모두 민영화 또는 해외매각될 예정이다.

<표 8> 공기업(모기업) 민영화 현황

6개 공기업 민영화 완료	
국정교과서(98.11)	대한교과서에 매각완료(460억)
종합기술금융(99.1)	미래와 사람에 매각완료(93억)
대한송유관(00.4)	주주5사(SK, LG, S-Oil, 현대정유, 인천정유)에 매각완료(1,970억)
포항제철(00.10)	DR 3회 발행(17억불), 국내매각 3회(8,442억)
한국종합화학(00.11)	주총에서 해산결의, 청산절차 진행중
한국중공업(00.12)	국내공모(00.9;1,250억), 지배주주선정 00.12;3,057억)
5개 공기업 민영화 추진계획	
한 국 통 신	02년까지 정부지분(59%)을 매각, 민영화 완료
한 국 전 력	금년 상반기 발전부문 분할, 02년부터 민영화 추진
담배인삼공사	금년 중 정부지분(53%)을 매각, 민영화
지역난방공사	금년 중 정부/한전지분(51% 이상) 매각, 경영권 이양
한국가스공사	금년 중 도입/도매부문 분할, 02년까지 정부지분 매각민영화

출처: 기획예산처(2001. 1. 17).

<표 9> 공기업자회사 민영화 계획

구분	정리방안		2001년	2002년
정리 민영화 29개	민영화 2 9 개	독자 민영화 (17개)	농지개량, 한국냉장, 노량진수산시장, 한전기술, 한전기공, 파워콤, 한전산업개발, 뉴하우징, 한국건설관리공사, 한통파워텔, 한통기술, 한통진흥, 한통산업개발, 대한토지신탁, 한국토지신탁, 고속도로관리공단, 고속도로정통공단	
		모기업과 같이 민영화 (12개)	한국인삼공사, 한국연초인삼홍콩유한공사, 한국지역난방기술, 안산도시개발(4개)	한국가스기술공업, Korea LNG, 한통하이텔, 한국해저통신, 공중전화, 한통프리텔, KTAI, KTJC(8개)
		소계	21개	8개
	통폐합 등 6개		한양목재, 한양공영, 수자원기술공단, 한통엠닷컴, 한국가스엔지니어링(5개)	KTPT
	기타 1개		한국부동산신탁(채권단 결정)	
	합계(36개)		27개	9개
존치(5개)			한전원자력연료, 한전KDN, 경북관광개발공사, KCCL, KSL	
총계(41개)				

출처: 기획예산처, 2001. 3. 2.

아울러 61개 공기업 자회사 중 18개를 민영화 또는 통폐합하였으므로, 실제 민영화는 이 수를 초과한다. 잔여 43개 자회사에 대해서 기획예산처 '공기업자회사 민영화계획'에 따르면 36개에 대하여 민영화 또는 통폐합을 올해 및 내년까지 정비할 계획이다.

포철, 한국통신, 한전은 국가기간산업이자 필수공익사업이며, 대표적 흑자공기업임에도 불구하고 밀어붙이기 식 민영화와 해외매각을 추진함으로써 공공성을 훼손하고 있다는 비판을 받을 수밖에 없다.

더구나 해외매각은 국내 주가보다 저평가된 값으로 팔려나감으로써 초국적자본의 배만 불리는 헐값 매각이라는 비판을 받을 수밖에 없었다. 예를 들어, 지난해 10월 정부는 산업은행 지분의 포철주식을 전량 매각하는 과정에서 6월에 비해 무려 600억 원의 손해를 보았음에도 불구하고 밀어붙이기로 해외매각을 강행하였다. 이는 한전과 한국통신에서도 그대로 뒤풀이되고 있다. 그 결과 포철, 한전 등에서는 현재 외국인이 최대 주주이며, 민영화계획 입안도 IMF와 미국, 일본의 압력을 받아서 추진된 것으로 드러나고 있어 굴욕적 헐값 해외매각이라는 비판이 일고 있다.

(3) 경영혁신＝임금·복지의 축소

기존 남아 있는 공공부문에서도 경영혁신의 내용을 들여다보면, 시장지향의 유연화정책과 더불어 임금·복지의 축소로 드러나고 있다.

- 연공서열식 보수체계에서 성과중심의 보수체계로, 계약제의 도입(출연기관 연봉계약제 도입은 61개 도입으로 100% 목표를 달성): 이 과정에서 노동조합의 영향력 축소, 사용자의 권한 강화가 나타났음.
- 개방형 인사제도의 도입
- 복지후생 축소: 퇴직금누진제 폐지(219개 기관 중 98%인 215개 완료), 대학생 학자금지원의 융자 전환, 체력단련비 폐지 등
- 기타: 이사회제도의 개선, 시장공채제도, 경영계약제도의 도입 등
- 산하기관 폐지·통폐합, 외부위탁 등 기타 경영혁신과제도 대부분 목표 달성

<표 10> 공기업의 경영혁신 유형 및 실태

과제	대상	실적	비고
산하기관 폐지·통폐합	22개	22개 (100%)	• 식품위생연구원＋보건의료관리원 → 보건산업진흥원 등
외부위탁	209건	209건 (100%)	• 전산, 시설관리, 경비업무 등
자산매각	257건	254건 (99%)	• 미완료된 대전 열병합발전소 등 3건은 1월중 자산관리공사에 매각위탁계획
자회사 정리	26개	26개 (100%)	• 매일유업, 한국통신CATV 등
출연(연) 연봉·계약제 도입	61개	61개 (100%)	• 한국교육개발원, 한국과학기술연구원 등

이러한 목표달성에 커다란 역할을 하였던 것이 정부의 '경영혁신 미흡기관에 대한 예산배정 유보조치'였다. 2001년 1월 정부는 퇴직금누진제 미폐지, 학자금지원, 연월차수당 등 기업복지제도 유지, 감사원 지적사항 미해결 등을 이유로 총 65개 기관에 총 1조 3,122억 원의 예산배정을 유보하였다. 예산유보 내용을 구체적으로 보면, 9개 국립대병원의 경우 퇴직금 미폐지를 이유로 예정되었던 병원의 의료기자재 구입비 등을 유보하고, 기업복지항목을 유지한 대부분 기관의 경우 기관의 고유사업비를 유보하였다.

(4) 노동배제적 구조조정

정부의 구조조정 과정은 이해당사자의 참여나 동의절차 없이 관료적으로 진행되고 있다. 특히 한국에서는 노조배제적·관료적 구조조정이 경제위기 상황을 배경으로 진행되었다. 그 결과 노동조합의 반발과 이에 따른 노사갈등의 가능성이 크다. 구조조정 과정에서 노동자들은 노사정위원회의 문제점을 적나라하게 느낄 수밖에 없었다. 즉, 정부는 노사정위원회를 구조조정의 들러리 역할로만 제한하고, 실질적 교섭이나 협의를 진행하지 않았다. 이로 인해 노사정위원회 구조조정특위의 의견마저 무시된 채 정부는 구조조정을 강행했으며, 이후의 공공부문 구조조정은 정부의 일방적 발표와 해당 노조의 반발과 충돌로 이어질 수밖에 없었다.

5. 공공부문 노동운동의 전개

1987년 노동자대투쟁 이전에 공공부문의 노동운동을 살펴보면, 철도, 전력 등의 공공부문 노동운동은 해방 직후 전평을 타도하고 노총을 설립하는 데 주도적 역할을 하였으며, 1970년대 초까지 5명의 노총위원장 중 3명을 배출하기도 하였다.

4·19 직후 기존의 대한노총체제가 일시적으로 동요하면서 교원노조운동, 은행노조 등의 사무직운동, 기존 전력노조 내의 노동조건 개선운동 등이 일시적으로 고조되었으나, 5·16쿠데타와 함께 모두 소멸하였다. 특히 교원노조를 제외하면 당시 각각의 투쟁을 이끌던 이렇다 할 중심세력이 없는 상태였고, 교원노조 지도부는 이념공세 등을 포함한 군사정권의 혹심한 탄압을 받았다.

1970년대 이후 급속한 자본주의적 발전 속에서 민간부문이 점차 성장하면서 극심한 노동착취에 맞선 운동이 전개되지만(1970년대 이후의 민주노동운동), 공공부문에서는 이렇다 할 움직임이 나타나지 않았다. 국가주도의 경제개발 과정에서 공공부문 종사자들은 노동조건에서의 상대적 특혜와 노동과정에서의 작업권력 등을 받아 체제 내화했고, 공공부문 자체가 '군사정권의 하위 파트너'로서의 기능을 부여받았다. 이 과정에서 일부 조직되어 있던 기존의 노동조합(전력, 철도, 체신, 통신, 관광, 석탄공사 등)은 이러한 상대적 특혜에 안주하는 협조적 노사관계를 맺는 하위 파트너로서의 역할을 담당하게 된다. 특히 1980년대 군사정권은 속속 설립되는 정부투자기관 등의 정부산하기관 종사자에 대해 준공무원('공무원에 준하는' 작업책임 및 작업권력의 보장)이라는 명목으로 단결권을 부정했다.

공공부문에서 새로운 노동운동의 흐름이 대대적으로 폭발한 것은 1987년 노동자대투쟁이었다. 노동자대투쟁은 거의 모든 부문에서도 마찬가지였지만, 공공부문 노동자의 대대적 노동조합 결성과 파업투쟁으로 이어졌다. 당시 민간부문에서 시작된 노동조합 결성 움직임은 공공부문에도 이어져 서울지하철, 서울대병원, 다수의 정부투자기관 등에서 노동조합이 결성되었고, 공공부문에서 1988년 말까지 170개 노조 12만 명의 조합원이 새롭게 조직되었다.

당시 공공부문에서 노동조합 결성 움직임은 크게는 1987년 노동자대투쟁의 분위기 속에서 민주노조운동을 지향하는 흐름과 자생적인 노동조건 개선 움직임으로 구분할 수 있다. 전자는 서울지하철노조, 다수의

정부출연기관노조, 병원노조, 언론사노조, 지역의보노조 등에서 확인이
가능하고, 후자는 다수의 정부투자기관 및 여타 정부산하기관에서 확인
할 수 있다. 후자의 경우는 주로 정부산하기관의 관리부문에서 배제된
기술직 또는 노동조건에서 상대적으로 열악했던 기능직들이 노동조합
결성을 주도하는 경우가 대부분이었다. 어느 경우든, 공공부문의 혹심한
노동통제, 인사제도의 불투명성·불공정성 등이 노동조합 결성의 기폭제
가 되었고, 정부산하기관 경영진들의 정권과의 연계(군출신 또는 집권정
당 연계 등)가 주요한 공격대상이었다.

　1987년 이후 공공부문의 주요 투쟁은 새롭게 건설된 민주노조진영에
서 나타난다. 서울대병원·서울지하철 노조 결성, KBS노조 등의 언론민
주화투쟁, 출연기관노동조합의 연대파업투쟁 등 사회적으로 파급력을
가진 투쟁들이 전개되었다. 특히 1988년 12월 발생한 연전노협 산하
10개 노조의 연대파업은 대정부 교섭을 내건 연대투쟁으로서 산업연구
원의 전산망 폐쇄까지 가는 투쟁을 전개한 바 있으며, "기존의 형식적
저차원의 공동투쟁과 비교하여 상대적으로 실질적 내용을 갖는 투쟁으
로서 우리나라 노동운동사상 최초의 업종별 공동투쟁"이라는 자체평가
를 내린 바 있다. 그러나 한편으로는 공동타결을 얻지 못하고, 기업별
개별 타결로 끝나는 한계를 보였으며, 전산망 폐쇄에 따른 여론의 비판
에 직면하기도 하였다.

　또 이러한 연대투쟁은 자주적 산별연맹의 조직화로 발전하였다. 정부
출연기관 노조들이 연대하여 연전노협으로 발전하여 전문노련을 결성하
였으며, KBS노조를 중심으로 언론노련이 결성되고, 서울대병원이 중심이
되어 병원노협-병원노련으로 이어지게 된다. 한편 이들은 서울지하철을
비롯하여 서울지역노조협의회 등 지노협에도 열성적으로 참여하였다.

　한편, 자생적인 노동조건 개선 움직임은 노조결성에 대한 통제에 맞
선 초기 사업장단위의 투쟁은 있었으나, 이내 기존의 제도권 노동조합
으로 흡인된다. 특히 민간부문에 비해 상대적으로 우월한 노동조건, 초
기 요구에 대한 경제적 보상이 초보적 권리의식의 운동적 개화를 차단

했다(실제로 1988-1990년 3저 호황기에 공공부문 종사자에 대한 상당한 임금상승이 있었다. 이에 대해 공공부문 경영진들의 약점이 종사자의 노동조건 개선으로 교환되는 '공공부문에서의 노사담합, 곧, 도덕적 해이'라는 평가도 있다). 당시 공공부문 노동조합 결성주체의 성향에 대해 정권(정보기관)은 촉각을 곤두세웠다.

1989년에는 1,500명의 교사가 파면·해임되는 전교조 결성투쟁이 있었으며, 전국적 산별노조를 통해 탄압 속에서도 조직을 보존하고 참교육의 기치를 내걸었으며, 전국연합 결성에 지대한 공헌을 하는 등 노동운동 연대의 폭을 넓히기도 하였다. 군 출신 경영진들의 파행적인 작업장 통제와 인사제도(직제) 개혁을 위한 서울지하철노조의 파업투쟁이 발생하였고, 기존의 철도노조에 반발하는 철도기관사들의 투쟁(경적시위 등)이 있었다. 이 과정에서 전교조 주도세력, 지하철노조 지도부, 철도기관사투쟁 주도세력 등이 구속 등 정권의 폭압적 탄압을 받았다.

1994년에는 지하철노조와 철도부문 전국기관사협의회가 연대하여 전지협(전국지하철노조협의회)이 결성되면서 공공부문의 대규모 연대파업을 전개하였다. 이는 임금 가이드라인 분쇄를 요구로 했던 서울지하철노조와 부산지하철노조의 파업투쟁, 같은 시기 기존의 철도노조에 반발한 철도부문 '전국기관사협의회'의 직제개선·노조민주화 투쟁이 함께 연대한 투쟁이었다. 1994년 전지협 파업투쟁은 공공부문 노동자들이 전체 노동운동을 이끄는 선도적 투쟁을 전개할 수 있다는 것을 증명했으며, 이 과정에서 많은 지하철, 철도기관사 노동자들이 구속되기도 하였다.

한편, 1991년 이후 내부에서 노조민주화 노력이 계속되었던 한국통신에서 민주노조의 출범이 있었고, 전국전력노조는 최태일 위원장의 편법적 정년연장을 기회로 이에 반대하며 노조민주화운동이 일시적으로 고조되었다.

1993년 기존의 연합노련에서 탈퇴한 언론, 전문기술, 병원노련 등의 연맹 합법성 확보에 영향을 받아, 공공부문의 자생적인 노동조합 결성 흐름은 1993년 정투노련 결성 등으로 이어진다. 1991년 이후 본격화한 공공부문 임금 가이드라인정책, 1993년 이후 '김영삼정부'의 '공기업 경영혁신 정책(소위 '12대 과제')'은 이들 부문에서 기존의 전력노조 등과 함께 대항흐름을 형성하나, 곧바로 그 한계를 드러낸다.

임금 가이드라인과 같은 정부의 지속적 통제를 받고, 연맹별로 투쟁을 전개해오던 공공부문 노동조합은 공무원노조를 제외한 모든 공공부문 노동조합조직을 총망라하여 1994년 11월 공노대를 결성한다. 이로서 1987년 이후 흐름을 달리해왔던 공공부문의 노조결성 움직임이 처음으로 하나의 조직으로 합류하였다. 그러나 결속은 느슨했고, 단결의 수준은 '협의체'수준을 넘지 못했다. 당시 공노대에는 약 65개 노조 12만 명이 참가하여 '임금 가이드라인 철폐, 임금 결정구조 개선, 공공부문 노동자의 노동3권 완전보장' 등을 내걸고 대정부 투쟁과 직접교섭을 추진하였으며, 공공부문 노동운동의 전개에 주요한 역할을 하였다.

1995년 한국통신노조는 임금 가이드라인 철폐 등을 주요 요구로 독자적으로 첫 파업투쟁을 준비하나, 정권의 혹심한 탄압으로 파업은 불발에 그쳤다. 파업투쟁을 준비했던 지도부는 혹심한 탄압을 받았고, 파업투쟁은 직권중재로 끝났다.

공노대는 1995년 말 한국통신노조의 가입 이후 1996년 한국통신노조, 서울지하철노조, 조폐공사노조, 부산지하철노조, 지역의보노조 등이 함께 하는 연대투쟁('5사 공동투쟁')을 전개한다. 당시의 연대투쟁은 정권의 상당한 경제적 보상으로 마무리되었다.

공노대는 1987년 노동자대투쟁 이래 조직규모와 투쟁의 측면에서 우리나라 노동운동의 중심으로 성장한 공공부문의 그간의 성과와 동시에 한계에 대한 인식을 반영한 것이었다. 즉, 당시 전교조의 노동권 쟁취 투쟁, 1987년, 1989년, 1994년의 세 차례에 걸친 지하철노조의 파업, 방송민주화를 향한 KBS노동조합의 투쟁과 조폐공사, 의보노조, 출연기관노조, 한국통신노조의 투쟁과 더불어 정부를 상대로 한 싸움에서 뼈저리게 느꼈던 개개 기업별의 고립된 투쟁에 대한 한계가 공노대로 결집된 것이었다. '정부 앞에서 느꼈던 무력감'은 공무원 노조를 제외한 모든 공공부문 노조를 공노대로 결집시키는 직접적인 계기였다. 더욱이 공노대의 이러한 연대는 공공부문 연대의 최초의 표현이었을 뿐 아니라 총연맹의 벽마저 뛰어넘는 것이었다.

비록 공노대는 협의체수준의 느슨한 연대조직에 지나지 않았으나 내부의 조직발전전망으로서 대산별 공공노조를 지향하고 있었다는 점에서 이는 향후 '미완의 산별 개편'에 그치긴 했으나 공공연맹의 창립으로 나타났다. 이러한 연대에의 절박감은 1996년 한국통신, 서울지하철, 부산지하철, 조폐공사 및 지역의보의 공동파업선언으로 나타났다. 공동파업은 파업돌입 2시간 전에 단체교섭이 최종 타결됨으로써 무산되었으나, 해고자 복직을 최초로 단체교섭 사항으로 인정받는 등의 성과를 낳았다.

공노대는 낮은 단결의 수준(협의체)과 여전히 공공부문 노동조합에 만연해 있던 실리적 흐름을 넘지 못하였다. 1995년 말 민주노총의 출범 이후, 공노대 차원의 단결은 더욱 느슨해졌고, 1998년 초 민주노총 가입노조를 중심으로 공공노동조합연맹(구 공공연맹)이 결성되면서 해산을 맞았으며, 공노대에 참여하고 있던 정투노련 등은 이후 한국노총으로 가입하고, 공익노련 등에서 일부 조직이 이탈(국민연금관리공단, 산업인력관리공단 등)하였다. 이후 공공부문 노동조합들의 연대투쟁은 소강상태에 이른다.

IMF 상황에서 정부의 공공부문 구조조정정책이 본격적으로 시작되던 98년은 노동조합의 사업장별, 연맹별 투쟁이 속출하던 해였다. 수많은 집회가 연일 계속되었고, 일부 조직(한국통신, 조폐공사 등)의 파업투쟁도 계속되었다. 1998년 초, 한국통신, 한국중공업, 한국전력, 담배인삼공사 등의 연대투쟁도 있었으나, 일시적인 연대집회 이상을 넘지 못했다.

민주노총 공공부문 노동조합들은 1998년 하반기의 논의를 거쳐 99년 4월 공공연맹, 민철노련, 공익노련을 통합해서 전국공공운수사회서비스노동조합연맹을 결성한다. 이 시기 한국노총 내의 공공부문 노동조합들 역시 정부산하기관노동조합협의회라는 이름으로 초보적인 연대 논의를 계속한다.

1999년 공공연맹의 출범과 함께, 서울지하철노조의 '4·19 파업'이 전개되었다. 인력감축 등 구조조정안에 맞선 서울지하철노조는 '인력감축 방침 철회, 노동시간단축을 포함한 고용창출정책의 수용, 임금·복지 후퇴안 철회 등'을 요구하며, 전면 파업투쟁에 돌입하고, 구조조정정책 초기 대규모 사회적 파장을 불러일으키는 '8일 파업'을 전개하였다. 이 투쟁은 노동조합은 지도부 구속 등 정부의 혹심한 탄압을 받았으나, 조직 내부적으로는 상당 부분의 구조조정안을 지연·철회시키는 성과를 얻었으며, 민주노총 총력투쟁의 선봉대 역할을 담당하였다.

1999년 7월, 1989년 이후 법외조직으로 있던 전국교직원노동조합이 합법화되었다. 이후 전교조의 본격적인 조직확대가 시작되어 1년 여 만에 1만 5,000명의 조합원에서 7만 5,000명을 넘는 규모로 확대되었고, 이에 따라 교육계 내에 강력한 사회집단으로 성장하였다.

1999년 1월부터는 초보적인 공무원 단결체인 '공무원직장협의회' 활동이 보장되어, 각 지역별·부처별 공무원직장협의회가 결성되었다. 다양한 공직협 결성 흐름은 내부적으로 노동조합으로의 조직개편 논의 및 움직임으로 발전하는 한편, 내부의 실리적 움직임 역시 광범위하게 나타나고 있다.

2000년 하반기, 1998년 이후 IMF 상황 이후의 투쟁은 한국노총과 민주노총을 각각의 중심으로 하여 투쟁을 전개해온 공공부문 노동조합들은, 개별적·고립적·분산적 투쟁으로는 정부의 공공부문 구조조정정책을 막아낼 수 없다는 인식 아래, 한국노총과 민주노총을 망라하여 공공부문의 연대투쟁을 전개하자는 취지로 2000년 하반기 공공부문노동조합연대투쟁대표자회의(약칭 '공공연대')를 구성하기에 이른다. 특히 2000년 상반기 이후 본격화하는 '2차 공공부문 구조조정'에 맞선 투쟁이 제기되던 시점에서 본격적인 민영화정책에 노출된 한국전력, 한국통신 등이 적극적으로 연대투쟁을 선도한다.

공공연대의 투쟁은 국가기간산업 민영화정책이 본격적으로 전개되던 시점에서 2000년 하반기 전체 노동계 투쟁의 기폭제 역할을 하였으나, 민영화정책에 대한 단위조직별 투쟁의지의 한계(특히 지도부의 취약), 느슨한 단결의 수준 등 한계를 드러냈고, 전국전력노조의 파업 철회 이후 사실상 연대투쟁은 좌초한다. 이 과정에서 공공부문 노동조합들의 연대 움직임을 경계하는 양 노총의 원심력(한국노총의 투쟁 회피 경향, 민주노총 내 일부의 연대무용론 등) 역시 적지 않은 역할을 했다. 2001년 들어 연대투쟁은 양대 노총의 내부연대 차원으로 모아지는 경향이 강화되고 있다. 한국노총은 산하 공공부문을 망라하여 공노협을 구성하여 활동중이며, 민주노총은 공공부문 3개 연맹이 총력투쟁을 준비중이다.

6. 공공부문 노동운동 평가

1) 조직 측면

공무원은 그 수가 가장 많으며, 공공부문 노동운동의 중심축이다. 하지만, 현업직을 제외하고는 노동기본권이 보장되어 있지 않다. 또한 노동조합이 조직되어 있는 부문에서도 노동조합은 파편적이고 분산되어 있다. 이러한 조직분산은 기업별 교섭체제로 인해 그 한계가 더욱 증폭되고 있다.

최근 공공부문 노동조합에서 두드러진 현상의 하나는 연맹간 통합 및 분열의 움직임이 동시에 나타나고 있으며, 산업별 노동조합을 향한 움직임이 가속화되고 있다는 점이다(공공부문 노동조합에서 노조통합은 국제적으로 하나의 흐름이 되고 있다. 예를 들어, 영국의 UNISON이나 독일의 Verdi는 대표적인 예이다).

- 통합 : 공공연맹(공공연맹＋공익연맹＋전지협, 1999)
- 신규연맹 건설 또는 분리: 정투노련, 공공서비스노련, 공공건설노

련, 도시철도노련, 한교조 등 한국노총에 몰려 있다.
- 산별노조 : 보건의료산업노조, 전교조, 공공연맹(2002년 산별노조 건설 결의)

한편으로 노조민주화운동이 대규모 사업장 노조의 간선제 폐지와 맞물려 활발히 전개되고 있다. 한국통신과 한전은 이미 직선제 선거를 시행하고 있으며, 철도노조도 곧 직선제로 본조 위원장 선거를 치른다.

또 한가지 지적할 사항은 연대 움직임이다. '공공부문노동조합대표자회의'나 2000년 말의 '공공연대'가 그 예다. 공공부문 노동조합들은 1990년대 초반 임금억제조치에서부터 최근의 구조조정에 이르기까지 정부의 집중적인 공격 앞에 분산적으로 대응해왔으며, 그 한계에 대한 반성으로서 민주노총과 한국노총의 틀을 뛰어넘는 연대 움직임을 보여주었다. 특히 공공연대는 정부의 공공부문 구조조정이라는 도전에 맞서 한국노총의 공공노협과 민주노총의 공공사회서비스노동조합연맹이 결합한 것으로 상징성과 대표성을 갖춘 조직으로 급성장하였다. 공공연대에는 정투노련(17,000명), 공공서비스노련(13,000명), 도시철도노련(8,000명), 공공건설연맹(5,000명), 전력노조(24,000명), 철도노조(25,000명), 체신노조(23,000명)와 공공연맹(96,000명) 등 8개 연맹 20만 명이 참가하였다. 그러나 공공연대는 내부의 다양한 조직환경과 현안 차이 때문에 참여수준과 투쟁역량에서 한계가 있었다. 특히 전력노조와 철도노조의 파업 철회는 공공연대의 지도력이 갖는 한계와 더불어 기업별 틀을 깨지 못한 지도력의 현주소를 극명하게 드러냈다.

2) 투쟁 측면

공공부문 노동운동은 금융위기 시기에 한국통신, 한국전력, 한국중공업 등 대규모 투쟁을 전개함으로써 조직력을 강화하고 투쟁기풍을 높이는 데 기여했다. 더구나 공공연대나 기간산업범대위 등 투쟁을 전체 공공노동자 및 시민사회단체에까지 확대하는 사업을 전개하였다.

그러나 구조조정 저지투쟁은 결과적으로 정부의 신자유주의 구조조정을 막아내지도 못했을 뿐만 아니라, 조합원들의 고용안정투쟁도 쟁취하지 못했다. 민영화, 해외매각, 연봉제, 퇴직금누진제 폐지 등 정부정책이 거의 그대로 관철되었다.

노동조합은 투쟁의 시기 분산과 각개격파를 돌파하지 못하고, 고립분산성과 연대의 차단을 극복하지 못했으며, 조직력·투쟁력의 한계를 극복하지 못하였는데, 무엇보다도 가장 큰 문제는 구조조정 저지투쟁이 반대와 저항으로 시종일관하는 듯 비치고 노동운동이 공공부문의 전망을 제기하는 주체로서 부각되지 못하고 있다는 점이다. 앞서도 지적했듯이 공공서비스부문은 그 서비스의 제공 과정에서 대중과 접촉하는 특수성을 갖는다. 이는 다른 한편 공공서비스의 유지와 질적 향상이 노동조합원의 고용조건뿐 아니라 대중들의 삶과도 직결되어 있고, 이는 전술적으로 '공공서비스의 공급'을 축으로 노동조합과 공공(서비스 이용자) 사이에 연대가 성립될 가능성이 있다는 것을 의미한다.

그러나 노동조합은 조합원의 경제적 이익을 보호하는 데 주력한 나머지 현재의 고용·임금·복지의 유지에만 집중하는 구조조정 저지투쟁에 매몰되고 공공이나 여타 사회단체(NGO)와 결합할 수 있는 공간을 창출하지 못하였다. 다만 전력노조에서는 전력의 분할민영화를 저지하기 위해 범대위를 구성하였으나, 그 역할은 보조적인 수준에 머물렀으며 전력노조가 파업을 철회하고 경제적 이익 지키기에 나서는 순간 사실상 와해되고 말았다. 이는 전반적으로 공공부문 노동조합이 갖는 특성상 공공의 필요를 전면에 내세우고, 대중투쟁을 기본으로 사회단체와 연대를 구축하며, 나아가 시민의 지지를 확보하는 전술로서 사회운동적 노동조합주의(social movement unionism)가 결여되어 있음을 나타낸다.

또한 파업투쟁 이외의 다양한 투쟁전술 개발에도 실패했으며, 조직력의 뒷받침이 부족한 가운데 투쟁구호의 전면화는 '대중을 볼모로 잡겠다'는 이상의 의미를 갖지 못했다. 이는 공공서비스부문의 파업은 사용자에게 경제적 타격을 미치기보다는 정치적 동원의 성격을 띠며, 사회적 연대가 필수적이라는 사실을 이해하지 못한 결과로 보인다.

3) 교섭 측면

기업별노조주의와 교섭형태를 극복하지 못하고 사업장 이기주의를 드러내었다. 이면계약이 성행하였으며, 이는 대중적으로는 도덕적 해이의 문제를, 조직적으로는 '조직의 폐쇄성'과 아울러 '소아병적 비밀주의'의 한계를 드러내었다. 공공부문 노조간의 연대를 자사 이익을 위한 방패막이로 인식했으며, 이를 경제적으로 최대한 활용하겠다는 모습을 보여주었다.

우리나라의 기업별노동조합주의가 갖는 또 다른 한계는 그것이 노조운동 전체로서는 파편적인 분산성을 드러내지만, 기업별노조 자체로는 권한이 위원장에게 집중되는 경향이 크다는 점이다. 즉 노동조합 민주주의가 결여된 가운데 노조간부의 과두적인 지배체제가 나타나며, 이는 공공부문 노동조합의 경우에도 예외가 아니다. 이 점에서 지난해 전력노조의 직선제 채택이나 철도노조의 변화는 비록 그것이 외부 환경변화에 의해 촉발되었다고는 하나 괄목할 만하다.

또한 대정부 직접교섭을 한 목소리로 외쳤으나 실질적으로 이를 쟁취하지 못했으며, 안정적 교섭창구도 마련하지 못했다. 민주노총은 노사정위원회를 박차고 나왔으나 구체적 교섭의 자리조차 마련하지 못했으며, 한국노총은 노사정위원회의 틀을 정당화시키는 '들러리'로 전락했고, 실질적 교섭의 장으로 노사정위원회를 활용하지도 못하였다. 결국 파업을 무기로 해서야 겨우 사후 보완수준에서 노사정위원회를 매개로 교섭의 자리가 마련되었다.

4) 이념 측면

투쟁 측면에서도 얘기했지만, 공공부문 노동운동에서 가장 큰 화두인 '공공성'을 어떻게 바라보고, 이를 노동운동의 주된 동력이자 이념으로 만들어나갈 것인가가 관건이다. 민영화와 해외매각이라는 초국적 자본의 요구가 일방적으로 관철되는 현실에서 구조조정 저지라는 분명한 전선을 쳐야 한다는 절박성과 근거는 충분하지만, 공공부문 노동조합이 갖는 특성상 국민적 이해와 지지를 획득해내지 않으면 이를 돌파해낼 수는 없다. 따라서 노동조합은 신자유주의 민영화도 아니고, 과거의 잘못된 관료적 공공성이 아닌 올바른 공공성 회복을 전면에 내걸고, 이를 실현해나가는 전망을 열어나가야 한다. 이는 국민을 위한 올바른 공공성 회복을 전제로 하지 않을 때, 다수 국민들은 떠올리기 싫은 과거 독재정권의 정경유착, 낙하산 인사의 공공성을 떠올릴 수밖에 없다. 많은 국민들이 한전과 한통의 민영화를 반대하고 있음에도 불구하고, 이를 실제적인 지지동력으로 만들어내지 못하는 이유가 무엇인지에 대해 냉철하게 진단할 필요하며, 이를 바탕으로 그 대안을 마련해야 한다. 일반 국민과 민간부문 노동자들이 가지는 소박한 의문, 즉 공공부문 구조조정 저지투쟁이 과거의 관료적 허울만의 공공성이나 정경유착, 부정부패를 그대로 유지하겠다는 것이 아닌지 하는 의문에 진지하게 대답해야 하는 것이다.

7. 공공부문 노동운동의 발전방향

1) 조직 측면

조직 측면에서는 공무원 노동기본권의 확립이 시급하다. 노사정위 1기 합의사항이 여전히 지연되고 있는 가운데, 해당 주체인 공무원직장협의회는 연합회를 결성하여 노조 추진을 결의한 상태이다. 파편적이고 분산적인 조직상태를 극복하고 서구 공공부문 노동조합에서 나타나고 있는 노조간 통합을 적극 추진하여야 한다. 산별노조로의 전환도 시급하다. 전임자 임금지급 금지가 5년 유예되었다고 안주할 것이 아니라, 노조조직률이 11%에 머물고, 비정규직이 53%가 넘는 현실을 어떻게 타파할 것인지를 고민해야 한다. 그리고 정부가 사용자인 공공부문의 특성에 맞는 통큰 공공 대산별로의 전환 역시 고민해볼 문제다. 아울러 공노대 및 공공연대의 경험을 이어받아 연대를 더 활성화해야 한다.

2) 대정부 교섭체계의 확립

공무원을 제외한 공공부문의 단체교섭에서 사용자 측의 권력은 분산되어 있고, 이중구조를 가지고 있다. 사용자로서의 권력을 경영자·정치가·공무원·관련부서 장관이 나누어 갖기 때문이다. 이러한 권력분산은 교섭과정을 복잡하게 만들며, 한편으로는 노동조합이 권력분산을 활용할 수 있는 여지를 제공하기도 한다. 따라서 노동조합이 예산권과 통제권을 행사하는 정부에 교섭참여를 요청하는 것은 당연하며, 노동조합은 조직통합과 연대를 바탕으로 정부(기획예산처)가 참여하는 산업별 교섭체계를 추구하여야 한다. 단, 현재와 같이 대정부 직접교섭이라는 형태로 사용자를 배제한 형태의 직접교섭보다는 정부가 참여하되, 사용자단체의 참여도 보장하는 보다 유연하고 현실적인 교섭방안을 고민해야 한다.

3) 정치적 노동조합주의의 복원

국가가 노사관계 문제에서 우선적으로 고려하는 바는 이윤 가능성이나 재정적인 고려가 아니라 거시적인 정치·경제 목표다. 예를 들어, 공공부문의 교섭구조나 임금결정원리는 시장원리보다는 정치적 고려에서 비롯된다.

일찍부터 공공부문 노동조합들은 정치활동을 공공부문 노사관계의 중
요한 구성요소로 인식해왔다. 왜냐하면 공공부문 종사자들의 임금·노동
조건은 정부(또는 지방자치단체)의 정책과 밀접히 연관되어 있으며, 교섭
에서 사용자가 되는 정부 및 지방자치단체는 선거에서 선출된 인사들이
이끌기 때문이다. 최근 들어 공공부문 노동조합들은 불리한 상황에 있
다. 정부 및 지방자치단체들은 예산감축 압력에 시달리고 있으며, 광범
위한 구조조정이 우선적으로 행해지고 있다. 이러한 압력은 공공부문
임금인상 제한과 더불어 고용불안에 대한 위협으로 나타나고 있다.

따라서 노동조합의 정치활동은 단체교섭을 보완하거나 단체교섭을 대
체하는 역할을 하며, 노조가 선거정치에 관여하는 것을 포함한다. 특정
후보(친노동후보)에 대해 지지를 선언하고, 재정과 인력을 지원하는 것이
다. 이밖에도 로비를 통해 친노동적 입법을 지지하거나 단체교섭에서
양보를 끌어내기 위해 압력을 행사하기도 한다. 단체교섭과 관련하여
노조의 정치활동은 다면적 교섭의 한 전술로서 배치되는 것이다.

노동조합의 정치활동이 임금이나 근로조건 등 경제적 동기에 그치는
것은 아니다. 공기업과 민간기업의 큰 차이는 공기업의 경우 상업적인
이익과 더불어 더욱 중요하게는 정치적으로 결정된 사회적 목표를 달성
하기 위해 설립된 조직이라는 점이다. 따라서 노동조합이 경제적 이익
뿐 아니라 정치적 목표의 변화를 기할 경우, 그것의 최종 결정권자는
정부일 수밖에 없다.

한편 노동조합의 이러한 정치지향성, 특히 중앙정부나 국회에 대한
정치적 영향력의 행사는 노동조합의 조직구조를 중앙집중화하는 결과를
가져오며, 내부단결을 형성하려는 압력도 강해진다. 이러한 중앙집중성
은 공공부문이 가진 임금교섭구조의 중앙집중성에 의해 강화된다.

4) 사회운동적 노동조합주의의 추구

공공부문의 특수성은 전술 측면에서 민간부문 노동조합과 구분된다.

즉 공공부문 노동조합이 단체행동에 들어갈 경우, 이는 경제적 행위로서의 파업이라는 성격보다는 정치적 동원으로서 성격이 커진다. 이러한 이유로 공공부문의 경우 사회적 연대의 중요성이 커진다. 공공부문의 일상 운영이나 노조의 단체행동은 국민들의 생활과 직결되어 있으므로, 다양한 사회집단·세력과의 연대와 협력은 공공부문 노조의 전략과 전술에서 대단히 중요한 부분이다. 예를 들어, 해외매각과 민영화 문제는 노동조합만의 문제가 아닌, 국민적 관심사이자 쟁점이다. 공공부문 노동조합이 민중운동은 물론 시민사회단체와 폭 넓은 연대를 이루어나가는 것은 지극히 당연하고 정상적인 일이다.

5) 공공성 확보와 노동자 참여

앞서 얘기했듯이, 기간산업과 필수 공공서비스조차 민영화하고 해외에 매각하는 현 정부의 신자유주의 구조조정하에서 노동자와 민중은 단호히 공공성의 유지 및 강화를 외칠 수밖에 없다. 미국의 전력 민영화가 전력부족 사태를 빚고 결국 공기업화로 결말이 나듯, 현재의 무원칙한 민영화는 단호히 저지되어야 하며, 기간산업과 필수적 공공서비스는 공공적 소유형태로 유지되어야 한다.

또한, 공공부문 노동조합은 과거의 잘못된 정경유착과 낙하산 인사를 근절하고, 관료적 비효율성을 제거하는 데 앞장서야 하며, 이를 통해 노동조합에 대한 신뢰와 지지를 확보해나가야 한다. 이런 것들이 공기업 경영체계와 노조활동의 기본이 되어야 한다. 이를 위해서는 노동조합이 적극 나서 노동자 경영참여를 실현하고, 공익성을 높일 수 있도록 시민사회의 대표를 경영에 참여시키는 데 앞장서야 할 것이다.

"공공부문 노동운동의 현황과 발전방향"에 대한 토론

포럼 참가자

공공부문에 대한 시각

공공부문 노동운동의 중요성은 나날이 커지고 있으나, 그동안 공기업은 노동운동의 무풍지대였고 노동운동은 상당히 억압되어왔다. 그러나 일반인들의 시각으로는 공기업 노동자의 임금이 생산성에 비해 너무 높다는 등 부정적인 인식이 퍼져 있는 듯하다. 따라서 공무원 노동조합에 대해서도 안정된 직장에다가 연금까지 받으면서 이기적으로 더 요구한다는 시선이 있는 것이다. 실상 일부 공기업들은 독점적 대기업과 같다. 정규직의 월급과 비정규직 월급 차이도 상당히 크다. 공공부문에 대한 그런 평가는 지금까지 공공부문 운영실태에 비추어 어느 정도 사실이다. 일반사람들이 그렇게 보는 것도 무리가 아니다.

'투쟁 아니면 투항'을 극복해야

공공부문 노동자들은 변화의 필요성에 대해 기본적으로 거부하는 몸짓을 보여왔다. 신자유주의라고 말하기엔 복잡한 다차원적인 환경변화에 대해 현재의 변화가 어떤 것인가에 대해 잘 이해할 필요가 있음에도 불구하고 신자유주의로 한데 묶어 반대해왔다. 이런 변화들에 대해서는 개별적이 아니라 전체적인 대응이 필요하다. 공공부문에서의 변화는 국가중심의 통제구조에서 시장기능이 도입되는 과정으로 이루어지고 있

다. 이에 대해서 노동조합은 이를 어떻게 막아내어야 할지 잘 조율해서
대응해야 할 것인데 무조건 반대한다는 것에는 문제가 있다. 전문적인
역량과 함께 대응할 필요가 있다.

또한 공공부문 중의 일부분은 연공서열 관행으로 단순노무직이 높은
임금을 받고 있다. 이에 대해서 역시 일정한 변화가 필요하지만 내부
반발이 매우 크다. 현장 조합원들의 목소리를 다 따르면 이루어지는 일
이 있을 수 없다. 조합원들을 설득시키며 나가야 하는데, 한국통신이나
한국전력 등의 경우 노조에서 경영진에게 투항한 것처럼 보인다. 대중
들의 요구를 제어하지도 못하고, 그렇다고 이를 세련되게 포장해서 싸
우지도 못하고 투항해버린 것이다. 이제껏 공공부문 노동조합은 사태를
정확하게 바라보지 못하고, 힘으로 막다가 안 되면 투항하는 양극단적
인 모습을 보였다.

민영화에 찬성하는 노조는 전세계 어디에도 없다. 그러나 변화에 대
해 능동적으로 준비해나가는 것이 필요하다. 민영화 반대말고는 어떤
대안도 제시할 수 없는 노동조합이라면, 굉장히 중요한 변화가 진행되
는 현재 환경에 대해 능동적으로 개입할 수 없다. 민영화에 대해 반대
하더라도 민영화 과정에 적극적으로 개입해 노동조합의 입장을 반영해
나가야 하는데, 그런 참여의 여지도 스스로 닫아버리는 경우가 많다.

공공부문 노동운동 내부의 문제

한국노총의 공공부문 노동조합이 소위 어용이라고 불렸던 사례에 비
추어볼 때 공공부문 노동조합은 지금 요구되는 변화에 적극적으로 대응
하기 어려워 보인다. 그렇다고 과거에 안주하기도 쉽지 않은 현실이다.
평조합원들이 과거 겪어보지 못했던 고용불안 등으로 위기감을 느끼는
만큼 노사간의 적당한 타협이 불가능해져 파업을 택할 수밖에 없는 상
황이기도 하다. 한편으로 민주노총 공공부문의 경우 열심히 싸우기는
하지만 아무것도 성과를 남기지 못했다는 점도 상처를 남겼다.

상황에 따라 노동조합의 어느 정도의 피해는 감수할 수밖에 없는 경우가 있다. 그러나 우리나라 노동운동의 기조는 현재보다 개악되는 것은 어떤 것도 인정할 수 없다는 것이다. 물론 노동조합은 조합원의 사회경제적 이해를 옹호하기 위해 출발하는 것이 기본이므로 그것을 전적으로 부정할 수 없다. 그렇지만 민영화 반대와 같이 민감한 이슈에 대한 노동조합의 목소리를 자신감 있게 낼 수 있으려면 전문적 지식이 있어야 한다. 그러나 우리나라 노동조합은 단기간에 집행부가 바뀌므로 전문가가 없다. 지금의 변화가 세계적인 변화추세라는 정부의 주장은 설득력이 있다. 여기에 대해서 우리나라의 특수성을 이야기할 수 있어야 할 텐데, 이런 전략적 문제를 다루는 노동조합의 역량은 상당히 부족하다. 지금의 기업별노동조합 구조로는 역량축적이 불가능하다. 공공부문 문제를 집중적으로 다루는 연구역량을 축적하지 않는다면 정책적으로 노동조합이 합리적인 대안을 마련하기는 어려울 것이다.

공공부문 노동운동의 화두: 공공성의 확보

부문적으로 민영화가 되어야 하는 곳이 있다면, 노동조합이 개입하는 전략이 필요하다. 노동조합은 민영화 이후에도 공공성을 유지할 수 있고, 또 공공성을 지키기 위해 민영화된 기업 내에서 싸울 수 있다. 민영화가 되면 부자고객은 혜택받고 가난한 고객에 대한 보편적 서비스가 실제로 붕괴해버리는 경우가 있다. 이에 대해 노동조합이 민영화의 부정적인 면을 보완해나가는 요구를 수행할 수 있다. 노동조합은 보편적 서비스의 유지를 지켜나가야 할 역할을 수행해야 한다. 그리고 투쟁이 승산이 있다면 과감히 싸우되, 그렇지 않다면 전략적으로 싸워야 한다. 사태를 적확하게 읽어야만 그러한 대응을 할 수 있다.

공공부문 노동운동은 설사 민영화가 된 이후라 하더라도 장기적으로 국민의 지지를 얻기 위해 공공성을 지키는 노력을 지속해야 한다고 본다. 공공부문은 지금까지 민간기업의 이윤중심의 사고를 해오지 않았다.

공무원들이나 공공부문 노동자들은 국가와 국민을 위해 중요한 일을 하고 있다고 생각하고 있다. 이는 노동조합에서 지킬 필요가 있는 태도이다. 현재 한국통신에서는 그런 마인드가 이미 사라지고 있다. 공공서비스를 강조하는 방향으로 노동조합이 힘써야 한다. 민영화 이후 회사가 공공성을 염두에 두도록 강제하는 것에 관심을 가져야 하는 것이다.

개발독재하에 있던 과거의 공공부문과 관련해 일반국민들은 관료적 통제와 불친절한 서비스를 기억하고 있다. 노동조합도 이런 상황에서 안주하였던 것도 사실이다. 이것이 신자유주의적인 공격으로 급격하게 무너지니까 일반조합원들이 위기를 느끼고 대응을 시작한 것이다. 노동조합 내에 공공성에 대한 의식이 애초부터 있진 않았다. 과거 잘못된 공공부문 노동조합운동의 방식은 버리고 이제 공공성을 만들어나가야 하는 때이다. 지금 민영화를 저지하는 가장 큰 동기는 공공성이 대안이기 때문이라기보다는 생존권 박탈이라는 위기의식 때문이다. 그러므로 공공성의 내용을 채워나가야 하는 것이다.

기본적으로 시장의 기능은 어느 정도 인정할 수밖에 없으므로, 공공성을 어느 정도 요구하고 확보할 수 있을 것인가, 또 공공서비스와 시장을 어떻게 타협시킬 것인가 하는 점들이 노동조합이 타협점을 찾아야 할 화두이다. 국가나 시장 한 쪽에 완전히 맡긴다는 것은 어렵거나 위험한 선택이다. 한국에서의 특수성이 세계의 흐름을 완전히 무시할 수 없다. 시장의 기능을 받아들이되 보편적 서비스기능 등 공공성을 유지할 수 있도록 해야 한다. 설령 시장을 도입하더라도 네덜란드나 영국처럼 외국자본이 들어와서 공공부문을 다 사버리고 장기적으로는 국민들에게 피해를 줄 수 있으므로, 프랑스처럼 민영화를 하더라도 그 국가 내 대표적 기업으로 키우는 등의 고민이 필요하다.

제4부
새로운 노동운동의 모델을 향하여

미국 위스컨신 주의 지역·업종별 노동시장제도

이성균*

1. 서론

노동자들은 자본주의 노동시장구조에서 고용주나 중간계급에 비하여 열악한 지위를 차지한다. 생산수단이 없기 때문에 노동력을 자본가들에게 판매하고 임금을 받아야 생활할 수 있다는 점에서 고용주에 의존적일 수밖에 없으며, 학력이나 사회적 자본이 부족하기 때문에 중간계급보다 낮은 노동시장 지위를 차지한다. 그러나 노동시장에서 우월한 지위를 갖는 자본가들이 노동자들의 지위향상을 위하여 사회제도를 먼저 마련할 근거는 없으며, 자본주의 국가 자체가 노동자보다는 자본가의 이익을 우선적으로 보호하는 계급적 성격을 갖고 있어 국가가 이러한 제도를 자발적으로 마련할 것으로 기대하는 것은 매우 비현실적이다(Jessop, 1982). 따라서 노동자들의 열악한 노동시장 지위를 극복하는 데 도움이 되는 대안적 노동시장제도는 대부분 노동자집단 내부로부터 요구되어왔으며, 직업훈련 및 취업지원 제도는 노동자들의 지위를 높여주는 데 매우 중요한 수단이기 때문에 이러한 제도의 실행도 노동자들의 주도적 역할에 의하여 현실화될 수 있다.

* 울산대학교 사회학과 교수.
■ 이 글은 『직업과 노동의 세계』(박영사, 2002)에 실린 필자의 논문(「직업훈련·취업알선제도의 새로운 실험」)을 수정한 것이다. 비슷한 논문을 다시 수록하도록 동의해준 출판 관계자에 감사드린다.

한국의 경우에는 경제위기를 계기로 확산된 실업문제와 빈곤문제를 해결하기 위하여 직업훈련 및 취업지원 제도를 실행하고 있으나 여전히 많은 문제점을 나타냈으며, 노동계도 이러한 문제를 적극적으로 해결하는 데 성공하지 못하고 있다. 경제위기를 극복하기 위하여 다양한 실업대책이 실시되었으나, "고용 인프라의 미비점과 관련 부처간의 정책연계 미비 등 많은 문제점을 해결하지 못하고 막대한 재원을 비효율적으로 집행하였다"(한국노동연구원, 1998: 5). 특히 실업자들의 재취업을 위한 직업훈련제도의 경우에는 "교육훈련정책이 공급자 위주로 집행되어", "실직자의 수요를 적절히 반영하는 교육훈련제도"를 마련하지 못한다는 비판이 제기되고 있다(한국노동연구원, 1998: 129). 경제위기가 일정하게 극복되어 많은 실업자들이 재취업되는 상황에서도 이러한 문제점은 그대로 나타났다. 취업하지 못한 실업자들은 대부분 학력이나 직업경험, 자격증 등 취업관련 자원이 부족한 장기 빈곤층이지만, 이들을 노동시장으로 편입할 수 있는 적극적 노동시장정책이 작동하지 않기 때문에 장기실업자 혹은 장기빈곤층의 문제가 쉽게 해결되지 않는다. 더욱 문제가 되는 것은 이들의 실업문제를 해결할 수 있는 적절한 제도가 무엇인가에 대해서 해답을 찾지 못한다는 점이다. 직업훈련 및 취업알선 서비스제공·자활참여 기회확대·소규모 창업지원 등 다양한 지원체계를 마련해야 한다는 주장은 계속 제기되고 있으나(노동부, 2001), 현재의 상황에서 가장 효율적인 제도가 무엇인가에 대해서는 여전히 많은 논쟁이 있을 뿐이다.

이 글은 이러한 문제의식에 대한 해답을 찾기 위하여 미국의 성공적인 사례를 정리한다. 외국의 사례는 해당 국가의 경제·사회적 환경에서 당사자들의 노력에 의하여 태생한 것이므로, 외국의 사례를 한국에 그대로 적용하는 것은 무의미한 일이다. 그러나 동일한 문제의식에서 탄생한 성공적 사례를 정리함으로써 문제해결을 위한 시사점을 찾는 작업은 일정 정도로 유용할 것이다. 여기에서 정리할 사례는 미국에서 1990년대부터 시작된 직업훈련·취업지원제도의 실험적 모델이다. 미국의 위스컨신(Wisconsin) 지역에서 시작된 이 모델은 훈련 파트너십 프로그램, 일자리지원사업, 저소득층 지원사업, 원스톱 고용지원센터운영, 청소년 직업훈련사업 등을 통하여 저임금과 불안정 고용상태에 처한 노동자들에게 혜택을 제공하였으며, AFL-CIO의 전국 대표자회의는 "실업자와 노동자들을 위한 직업훈련체계와 취업지원제도로서 성공한 모델"로서 이 모델을 주목하고 다른 지역으로 확산하도록 지원하였다(AFL-CIO, 1996). 우리가 이 사례를 주목하는 이유는 노동계와 지식인 집단, 공공부문과 경영진들이 지역·업종별로 협력하여 경제위기의 최대 피해자인 실업자와 노동계에게 실익을 제공한 "노·사·정 업종별 협력 모델"이라는 점이다. 비록 한국과 미국의 여건이 다르기 때문에 이러한 모델을 한국 사회에 그대로 적용하는 데 한계가 있으나, 경제위기극복을 위한 대안적 모델을 찾는 한국의 경우에도 많은 시사점을 제공할 것이다.

2. 제도도입의 배경: 미국의 경제위기와 유연화 기업경영전략의 피해

경제위기는 노동자의 생계유지에 직접적인 영향을 미친다. 기업이 도산하거나 고용규모를 축소하기 때문에 일자리를 잃는 노동자들이 증가하고, 임금뿐만 아니라 각종 복지비용이 삭감되어 빈곤의 가능성도 높아진다. 그러나 이러한 경제위기의 파급효과는 기업의 경영방식이나 공공부문의 지원정책에 따라서 국가별로 상이하다. 노동조합의 전국적 조직력과 정치력이 높은 유럽의 사회민주주의 국가에서는 기업들이 노동자들의 인적 자본에 대한 투자와 작업조직 방식을 유연화함으로써 노동자들의 생계에 미치는 영향을 줄이지만, 노동자들의 조직력과 정치력이 약한 자유주의 국가에서는 기업들이 임금삭감, 비정규직 증가, 인적 자본에 대한 투자감소 등을 통하여 경쟁력을 회복하기 때문에 노동자들에게 미치는 파급효과가 전자에 비하여 훨씬 크다. 이러한 자유주의적 대응방식이 가장 대표적인 나라는 미국이다.

1980년 석유위기를 계기로 본격화된 미국의 경제위기와 산업구조조정은 기업과 노동자, 공공부문으로 하여금 경제여건의 변화에 부응하는 새로운 제도를 고민하는 계기가 되었다. 제조업체의 경우에는 대량생산체제와 대기업 중심의 부품공급체계에 의존하여 세계시장을 주도해왔으나, 1970년대 후반부터 신흥공업국의 저가 생산품이 범람하고 독일과 일본 등 경쟁국 제조업체들이 미국 시장에 성공적으로 진입함으로써 경쟁력을 상실하기 시작하였다. 또한 금융업의 경우에도 국제금융시장을 주도하기 위하여 기업통합과 조직개편 등 다양한 구조조정 작업이 진행되었으며, 금융전산화 작업이 보편화되면서 금융기관 종사자들의 인적 자원개발이 매우 중요한 과제로 부각되었다(Whitford and Dresser, 1997).

금속관련 제조업과 서비스산업을 중심으로 한 위스컨신 지역도 이러한 경제여건의 변화에 따라서 매우 급격한 경기변동을 경험하였다. 인근 디트로이트 지역에 있는 자동차업체가 불황상태에 있던 1980년대에는 자동차관련 부품공급업체가 동반하여 몰락하였고, 주요 완성차업체(포드, 크라이슬러, 제너럴 모터스)들이 생산체제를 혁신하던 1990년대 초에는 모기업의 생산혁신 요구에 부응하지 못하여 기업 존립의 가능성이 회의적이었다. 반면, 미국 경제의 서비스화 추세와 마찬가지로 금융·보험·보건 등 서비스산업이 위스컨신 지역, 특히 지역경제에서 가장 높은 비중을 차지하는 밀워키 지역에서 지속적으로 확대되었다. 1975년에서 1995년의 고용비중 변화를 보면, 제조업체는 26.7%에서 15.5%로 하락하였으나, 서비스업은 17%에서 28.2%로 증가하였다(Center on Wisconsin Strategy, 1996a).

그러나 당시 위스컨신 주의 주요 기업들이 경제위기를 극복하는 수단으로 사용한 전략은 '저임금 - 불안정고용확대 - 인적 투자축소' 등 노동유연화에 기초한 기업경영전략(Low-road Strategy)이었다(Rogers, 1996). 이러한 기업경영전략은 단순생산 기능에 대한 외부하청을 확대함으로써 생산단가를 줄이고, 기업에 핵심적인 부분을 제외한 고용부문에 임시직

·일용직·파트타임 등 비정규직(contingent) 종사자를 고용하여 인건비를 줄이는 것을 주요 내용으로 한다. 그러나 이러나 경영전략은 기업에게 단기적으로 노동비용을 절감하는 장점을 제공하였으나, 중장기적으로는 인력감소와 실업률 증가, 그리고 하청업체의 저임금구조를 낳았고, 특히 새로운 기술혁신을 위한 인력형성사업에 성공하지 못하였다(Rogers, 1996).

실제로 경영혁신을 성공적으로 진행하는 일부 대기업과 달리, 위스컨신 주에 있는 대부분의 중소 제조업체들은 신규투자를 확대하거나 노동자들의 작업능력을 혁신하기 위한 직업훈련제도를 제대로 마련하지 못하고 임금유연성이나 고용유연성에 의존하는 경영전략을 활용하였다.[1] 또한 자동화를 통하여 생산성을 높이려는 기업들도 새로 도입한 기계를 다루기 위한 직업훈련을 실시하지 못하였다. 특히 위스컨신 주의 금융기관과 지역 내 금융협동조합들은 새로 도입되는 사무자동화 기기를 능숙하게 다룰 수 있는 인력이 시급하였으나, 이러한 기술교육을 자체적으로 마련한 사례는 별로 없었다(Whitford and Dresser, 1997). 더구나 공공 기술교육기관에서 주도해온 기술훈련과정이 현장경험과 이론을 결합하지 못하였기 때문에, 개별 기업뿐만 아니라 공공기술교육기관도 노동자 숙련형성을 위한 기술교육수요를 충족시키는 데 많은 한계를 갖고 있었다.

이러한 경제여건의 변화, 특히 유연화에 기초한 기업경영전략(low-road strategy)의 가장 일차적인 피해자는 노동자들이었다. 노동자들은 그동안의 지속적인 경제성장기에 노동력 수요증가로 인하여 풍부한 취업기회를 제공받았으나, 주요 대기업이 경쟁력을 상실하고 하청관계에

1) 예를 들어서 1990년에 위스컨신 지역의 사업체를 대상으로 실시한 조사결과에 의하면, 250인 이하의 사업체 가운데 신기술에 대한 투자규모를 예년에 비하여 증가하려는 기업은 거의 없었으며, 경제여건 변화에 부응하기 위하여 작업조직을 개편하거나 경영혁신 조치를 취하려는 기업은 전체의 20%에 불과하였다(Dresser and Rogers, 1997a: 272).

있는 중소기업들도 연쇄도산하는 사례가 증가하자 노동자들의 일자리가 대폭 감소하였다. 또한 기업이 '생산성에 따라서 임금을 제공하는' 임금유연성을 확대하자, 취업상태를 유지하던 노동자들도 임금하락과 노동조건 악화를 경험하였다. 예를 들어서 고졸 미만 학력층의 실질임금은 1979-1993년 기간 동안 27%, 고졸자의 실질임금도 동기간 동안 20%가 하락하였다(Rogers, 1996). 또한 저학력자·여성 등 숙련수준과 직업경력이 낮은 단순노무직 종사자들은 비정규직으로 계속 종사하거나 일자리를 찾지 못하고 실업자로 전락하였다. 1980년대 위스컨신 지역의 노동경제는 기업도산 → 실업증가 → 저임금확대 → 빈곤증대의 악순환이 지속되었다.

따라서 이제까지 지역경제의 중추역할을 해왔던 금속관련 제조업과 앞으로 발전가능성이 높은 서비스산업이 회복되어야 지역경제를 활성화될 수 있었다. 인근 디트로이트 지역에 있는 자동차산업과 관련된 기계, 부품소재, 장비업종 사업체에서 기술혁신이 가능하다면 제조업 전체가 활성화 될 것이며, 서비스산업의 인력형성이 원활히 이루어진다면 금융·보험·보건업계의 발전이 두드러질 것이라는 점이 명확해졌다.

3. 새로운 노동시장제도를 위한 업종별 노사정 협력

1980년대의 경제위기와 유연화 전략을 극복하기 위한 시도는 노동계 내부에서 시작되었다. 당시 주정부는 실업자와 저임금노동자들을 위한 지원제도를 마련하여 주민들의 빈곤문제를 해결하고 지역경제를 회복해야 한다는 점을 인식하고 있었으나, 이를 위한 가장 효율적인 방법을 찾지 못하였다. 또한 기업경영진들도 기술혁신 및 인력형성을 위한 새로운 접근방식이 시급히 요청된다는 점을 인식하고 있었으나 이를 위한 비용부담뿐만 아니라 무임승차(free rider)의 문제점을 극복하지 못하고 혁신활동에 소극적이었다(Rogers, 1996). 따라서 경제위기와 유연화 전

략의 가장 큰 피해자인 노동계가 주도적으로 노력하지 않는다면, 기존
의 기업경영관행이나 노동시장제도를 개혁하는 작업은 불가능하였다.

새로운 제도의 틀은 일부 지식인그룹에 의하여 마련되었다. 주정부가
운영하는 위스컨신 대학의 지역개발관련 연구소(The Center on Wis-
consin Strategy)는 새로운 기업경영 및 인적 자원 개발방식을 연구하였
고, "제반 경제여건과 노동과정의 변화로 인하여 발생하는 개별 기업의
문제(예를 들어서 노동시장 유연화로 인하여 직업안정성이 저하된다거나 높
은 노동이동으로 인하여 숙련노동자 확보의 어려움이 발생하는 문제 등)를
해결할 수 있는 모델"로서 새로운 직업훈련 및 취업알선제도를 제안하
였다(Parker and Wever, 1997). 이들의 제안에서 가장 중요한 것은 업
종별 접근방식이다. 업종별 접근방식이란 개별 기업들이 공통으로 직면
한 문제를 함께 해결한다는 것으로서, 동일한 산업이나 최종생산품을 생
산하는 과정에 관련된 사업체들을 공통의 단위로 묶어서 노동자들의 숙
련을 향상하고 기업생산을 혁신하도록 지원하는 방법을 의미한다(Center
on Wisconsin Strategy, 1999).

이러한 접근방법은 노동계, 경영진, 주정부의 이해관계를 공통화한다
는 점에서 매우 현실적인 것으로 인식되었다. 노동계는 유럽의 선진자
본주의 국가에 비하여 낮은 수준의 정치력과 자원동원능력을 갖는다는
사실을 인정하고,[2] 전국 차원이 아니라 지역 차원에서라도 경영계와 공
공부문의 지원을 받아 문제를 해결하려고 업종별 협력 모델에 적극적으
로 참여하였다. 특히 위스컨신에서의 실험이 소기의 성과를 얻자, 전국
조직인 AFL-CIO는 재정적으로 지원하고 전국적인 노동시장제도개선
모델로 확대하였다.

업종별 접근방법에 경영진들의 태도는 초기에 소극적이었다. 특히 중

---

2) 미국의 경우 1980년대 들어서 민간부문의 노동조합 조직률이 취업자의 10%
   수준으로 하락하였다. 따라서 노동조합의 조직방식과 노사관계는 노동조합 조
   직률이 높았던 대량생산체제와는 다른 방식으로 재편되어야 한다는 문제의식
   이 확산되었다.

소 제조업체들은 특정한 기술인력을 필요로 할 경우에 현직 노동력의 기술수준을 향상시키려 하지 않고 다른 기업에서 일하는 노동력을 채용하려는 무임승차(free rider) 경향이 일반적이었다. 그러나 업종별 접근방식 자체가 개별 기업 차원의 투자가 아니라 공동의 투자이며, "기업의 비용으로 종업원의 숙련도를 향상시켰음에도 불구하고, 이들이 다른 기업으로 이직할 경우에 기업은 숙련향상을 위해서 지출한 막대한 비용을 버리는 결과"를 피할 수 있는 유일한 현실적 방안이라는 인식이 확산되면서 새로운 노동시장제도에 참여하였다(Center on Wisconsin Strategy, 1999). 당시 밀워키 지역에 있는 46개 기업의 고용주와 해당 기업의 5만여 노동자들은 노동시장 서비스업무와 업종별 훈련기관을 결합하는 사업을 시작하였으며, 초기에 제조업에 국한되었던 업종별 협력체계는 다른 업종으로 확산되어 보건의료분야, 사회서비스분야, 금융보험업계, 일반 제조업체, 금속산업제조업체 모임으로 소그룹화되었다.

노사가 참여하는 업종별 접근방법은 주정부의 지원에 의하여 지역차원의 노사정 협력 모델로 정착되었다. 또한 주정부 등 공공부문은 이러한 접근방법이 "지역 차원에서는 빈곤문제를 해결하고, 기업 차원에서는 숙련 노동력을 양성하여 제품의 질을 향상시키는 데 도움을 줄 수 있다"는 점을 인정하고 경영진과 노동계의 협력을 지원하였다(Parker and Rogers, 1995). 시장, 교육기관 관계자, 업종별 노사대표, 지역 상공회의소, 변호사 등 지역경제와 직접 관련 있는 이해당사자들은 노동시장개혁위원회(Labor Market Reform Committee)를 구성하여 지역차원의 협력 모델을 제도화하였다(Center on Wisconsin Strategy, 1999). 노사정 행위주체의 역할을 정리하면 다음과 같다.

개별 기업단위의 노동조합과 고용주들은 업종 단위로 재편성되어 노사협력체를 형성하고, 업종 단위의 노사협력체는 교육훈련 및 취업정보과 관련된 제반 정보를 공공부문과 직업훈련기관에 요구한다. 또한 노동조합이나 노동자단체는 사업장별로 구성원들의 직업훈련요구를 수용하고 업종별 회의에서 동일업종 노동자들의 요구를 체계화한다. 신규인력이나 기존 인력의 배치 전환이 필요할 경우에 임금 및 고용(승진) 조건 등에 관하여 고용주와 협의하며, 대기업 노동조합들은 하청 노동자들의 사내 교육훈련 과정과 공공직업훈련 과정에 참여한다.

노동자와 경영진의 인적 자원개발을 위한 요구는 직업훈련기관을 통하여 실행된다. 직업훈련학교는 생산과 교육을 접목시키는 직업교육을 통하여 기업들의 기술교육수요를 충족시킨다. 업종별 협력 프로그램에 참여한 기업체들과 상의하여 기업별 업종별 직업훈련 수요에 적합한 직업훈련 프로그램을 제공하거나, 단기적으로는 특별 프로그램을 통하여 기업특수적 훈련 과정에 참여한다.

마지막으로 공공부문과 비영리공익재단은 재정적으로 지원하고, 지역별 업종별 노동시장정보를 제공한다. 또한 비정규직과 저소득층 등 기업 단위에서 소홀히 다루어지는 사회적 약자의 자활을 위하여 직업훈련 및 취업알선 기회, 그리고 참여자의 복지혜택을 제공한다. 주정부가 업종별 노사협력 프로그램에 적극적으로 참여함으로써 지역단위의 노사정 협의 모델이 제도화된 것이다.

4. 위스컨신 모델의 주요 프로그램

1) 위스컨신 지역 훈련파트너십 프로그램(Wisconsin Regional Training Partnership)

위스컨신 모델 가운데 가장 대표적인 것은 1992년에 시작된 훈련파트너십 프로그램이다. 이 프로그램은 생산현장의 미래수요조사, 학교 – 산업체의 연계망 형성, 신규노동력 발굴·훈련·알선사업, 현장교육훈련 프로그램, 생산과정 혁신, 구직자 및 실업자 지원, 업종별 숙련기준 마련 등을 주요 사업으로 한다(Parker and Rogers, 1995). 현재 보건의료 분야, 금융보험업계, 금속산업 제조업을 중심으로 직업훈련과 취업알선

을 위한 사업이 활발하게 진행되고 있으며, 금속사업체를 대상으로 16
주(1일 4시간) 특별기술교육강좌를 개설하거나 병원전산화 담당자를 대
상으로 모듈화 된 교육과정(특수 직무에 필요한 전산화 공통교육)을 실시
하는 것이 업종별 직업훈련체계의 주요 사례이다.

이 프로그램의 또 다른 특징은 직업훈련 분야에 있어서 대기업과 중
소 부품업체 간의 교류가 진행된다는 점이다. 이 프로그램에 참여하는
제조업체들은 일부 대기업과 이들의 1차 부품공급업체들이며, 기업규모
로는 500인 미만의 중소기업, 업종별로는 금속산업(기계, 전자)과 플라스
틱제조업 등이 다수를 차지한다. 금속관련 대기업의 조립공장들이 질
높은 제품을 생산하기 위해서는 부품공급업체의 생산능력 향상이 필요
하기 때문에, 대기업도 중소기업의 기술력 향상을 등한시 할 수 없었다.
따라서 직업훈련과 생산과정 혁신을 위한 업종별 공동사업은 대기업이
부품공급업체와 협력체계를 형성하는 것을 포함한다(Parker and Rogers,
1995). 오토바이 생산업체인 할리-데이비슨(Harley-Davison) 기업이 본
사뿐만 아니라 부품공급업체의 기술교육을 지원한 것은 이러한 대기업-
중소기업간 협력사업의 대표적인 사례이다.

이 프로그램은 노사정 대표자로 구성된 추진위원회를 두고 있으나,
실제로는 프로그램을 운영하는 현장 그룹이 핵심적인 구성원이다. 현장
의 노조와 경영진들이 주축이 되어 직업훈련, 신규노동자교육 등 공통
의 문제를 제기하고 이를 추진위원회에 보고하면, 해당 문제에 관심 있
는 대표자들이 참여한다. 이들의 최종적인 작업결과를 다시 위원회에
보고하여 결과를 공유한다.

위스컨신 지역 훈련파트너십 프로그램이 현재까지 지속될 수 있었던
이유는 매우 다양하다(Neuenfeldt and Parker, 1996; Parker and Rogers,
1995). 무엇보다 중요한 것은 노동자와 고용주의 요구를 동시에 충족시
키는 구체적인 작업이 마련되었다는 사실이다. 노동시장 개혁위원회는
개별 기업의 문제점은 인정하지만 업종별 공동 노력에 부정적인 입장을
표명한 경영진들을 대상으로 구체적인 컨설팅 작업을 시작하였다. 해당

기업의 구체적인 기술숙련 요구도, 노동자 만족도, 비용상의 이점, 노사
관계에 미치는 영향 등을 연구하여 기업경쟁력 회복에 필요한 대안을
제시하였고, 일부 기업들이 이를 통하여 기업 내부 문제를 해결하자 비
슷한 상황에 있던 기업들이 협력체에 참여하였다.

지역 내 기술전문대학(Milwaukee Area Technical College)에서 주관하
는 현장교육체계는 기업의 요구에 적합한 교육과정을 마련함으로써 숙
련노동자를 형성하는 데 중요한 역할을 수행하였다. 이 대학은 처음에
는 복지수혜계층을 대상으로 한 기술교육과 취업알선사업을 주로 하였
으나, 노사정 협력체계가 형성된 이후에 기업과 공공부문의 지원 아래
현장기술교육센터를 확대하였다.[3]

또한 대기업과 부품공급업체의 협력관계는 금속산업에서의 직업훈련
과정을 내실화하였다. 모기업은 하청기업들에 대한 기술지원과 교육이
필요함을 인식하고 부품공급업체와의 협력사업을 강화하였고, 공공부문
과 노동자혁신 프로그램(Employment Modernization Program)은 중소
기업과 비노조기업의 기술발전을 위하여 현장차원의 다양한 서비스를
제공하였다(Parker and Wever, 1997). 이러한 노력은 대기업과 중소기
업이 임금 및 기술 수준 등에 대한 기준을 공유하는 체계로 발전하였다.
직업훈련사업이 대기업과 중소기업, 그리고 노조가 있는 기업과 없는
기업이라는 개별 기업의 경계를 뛰어 넘어서 진행될 수 있었던 것이다.

2) 미래의 희망이 있는 일자리 지원사업(Jobs With a Future)

서비스산업의 업종별 협력 프로그램 가운데 가장 대표적인 것은 위스
컨신 주 데인카운티(Dane County)의 경제단체대표자회의가 1996년에 시

---

[3] 프로그램 참여 업체들은 1억 5,000만 달러(1996년)를 투자하여 2,000여 명의
노동자에게 직업훈련 참여기회를 제공하였고, 노동조합은 현장 내 직업훈련수
요와 교육기관의 직업훈련내용을 연계함으로서 노동자들이 현실적으로 필요
한 교육 프로그램을 운영하도록 지원하였다.

작한 '미래의 희망이 있는 일자리 지원사업'이다. 이 사업은 주로 저임금의 비정규직 종사자들이 직업훈련을 통하여 안정적인 일자리('미래의 희망이 있는 일자리')를 제공하는 데 목적이 있다. 위스컨신 주는 1990년대 중반부터 서비스산업의 고용비중이 매년 2-4%씩 증가함에 따라서 계속 증가하는 종업원들의 기술능력을 향상시키는 작업이 중요한 과제로 지적되었다. 특히 1980년대의 금융업계 변화로 인하여 중소규모 금융업계 종사자들의 기술능력이 중요해졌지만, 창구전담직원을 위한 직업훈련제도가 제대로 마련되지 않아서 이들을 위한 직업훈련사업이 시급히 요청되었다(Dresser and Rogers, 1997b). 또한 금융업계 종사자 가운데 1/3 이상이 비정규직으로 고용되어 있어 이들의 높은 이직률과 저임금이 해결과제로 부각되었다. 노동자들의 높은 이직률은 미래를 보장하는 고용안정성과 승진기회가 부족하기 때문에 나타난 현상으로서, 비슷한 수준의 임금을 받더라도 미래가 보장되는 다른 일자리로 옮긴 결과라고 할 수 있다(State Department of Industry, 1996). 또한 매우 빠른 속도로 변화하는 금융전산화 과정에 적응하지 못함으로써 또 다른 비정규직으로 이직하거나 실업자로 전락하는 사례도 증가하였다.

따라서 12개 금융기관의 경영진들은 노동자들과 협의하에 "종업원의 작업능력향상을 위하여 투자하고 이들의 고용을 지속하라(Invest and Keep)"는 슬로건으로 다양한 사업을 시작하였다(Department of Work Force Development, 1999). 금융기관 협력프로그램을 마련하여 조직개편과 기술훈련체계에 관한 정보를 공유하였고, 공공직업훈련기관에 중·단기 교육과정을 마련하여 공동직업훈련을 실시하였다. 금융업종 노사협력 프로그램에 대한 비용은 대부분 공공기관과 프로그램 참가기업으로부터 충당되었으며, 직업훈련사업의 경우에는 관련 기업이 교육비 일체를 부담하였다.

이 사업의 일환으로 실시된 금융관련 전산화교육 과정을 정리하면, 직업훈련학교는 금융협력체계의 의뢰를 받아 전산자료입력에서부터 프로그램개발 분야에 이르는 16주(주당 20시간) 교육과정을 실시하였고, 고등

학교 졸업생과 지역 내 인사노무담당자를 연계하는 프로그램(School-to-Work Internship Program)을 통하여 청년 노동력의 취업을 지원하였다 (Department of Work Force Development, 1999). 이 프로그램들은 금융업 저소득 종사자들의 전산능력을 향상시킴으로써, 한편으로는 "저임금 비정규직에서 실업자 혹은 또 다른 비정규직으로 이동하는" 악순환을 방지할 수 있었고 다른 한편으로는 실무능력을 갖춘 노동력을 기업에 안정적으로 공급하는 데 기여하였다(*Wisconsin State Journal*, 1999년 1월 31일).

3) 밀워키 지역 취업지원사업(Milwaukee Job Initiative)

밀워키 지역 취업지원사업(Milwaukee Job Initiative)은 밀워키 지역에 거주하는 저소득층과 복지수혜계층을 대상으로 한 노사정 협력 프로그램이다. 이 프로그램은 한 공익단체의 지원(Casey Foundation)으로 1995년에 시작되었고, 고용주와 시민사회단체, 그리고 지방자치단체가 참여함으로써 지역차원의 협력프로그램으로 확대되었다.

이 프로그램은 업종별 접근방식이라는 점에서 다른 프로그램과 동일하다. 노동자와 고용주들은 건설, 제조업, 인쇄, 보건복지서비스 분야 등 세분화된 업종단위에서 신규노동력 자격조건을 정하였고, 지역 내 사회단체 및 공공직업훈련기관과 협조하여 구직자를 발굴하여 이들이 취업하고 계속 근무할 수 있도록 지원하였다(<그림 1> 참고).

그러나 이 프로그램은 주요 대상이 취업자가 아니라 도시 저소득층 주민(inner city residents)이라는 점에서 특징이 있다. 대부분 복지수혜계층에 해당하는 저소득층 주민들은 실업자이거나 비정규직 종사자, 혹은 단순업무 종사자들이다. 이들은 특별한 기술이 없어서 취업할 수 없으며, 취업한 경우에도 낮은 임금과 열악한 근무여건에 처한 비정규직 종사자이다. 따라서 노사정 협의체는 특별한 기술이 없는 저소득층에게 직업훈련기회를, 취업자들에게는 직업훈련기회와 취업알선기회를 제공

<그림 1> 밀워키 지역 취업지원사업(Milwaukee Job Initiative) 개요

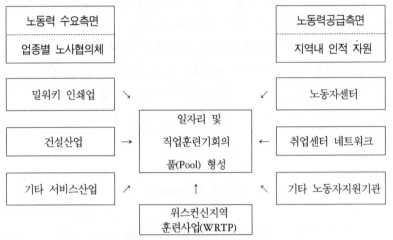

출처: Center on Wisconsin Strategy(1999).

하였다. 이러한 프로그램에서도 업종별 접근방식이 유지되었는데, 동일한 업종의 사업체들이 공동으로 일자리 정보를 제공하고 구직자를 선발하는 등 공동으로 노력하도록 체계화하였다. 또한 관련 업무의 경험이 있는 일부 실업자들로 하여금 이러한 공동업무를 담당할 직업알선업체를 직접 운영토록 하여, 일부 실업자들이 안정적인 일자리를 찾고 다른 실업자들에게도 현실적인 직업알선사업을 실시하였다.

이 프로그램에서 한 가지 중요한 것은 새로운 취업지원제도를 마련한 것이다. 미국의 경우에도 취업자들의 경로를 보면 인적 네트워크에 의존하는 경향('아는 사람의 소개로' 취업하는 경향)이 높았으며, 이러한 가능성은 단순노무직과 비정규직일수록 더욱 높았다(Center on Wisconsin Strategy, 1996b). 이러한 채용방식은 구인자와 구직자의 노동시장접근을 불공정하게 만들었으며, 종업원의 업무수행능력을 정확히 평가하지 못하기 때문에 채용 이후에도 비능률의 여지가 많았다. 따라서 밀워키 지역 취업지원사업은 원스톱 취업지원센터를 설립하고 고용주와 구직자에게 해당 지역 및 업종의 인력정보를 정확히 공급하였고, 저소득층이나 신

규 노동인력에게 복지제도와 노동시장제도를 연계하여 실질적인 혜택을
제공하였다. 특히 제조업체는 위스컨신 지역협력 프로그램(WRTP)과 연
계하여 저소득층 주민들이 제조업체에 취업하도록 지원하였고(<그림
1>), 건설업과 인쇄업체들은 노동자센터와 협력하여 복지수혜계층 가운
데 구직의사가 있는 사람들의 일자리를 알선하는 원스톱 서비스센터를
운영하였다(Center on Wisconsin Strategy, 1996b).

이러한 저소득층 지원프로그램의 성과는 이 지역의 임금관련 통계에
서 확인된다. 하위 20%의 소득수준을 주별로 비교하면, 위스컨신은 이
프로그램이 실시되기 전인 1989년에는 전국에서 29위였으나, 1998년에
는 12위로 향상되었고, 1996-1997년의 실업률도 8.8%에서 8.5%로 하
락하였다(The Capital Times, 1998년 9월 25일). 이러한 결과가 단순히
이 프로그램만의 성과라고 단언할 수 없으나, 저소득층소득수준의 향상
은 "주정부가 지원한 업종별 협력프로그램의 결과임에 틀림없다"(Wis-
consin State Journal, 1999년 3월 22일).

5. 결론

위스컨신의 업종별 접근방식은 현재까지 일정한 성과를 거두고 있으
며, 이 모델의 성공이 알려지자 다른 지역에서도 비슷한 실험이 진행되
고 있다. 필라델피아 지역의 인쇄업종 기술표준 협력 프로그램, 뉴욕 시
의 직물산업 노동자교육 프로그램, 오레곤 주의 건설업 노동자 프로그
램, 샌프란시스코의 호텔업계 종사자 프로그램 등이 다른 지역에서 시
작된 유사한 협력 모델이다(AFL-CIO, 1996). 그러나 지역 전체를 보면
빈곤층이 여전히 많고, 숙련향상을 위하여 해결해야 할 과제가 많다. 이
것은 노동자와 기업이 직업훈련·취업알선제도 등을 통하여 동시에 이익
을 얻는 노동시장개혁 모델이 더욱 확대되어야 함을 의미한다. 이 모델
은 산업경쟁력을 회복하고 노동자들의 숙련도를 향상시키려는 한국의

경우에 다음과 같은 시사점을 제공한다.

첫째, 가장 중요한 것은 개별 기업을 뛰어넘어 동일업종 차원에서 문제를 해결할 수 있다는 시각의 전환이다. 이 프로그램이 시작되기 전에 가장 큰 장애물은 개별 기업 중심의 사고방식이었다. 개별 기업의 틀에서만 문제를 인식하는 경영진들은 "기업이 정보를 공유하고 문제를 함께 해결하는 방식"에 동의하지 못하였고, 기술숙련과 관련하여 "개별 기업이 필요로 하는 숙련수준이 동일할 수 있을 것인가"에 대하여 회의적이었다. 그러나 노동과정이 표준화되는 현재의 상황에서, 개별 기업에 특수한 일부 기술·숙련 분야를 제외한다면 업종별 공통수요를 찾는 일은 어렵지 않다. 위스컨신 모델은 이처럼 기업 특수적 기술·숙련 분야를 인정한 상태에서 공통의 해결방안을 찾으려는 노력이다.

사실 업종별 접근방식은 노동자와 기업 양측에 이익을 줄 수 있다. 기업의 측면에서 보면, 새로운 프로그램을 시작하려는 기업들이 동일업종의 다른 사업체가 성공한 사례를 이용할 경우에 불필요한 경비지출을 최소화할 수 있으며, 특히 중소·영세 기업이 기업 단위에서 해결할 수 없는 노력을 공동으로 할 경우에 개별 기업 차원에서 드는 비용을 줄일 수 있다. 더 나아가 동일한 문제를 가질 것으로 예상되는 기업들의 사례를 공통화한다면, 정보와 경험을 공유함으로써 개별적으로 시도하는 노력에서 나타날 시행착오를 줄일 수 있다. 또한 업종별 노력은 노동자에게도 이익이 된다. 작업공정이 표준화되는 상황에서는, 일련의 업무과정이 체계적으로 연계되어 노동자들이 다음 단계의 업무내용을 쉽게 예측할 수 있고 자신의 경력을 위한 교육을 쉽게 선택할 수 있다. 그리고 한 가지 일자리에서 이직하더라도 동일한 직업군에서 연속적으로 일한다면 이를 위한 직업훈련을 받는 데 어려움이 적어진다.

이 모델의 두번째 장점은 공공부문이 좀더 현실적인 방법으로 노동시장제도를 개선할 수 있다는 점이다. 경제위기를 경험한 나라들은 대부분 산업별로 필요한 인력을 형성하기 위한 새로운 제도적 장치를 필요로 하며, 필요한 인력이 무엇인가를 파악하기 위해서는 현장의 요구를 업종단위로 공통화해야 한다. 이 모델에서 경험한 바와 같이 개별 기업의 수요를 모아서 산업의 수요로 파악한다면, 공공부문은 현장의 요구를 종합적으로 알 수 있고 현실적인 정보와 교육내용 등을 제공할 수 있다. 이를 위해서는 중앙정부뿐만 아니라 지방자치단체의 노력이 필요하다. 기술교육과 취업지원사업을 예로 들면, 이것을 특정 기업이나 교육기관이 주도하는 것이 불가능하므로 지역단위에서 새로운 기술교육체계를 마련해야 한다. 노동자와 기업이 살고 있는 지역을 단위로 하여, 신규 노동력의 기술능력을 재교육하며 해고된 노동자들이 지역에서 새로운 일자리를 찾도록 취업알선기능을 강화하는 작업이 필요하다.

  마지막으로 이 모델은 기업을 뛰어넘는 노동자조직화에도 많은 시사점을 제공한다. 노동계는 노동조합 조직률이나 고용안정성이 낮은 상태에서 기업단위의 조직화 노력이 한계에 달하였음을 인식하고, 지역 및 업종 단위에서 노동자를 조직하는 새로운 모델을 모색해야 한다. 특히 일자리 이동이 심해지는 노동유연성 시대에 적합한 조직화 전략이 매우 시급히 요청된다. 업종별 접근방식은 이러한 문제를 해결하는 하나의 유용한 방법이다. 노동자들은 노동시장의 유연성이 강화되는 상황에서도 비슷한 일자리로 전직할 것이며, 기업이 종업원을 새로 채용하거나 숙련노동자를 확보할 경우에도 해당 업종에서 비슷한 일을 해왔던 경력직 노동자 가운데 일부를 고용할 가능성이 높다. 따라서 노동자를 조직하는 새로운 노동조합 모델은 개별 기업을 뛰어넘는 단위(업종과 지역)에서 모색되어야 한다. 업종 단위에서 이루어지는 노동시장 개혁조치는 노동계 자신이 안정된 일자리와 임금인상을 확보하기 위해서도 필수적이며, 노동자들의 연대성을 좀더 넓은 범위로 확대하는 데 기여할 것이다.

□ 참고문헌

노동부. 2001, 『노동백서』.
한국노동연구원. 1998, 「고실업시대의 실업대책」.

AFL-CIO. 1996, "Labor Strategies in Economic Development, Training, and Modernization," Briefing Materials presented at the Labor and Economic Development Project Conference.

Center on Wisconsin Strategy. 1999, *A Chart of MJI's Job Connecting Strategy.*

──── . 1996a, *Inventory of Job Training, Job Readiness, and Basic Job Skills Training Program in Milwaukee.*

──── . 1996b, *Milwaukee Area Regional Economic Analysis, A Draft to the MJI Board of Directors.*

Department of Work Force Development. 1999, *Source Book: Finance and Insurances.*

Dresser, Laura and Joel Rogers. 1997a, "Sectoral Strategies of Labor Market Reform: Emerging Evidence form the US," Center on Wisconsin Strategy.

──── . 1997b, "Rebuilding Job Access and Career Advancement Systems in the New Economy," Center on Wisconsin Strategy.

Jessop, Bob. 1982, *The Capitalist State,* New York University Press

Neuenfeldt, Phil and Eric Parker. 1996, *Wisconsin Regional Training Partnership: Biulding the Infrastructure for Workplace Change and skill Development,* AFL-CIO Human Resources Development Institute.

Parker, Eric, and Joel Rogers. 1995, "The Wisconsin Regional Training Partnership: Lessons For National Policy," Preliminary Report to the National Center on the Workforce.

Parker, Eric, and Kirsten S. Wever. 1997, "Projects and Institutions: Meso-level Innovations in Germany and the United States," A Paper submitted to Industrial Relations.

Rogers Joel. 1996, "Labor and Economic Development," Briefing Materials presented at the *Labor and Economic Development* Project Conference. State Department on Industry. 1996, *Labor and Human Relations and the Dane County Regional Planning Commission.*

Whitford, J., and L. Dresser. 1997, "Skills and Training in Dane County Insurance and Finance," Project Report to the Dane County Economic Summit Council.

기타 위스컨신 주 지역신문(*Wisconsin State Journal, The Capital Times*)

"미국 위스컨신 주의 지역·업종별 노동시장제도"에 대한 토론

포럼 참가자

경쟁업체간 협력이 어떻게 가능한가

위스콘신 모델은 업종별 협력과정에서 경쟁업체간 정보공유문제를 정부의 행정지원을 통해 해결하였다. 개별 기업의 입장에서라면 경쟁업체의 내용을 보고 싶어하는 것은 당연하다. 기업이 자발적으로 정보를 공유하지 않을 터이므로, 제3자를 통해, 즉 위스컨신의 사례에서는 주정부에서 공유할 수 있도록 하였다. 참여의 원칙은 최소한 동의하는 정보의 공유·동의된 프로그램의 공유 정도이다. 제3자가 요구하는 정보란 기술개발 비밀이 아니라, 하나의 생산에 참여한 기업에게 공통된 일반적으로 요구되는 기술 정도이다.

한국에서의 적용 필요성

▪ 노동자들간 층화의 문제
현재 전반적으로 노동시장의 층화가 너무 많이 진행되었고, 그 분배과정에도 문제가 많은 것이 사실이다. 위스컨신 모델에는 이를 해결해 줄 수 있는 내용도 들어 있다. 특히 우리나라 청년층의 실업률이 매우 높은데 이들과 그 윗세대간의 임금격차가 너무 심해지는 것은 문제이다. 이 모델을 통해 노동시장의 분단구조를 완화시키고, 숙련형성에 따라서 그 사람의 직업경로를 바꾸고 임금수준을 높여줄 수 있는 가능성이 있다는 점은 긍정적이다. 그리고 협력적 노사관계를 기업 단위를 뛰어넘어 시도하는 데 대해서도 찬성이다.

▪ 현재 직업교육, 취업알선의 문제

우리 인쇄노조의 경우 발표한 위스컨신 모델과 유사하게, 인쇄사업자들이 매킨토시 사용자를 취업알선하고 있는 것으로 안다. 지방자치단체가 지원하는 것이 바람직할 것이지만 아직 이루어지고 있지 않고 현재 노동조합에서 교육을 지원하는 데 너무 상황이 열악하다. 컴퓨터도 노후기종이고 강사료도 매우 적다.

그리고 보험의 경우 정부에서 컴퓨터 교육, 텔레마케터 취업알선 등을 통해 취업시킨 이들은 정규직으로 인정받지 못한다. '여성의집'과 보험회사가 제휴를 맺으면, 여성의집에서 교육받은 사람을 취업시키긴 하지만, 하루종일 앉아서 업무를 수행함에도 정규직이 아니므로 성과급으로 임금을 지급하므로 수입이 매우 적다. 연령도 40대 이후의 사람들은 아예 취업이 안 된다. 40대 이후 여성이 취업할 수 있는 직업훈련도 보완되어야 하지 않겠는가.

▪ 직업훈련과 복지의 연계 문제

밀워키 지역 여성들은 훈련을 받는 동안 육아 서비스 등을 제공받았다고 보았다. 반면 우리나라 기업주들은 비정규직이라고 늦게까지 일을 시키고, 여성을 위한 복지제도도 제대로 갖추어지지 않았으므로 주부들이 제조업에 취직할 수가 없다. 그런 것도 바뀌어야 한다. 그리고 공공근로를 하면 적어도 월급 57만 원이 확보되는 데 취직을 하면 월급 50만 원도 안 된다면 누가 취직을 하려 하겠는가. 밀워키는 센터에서 직업훈련 프로그램과 탁아시설 등의 복지서비스를 제공함으로써 직업훈련을 받는 동안 복지혜택을 누릴 수 있다. 미국은 복지가 상당히 낙후되어있으나, 그나마 나은 것이 주정부의 극빈층 지원정책이다.

- 구조조정이 발생시킨 문제

김대중정부 노동정책에서 가장 신자유주의적인 측면은 정리해고, 일방적인 구조조정의 실시일 텐데, 그 부분에 대해서 노사합의로 이루어져야 한다고 생각한다. 구조조정이라는 것은 어쩔 수 없는 측면도 있지만, 민주적인 정리해고와 구조조정이 원칙으로 자리잡아야 하며, 그 피해를 최소화하기 위해 직업훈련과 취업알선이 체계화될 필요가 있겠다는 생각이 든다.

어떤 자동차업체의 경우, 정리해고 이후 공장에 새로운 작업방식을 도입하였다. 그러나 "누가 이러한 작업방식 변화과정을 주도하고, 누가 새로운 작업조직에서 일할 것인가?"는 이후 논쟁의 대상이 된다. 사실 10년 경력의 노동자들이 회사 노무관리자보다 노동과정에 대해서는 더 많이 알고 있으나, 준비부재로 이러한 문제에 제대로 대응하지 못하였다. 그리고 모듈화로 부품납품 시스템이 바뀌었으므로 우리나라 여건에서 대단한 기술력이 없는 하청기업은 원청업체의 요구를 받아들여야 하고, 이를 거부하면 기업경영이 위기상태에 놓인다. 이 틈을 파고드는 것이 외국의 부품기업이다. 원청-하청 관계가 중소기업의 역량에 따라서 변할 수도 있는 관계임을 보여주었다. 모기업은 세계화되고 있다. 결국 이를 지탱해주는 것은 우수한 부품업체들이므로, 동일업종간 협력이 중요해진다.

이렇게 산업구조와 생산과정은 변하고 있는데 노동조합이 이전의 분배 위주 교섭관행에서 벗어나지 못한다면 문제이다. 산별 노조가 현안인데, 산별노조의 내용을 무엇으로 채우고 무엇을 논의할 것인가? 임금과 관련된 요구 이외에, 노동자들이 작업과정과 직업훈련과정에 개입할 수 있는 부분에 대해 요구하고 필요한 내용을 채워 넣을 수 있는 협의체가 필요할 텐데, 그중 하나가 이 실험이 아니겠는가.

보험업계의 경우 노노갈등의 문제가 있으므로, 산별노조 논의는 쉽지가 않다. 보험모집인들의 조직 흐름에 대해 회사에서는 3만 2,000명을 해고하면서 대응했다. 보험회사는 사람이 많다고 손해보는 것은 없지만 구조조정을 한다고 해고하면서 한편으로는 새로운 사람을 뽑고 있다. 계약해지를 허용하는 법이 있으므로 그런 관행이 생겼을 것이고, 이에 대응하기 위해서는 법을 바꾸려는 노력과 함께 기업 단위에서 노조에 힘을 모으는 방법 등이 있을 것이다. 그러나 한편으로는 표준화를 통해 이런 능력, 이런 과업을 수행하면 승진한다는 등의 보완 역시 필요할 것이다. 이것이 위스컨신 모델이 주는 시사점이다.

■ 산업구조의 변화에 대처

직업훈련 등의 정부정책은 대부분 많은 금전적 지원에도 불구하고 체계적으로 이루어지지 못해 그 실효성이 상당히 떨어지는 것이 사실이다. 그러므로 실제 기업이 필요한 기술을 알아내서 교육하는 위와 같은 프로그램이 유효한 것이다. 언제까지 중·저수준의 기술로 버틸 수는 없는 만큼 산업구조의 변화를 위해서도 기술변화와 체계적인 훈련이 필요하다.

■ 인력문제에 대한 장기적 시야 확보

사양산업에서는 가격경쟁력이 떨어지면서 산업 및 지역의 공동화 현상이 벌어지고 있다. 그러나 몇몇 기업들은 고품질 제품을 개발해 부가가치를 높이는 등 상황을 호전시키고 있다. 또한 이러한 산업이나 지역의 활성화를 위한 정부자원도 많이 투입되었다. 그러나 빠져나간 인력의 숙련을 보충하지 못하고 있는 것이 현재 부딪힌 큰 문제이다. 해외로의 공장 이전, 직업훈련 투자부재 등으로 인한 십 년의 공백 때문에 인력형성의 문제를 해결하지 못하는 것이다. 예전에 해외로 공장을 옮긴 것도 기업 이익에만 집착한 전략이었다.

일부 섬유업계의 파업도 화섬업계의 구조적인 문제가 폭발한 것이다. 비정규직이 대부분 생산을 해왔으므로 그간 비정규직과 정규직 갈등이 쌓여왔고, 해묵은 노사갈등도 폭발했다. 이제 경영계뿐 아니라 노동계도 장기적인 시각으로 접근할 필요가 있지 않겠는가.

한국에의 적용시 부정적인 측면 및 주의할 점

• 고용안정에 오히려 위협이 될 수 있다

업종별 노사협의체로 고용안정을 위해 노력해보자고 하지만, 사용자 단체의 능력 자체가 별로 없고 노조도 크게 다르지 않은 상황에서 얼마나 효과를 거둘 수 있을지 의문이다. 실제 노사정위원회라는 큰 틀, 사회적 합의 틀이 애초의 좋은 의도와는 달리 유명무실한 상황에서 경제 논리에 의해 고용안정이 뒷전으로 몰리고 있다. 미국의 사례들은 이직이 빈번한 상황에서 직업훈련을 통해 일부의 노동자들은 숙련향상을 통해 고용안정을 확보하고 재취업훈련 등을 통해 쉽게 적응할 수 있게 하는 것이니 만큼 긍정적인 점도 있겠다. 하지만 우리나라 현실에서는 고용안정을 뒷전으로 하는, 다시 말해 고용안정투쟁을 무마시키는 용도로 활용될 우려도 무시할 수 없지 않겠는가. 특히 정부나 사용자가 주도하는 경우라면 더욱 그럴 것이다. 물론 정규직과 비정규직, 1차와 2차 노동시장간의 임금격차가 매우 심한 우리나라에서 원청이 하청을 그리고 대기업이 중소기업들을 보살펴줘야 함을 부정하는 바는 아니나 직업훈련과정에서 경영 측 주도에 따른 우려는 남아 있는 것이다.

• 기존 노동조합의 문제점의 지속 문제

노동조합의 입장에서 업종별 협의회가 활성화되면, 상급단체의 통제력이 감소하게 될 우려가 있다. 업종별 협의회의 대표들이 건전하다면 좋겠지만, 기존의 노동조합 상층부가 유지될 경우 그렇다는 보장도 없지 않는가.

• 각국 노동운동간의 차이점

노동운동 지도부가 국가에 대한 압박을 중시할 경우에는 자칫 현장의 문제와는 멀어지는 경향이 있다. 그러나 밀워키에서의 실험은, 현장에서의 실익을 얻기 위해 주정부에 개입한다는 면에서 무게중심이 다르다.

즉 한국 노동운동의 입장에서 보면 국가를 통해 —혹은 이용하여— 무엇을 바꾼다는 차원의 접근이 무척 약한 것이 특징이다. 비정규직의 사회적 보호, 노동3권 획득의 문제 등에 대해서 위스컨신 모델식의 접근에는 한계가 있다. 제도 및 법률 체계를 바꾸기에는 맞지 않는 활동인 것이다. 따라서 한국에 이 모델을 적용할 때 주의할 것은, 우리나라의 관행과 미국 노동운동의 관행이 다르다는 사실이다. 법과 제도에 대한 의존성이 커서 현장의 비중이 그리 크지 않은 일본 노사관계의 특징을 한국 역시 가지고 있다. 지도부는 법적으로 어떻게 최대한 얻어낼 것인가를 고민하지만 교환 등의 과정을 거치면서 현장에서는 노동계 내부의 소외계층이 생길 수밖에 없지 않나 하는 생각이 든다.

한국에서의 적용 가능성 모색

• 선도부위가 필요하다

미국 저소득층은 한국의 저소득층과 상당히 다르고, 이들은 노동조합에 가입할 사람들이 아닌데도 노조가 지원한다는 것이 놀라웠다. 노사정 위원회가 잘 되지 않는다고 해서 이런 노사정 협력 모델까지 안 된다고 할 수 없다. 현재 한국의 업종별 협의회가 이런 실험을 할 수는 없겠지만, 선진적인 부위에서 먼저 실천해보는 것이 필요할 것이라 본다. 창의적인 업종별 리더십의 창출이 필요하다.

• 협의체 구성을 위해 경영 측의 이해가 필요하다

노조가 독자적으로 한다거나 기업이 전혀 협조적이지 않다면, 협의체는 실패하는 것이다. 겉치장으로만 협의체를 만들고 노조만이 적극적이라면 실패하는 경우가 많다. 노조는 직업훈련이나 취업알선제도가 필요하므로 적극적일 것은 어느 나라나 마찬가지이고, 어떻게 기업을 끌어들일 것인가 하는 것이 문제이다. 몇몇 각성된 자본가들이 이 취지에 동의하고, 기술혁신이나 숙련노동의 필요성에 동의하게 되면 파급은 시작된다. 이 프로그램이 모두에게 이익이 된다는 것을 설득시킬 수 있어야 한다.

- 노사정 사이의 불신해소가 필요하다

노사가 협력 프로그램을 만들 수 있도록 정부가 해줄 수 있는 것이 많을 것이다. 실제로 노동부가 지원의사가 없는 것은 아니다. 하지만 공공부문에서는 이러한 노력이 이루어진다 해도, 경영자들은 통제할 수 없는 집단이다. 노동조합 역시 과거의 경험으로 협의모델 등에 대해 불신이 팽배하므로 쉽지 않다.

미국의 사례를 보면, 직업훈련을 하려면 노동자가 가진 숙련을 평가해야 하는데, 이에 대해 노동조합이 상당히 반발했다. 표준을 만드는 것이 매우 힘들다. 노동조합이 일단 숙련을 평가하는 데 동의한 것은, 이를 고과 등에 적용하지 않겠다는 확답을 받고서였다. 이런 난점을 해결해나가는 데 있어 우리나라의 노사간 불신 문제는 큰 걸림돌이 될 것이다.

불신의 문제는 하루아침에 극복될 수 없겠지만, 업종별로 협의해 무엇인가 하는 것이 추세라면, 문제는 어떤 내용으로 대안을 마련할 것인가 하는 것이 문제이며 이는 구체적인 경우에 따라 달라질 수 있을 것이라 본다.

- 노동자들간의 연대감 복원이 필요하다

우리나라의 영남권 중화학공업도시들은 굵직굵직한 사업체들이 동일 업종별로 수직계열화된 산업구조를 가지고 있다. 그러나 원청, 하청 노동자간 차이, 정리해고시 불거진 문제 등에서 보듯 노동자들 내부도 층화되어 있는 것이 현실이다. 이렇게 조각난 노동자들간의 이해관계를 동질화시켜나가는 과정이 필요하다. 기구가 만들어진다 해서 대안이 되는 것은 아니다. 같이 이익이 되는 대안이 무엇인가에 대한 토론이 필요하다.

▪ 구체적인 가능성과 현재의 과제

영남권 중화학공업지역에 잠재적인 가능성이 있다. 자동차업계가 재편되는 와중에 모든 자동차관련 업종이 집중될 오토밸리가 건설되고 있다. 특정 모기업이 있거나 없거나 지역경제 활성화를 위해 건설하는 것이다. 여기에 관련된 중소기업체의 공통된 요구 가운데 한 가지가 노동자 숙련향상이다. 한편 석유화학업종 재편과정도 중요한 이슈가 되고 있다.

이러한 문제뿐만 아니라 산업정책이든 노동정책이든 중앙정부의 밀실결정에 의해서 이루어지므로 실효가 없고, 사주나 이익을 얻고 나머지는 소외되는 결과를 낳는 것이다. 그러나 변화의 여지가 있으며 불가능한 것은 아니다. 누가 주도하고 어떤 내용으로 채우는가, 소수 관료집단과 관변화된 학계에서 돈 쓰는 사업으로 추진했던 구태에서 벗어나기 위해서는 어떻게 해야 하는가 등이 지금 풀어야 할 문제이다.

경제세계화와 노사관계의 전환
"경쟁력 있는" 조합주의는 가능한가?

이주희·안성우*

1. 들어가는 말

국가간 경제통합은 기존의 노사관계에 다음과 같은 두 방향에서 변화를 요구하는 압력을 행사해왔다. 첫째, 세계적 수준에서 진행되는 경쟁의 격화로 실업을 초래하는 위험구조가 다양화되는 한편, 숙련도가 높고 안정적이며 세계시장에 통합된 부문과 숙련도가 떨어지고 불안정하며 보호되는 부문으로 노동력의 양극화가 발생한다. 이로 인해 노동운동의 내부통합능력이 저하되고 있다. 둘째, 자본시장의 통합으로 정부의 재정정책 집행능력이 제한되므로, 임금인상시 고용주와 고임금노동자들을 중앙집중적인 규제로 이끌 만한 보상책은 한정된다. 따라서 세계 자본시장과 국제금융기구의 권고로부터 자유롭게 못한 국가가 노와 사의 정치적 교환을 조율하는 일이 점점 더 어려워지고 있다(Iversen, 2000).

이런 세계화의 추세가 각국 노사관계를 어떤 한 모델로 수렴시키고 있는가에 대한 대답은 아직 부정적이다. 우선, 비록 노동조합조직률이 전반적으로 하락하고 있기는 하나, 이 추세는 노동운동의 힘이 이미 상당히 약했던 국가군에서 더 두드러질 뿐 대부분의 노동자를 조직하고 있는 국가군에서는 조직률이 더 이상 하락하지 않고 있다. 국가간 조직

---

* 이주희: 한국노동연구원 연구위원, 안성우: 서울대학교 사회학과 석사.

률 격차가 오히려 확대되는 경향을 보여주는 것이다. 또한 교섭구조가 탈중심화되어 기업 차원에서의 교섭이 가져다주는 유연성을 선호하는 고용주와 노동자가 증가하고 있는 것은 반박하기 어려운 일반적인 현상 이지만(Lee, 1998), 국가적 수준에서 이루어지는 노사정의 3자협약의 필 요성마저 감소한 것은 아니다. 오히려 치열한 세계시장에서의 경쟁력 확보를 위해 개별 국가의 정부는 국가적 차원에서 이루어지는 노사정의 정책조율을 더욱 필수적인 과정으로 인식하고 있다.

이 글은 이런 배경하에 세계화가 본격화된 90년대를 상반되게 경험한 스웨덴과 이탈리아, 그리고 한국의 사례에 비추어 새롭게 부상하는 조 합주의의 의의와 한계를 분석한다. 이에 선행되어야 할 작업은 물론 과 거 신조합주의와 새롭게 부상하고 있는 조합주의가 어떻게 차이를 가지 며, 또 어떤 조건하에서 성공적으로 이루어질 수 있는가에 대한 논의이 다. 신조합주의적 노사관계모델을 대표하는 스웨덴은 1980년대 이후 급 격한 탈중심화 과정을 겪으며, 중앙단위 노사협상과 완전고용정책을 폐 기하였고, 이 추세는 현재까지 바뀌고 있지 않다. 그와 대조적으로 상대 적으로 약하고 파편화된 노동운동구조를 가진 이탈리아는 1990년대에 들어 중요한 3자협약을 지속적으로 성공시켰다. 한국은 1997년 말 경 제위기를 노사정 3자협약을 통해 극복하고자 하였으나 그 타협의 과정 과 결과에 대한 논란이 끊이지 않고 있다.

신조합주의 이후의 조합주의

신조합주의는 오랜 기간 동안 계급타협의 가장 중요한 기제로 알려져 왔다. 셰보르스키(Przeworski, 1985)는 그의 계급타협이론에서 노동조합 의 높은 조직력이 신조합주의적 계급협력의 핵심조건임을 강조하였는 데, 그 이유는 ① 노동자 내부의 어떤 특정 그룹, 즉 조직된 노동자집단 이 비조직된 노동자집단의 희생을 수반할 수도 있는 최대한의 이익추구 를 자제할 수 있는 동시에, ② 그들의 임금자제가 이후 미래임금의 상

승으로 실현될 수 있도록 고용주들의 투자행위에 영향을 끼칠 수 있을
만큼 파업의 위협이나 정치적 동원력을 보유할 수 있어야 하기 때문이
다. 많은 양적 분석과 질적 사례연구의 결과가 이런 논의를 뒷받침해
왔다. 상이한 집단크기에 따른 상이한 행동유인구조를 분석한 올슨
(Olson, 1982)[1]의 관찰에 힘입어 크로치(Crouch, 1985)는 소규모이거나
분권화된 노동조합구조보다 노동자의 대다수를 조직한 집중화된 노동운
동이 임금인상을 자제할 가능성이 크다고 주장한 바 있다. 그것은 다수
노동자를 위한 교섭을 할수록 총 임금인상요구가 인플레이션에 미칠 영
향을 고려하지 않을 수 없기 때문이다. 그 대신 노동자는 임금자제에
대한 보상으로 고용안정과 높은 사회적 임금을 얻을 수 있다(Cameron
1984).[2]

신조합주의적 타협의 특징인 노사간의 정책협의와 조율은 집중화된
노동조합구조뿐 아니라 집중화된 조직구조를 가진 고용주단체 역시 필
요로 한다. 노동조합의 파괴력과 권력자원이 큰 경제부문에 속한 고용
주단체는 바로 그런 힘을 노동조합에 부여한 생산품시장의 특성으로 인
해 더 큰 동원력과 권력을 가지기 쉬운 위치에 있게 되게 마련이다. 따
라서 자본은 타협의 대가(quid pro quo)를 분명하게 기대할 수 있기 전
에는 협력에의 유인을 가지기 어렵다. 이런 고용주들에게 신조합주의가

---

1) 그에 따르면 다수의 성원을 포함하는 이익집단과 아주 소수의 성원만을 포함
   하는 이익집단은 아주 다른 유인들을 가지게 된다. 만일 한 집단의 성원이 사
   회의 1%만을 조직하고 있다면, 그 집단은 공공재를 생산해내기 위한 비용을
   그들이 다 지불해야 함에도 불구하고 그 공공재의 단 1%만을 얻게 될 것이다.
   그러나 만일 그 집단이 자신의 이득만을 추구한다면 사회 전체로 볼 때 단
   1%의 비용을 지불하면서 사회로부터 100%의 재분배적 이득을 얻게 되는 것
   이다. 바로 이것과는 정반대되는 논리가 사회성원의 대부분을 조직하고 있는
   집단에 적용된다. 이 집단은 이기적으로 재분배적 이득만을 추구할 수 없으므
   로 사회 전체에 대해 이득이 될 만한 기여를 하기 위해 어느 정도 희생을 할
   유인을 가지게 된다.
2) Soskice(1983), Lange and Garrett(1985), 그리고 Korpi(1989)도 유사한 결과를
   보고한 바 있다.

보장하는 임금구조에 대한 통제행사와 산업평화는 노동조합과의 타협을
가장 나은 전략 중의 하나로 선택하게 만드는 가장 핵심적인 혜택이 된
다. 특히 수출위주의 소국일 경우 고임금에 따른 비용을 국내 소비자에
게 이전하기 어려울 뿐 아니라, 파업은 해외의 경쟁국들에게만 이로운
결과를 초래하게 되어 고용주들은 노동조합의 임금자제를 훨씬 더 필요
로 한다. 스웬슨(Swenson, 1989)은 바로 이러한 이유 때문에 스칸디나
비아 소국의 고용주들이 오히려 노동조합구조를 집중화하려는 노력을
했다고 분석[3]한 바 있다.

　신조합주의적인 계급타협은 장기적인 세계경제의 불황과 포디즘적 생
산방식의 재구조화가 본격화된 1970년대부터 서서히 붕괴의 단서를 보
이기 시작하였다. 극소전자와 커뮤니케이션기술의 발전으로 이제 자본
은 전세계를 자유롭게 이동하며 적합한 생산입지를 찾을 수 있게 되었
으며, 그 결과 국가는 일관성 있는 경제, 재정 그리고 노동정책을 추구
할 수 있는 정책자율성을 점차 상실하게 되었다. 이런 과정에서 자본은
다시 한 번 노동에 비해 우위를 점하게 되었는데, 고용주들은 국가가
보장하는 완전고용과 소득보장정책같이 노동권의 보장이 불러온 비용
부담을 회피한 채, 노동시장의 유연성을 보장하는 시장 중심적 정책을
적극적으로 추구하기 시작하였다. 그 결과 노동운동은 경쟁적인 노동시
장의 규제완화와 더불어 국가적 차원에서의 교섭력과 정치적 역할의 약
화를 경험하게 되었다. 결국 1980년대에는 많은 유럽 국가에서 신조합
주의적 정책협의 관행이 쇠퇴되었고, 신조합주의의 종말에 대한 의구심
이 자라났다. 약속했던 뛰어난 거시경제적 지표 대신 노동시장의 경직
성이 가져오는 폐해가 두드러졌고, 그 때문에 신조합주의는 경쟁적 시

3) 스웬슨(Swenson, 1989)의 주장은 경제의 개방수준과 신조합주의적 해법과의
　상관관계를 다룬 여타 연구자들과 조금 차이가 있다(Cameron 1984; Katzen-
　stein 1985). 이들은 잉햄(Ingham, 1974)의 논지를 따라 작은 경제규모와 높은
　개방도가 강한 이익집단의 형성에 크게 도움이 된다고 논의해왔다. 스웬슨은
　그들보다 훨씬 더 노동력 부족과 세계시장의 경쟁에는 노출되어 있으나 해외
　로의 이전이 용이하지 않은 자본의 역할을 강조한다.

장에서의 생존에 적합치 못한 체제로 각인되기 시작한 것이다.

그렇지만 조합주의가 완전히 붕괴한 것은 전혀 아니었다. 그와는 반대로, 세계화에 따른 극심한 상품시장에서의 경쟁과 유럽통화연합(EMU)에 합류하기 위해 만족시켜야 했던 엄격한 기준들은 많은 국가들로 하여금 자국의 주요 생산자 조직과의 협력을 필수적인 과정으로 만들었다. 국가경쟁력의 강화를 위한 노사간의 협력과 이해의 조율이 공통의 목적으로 부상한 것이다. 발전된 유럽 국가들이 치러야 했던 복지국가의 감축과 개혁 역시 주요 생산자집단의 이해가 제대로 대표되고 조율되었을 때 상대적으로 용이하게 이룩할 수 있었다. 그 외에도 많은 유럽국가에서 노동시장의 규제와 분권화된 경제부문에서의 교섭이 조율된 채 진행[4]됨에 따라 세계화가 탈규제와 분권화를 일방적으로 초래하지 않는다는 사실을 확인케 해주기도 하였다. 이러한 새로운 사회협약과 정책 결정상의 협의 관행을 이전의 전통적 사회조합주의의 관행과 구별하기 위해 로즈(Rhodes, 1998; 2001)는 이들을 경쟁력 있는 조합주의(competitive corporatism)라 일컫기도 하였다. 이와 같은 견지에서 트랙슬러(Traxler, 1995b)는 케인즈주의적 경제정책에 기반한 수요 측면의 조합주의는 쇠퇴하더라도 국가의 경쟁력을 되살릴 수 있는 공급 차원의 조합주의(supply-side corporatism)의 필요성은 계속된다고 역설하였다. 시장원칙에 따른 유연성만으로는 유연특화된 생산이 지배하는 시대에 걸맞은 고기술의 노동과 신뢰와 협력에 기초한 노사관계를 이룩하기 어렵다는 것이다.

새롭게 부상한 신조합주의가 위치하고 있는 정치경제적 상황이 다른

---

4) 트랙슬러(Traxler, 1995a)는 이 과정을 조직화된 분권화(organized decentral-ization)라 이름지은 바 있다. 세계화, 분권화, 그리고 유연성의 추구는 모든 발전된 산업국가가 공통적으로 맞이한 경향이지만, 이들 국가들 사이의 교섭구조의 제도, 기능 그리고 사회적 대화의 존재 여부는 큰 차이를 보여준다. 몇몇 국가에서는 조직된 생산자집단이 노동시장과 복지국가의 개혁에 큰 영향을 미친 데 반해, 다른 국가들에서는 분권화로 인해 노동시장에 대한 생산자집단의 지배력이 크게 감소하였다(Iversen and Pontusson, 2000).

만큼, 자본과 노동의 조직력과 그들 집단의 이해, 그리고 그 이해를 조율하고자 하는 정부의 전략 역시 변화하였다. 이러한 상황변화로 인해 새로운 조합주의에서 중요한 것은 자본과 노동이 정책안건의 상정과 개발, 그리고 협의과정에의 참여를 통해 발현하는 기능적 역할이라는 의견이 제시되기도 하였다(Jogensen, 2000: 21). 실제로 자본시장의 전세계적 통합 속에 개별 국가가 재정적자를 오랜 기간 유지하는 일이 점점 어려워졌고, 그 결과 정부는 복지국가의 확장을 이전처럼 타협의 대가로 제시하기 어려운 위치에 있다. 그에 따라 임금자제가 신조합주의적 타협에서 차지하던 중요성 역시 서서히 감소하였다. 1990년대에 타결된 사회협약들은 그 대신 사회적 파트너들을 정책결정 과정에 본격적으로 참여하도록 유도하고 있다. 이탈리아의 사회협약들에 대한 사례연구에 기반해 레기니(Regini, 1997)는 좀더 직접적으로 기존의 신조합주의 이론을 반격한다. 그에 따르면 새로운 정치경제적 환경에서의 정책협의와 조율은 노동조합이 덜 집중화되고 또 그래서 일반조합원과의 의견교환이 더 잘 이루어질수록 성공할 가능성이 커진다. 만일 노동조합의 조직력이 강하다면 고통을 수반하는 복지국가의 축소[5]나 새로운 경쟁체제에 대응하기 위한 유연성 증진에 쉽게 협력하기 어렵기 때문이다. 물론 그와는 반대로 노동조합이 지나치게 약하고 또 자율적인 규제능력이 없다면 정책협의 과정에의 참여가 가지는 의미는 사라질 것이다.

그러나 새로운 조합주의에 대한 이론적 경험적 연구들은 아직 이러한 정책 협의와 조율이 가져오는 결과에 대해서는 그렇게 만족스러운 대답을 주고 있지 못하다.[6] 이전 세대의 신조합주의적 계급타협은 일반 노

---

5) 만일 중앙집중화된 교섭구조를 가진 노동조합이 안정된 권력기반을 가지고 있다면 얻을 것이 거의 없는 복지국가 개혁에 대한 협상에 응할 가능성이 낮을 수밖에 없을 것이다(Ebbinghaus and Hassel, 2000).

6) 켄워시(Kenworthy, 2001)의 논의는 중요한 예외이다. 16개 OECD국가에 대한 양적 분석에 기초하여 그는 조합주의적 제도들이 낮은 실업률을 보장하는 효과는 1990년대에 사라졌지만, 그것이 조합주의국가들의 실업문제가 악화되었다기보다는 대부분의 비조합국가들의 실업률이 낮아진 데 기인하였음을 밝힌

<표 1> 신조합주의와 새로운 '조합주의'의 비교

	신조합주의	새로운 조합주의
목적	정치적 교환('Political Exchange')	경쟁력 강화
기제	중앙집중화된 교섭구조 노동운동지도부의 자율성	조정력을 갖춘 분권화된 교섭구조 ('Coordinated Decentralization') 노 동운동 지도부와 일반노조간의 활발 한 의견수렴
주요 내용	임금자제와 완전고용·인플레이션 억제·복지국가와의 교환	정책입안능력의 위임을 통해 긴급한 규제관련 문제를 해결
노동운동에 미치는 영향	동질적인 노동자 일반의 이해대표	다양한 노동자 이해의 조율
정치적 함의	좌파정당과의 연계를 통한 정치적 영향력 보유	정당과의 관계의 중요성 감소
노동자 복지	동질화된 노동력에 대한 보편적 복지	노동자 내부 격차 확대 가능성

동자집단의 복지에 분명하게 긍정적인 영향을 미쳤었다. 그러나 새로운 사회협약에서 이제 완전고용은 더 이상 보장되어 있지 않다. 이런 사회협약들이 어느 정도 시장원칙에 순응하는 정책요소들을 포함하고 있고, 또 노동조합의 조직률과 조직력이 이전보다 약화되었기 때문에 노동자집단 내의 형평성과 평등을 가져오려는 신조합주의의 기능은 자주 간과되고 있는 것이 사실이다. 더구나 노동이 점점 더 고기술을 가진 안정된 집단과 그에 훨씬 못 미치는 불안정고용집단으로 양분됨에 따라 계급 내 이해의 조율은 점점 더 어렵게 되어가고 있다. 이런 상황에서는 새롭게 부상하는 조합주의의 기제들이 노동과 자본 사이의 형평성은 물론, 노동자 내부의 평등 증진에 어떤 영향을 미치는가가 좀더 진지하게 분석될 필요가 있다. 이제까지의 논의는 <표 1>에 요약되어 있다.

바 있다.

2. 국가사례 비교

1) 스웨덴

전통적인 스웨덴 모델은 스웨덴 사회민주당이 주도한 복지정책, 강력하게 조직된 노동운동, 노사간 자율적 합의에 의한 중앙집중적 교섭체계, 연대임금정책을 통한 평등주의적 지향 등을 포함하고 있었다. 이러한 스웨덴 모델의 핵심요소 중의 하나인 중앙집중적 교섭체계는 수출의 존도가 높은 제조업부문의 노동자들, 특히 금속부문을 중심으로 한 노동조합의 계급타협적 전략에 의해 그 토대가 마련되었다. 그러나 세계 경제불황과 신흥공업국들과의 경쟁으로 1970년대 후반 이후로 스웨덴 경제가 위기상황에 빠지게 되자, 자본측은 애초에는 임금상승을 억제시킬 목적으로 경쟁력 약화의 요인을 지적했으나, 나중에는 임금유동(wage drift)을 발생시킨 연대임금정책을 경쟁력 약화의 주요 원인으로 지적하고 나서게 된다. 이에 대해 스웨덴 노동총동맹(the Swedish Trade Union Confederation: LO)은 급진적 사회화 프로젝트로서의 임노동자기금안을 제출하게 되나, 경제위기 극복이 임노동자기금안의 주요 목적으로 상정되면서 그 급진적 성격이 탈각되었다. 그리고 1983년, 노사관계의 중앙집권화를 가장 강력하게 주장했던 금속부문 사용자단체가 중앙집중적 교섭체계의 해체를 요구하는 방향으로 선회하고 이에 노조가 호응하면서, 전통적인 스웨덴 모델의 중요한 축인 연대임금정책과 이를 가능하게 했던 중앙집중적 교섭체계는 붕괴하기에 이르렀다.

금속부문의 사용자 및 노조의 태도가 변화한 이유로 임노동자기금안으로 대표되는 LO의 급진성에 대한 사용자 측의 견제, 연대임금정책이 야기한 임금인상압력, 중앙집중적 교섭체계의 비효율성 등을 들 수 있지만, 특히 중앙집중적 교섭체계와 연대임금정책이 국제적인 경쟁이 고도로 심화되고 있던 금속부문에 적합하지 않게 되었다는 점에 주목할 필요가 있다. 금속부문의 사용자 측은 노동력의 질이나 노동력의 사용

방식에서 유연화를 필요로 했고, 노동자들 역시 고용안정을 위한 경쟁
력 확보와 임금인상을 위해 사용자 측의 요구에 동의하였다. 강하면서
도 사회 전체에 폭 넓게 영향력을 행사하고 있는 LO와 여전히 강력한
사민당의 존재, 복지와 고용을 중시하는 정책기조의 유지 등을 볼 때
스웨덴 모델이 세계화에 의해 결정적인 위기를 맞았다고 볼 수는 없다.
하지만 1983년 금속부문의 중앙교섭체계로부터의 이탈 이후 스웨덴의
노사관계는 그 이전보다 탈집중화되고 있으며, 이러한 변화는 다양한
요인들에 의해 더욱 가속화되고 있는 추세이다.

첫째, 교섭구조의 탈집중화를 주도하고 있는 편이 강력한 사용자단체
라는 점에는 이론의 여지가 없다. 3자협약의 한 축이었던 스웨덴 사용
자단체 SAF(the Swedish Employers' Confederation)는 1990년 중앙집중
적인 임금교섭에서 철수, 산하 단체들에게 교섭책임을 이양했다. 예전부터
SAF는 노사관계의 "미래를 위한 프로그램(Programme for the Future)"을
통해 "임금은 협상의 대상이 아니라, 사용자의 수단이어야 함"(LO
homepage: http://www.lo.se)을 주장하고, 이것이 각 산업에 적합한 임
금수준을 성취함으로써 경쟁력 회복에 도움이 되리라 보았다. 이러한
고용주 측의 전략 변화는, 대외적으로는 국제적인 경쟁의 심화의 압력
에 대응해 양질의 노동력을 최대로 동원해내기 위한 보상체계 유연화의
필요성이 대두하였고, 대내적으로는 중앙집중적 교섭체계에 기반한 연
대임금정책이 전산업에 임금인상의 효과를 나타내기 시작하여 임금억제
효과의 역전현상이 일어난 사실에 기인한다. 그리고 이런 전략 변화가
관철될 수 있었던 요인으로는 스웨덴 모델 속에서 스웨덴 자본이 점차
거대화되어 사민당정권에 대한 교섭력이 증대되었다는 점과 함께 분권
화를 특히 요구했던 금속부문이 스웨덴 경제에서 큰 부분을 차지하여
SAF 내에서도 주도권을 행사했기 때문이다. 2001년 3월 29일, SAF와
스웨덴공업연합(the Federation of Swedish Industries)[7]의 합병을 통해

---

7) 이 단체는 1910년 출범해 그동안 주로 압력단체 역할을 수행해왔으며, 수출부
   문산업의 자본을 위한 정책개발 및 회원사들에 대한 법적 조언 등을 제공하는

출범한 스웨덴기업총연합(Confederation of Swedish Enterprise: SN)은 "스웨덴을 기업하기 가장 좋은 나라"로 만들겠다는 목표하에 기업에 대한 과세축소, 교육 및 연구개발비 증원, (노동법을 포함한) 기존 법규 및 관례의 개혁, 기업가에 대한 사회적 태도의 변화 등이 필요하다고 역설하고 있다(SN Homepage: http://www.svensktnaringsliv.se).

둘째, LO의 역량이 상대적으로 축소되고 있다는 사실은 자본측의 집중화 및 교섭력 증대와 비교되어 스웨덴 노사관계의 탈중심화에 중요한 요인으로 작용하게 된다. 특히 생산직 중심의 LO 이외에 사무직, 전문직, 공공부문 노동자를 대표하는 전국수준의 노동조합인 TCO와 SACO/SR의 규모가 커짐에 따라 이들이 1974년 이후 별도의 교섭카르텔인 PTK를 조직해 SAF와 중앙교섭을 시작하면서 중앙교섭 자체가 분화되기 시작하였다. LO는 연대임금정책이 특히 성별 임금격차가 여전히 심한 현실에서 노동자간의 연대를 현실화하기 위해 중요하다고 보고 있다. 그러나 중앙집중화된 교섭체계가 붕괴된 현재에도 LO는 중앙에서의 조정(coordination)과 협약이 필요하며, 일부 산업에서의 지나친 임금인상과 다른 부문의 임금수준 하락은 전국적 수준에서의 조정된 임금요구가 쟁취될 때만 가능하다고 역설하고 있다. 그러나 현재 LO의 산하 연맹들은 SAF의 여러 회원단체들과 교섭을 하고 있고, 이는 노동조합의 작업장수준에서의 개입을 통해 보완되고 있으며, LO 역시 이에 대해 관심을 기울이고 있다. 이렇게 스웨덴 노동조합은 중앙집중적인 교섭 이후 산업별 교섭 그리고 기업별 교섭으로 연속되는 협상 테이블에서의 영향력보다는 작업장수준에서의 '생산적' 그리고 '인간적' 노동조건을 마련하기 위한 프로젝트에 참여하기 시작한 것이다(Nilsson. 1999). 이러한 스웨덴 노동운동의 변화 이면에는 1970년대에 대거 입법된 노동법이 자리하고 있다. 1969년 일어난 한 광산의 비공인파업(wildcat strike)이 중앙집중적인 교섭체계가 포괄하지 못한 노동생활의 질(quality of work-

---

일을 주로 담당했을 뿐 교섭을 하지는 않았다.

ing life) 문제를 제기하자, 기업의 의사결정에 노동자들이 개입할 수 있도록 한 공동결정법 등이 제정되었고, 이것이 노사관계의 개별화 경향 속에서 노동조합이 자신들의 요구를 전개할 수 있도록 하는 제도적인 기반이 되었던 것이다.

셋째, 스웨덴 정부의 입지 축소 역시 스웨덴 노사관계가 탈집중화되는 경향과 관련된다. 특히 스웨덴 상품의 가격경쟁력 회복을 위해 1981년 이후 몇 차례 단행한 크로나화 평가절하 노력과 1978년의 국내 금융부문에 대한 규제를 완화하는 조치에서부터 시작해 1980년대에 꾸준히 진행된 스웨덴의 금융자유화조치는 지속적으로 스웨덴 정부의 거시경제정책을 수행하기 위한 역량을 침식했다. 보편적 복지국가 모델과 이를 유지하기 위한 케인즈주의적인 수요관리정책을 통해 국가가 성공적으로 시장에 개입해 안정적인 성장을 지속해왔던 과거와 비교해보면 지금의 스웨덴 정부의 정책집행역량은 감소된 것이다. 그리고 엄청난 공공부문의 노동자수에 비해 이 부문의 생산성은 민간부문에 미치지 못함에 따라 발생한 국가의 재정부담은 효율성 제고를 위한 스웨덴 복지체계의 분권화로 이어지게 되어 공공부문의 노사관계의 탈집중화 현상을 발생시켰다(조영철, 1997).

마지막으로, 스웨덴의 EU 가입은 스웨덴 노동운동으로서는 단순한 탈집중화와는 또다른 의미를 지니고 있다. 유럽은 유일하게 노동조합의 공식적인 지역구조가 존재하는 곳이다. 즉, 서유럽 노총들의 연맹인 유럽노동조합총동맹(ETUC)이 유럽의 경제통합 과정에서 나름의 대응을 하고 있는 것이다. 그리고 지역간 노동조합평의회들도 있는데, 이는 다양한 국제적 국경들에서 노동자들의 문제에 초점을 맞추고 있다. 유럽노총의 중심적 목적은 유럽노동자평의회의 건설이지만, 유럽노총의 존재는 "지명된 사회적 동반자"로서의 지위에 의존하며, 활동을 위한 자금 중 큰 부분이 유럽위원회 자체로부터 나온다는 한계를 안고 있다. 스웨덴의 세 노조는 2001년부터 스웨덴이 EU의 의장국이 된다는 사실에 주목하여 특히 진정한 사회적 차원의 발전, EU 차원의 고용정책의

확산, 보다 열리고 확장된 EU에서의 노동과 여성/남성 간의 평등한 노·
동, 이렇게 네 가지 영역에 초점을 맞추어야 한다고 역설하고 있다(LO·
TCO·SACO, 2000). 그리고 ETUC(유럽노동조합연맹) 강화의 필요성 또
한 언급하고 있다. 이러한 사실은 일국적인 노사관계의 탈집중화 경향
과 병행하여 국지적으로는 국가단위를 뛰어넘는 노동조합간의 연대 가
능성을 보여주고 있다.

2) 이탈리아

스웨덴과는 다르게 다양한 이데올로기적 경향으로 분열되어 있었던
노동운동을 가진 이탈리아에서도 1970년대 후반과 1980년대 초반 과
거의 스웨덴에서와 유사한 정치적 교환이 이루어졌다. 이 시기 이탈리
아의 노동조합들은 임금자제를 통해 실업과 구조조정, 인플레이션에 따
른 생계비 인상으로부터 보호받고자 하였다. 1980년대 초기의 사회협약
들은 반인플레이션 협약의 성격을 지녔는데, 예를 들어 1983년 협약에
서 국가는 임금물가연동제(scala mobile)의 수정과 노동시장의 유연화에
대한 대가로 국가는 공공지출을 통해 사용자의 사회보험부담금의 일부
를 감면하고 근로자의 실질소득을 보장해주었다. 그러나 이들 협약들은
그다지 성공적이지 못했다. 특히 1983년과 1984년의 사회협약들은 적
자를 불러온 과도한 공공부문의 지출을 통해 노사정 합의를 도모하였다
는 비판을 받았다. 지속된 협약정치를 통해 생산현장에서 멀어진 노동
조합 역시 이 시기에 대표체제의 위기를 겪었으며, 기업체들도 유연하
고 기업특화된 대응책들을 요구하는 세계시장에서의 경쟁에 집중화된
교섭구조가 적합하지 않다고 여기고 있었다. 이로 인해 이탈리아는 다
른 유럽국가들과 같이 1980년대 거시적 협의주의의 쇠퇴를 경험하였다.
이 시기에는 이탈리아 노사관계 특유의 이중적 구조가 고착화되었는데,
국가적 차원에서 이루어지는 공식적 노사관계는 대립적인 한편, 지역이
나 개별 기업 차원에서는 비공식적이고 자발적인 상호규제를 통해 노사

·협력이 이루어지기도 하였다. 그러나 제도화되지 않은 협력의 결과는 항상 불확실하였다.(Regalia and Regini, 1998).

1990년대 이탈리아에서의 3자협약의 부활이 주목을 받은 가장 큰 이유 중의 하나는 스웨덴과 비교해 신조합주의의 실현에 필요한 노동과 자본의 조직 정도가 크게 뒤떨어져 있었기 때문이다. 이탈리아의 주요한 노동조합 연합조직은 이탈리아노동총연맹(CGIL), 이탈리아노동조합연맹(CISL), 그리고 이탈리아노동동맹(UIL)의 세 조직으로 분화8)되어 있다. 약한 조직률과 대표성을 극복하려는 의도로 이탈리아의 노동운동은 1950년대부터 정당과 밀접한 관계를 가져왔으나, 바로 그 이유 때문에 노동조합의 지도부와 일반조합원의 간격은 더욱 확대되었다. 이런 정당에의 의존성은 단체교섭이 발전됨에 따라 노동조합 내부의 협력이 강화되면서 차차 극복되었다. 1979년 조직률 49%로 최대치를 기록하였던 노동조합은 그후 발생한 오일쇼크로 불황과 경제위기를 겪으며 조직기반이 더욱 약화되어 1996년에는 35%까지 하락하였다. 파편화된 조직구조는 소수의 대규모 기업과 수많은 중소기업으로 구성된 경제에서 조직된 고용주단체에도 그대로 적용된다. 가장 큰 사용자조직인 이탈리아공업연맹(Confindustria)은 주로 제조업과 건설업의 대규모 기업들을 조직하고 있는데, 낮은 수준의 기능적 특화가 그 특징이다. 노사관계뿐 아니라 가맹기업의 경제 및 기술 일반과 관련된 이해를 모두 대표한다. 1990년대 초반에는 서비스부문 등 다른 부문에서도 다양한 사용자단체가 신설되었으며, 경제부문마다 노동조합과의 조율되지 않은 교섭이 지속되었다. 이탈리아공업연맹은 사회협약 체결에 관련된 노동조합 연합조직과의 교섭에서는 직접적인 역할을 맡고 있었다. 이처럼 주

---

8) CGIL은 1944년 파시즘체제에 반대하는 주요 정당의 대표들이 체결한 협정에 기초해 결성되었다. CGIL 내부에서의 정치적 협력은 그러나 사회당과 공산당이 포함된 연합정권이 1948년 붕괴됨과 동시에 와해되어 기독교민주당 계열은 CISL을 조직하였고, 공화당, 사회민주당 및 기타 군소 정당들은 UIL을 결성하였다. 사회당은 주로 CGIL에 남아 있었으나 일부 좌파 사회주의자들은 UIL로 조직을 이동하였다.

요 노사관계 행위자들의 조직력이 약했을 뿐 아니라, 이탈리아에서는 스웨덴과는 달리 한 번도 친노동자적인 주요 정당이 한 번도 정권을 잡아본 적이 없었다. 더구나 정부가 연립정부9)에 기반하고 있기 때문에 정부의 정책실행능력이 크게 뒤떨어지는 문제까지 함께 안고 있었다 (Pellegrini, 1996).

이런 구조적 문제점에도 불구하고 1990년대에 들어 이탈리아에서는 임금정책, 단체교섭에 대한 법제, 연금개혁과 고용촉진방안 등에 관한 중요한 결정들이 여러 차례의 3자협약을 통해 성공적으로 이루어졌다. 이런 성공 뒤에는 사회적 합의정치가 이루어지지 않았던 1980년대 후반에도 노동조합과의 대화를 지속하였던 정부의 노력도 자리잡고 있다. 1990년대의 첫번째 협약인 1992년의 사회협약은 구 정치체제가 붕괴하고 새로운 기술관료적 아마토(Amato) 정부가 들어서는 동시에 맞은 재정과 통화위기로 인해 가능했다고 평가된다. EMU가 제시하는 기준에 합당한 재정 및 경제기준에의 도달이 가장 급한 국가과제로 떠오른 것이다. 그리고 파편화된 조직구조를 가진 고용주단체 내에서도 노동비용의 하락과 공공부문의 지출감축, 기업의 조세부담 경감과 노동시장의 유연성 도입 등 공동으로 가질 수 있는 목표가 등장하면서 대규모 기업들은 점차 노동조합과 노동자의 참여와 협력을 구하기 시작하였다.

1992년의 3자협약은 1940년대 이후 처음으로 국가재정의 균형을 이루려는 정부의 적극적인 노력하에 실시되었다. 이 협약의 핵심은 임금물가연동제10)의 폐기를 포함하여 기업수준의 교섭을 1992년부터 1993

---

9) 제2차 세계대전 종결 이후 이탈리아에는 다음과 같은 주요 정당들이 있었다: 카톨릭 중심의 온건 정당인 기독교민주당(DC), 혁명정당으로 결성되어 제1야당으로서의 역할을 해온 공산당(PCI), 사회당(PSI), 사회민주당(PSDI), 파시스트 정당인 우파 이탈리아사회운동(MSI) 등. 1945년부터 1947년까지 모든 반파시스트 정당들이 통일연립정부를 구성하였으나 1948년 DC가 총선에 승리함으로써 1948년에서 1964년까지 정부는 DC와 중소 소정당의 연정으로 구성되었다. 1964년 이후에는 PCI도 연립정부에 가담하였다.

10) 임금물가연동제는 임금을 인플레이션율에 연동하여 단체교섭에서 임금인상과 그 차이에 대해 논의할 여지를 거의 없앰으로써 단체교섭제도 자체에도 큰

년까지 중지하는 것으로, 임금인상 억제를 그에 상응하는 정치적 교환 없이 이룬 것으로 알려졌다. 기업 차원의 교섭중지는 아주 단기간밖에 지켜지지 않았는데, 그 이유는 전체 교섭체제에 대한 일반적 규칙과 절차가 아직 확립되기 않았기 때문이었다. 새로운 시암피(Ciampi) 정부에 의해 타결된 1993년의 사회협약은 바로 이 문제를 다루고 있었다. 1993년의 새 협약에서는 기업에 임금유인구조를 구상하는 자유를 주면서 상대적인 임금수준은 산업이나 기업 차원에서의 교섭에 맡기는 유연성을 단체교섭의 규칙과 절차에 부여하였다. 즉 산별수준과 지역/기업 차원에서의 이중적 교섭구조를 확립하고, 이 두 차원의 역할을 결정한 것이다. 산별협약에서 임금과 관련된 내용은 매 2년마다, 그외의 이슈들은 매 4년마다 논의되었는데, 임금은 주로 인플레이션율과 그 산업의 생산성 증가율에 의해 결정되었다. 기업협약과 지역협약은 좀더 많은 생산성 증가분을 재분배하였고, 또한 조직혁신의 과정과 결과를 다루기도 하였다. 1993년에는 또한 이 기업 차원에서의 단체교섭에 힘을 부여하기 위해 새로운 차원의 작업장 대표체제가 완성되었는데, 바로 이 작업장이해대표체제의 개혁을 통해 노조간 갈등, 그리고 노조지도부와 일반 조합원 사이의 갈등이 완화되기 시작하였다.

1990년대 이탈리아의 사회협약 중 특히 큰 의의를 가진 것으로 평가되는 것은 연금개혁에 대한 노정합의이다. 연금제도의 개혁은 노동인력이 점점 감소하는 상황에서 연금이 기하급수적으로 공공부문의 부채를 늘려가는 데 따라 이루어진 것이다. 1990년대 중반 이탈리아는 EU 평균인 GDP의 11.9%보다 훨씬 높은 15.4%를 연금에 쏟아부은 나라였던 것이다. 1994년 들어선 베를루스코니(Berlusconi) 정부는 그에 따라 전문가와 사회적 파트너들을 포함한 위원회를 구성하여 연금개혁과 관련된 안을 마련하였다. 새로이 정권을 잡은 중도우파 정부가 연금개혁

도전을 제기하였다. 이 임금물가연동제가 이렇게 오랜 기간 이탈리아의 노사관계를 지배한 이유는 노동조합에 이전 투쟁의 소중한 결과로 큰 의미를 지니기 때문이다.

안을 통해 노동조합의 동의 없이 공공지출 삭감을 이룰 수 있는가에 대한 실험을 실시하였다고도 해석될 수 있었는데, 결국 노동조합의 강력한 저항으로 이 시도는 실패하고 말았다. 1995년 베를루스코니를 대신한 디니(Dini)의 중도좌파 정부는 연금개혁을 가장 큰 우선순위에 놓았다. 노동조합 전문가들에게 의뢰해 만든 시행안은 이탈리아공업연맹(Confindustria)의 동의를 얻지는 못하였으나 결국 정부에 의해 법안으로 상정될 수 있었다. 이후에도 이탈리아는 1996년의 고용협약에서 경제적으로 덜 발달된 지역에서의 고용창출을 위해 교육과 기술훈련체제를 개혁하고 노동시장의 유연성을 더욱 확대하였다. 3자합의주의를 분권화하고 사회협약이 다루는 범위를 확장하려는 이 시도는 의도만큼 성공하지는 못하였는데, 그 이유는 이 지역협약을 또 다른 차원에서의 단체교섭으로 간주한 고용주들이 대부분 냉담하였기 때문이다. 결국 이탈리아는 1998년의 '크리스마스'협약을 끝으로 10년간의 사회협약의 막을 내렸다(Regalia and Regini, 2001).

집중화된 교섭구조와 연결되어 있지 않은 이탈리아의 3자협약이 스웨덴의 신조합주의하에서 이루어진 중앙단위 임금교섭과 가장 근본적으로 차이가 났던 점은 협의정치가 재분배의 차원이 아닌 규제의 차원에서 발생하였다는 점이다. 스웨덴의 경우 노동운동의 정책결정 참여는 복지혜택과 고용창출을 이루어낼 수 있는 정부의 약속과 능력을 필요로 했다. 이탈리아의 경우 정부는 위기상황에서 공동의 목표를 추구한다는 입장 하에 정책을 설정할 수 있는 권한을 부분적으로 노동조합에 이양하고 위임함으로써 세계화로 인해 공공부문의 지출능력이 크게 저하된 상태에서도 노동운동의 가치와 그들이 만들어낸 해결책을 정책결정에 반영시키는 협의정치를 순조롭게 이루어낼 수 있었다.

3) 한국

지난 십여 년간 한국 정부 역시 다양한 사회적 협의주의의 실험을 시도하였으나, 그 대부분은 큰 성과를 보지 못하였다. 그 첫번째 시도는 1989년 당시 경제기획원이 제안하였던 국민임금조정위원회인데, 이 위원회는 그 시기 유일한 합법적 노동운동의 상급단체였던 한국노총이 과거의 위장된 '임금 가이드라인'에 다름없다는 강력한 반대를 제기하여 무산되었다. 그 대신 한국노총은 다음해 국민참가제도에 의한 순수 민간심의기구로서의 위상을 가지는 국민경제사회협의회의 설치를 제안하여 경총과 정부의 동의를 이끌어내었다. 그러나 한국노총이 임금교섭이나 임금정책과 관련된 어떤 논의도 위원회의 의제로 채택하기를 거부하였으므로 노사정 정책협의기구로서의 위상은 그렇게 높지 못하였다.

1990년대 초반 불황이 시작됨에 따라 노사관계의 행위자들 역시 일정 정도의 위기감을 느끼게 되었다. 1993년과 1994년, 한국노총과 경총의 역사적인 중앙 차원의 협약임금인상률 결정이 이루어질 수 있었던 데에는 바로 이러한 위기가 노사 양측에 큰 영향을 끼쳤기 때문이다. 그러나 이러한 임금합의는 일반조합원들이 정부의 임금안정책에 협조하는 중앙의 리더십에 강력한 이의를 제기함에 따라 그 이후 계속되지는 못하였다. 1996년 결성된 노사관계개혁위원회는 민주노총까지 포함하여 노동계의 참여의 폭을 넓히며, 노동법 개정과 관련된 현안 이슈들에 대한 광범위한 의견수렴과 조율의 장을 제공하였으나, 역시 이 시도도 1996년 12월 정부의 일방적 노동법 개정이 이루어짐에 따라 지속성을 갖지 못하고 해체될 수밖에 없었다.

이러한 다양한 정부의 시도에도 불구하고, 경제의 가장 전략적 부문을 지배하는 노사관계는 제한된 수준에서 작동하는 미시조합주의였으며, 그외 노사관계 일반은 대단히 대립적인 구도를 유지하고 있었다. 이러한 상황에서 안정된 노사정 협의구도를 만들어낼 수 있었던 데에는 1997년 말 발생한 금융위기의 영향이 컸다. 금융위기 이후 시행된 경제개혁의 가장 심각했던 정치적 딜레마는 그 과정이 상당한 이전비용을 수반했다는 점이다. 국제통화기구(IMF)는 구제금융을 제공하는 대가로 금융부문의 대대적인 재정비, 기업지배구조의 투명성 증대 그리고 노동

시장의 유연성 확대를 포함하는 대대적인 구조개혁과 긴축정책을 함께
요구하였다. 이런 정치적 딜레마는 불황이 깊어짐에 따라 더욱 악화되
어갔고, 그에 따라 노사간의 갈등과 개혁 어젠다에 대한 시각차이를 조
율하고 합의를 이끌어내는 일의 중요성이 더욱 커져갔다. 바로 이런 배
경하에 1998년 초 노사정위원회가 발족되었고, 경제위기하의 공평한 고
통분담을 주제로 한 상세한 사회협약[11]이 체결되었다.

 1998년 초 금융위기의 충격을 계기로 가동된 한국의 노사정위원회는
스웨덴과 이탈리아가 추구하는 두 목표를 동시에 추구한 시도였다. 위
기상황에 대한 공동대응과 고통분담을 목표로 하면서도 고용안정과 사
회안전망의 확충이라는 정치적 교환의 특징을 뚜렷하게 가진 이 사회적
협약은 그런 면에서 이미 성공을 기대하기 어려운 근본적인 제약을 안
고 시작했다고 평가할 만하다. 금융위기로 재정상황에 대해 국제금융기
구의 감시를 의식하지 않을 수 없는 상황에서 교환된 사회안전망의 확
충은 정리해고를 받아들인 노동운동을 만족시킬 수 있는 만큼 충분히
이루어지지 못하였으며, 재벌 대기업의 투명경영 보장은 경영참여에서
배제된 노동운동이 관여하기 어려운 영역에서 존재하는 약속이었다. 이
협약은 그런 면에서 모든 신조합주의적 정치적 교환이 가지는 내재적인
불균형의 특성을 그대로 가지고 있었다. 즉 노동계가 약속한 희생은 항
상 즉각적으로 실행되는 반면,[12] 국가와 자본이 한 약속들을 강제하고
모니터링할 수 있는 기제는 극히 드물었다는 것이다. 그 대신, 정부는
금융부문개혁, 근로시간단축, 그리고 비정규직 등과 관련된 다양한 특별

11) 이 사회협약이 다룬 의제는 100여 개에 이른다. 이 타협에서 노동계의 임금
  자제와 임금인상률 설정은 다루어지지 않았는데, 그것은 이미 이 시기 광범위
  한 양보교섭이 이루어지고, 대부분의 노동조합이 임금동결과 기타 부가급부의
  감소에 동의하고 있었기 때문이다.
12) 정리해고제는 노사정위원에서의 합의 이후 98년 2월 14일 곧 국회를 통과,
  2년 유예조항을 삭제하고 긴박한 경영상의 사유에 인수 및 합병을 포함하는
  한편 고용조정절차를 구체적으로 명시하였다. 파견대상업무를 구체화한 근로
  자파견제는 같은 해 7월 1일부터 시행되었다.

위원회를 구성하여 노동계에 노동시장정책과 고용정책의 결정에 참여할 수 있는 기회를 제공하였다.

그러나 노동계의 정책결정참여는 그다지 순조롭게 진행되지 못하였는데, 다음과 같은 한국 노동운동의 구조적 성격이 특히 노동자의 이해대표에 걸림돌로 작용하였다. 낮은 노동조합조직률과 조직노동자의 대규모사업장으로의 집중으로 인해, 주변부 노동자들의 이해가 반영될 수 있는 공식적 채널이 존재하지 않았을 뿐 아니라, 겨우 12%에 이르는 조직노동자들을 대표하는 두 개의 상급단체간 협조와 의사소통 역시 잘 이루어지고 있지 못했다. 특히 1987년 이후 높은 교섭력을 가지고 급격히 성장한 민주노총의 지도부는 정리해고제의 법제화에 동의한 이후 일반조합원이 지도부의 결정에 강력하게 반발함에 따라 노사정위원회에 불참하였고, 그로 인해 노사정위원회의 위상과 사회적 합의기제는 큰 타격을 입었다. 노동계가 금융위기 이후 급증한 비정규직에 대응한 방식은 바로 이러한 노동계 내부의 의견조율 실패를 잘 보여주고 있는 사례이다. 비정규직은 정규직에 비해 임금과 근로조건, 사회보장의 혜택이 현저히 낮을 뿐 아니라, 금융위기 이후에는 정규직이 해고된 자리를 대신하게 됨에 따라 동일한 가치의 노동을 제공하면서 동일한 임금을 받지 못한다는 노동계 내부의 형평성 문제까지 제기하게 되었다. 그럼에도 불구하고 대부분의 기업별 정규직 노동조합은 비정규직의 조합가입을 허용하지 않았으며, 특히 몇몇 노동조합에서는 비정규직을 정규직의 고용안정을 유지할 수 있는 안전판으로 여기는 경향마저 등장하였다. 이런 상황에서 노사정위원회는 2001년 초 복수노조 허용과 노조전임자의 임금지급 등 두 가지 제도개선과제에 대한 현행 법규 적용을 5년간 유예하기로 합의함으로써 비정규직의 단결권을 크게 침해하게 된다.

노동계만이 노사정위원회를 통한 사회적 합의 형성에 부정적 영향을 끼쳤던 것은 물론 아니다. 경영계는 노사정위원회에 두 강력한 조직체인 전경련과 경총이 관여했음에도 불구하고 진지한 파트너라기보다는 마지못한 방관자로서 참여했다고 평가된다. 한국의 경영계는 노동계에 비해 압도적으로 강한 로비능력을 동원하여 행정부와 입법부의 주요 정책결정자, 그리고 언론을 상대로 노사관계를 경영계의 이익에 부합하는 방향으로 이끌어왔으며, 바로 그러한 이유로 노동계와 대화를 통한 양보와 합의를 수반하는 노사정위원회의 존재 자체를 불필요하고 또 부정적인 것으로 인식하여왔다. 노사정위원회가 2000년 10월 근로시간단축 및 관련 쟁점사안에 대한 기본합의문을 채택하는 데 성공하고도 주 5일제에 실시에 대한 노사정 합의 도출에 어려움을 겪고 있는 데에는 경영계, 특히 강력한 재벌기업의 이해 대표기구로서 경총보다 더 보수적인 입장을 취하고 있는 전경련의 반대입장의 영향이 컸다.

　그러나 노사정 3자합의주의가 한국에서 정착하는 데 진통을 겪고 있는 가장 큰 이유는 무엇보다도 노사정위원회의 취약한 제도적 기반과, 실질적으로 노사정위원회를 탄생시킨 정부의 조율능력 부족이라고 볼 수 있다. 금융위기 직후 1998년 1월 당시 김대중 당선자에 의해 발족된 노사정위원회는 법률상 협의·자문기구[13]로 규정되어 있지만, 실제로는 사회적 합의기구로서 기능하여왔다. 이러한 한계로 인해 정부는 노사정위원회 합의사안에 대한 이행노력 의무를 가진 것으로 간주되었음에도 불구하고, 부처간 의견 불일치시 합의내용을 이행할 수 있는 기제를 확보하지 못하였다. 사회적 파트너들이 개혁안에 대해 어렵게 합의를 이룬 경우에도 국회에 법안을 상정하지 못하는 경우가 종종 있었으며, 그런 경우 정부는 합의사항의 이행을 지연하거나 주요 현안에 관한 협의에 성의를 보이지 않음으로써 노사정위원회의 기능에 대한 신뢰를 떨어뜨렸던 것이다. 한국과 같이 노동운동의 조직력이 약하고 국가주의적 전통이 강한 나라에서는 정부의 리더십이 사회적 합의주의의 성공 여부

---

13) 제2기 노사정위원회는 1999년 5월 24일 '노사정위원회설립및운영등에관한법'의 제정, 공포를 통해 상설기구화할 수 있는 제도적 안정성을 확보하였다. 노사정위원회는 법률적으로 자문기구로 규정되었으나 양대 노총위원장, 경총 및 전경련 회장, 공익 대표 외에 재정경제부, 노동부, 기획예산처 등 관련 경제부처 장관의 참여로 합의사항에 대한 이행능력을 갖추고 있다.

를 결정짓는 데 중요한 역할을 하지 않을 수 없다. 약한 정치적 리더십에 덧붙여, 정부는 다른 어떤 것보다도 노동시장의 유연화에 기초한 신자유주의적인 노동개혁을 이루는 데 가장 주안점을 두었고, 이는 다시 정부와 노사정위원회에 대한 노동계의 불만을 고조시켰다. 물론 이러한 일방적인 정부의 태도는 노동자의 이해를 대표해줄 수 있는 정당을 한 번도 자기편으로 가질 수 없었던 한국 노동운동의 한계에 기인한다.

사회협약이 1998년 맺어진 이후, 비록 이 협약과 경제회복 사이의 정적인 인과적 관계를 가정할 수는 없지만, 한국은 금융위기를 극복하였음을 보여주는 건강한 거시경제적 지표들을 가지게 되었다. 1998년 단 한 해 동안만 마이너스 6.8%의 성장률을 기록하였을 뿐, 그 이후에는 이전 시대의 고성장률을 거의 따라잡았다. 같은 해 백만 명이 넘는 실업자를 배출한 6.8%의 실업률은 그후 점차 감소하여 4% 안팎까지 떨어졌다. 물론 충분치는 않았으나, 정부는 또한 사회협약에서 약속했던 바와 같이 실업과 사회안전망 구축에 대한 공공부문의 지출을 크게 늘렸다. 1990년대를 통틀어 한국은 GDP의 단 0.1%만을 노동시장 프로그램에 지출하였는데, OECD국가 중 가장 낮은 수준이었던 이 수치는 1999년 1.87%까지 상승하였다. 그러나 이러한 지출증가에도 불구하고, 사회집단간의 소득격차는 점점 더 벌어져갔는데, 위에서 언급한 바 있는 비정규직의 증가와 저임금집단의 고용불안이 이에 크게 기여한 것으로 보인다. 또한 국가가 3자합의주의를 통하여 궁극적으로 이루고자 한 노사협력의 제도화 역시 실패한 것으로 드러났다. 1990년대 중반 100건에 못 미친 노사분규수는 1998년에는 129건으로, 그리고 2000년에는 250건으로 증가하였으며, 정부와 노동운동 상급단체, 그리고 상급단체 사이의 관계 역시 노사정위원회의 중재 노력에 무색하게 주요 제도개선 쟁점을 둘러싼 갈등으로 점차 악화되어가고 있는 상황이다.

3. 요약 및 결론

1990년대 신조합주의의 부활과 관련된 논의가 일관성 있게 보여주고 있는 사실은 조합주의적 정책협의가 아직도 새로운 경제환경이 제기한 도전을 잘 극복할 수 있는 여러 가지 혜택을 제공해줄 수 있다는 사실이었다. 이러한 고무적인 발견에 힘입어 많은 국가들, 특히 이전에 신조합주의의 전통을 가져본 바 없는 유럽 이외의 국가들에서조차 이 3자협의체제의 도입을 실험한 바 있다. 아시아의 금융위기와 그로 인한 충격은 마치 유럽 국가들이 유럽통화연합에의 합류에 필요한 내적 경쟁력 상승을 위해 새로운 조합주의를 도입한 것처럼 이 지역 국가들로 하여금 경제적 어려움을 극복할 수 있는 새로운 3자협의의 기제를 마련토록 하였다. 한국의 경우도 예외는 아니었다. 과거와 현재의 조합주의가 가지는 유사점과 상이점, 그리고 새로운 조합주의의 의의와 한계를 검토한 이 글은 한국과 같이 조합주의의 실행에 필요한 제도적 기반이 부족한 국가에서 3자협의주의의 실험이 어떤 현실적합성을 가지는지 생각해볼 기회를 제공해준다. 다음의 세 가지 이론적, 정책적 함의는 새로운 조합주의에 대한 우리의 이해를 넓혀준다.

1. 새로운 조합주의 역시 의미 있는 결과물을 산출하기 위해서는 제도적인 선행조건들을 필요로 한다. 스웨덴에서의 3자주의의 쇠퇴와 이탈리아에서의 부상은 1990년대에 다시 부상한 새로운 조합주의가 중앙집중화된 노동조합운동구조를 더 이상 필요로 하지 않음을 간접적으로 보여주고 있다. 그러나 3자협의제도를 인정하고 참여하는 한, 노동운동은 노동운동 지도부와 일반노조 간의 활발한 의견수렴이 가능할 수 있도록 기업별노조로 분권화되었다 하더라도 조정력을 갖춘 교섭구조(co-ordinated decentralization)를 확보하여야 한다. 국가가 노동시장과 노사관계를 규제하는 법규와 관행을 함께 조율하도록 노동운동에 기회를 부여하였을 때, 만일 노동운동이 내부 규제능력을 보유하고 있지 못하다

면 합의를 이루려는 노력 없이 국가는 일방적인 행동을 취할 수 있고, 또 그러한 경우 약한 노동운동은 적절한 저항을 할 수 있는 능력을 키울 수 없기 때문이다.

2. 만일 3자협의제도가 약한 조직력을 갖춘 사회적 파트너들로 인해 국가에 의해 주도적으로 확립되었다면, 그 경우 3자주의의 성공은 국가가 파트너들에게 합의주의가 가져올 수 있는 혜택을 얼마나 잘 설득력 있게 제시할 수 있는가에 달려 있게 된다. 한국의 노사정위원회는 금융위기의 극복과 국가경쟁력의 회복이 맞닥뜨린 위기의 극복방향에 대한 국민적 합의 형성 여부에 달려 있다고 굳게 믿은 김대중 대통령에 의해 구성되었다. 그러나 이러한 대통령의 결의에도 불구하고, 한국의 정부와 집권여당은 합의된 노동개혁을 실행할 합당한 행정력과 입법능력을 결여하고 있었다. 만일 국가가 약속한 바를 올바로 이행하지 못한다면, 사회적 파트너들로 하여금 책임감 있는 합의에 이르도록 설득하기 어렵다. 노동운동은 3자합의주의의 구도를 거부하고 장외에서의 투쟁을 더 매력적인 대안으로 생각할 수 있으며, 자본 역시 훨씬 더 유연하게 노사 양측의 단기적인 이해를 만족시킬 수 있는 미시조합주의의 실행을 선호할 수 있다.

3. 새로운 조합주의가 가져오는 결과물은 단순한 거시경제지표를 넘어서 기대치 않은 부수적인 문제점들까지 총체적으로 파악되어야 한다. 1990년대의 사회협약들이 실행된 시기는 신자유주의적 노동시장개혁이 국제금융기구들에 의해 강력히 권장되던 시기인 만큼, 이들 협약들은 노동시장의 유연성을 제고하는 정책을 일정 정도 포함하고 있었다. 이런 정책들은 한국에서 가장 보호받지 못한 약한 노동자집단에 많은 어려움을 일으키며 대규모의 비정규직을 양산시켰다. 만일 노동운동이 적절한 조직력과 정치력을 결여하면서 그렇게 갈등적인 3자협약의 과정에 참여하는 경우, 그런 참여로 인해 노동운동 내부의 갈등과 분열은 더 커질 수 있다.

□ 참고문헌

고세훈. 2000, 「세계화, '복지국가위기론', 사민주의」, 미발간원고(고세훈, 1999, 「서유럽 사민주의의 대안과 선택」, ≪경제와사회≫ 42호의 개작논문).

문정현. 2000, 「국제금융질서의 변화와 사민주의 위기에 대한 연구 - 스웨덴의 사례를 중심으로」, 서울대학교 정치학석사학위논문.

신정완. 1998, 「임노동자기금논쟁을 통해 본 스웨덴 사회민주주의의 딜레마」, 서울대학교 경제학박사학위논문.

조영훈. 1997, 「스웨덴 복지국가모형의 위기와 변화」, ≪국제문제분석≫ 31호』, 국회 입법조사분석실.

Cameron, David R. 1984, "Social Democracy, Corporatism, Labor Quiescence and the Representation of Economic Interests in Advanced Capitalist Societies," in Goldthorpe(ed.), *Order and Conflict in Contemporary Capitalism*, Oxford: Oxford University Press.

Crouch, Colin. 1985, "Conditions for Trade Union Wage Restraint," in Lindberg and Maier(eds.), *The Politics of Inflation and Economic Stagnation*, Washington DC: Brookings Institution.

Ebbinghaus, Bernhard and Anke Hassel. 2000, "Striking Deals: Concertation in the Reform of Continental European Welfare States," *Journal of European Public Policy*, 7:1.

Fahlbeck, Reinhold. 1999, "Trade unionism in Sweden," ILO.

Ingham, Geoffrey. 1974, *Strikes and Industrial Conflict: Britain and Scandinavia*, London: Macmillan.

Iversen, Torben. 2000, "Decentralization, Monetarism, and the Social Democratic Welfare State," in Iversen, Torben et al.(eds.), *Unions, Employers, and Central Banks: Macroeconomic Coordination and Institutional Change in Social Market Economies*, Cambridge University Press.

Iversen, Torben and Jonas Pontusson. 2000, "Comparative Political Economy: A Northern European Perspective," in Iversen, Torben et al.(eds.), *Unions, Employers, and Central Banks: Macroeconomic Co-ordination and Institutional Change in Social Market Economies*, Cambridge University Press.

JØrgensen, Henning. 2000, "From Deregulation to Co-regulation: Neo-Corporatism and Its Contribution to a Theory of Coordinated Labor Market Regulation," Unpublished Manuscript.

Katz, Harry C. 2001, "Changes in the Structure of Labor-Management Interactions in the United States," presented at the international conference on The Changing Nature of Labor-Management Interactions and Tripartism: Is Coordinated Decentralization the Answer? ILR School, Cornell University, October 5-7.

Katzenstein, Peter. 1985, *Small States in World Markets: Industrial Policy in Europe*, Ithaca, N. Y.: Cornell University Press.

Keller, Brendt. 2001, "National Systems of Labor Relations," *The Journal of Industrial Relations*, 43:1.

Kenworthy, Lane. 2001, "Corporatism and Unemployment in the 1980s and 1990s," Unpublished Manuscript.

Korpi, Walter. 1989, "Power, Politics, and State Autonomy in the Development of Social Citizenship: Social Rights in Eighteen OECD Countries since 1930," *American Sociological Review*, 54.

Lange, Peter and Geoffrey Garrett. 1985, "The Politics of Growth: Strategic Interaction and Economic Performance in the Advanced Industrial Democracies, 1974-1980," *Journal of Politics*, 47.

Lee, Joohee. 1998, "Micro-Corporatism in South Korea: A Comparative Analysis of Enterprise-level Industrial Relations," *Economic and Industrial Democracy*, 19:3.

LO, "Now and in the future," www.lo.se.

————. 1999, "The Sweden Labour Market-Facts and Figures," www.lo.se.

LO·TCO·SACO. 2000, "Priorities facing the Swedish Presidency of the EU," www.lo.se.

Nilsson, Tommy. 1999, "The Future Role of the Swedish Unions-Increased Local Cooperation for Production Development," *Economic and Industrial Democracy*, 20: 3.

Olson, Mancur. 1982, *The Rise and Decline of Nations: Economic Growth, Stagflation, and Social Rigidities*, New Haven and London: Yale University Press.

Pellegrini, Claudio. 1996, "Industrial Relations in Italy," Bamber, Greg, and Russell Lansbury(eds.), *International and Contemporary Employment Relations*, Allen & Unwin.

Przeworski, Adam. 1985, *Capitalism and Social Democracy*, Cambridge: Cambridge University Press.

Regalia, Ida and Marino Regini. 1998, "Italy: The Dual Character of Industrial Relations," in A. Ferner and R. Hyman(eds.), *Changing Industrial Relations in Europe*, Oxford: Blackwell.

————. 2001. "Italy: Collective Bargaining and Social Pacts," paper presented at the international conference on The Changing Nature of Labor-Management Interactions and Tripartism: Is Coordinated Decentralization the Answer? ILR School, Cornell University, October 5-7.

Regini, Marino. 1997, "Still Engaging in Corporatism? Recent Italian Experience in Comparative Perspective," *European Journal of Industrial Relations*, 3:3.

Rhodes, Martin. 1998, "Globalization and the Welfare State: the Emergence of Competitive Corporatism?," *Swiss Political Science Review*, 4:1.

————. 2001, "The Political Economy of Social Pacts: Competitive Corporatism and European Welfare Reform," in Pierson, Paul(ed.), *The New Politics of the Welfare State*, Oxford: Oxford University Press.

SN Homepage: http://www.svensktnaringsliv.se

Soskice, D. 1983, "Collective Bargaining and Economic Policies," *Manpower and Social Affairs Committee*, OECD.

Swenson, Peter. 1989, "Bringing Capital Back In, Or Social Democracy Reconsidered: Employer Power, Cross-Class Alliance, and Centralization of Industrial Relation in Denmark and Sweden," *World Politics*.

Traxler, Franz. 1995a, "Farewell to Labor Market Associations? Organized versus Disorganized Decentralization as a Map for Industrial Relations," in Crouch, Colin and Franz Traxler(eds.), *Organized Industrial Relations in Europe: What Future?*, Avebury, Ashgate Publishing Company.

―――. 1995b, "From Demand-side to Supply-side Corporatism? Austria's Labour Relations and Public Policy," in Crouch, Colin and Franz Traxler(eds.), *Organized Industrial Relations in Europe: What Future?*, Avebury, Ashgate Publishing Company.

Weiss, Linda. 1998, *The Myth of the Powerless State-Governing the Economy in A Global Era*, Polity Press.

"경제세계화와 노사관계의 전환"에 대한 토론문: 경쟁력 있는 조합주의로의 전략적 선택을 위하여

임상훈

발제문에 제시된 주장은 지적 호기심을 발동시켜 여러 가지 질문을 하게 한다. 반드시 조정력을 갖춘 분권화된 교섭구조가 있어야만 새로운 실험은 성공하는가? 도대체 조정력을 갖춘 분권화된 교섭구조와 기존의 집중화된 혹은 분권화된 교섭구조가 어떻게 다르다는 것일까? 변화된 교섭구조를 사회행위자(노동조합, 사용자, 혹은 정부)가 예전과 같은 전략을 사용한다면 변화된 결과를 낳을까 아니면 예전과 같은 결과를 가질까? 교섭구조의 변화는 누가 초래한 것일까, 환경의 변화 속에 저절로 아니면 환경의 변화에 사회행위자가 다른 전략을 선택하면서? 이러한 질문들을 갖게 하는 이주희의 문제의식은 우리로 하여금 현실의 조그마한 변화라도 주의 깊게 보도록 만든다.

여기서 토론자는 발제문의 짜임새나 방법론을 평가하는 것보다 연구자들이 제기한 문제에 대한 해답의 지평을 넓혀보고자 한다. 연구자들이 말하는 것처럼 제도적인 선행조건이 있을 때만 경쟁력 있는 조합주의가 가능한 것은 아니다. 설사 그러한 선행조건이 없다 하더라도 사회행위자의 전략적 선택에 의해 경쟁력 있는 조합주의라는 실험은 가능하며, 이 실험에 의해 선행조건이라고 하는 조정력을 갖춘 분권화된 교섭구조가 만들어질 수 있다. 따라서 조정력을 갖춘 분권화된 교섭구조는 경쟁력 있는 조합주의의 선행조건이 아니라 조합주의라는 전략적 선택의 결과물일 수 있으며, 조합주의가 의미 있는 성과를 가지기 위해서는 어떤 구조화되고 정형화된 교섭구조가 있어야 하는 대신 사회행위자들이 경제세계화라는 환경에 대응해 조합주의라는 전략적 선택을 기존의 자원들을 효과적으로 활용하여 이행하여야 한다. 해답의 지평을 확대하기 위해 이 토론문은 조합주의이론의 발전을 검토하고 그 이론에서의 결정론적인 접근방식을 비판하고 새로운 접근방식을 소개하고자 한다. 또한 한국에서의 조합주의의 실험, 즉 1998년 사회협약의 형성과 유지에 대해 반결정론적인 해석을 제시하고자 한다.

조합주의(Neo-Corporatism)이론은 1970년대 중순부터 본격적으로 발전되어 조직사용자와 노동자가 어떻게 자신들 회원들의 이해를 대변(interest intermediation)하고 정부의 공공정책 결정과정에 참여(public policy formation)하는가를 설명하였다. 중앙집권 모델(centralization model)과 조율 모델(coordination model)이라는 결정론적 해석은 1990년대 초까지 이 이론의 주류를 형성하였다. 이들 결정론적 접근방식은 조직적, 제도적 조건을 구체적으로 예시하고 조합주의의 성사와 쇠락을 이들 전제조건의 존재 여부로 예측하였다. 결정론을 따르는 연구자들은 다양한 조건들을 전제조건으로 제시하나 하나의 공통적인 가정을 가지고 있다. 이들은 중앙의 이해단체와 그들의 기층회원이 서로 다른 이해관계를 노정하고 있어서 중앙에서 맺은 합의는 기층회원의 반발을 필연적으로 동반한다고 한다. 따라서 사회협약이 유지되기 위해서는 중앙단체가 기층회원의 반발을 억제하는 통제력이 있어야 하며, 이를 위해 중앙집권성 또는 강한 국가 전반의 조율체제라는 전제조건을 갖추고 있어야 한다고 주장한다. 또한 사회행위자의 전략은 그들에게 주어진 이러한 전제조건에 의해 규정(lock-in)되어 사회행위자조직이 분권화된 나라는 더욱 분권화되고 집권화된 나라는 더욱 집권화된다(Soskice 1999).

이들 결정론자들은 조합주의(이하 네오코포라티즘)를 주로 국가 내적 체제로서만 분석하면서 사회행위자들이 상호작용하는 네오코포라티즘의 두 영역 — 이해대변(interest intermediation)과 공공정책 조정(public policy formation) — 을 동일시하는 경향성을 갖는다. 이러한 경향성은 1980년대 들어 신자유주의자들과 국가경제 성과와 노사관계체제의 연관성과 관련한 논쟁을 거듭하면서 강화되었는데, 이 과정에서 결정론자들의 제도적 조건에 대한 집착은 더욱 커졌다.

탈규제와 분권화의 우월성에 맞서 이들 결정론자들은 중앙집권성이 강한 체제가 보다 우월한 경제성과를 낳거나(Cameron, 1984; Bruno and Sachs, 1985; Crouch, 1990; Paloheimo, 1990) 또는 분권화된 체제와 더불어 강한 중앙집권적인 체제가 어정쩡(intermediate)하게 중앙집권적인 국가보다 낫다(Lange and Garret, 1985; Calmfors and Driffill, 1988)고 함으로써 신자유주의자들의 주장을 반박하였다. 소스키테(Soskice, 1990) 역시 보다 상호조율이 강한 나라가 분권화되어 상호조율이 약한 나라보다 나은 경제성과를 가져온다고 하면서 신자유주의자들에 대한 비판 대열에 합류하였다. 그러나 신자유주의자들의 주장을 논박하는 데 성공하였음에도 불구하고, 이들 결정론자들은 네오코포라티즘의 두 영역을 동일시하면서 결국 한 국가가 얼마나 중앙집권적인 가에 따라 조합주의가 얼마나 잘 유지되는지를 예견하였다. 비록 소스키체가 중앙집권성이라는 개념이 사회행위자간 비공식적인 상호작용을 보지 못한다고 비판하면서 경제 전반의 상호조율이라는 개념을 제시하였으나 상호조율의 개념이 애매한데다 상호조율을 개량화하는 데 있어 중앙집권성을 사용하면서 양자간 차이를 명확히 하지 못했다. 결국 그 역시 중앙조직과 기층회원 간의 관계를 적대적으로 해석하고 사회행위자의 전략적 선택이 체제내적으로 규정된다고 주장하여서 결정론에서 벗어나지 못했다.

결정론의 논리적 체계는 세계화가 진행되어감에 따라 의문시되었다. 결정론자들은 세계시장에서의 경쟁의 강화, 정치의 보수화, 무역과 자본흐름의 자유화가 분권화를 가속시키면서 결국 중앙집권성에 기반한 네오코포라티즘은 몰락하리라 보았다. 1970년대 후반의 독일, 영국, 이탈리아의 사회협약의 붕괴, 1980년대의 스웨덴의 국가교섭의 산별교섭으로의 전환은 일시적이나마 결정론의 해석이 옳은 것처럼 보이게 하였다. 하지만 1990년대 들어 결정론의 예측과 달리 네오코포라티즘과 사회협약이 다시 등장하였다. 결정론자들(신자유주의자들도 마찬가지였지만)

이 경악하게도 어정쩡하게 중앙집권적인 네덜란드, 벨기에, 이탈리아에
서 조합주의가 재등장하고 심지어는 분권화되어 있던 아일랜드에서 새
로이 나타나게 되었다.

1990년 초 이후의 새로운 집단의 연구자들은 중앙집권화가 약화하고
세계화가 진행하고 있음에도 불구하고 결정론의 예측과 달리 왜 조합주
의가 재등장하게 되었는지 묻고 고민하였다. 그들은 결정론자들의 해석
과 달리 세계화가 중앙집권화와 분권화를 동시에 요구하고 있음을 주시
한다. 자본의 유동성과 신자유주의의 탈규제와 분권화에 대한 요구는 정
부의 정책집행력을 제약하기는 하지만 정부는 사회정책을 설정하고 경제
의 제규범을 이행하는 데 여전히 상당한 자율성을 가지고 있다(Rodnik,
1997; Hirst, 1998). 특별히 정부는 고용이 불안정하여짐에 따라 사회복
지에 대한 점증하는 요구에 대처하여야 한다. 사용주들이 노동자에 대
해 우월한 지위를 갖게 되기는 하지만 그들은 세계시장에서 가속화하는
경쟁에 대응해 작업장에서 노동자들의 협력이 필요함과 동시에 경쟁력
향상을 위해 기술단련과 같은 국가 차원의 집단적인 하부구조를 확립하
여야 한다(Cappelli, 1997). 노동유연성과 노사관계를 분권화하라는 요
구를 강화하지만, 세계화는 동시에 노사정 사회행위자에 대해 사회 전
체에 걸쳐 상호협력적인 노사관계를 만들고 유지할 것과 임금과 물가상
승에 대한 공동의 국가 차원의 노력을 경주할 것을 요구한다(Rhodes,
1997). 새로운 외적 압력의 변화에 맞추어 과거와 다른 모습의 네오코
포라티즘과 사회협약이 발생하는 것이다.

이들 연구자의 새로운 접근방식(Constructivist approach)에 따르면, 사
회행위자들은 세계화 과정에서 발생하는 중앙집권화와 분권화라는 두
가지 상반된 경향을 적극적으로 해석하고 세계화의 과제에 대응하기 위
해 네오코포라티즘이라는 전략적 선택(strategic choice)을 취한다. 정부
는 과거와 달리 폐쇄적인 거시경제정책 입안을 할 수 없고, 예산상의
제약으로 인해 국가 차원의 노사정간 교섭을 주도하기가 힘들게 된다.
그러나 정부는 정책결정의 권한을 조직사용자와 노동자에게 이양하고

(이탈리아) 또는 미합의시 독자입안을 하겠다고 협박하면서(네덜란드) 교
섭을 촉진할 수 있다(Regini, 1997; Visser and Hemerijck, 1997). 사용
자조직은 분권화가 진행되는 동안 노동에 대해 힘의 우위를 점하는 듯
하지만, 분권화된 교섭이 야기할 노동비용과 기타 불확실성의 증가 때
문에 국가 차원의 교섭이 갖는 유용성을 무시하기 어렵다. 국가 차원의
교섭이 임금자제, 노동시장 유연성 제고, 사회보장제 구조조정 등을 다
루기 때문에 노동조합이 한편으로 이 교섭에 대한 참여를 꺼려하기도
하지만 공공정책 결정에 참여하여 대안을 마련할 수 있기 때문에 교섭
에 응할 수 있게 된다(Pochet and Fajertag, 2000). 따라서 1990년대의
조합주의는 결정론에서 가정하는 제도적 조건 때문이 아니라 세계화가
제공하는 상반된 경향에 대해 사회행위자가 국가경쟁력을 제고하기 위한
방안으로 노동시장 유연성 제고와 사회복지개혁을 적극적으로 조정하기
위해 전략적으로 선택하기 때문에 나타나고 유지된다(Rhodes, 1997). 이
러한 대안적 접근방식은 사회행위자와 그들의 조직, 제도적 관련기제
(arrangements)간 상호작용을 주목한다. 이들은 어느 요소가 다른 측을
결정하는 일방적인 관계를 상정하지 않는다. 결정론과 달리 조직, 제도
적 기제가 자동적으로 조합주의의 유지 가능성을 보장하지 않는다. 사
회행위자는 고도로 조율적인, 또는 중앙집권적인 기제의 도움이 없더라
도 독자적으로 조합주의에 대한 전략적 선택을 할 수 있다. 조합주의가
바람직한 성과를 내는 와중에 사회행위자들은 기존의 기제를 보다 발
전, 또는 변화시킬 수 있고 이 과정에서 조합주의의 유지가능성이 강화
될 수 있다. 이러한 새 해석은 한 국가에서 조합주의가 생성하고 안정
화되거나 몰락하고 잠재해 있다가 다시 나타날 가능성을, 그리고 비슷
한 정도와 형태의 조직적, 제도적 기제를 가진 국가들이 동일한 외부
압력에 대해 다양한 반응을 나타낼 가능성을 설명할 수 있다. 이들 가
능성은 바로 1990년대 재등장한 네오코포라티즘이 결정론에 들이댄 핵
심 질문이었다.
　한국의 경우를 보면 기업별노조주의와 노동자를 대변하는 진보정당의

활동이 제약받는 한국에서 조합주의가 만들어지거나 유지하기 위해 결
정론에서 제시하는 조직적·제도적 필수조건을 찾기란 극히 어렵다. 그
러나 전략 중심의 새로운 접근방식은 결정론의 필수적 조건들을 가지고
있지 못함에도 불구하고 어떻게 한국의 노사정이 외적 압력에 적극적으
로 대응하면서 조합주의를 도입하고 유지하는지를 설명하는 데 많은 유
의미한 도움을 준다. 간략하게 1998년 경제위기에 즈음하여 조합주의를
도입한 배경과 노사정의 전략을 살펴보면 다음과 같다.

  한국의 노사정은 1990년대 동안 조직적 자원과 제도적 자원을 건설
하였다. 조직 사용자와 노동자는 한국의 재벌체제를 활용하면서 그들의
주요 조직적 자원인 상호조율(vertical coordination)을 건설하였다. 비록
사용자단체와 양대 노총이 기업별노조주의로 인해 형식적으로 중앙집권
적인 조직구조와 교섭구조를 갖추지 못했음에도 불구하고 그들은 재벌
의 한국 경제에 대한 영향력과 재벌 특유의 지배구조(재벌소유가족의 다
각화된 그룹소속 회사들에 대한 배타적인 통제장악력)를 이용하여 회원간의
다양한 목소리를 조율하고 중앙조직과 기층 일반회원 간의 사회 이슈에
대한 선호의 차이를 조정할 수 있었다. 조직된 사용자는 재벌이 국가경
제의 생산과 고용에서 그들의 영향력을 확대 유지함에 따라 상호조율을
강화하였고, 경총과 전경련 등 중앙 사용자단체는 사용자에 대한 대표
성을 증대시킬 수 있었다. 조직사용자의 조직적 자원은 또한 재벌이 산
별, 지역별로 산재한 소속기업들의 다양한 목소리를 여과함에 따라 충
실화되었고, 이에 따라 중앙 사용자단체는 사용자간 응집력을 기를 수
있었다. 조직노동자 또한 국가경제에 전략적으로 중요한 대규모 사업장
을 편입하고 흩어진 이들 기업별노조를 재벌그룹별로 조직함에 따라 조
직적 자원을 확대하여갈 수 있었다. 이와 동시에 민노총(전신 조직들 포
함)은 한국의 세계시장에 대한 편입과정중에 발생한 ILO 가입, 블루 라
운드(Blue Round) 교섭, OECD 가입 등을 적극적으로 활용하여 중앙단
체로 성장할 수 있었다. 그러나 이렇게 증가한 조직적 자원은 공식적인
중앙집권화라는 형태로 건설되지 않았다. 대신 조직 사용자와 노동자는

기업별노조주의를 강제하는 노동법상의 제약을 극복하며 재벌지배구조
를 활용하여 비공식적인 모습으로 조직적 자원을 건설하였다. 전경련과
민노총의 경우에서 보이듯 재벌과 재벌노조는 조직 사용자와 노동자의
중앙조직활동의 핵심활동가로 자리매김하였다. 사용자와 노동자의 중앙
조직은 물적, 인적자원이 풍부하지 못하였음에도 불구하고, 재벌과 재벌
노조를 활용하여 국가 차원의 주요한 행위자로 자신들의 영향력을 행사
할 수 있었으며, 한편 재벌과 재벌노조는 이들 중앙조직이 정부의 공공
정책에 지속적으로 주의를 기울이도록 이끌었다. 특별히 조직 사용자와
노동자는 정부의 국가경쟁력과 구조조정정책에 적극적으로 대응하였는
데, 이는 두 정책이 재벌과 재벌노조의 핵심 관심사항인 재벌지배구조
개혁, 노동시장 유연성과 밀접한 연관성이 있기 때문이었다.

　조직적 자원에 더해, 한국의 노사정은 1990년대 동안 세계화라는 외
부 환경요인에 대응하여 제도적 자원을 건설하였다. 즉, 그들은 임금,
노사관계 그리고 경제정책에 대한 국가 차원의 토론을 실험하여오면서
공공정책 조정의 경험을 축적하였다. 한국이 세계경제에 더욱더 편입되
어갈수록 노사정은 새로운 도전에 처하게 되었다. 무역과 자본의 자유
화는 한국 정부가 외환을 조작할 수 있는 역량을 제한하였고 금융, 재
정정책을 자의로 운영할 수 있는 여지를 제약하였다. 사용자 또한 세계
시장에서 한국 상품의 경쟁력이 점차 약화되는 것을 목격하게 되었다.
노동자와 노동조합 역시 사회안전망이 발달되어 있지 않은 상태에서 고
용의 불안정성을 점차 의식하게 되었다. 그런 한편 세계화로 상징되는
한국의 세계경제에 대한 편입은 노사정으로 하여금 재벌개혁과 노동시
장 유연성을 도입할 것을 더욱 요구하였다. 한국 경제가 이 두 부문의
개혁을 간과하기에는 그 비용이 점차 증가하였기 때문이다. 특별히 재
벌들은 그들의 노동자, 노동조합과 맺은 기업 차원의 타협을 유지해왔
던 과투자와 과생산으로 인해 저이윤과 대규모 빚에 허덕이게 되었다.
세계시장에서의 경쟁의 격화와 국가경쟁력의 약화는 사용자가 그들의
정규직 노동자와 기업별노조에 고용의 안정과 기업복지를 제공할 능력

을 약화시켰던 것이다. 한국의 노사정은 경제구조조정을 위한 전략을 개발하고 기존의 타협을 재평가하여야 하는 압박에 처했다. 특히 정부의 국가경제주도능력의 축소는 정부가 조직 사용자와 노동자와 맺은 기존의 관계를 재검토하게 하였다. 한편으로 정부는 국가의 경쟁력을 높이기 위하여 노동조합 — 후에는 심지어 적대적이고 독립적인 민노총(혹은 전신) 계열의 노동조합 — 으로부터 협력을 얻어내야 하였다. 또 다른 한편에선, 정부는 경제구조조정과 재벌지배구조 개선을 위해 사용자들과 갈등관계에 빠지게 되었다. 그리하여 1990년대가 진행되는 동안 한국의 노사정은 국가경쟁력, 한국 경제구조조정, 그리고 노동기본권 보장을 둘러싼 국가 차원의 논의를 지속적으로 실험하게 되었고, 재벌개혁과 노동시장 유연성은 점차 논의의 중심을 차지하게 되었다.

한국의 세 사회행위자는 경제위기와 IMF 개입에 대응하여 그동안 축적해온 조직적·제도적 자원을 활용하면서 재벌개혁과 노동시장 유연성을 위한 조합주의라는 3자교섭전략을 선택하였다. 노사정은 이 전략이 경제위기와 IMF 구조조정이라는 외적 제약을 맞아 두 가지 이슈를 처리하기 위해서 최선은 아니나 정부 독자적 입법이나 노사, 노정 쌍방교섭과 같은 다른 대안보다 낫다고 판단한 것이다. 정부로서는 재벌개혁과 노동시장 유연성 제고를 독자적으로 입법화함이 최선이나 이로 인해 노사의 반발이 거세게 일 경우 IMF 구조조정 프로그램을 시행하지·못하는 위험성이 따르므로 3자교섭에 의한 재벌개혁, 유연성 제고를 합의하는 방식이 차선책으로 등장하게 되었다. 사용자의 입장에서 보면 재벌개혁을 제외하고 노동시장 유연성을 얻는 것이 최선이었으나 노동조합은 물론, IMF나 정부가 받아들이지 못할 게 분명하였다. 따라서 사용자로서도 3자교섭에 참가하여 노정간의 교섭에 의해 재벌개혁이 강화되는 것을 경계하고 노동시장 유연성을 확고히 하는 것이 차선책이었다. 노동조합으로서는 재벌개혁을 얻고 노동시장 유연성을 배제시키는 것이 최선이나 IMF, 정부 그리고 사용자의 반대를 홀로 극복할 수 없음은 명확하였다. 따라서 3자교섭의 참여를 통해 사용자와 정부 양 당사자 일방에 의한 노동시장 유연성 제고를 억제하고 노동기본권 신장, 사회복지의 제고 등 사회개혁을 꾀하는 것이 차선으로 나타나게 되었다.

3자교섭을 현실화하는 데 있어 정부는 IMF와 국제투자가들로부터의 외적 압력을 재벌개혁과 노동시장 유연성에 대한 교섭대상으로 전환하고 간헐적으로 실험하여왔던 공공정책 조정의 경험을 노사정위원회로 제도화하면서 국가 차원의 3자간 정치적 교섭을 주도하였다. 이전의 경우와 달리 정부는 사용자로 하여금 재벌개혁을 인정하도록 하였으며, 여러 가지 사회개혁 프로그램을 제안하여 노동조합이 노동시장 유연성을 받아들일 것을 요구하였다. 마침내 한국의 노사정은 재벌개혁, 노동시장 유연성, 정부 공공정책 결정권의 이양을 둘러싼 합의를 통해 사회협약을 만드는 데 성공하였다. 두 노총은 노동시장 유연성 제고를 위해 정리해고제를 조기도입하는 데 동의하였고, 두 사용자단체는 재벌개혁을 시행하기로 하였고, 정부 또한 자신의 공공정책 결정권한을 조직사용자, 노동자와 나눌 것을 약속하였다. 이들은 또한 사회복지제도를 개선하고 노동기본권을 향상시킬 것을 합의하였다. 이로써 노사정은 한국 노사관계 역사상 처음으로 교섭을 통하여 국가 차원의 합의서를 체결하였다.

여기에서는 한국의 조합주의가 지난 4년간 겪어온 부침을 설명하지 않겠다. 그러나 그러한 부침이 단순히 중앙집권성의 미비라든가 조정력을 갖춘 분권화된 교섭구조의 미형성 때문이 아님은 분명하다. 1998년의 사회협약은 노사정 각 체결 당사자로 하여금 심각한 비용을 감내할 것을 요구하였기 때문에 쉽사리, 아무런 진통 없이 이행될 수 없는 것이었고, 이 비용은 당사자 내 어떤 특정 집단에는 그들의 특권을 잃어버리는 것을 의미하는 것이기도 하였다. 예를 들면 재벌기업의 정규직 노동자의 경우 높은 수준의 고용안정과 기업복지를, 재벌 소유가의 경우 그들의 전제적인 경영통제권한을, 그리고 경제부처 공무원의 경우 배타적 정책결정권한을 위협당하게 되었다. 이들 특정 집단은 사회협약이 초래한 비용을 통해 그 합의를 재해석하고 노사정으로 하여금 합의 이행과정에서 새로운 전략을 검토하기를 요청하였다. 그러나 노사정은 지속적인 IMF와 해외투자자의 구조조정 압력하에 변화하는 조직적·제도적 자원들을 활용하여 조합주의를 유지한다는 선택을 하였다. 비용의 재해석, 전략의 재검토, 그리고 합의 이행중의 실질적 재협상 속에서 조합주의의 부침은 자연스러운 것이었다.

경제 세계화가 급속히 진행되면서 1990년대 이후 보이는 유럽에서의 조합주의의 재등장이나 미국과 영국 등 분권화된 국가에서의 지역, 산별 차원에서의 조합주의적 실험, 그리고 한국의 1998년 사회협약 체결은 조합주의에 대한 기존의 결정론적인 접근방식에 주요한 의문을 제기한다. 이 발제문은 이러한 일련의 흐름들을 직시하는 데 끝나지 않고 우리로 하여금 다시 한 번 고민에 빠지게 하였다. 발제자들은 새로운 조합주의의 일면을 보여주면서 이 새로운 실험이 어떤 조건을 가져야만 유의미한 결과를 낳으며, 지속가능한 것인지 우리에게 내쳐 물으며, 그 조건으로 조정력을 갖춘 분권화된 교섭구조가 아닐까 하고 제시한다. 그러나 그것이 전제조건이라고 한다면 동의하기 어렵다. 필수조건, 전제조건, 무슨 조건이라는 접근으로는 새로운 실험도 그리고 조정력을 갖춘 분권화된 교섭구조라는 개념을 파악하기 어렵기 때문이다. 분명 그러한 교섭구조가 있다면 보다 수월하게 조합주의가 성공적으로 진행되겠지만 없다고 해서 새로운 실험이 불가능한 것이 아니다. 또한 기존의 교섭구조가 분권화되어 있거나 중앙집중적이라 하더라도 그 교섭구조가 조정력 있게 운영될 수도 있기 때문이다. 도리어 그러한 조건 대신 기존에 만들어놓은 조직적·제도적 자원을 활용하여 환경변화에 능동적으로 대처하는 노사정의 전략적 대응능력이 보다 중요한 요인이다. 전제조건의 유무에 집착하기보다는 어떻게 변화를 수용하지 않으려는, 특권을 놓치지 않으려는 일부 집단을 견제하면서 전략적 대응능력을 키울 것인가가 현실적 고민으로 남아야 되지 않을까 한다. 결국 발제문은 이래저래 지적 호기심을 불러일으킴과 더불어 우리로 하여금 다시 현실을 검토하게 한다. 그 속에서 현실의 문제에 대해 진일보하고 건강한 해결책을 발견하는 것은 물론 모두의 몫이다.

☐ 참고문헌

Bruno, Michael and Sachs, Jeffrey D. 1985, "Labor Markets and Compa-
rative Macroeconomic Performance," *Economic of Worldwide Stagfla-
tion*, MA: Harvard University Press, pp. 217-247.

Calmfors, Lars, and John Driffill. 1988. "Bargaining Structure, Corpora-
tism, and Macroeconomic Performance," *Economic Policy*, Vol. 6, pp.
13-61.

Cameron, David R.. 1984, "Social Democracy, Corporatism, Labour Quies-
cence and the Representation of Economic Interest in Advanced
Capitalist Society," in J. H. Goldthorpe(ed.), *Order and Conflict in
Contemporary Capitalism*, Oxford: Oxford University Press), pp.
143-78.

Capelli, Peter. 1997, "The Pressures to Restructure Employment," and
"The Effects of Restructuring on Employees," in Peter Cappelli et
al.(eds.), *Change at Work*, Oxford: Oxford University Press, pp.
15-65, 173-207.

Crouch, Colin. 1990, "Trade Unions in the Exposed Sector: Their
Influence on Neo-corporatist Behavior," in Renato Brunetta and
Carlo Dell' Aringa(eds.), *Labour Relations and Economic Performance*,
London: Macmillan, pp. 68-91.

Hirst, Paul. 1998, "Can the European Welfare State Survive Globalization:
Sweden, Denmark, and the Netherlands in Comparative Perspec-
tive," UW-Madison, *European Studies Working Paper*, Volume 2,
Number 1, http://polygot.lss.wisc.edu/eur/works/Hirsttitlepg.html

Lange, Peter and Geoffrey Garrett. 1985, "The Politics of Growth:
Strategic Interaction and Economic Performance in the Advanced

Industrial Democracies, 1974-1980," *Journal of Politics*, 47(3), pp. 792-827.

Paloheimo, Heikki. 1990, "Between Liberalism and Corporatism: The Effect of Trade Unions and Governments on Economic Performance in Eighteen OECD Countries," in Renato Brunetta and Carlo Dell' Aringa(eds.), *Labour Relations and Economic Performance*, London: Macmillan, pp. 114-136.

Pochet, P. and G. Fajertag(eds.). 2000, *Social Pacts in Europe*, Brussels: ETUI.

Regini, Marino. 1997, "Still Engaging in Corporatism? Recent Italian Experience in Comparative Perspective," *European Journal of Industrial Relations*, Vol. 3, pp. 259-278.

Rhodes, Martin. 1997, *Globalization, Labor Market and Welfare States: A Future of 'Competitive Corporatism'?*, Florence: EUI.

Rodnik, Dani. 1997. "Sense and Nonsense in the Globalization Debate," *Foreign Policy*, Summer, 107: 19-37.

Soskice, David. 1990, "Wage Determination: The Changing Role of Institutions in Advanced Industrialized Countries," *Oxford Review of Economic Policy*, 6(4): 36-61.

――――. 1999, "Divergent Product Regimes: Coordinated and Uncoordinated Market Economies: the 1980s and 1990s," in Herbert Kitschelt et. al.(eds.), *Continuity and Change in Contemporary Capitalism*, Cambridge: Cambridge University Press, pp. 101-134.

Visser, J. and Anton Hemerijck. 1997, *'A Dutch Miracle': Job Growth, Welfare Reform And Corporatism in the Netherlands*, Amsterdam: Amsterdam University Press.

□ 글쓴이 소개(가나다 순)

김성희(전 한국노총 중앙연구원 연구조정실장)
김태현(한국노동사회연구소 연구위원)
박영삼(한국비정규노동센터 정책기획국장)
박태주(공공연맹 연구전문노조 산업연구원 지부장)
안성우(서울대학교 사회학과 석사)
오건호(민주사회정책연구원 객원연구위원)
이병훈(중앙대학교 사회학과 교수)
이순녀(전국보험모집인 노동조합 위원장)
이성균(울산대학교 사회학과 교수)
이주희(한국노동연구원 연구위원)
인수범(한국노동사회연구소 연구위원)
임상훈(미국 위스콘신대학교 노사관계학과 박사)
최상림(전국여성노동조합 위원장)

□ 글쓴이 이외의 포럼 참여자(가나다 순)

김재훈(한림대학교 법학과 교수) **박성재**(한국노동연구원)
박현미(금속노련) **배규식**(한국노동연구원)
안봉술(한국노총) **윤여연**(인간해방실천협의회)
윤진호(인하대 경제학과 교수) **이태주**(서울시내버스노조)
이항기(전국보험모집인노조) **임미령**(서울경인지역평등노조위원장)
정인숙(전국여성노동조합연맹) **하익준**(금융노조 정책부장)
한동균(한국노총 금속노련) **한혜영**(보험모집인노조)

대한민국학술원 선정 2003 우수학술도서

한울아카데미 505

21세기 한국노동운동의 현실과 전망:
한국노동연구원 21세기 노동운동포럼

ⓒ 이주희, 2002

엮은이 | 이주희
펴낸이 | 김종수
펴낸곳 | 도서출판 한울

편집 | 곽종구

초판 1쇄 발행 | 2002년 11월 20일
초판 2쇄 발행 | 2003년 11월 5일

주소 | 121-801 서울시 마포구 공덕동 105-90 서울빌딩 3층
전화 | 영업 326-0095, 편집 336-6183
팩스 | 333-7543
전자우편 | hanul@hanulbooks.co.kr (대표)
          plan@hanulbooks.co.kr (기획)
          edit@hanulbooks.co.kr (편집)
          marketing@hanulbooks.co.kr (마케팅)
          design@hanulbooks.co.kr (디자인)
등록 | 1980년 3월 13일, 제14-19호

Printed in Korea.
ISBN 89-460-3040-2 93320

* 가격은 겉표지에 표시되어 있습니다.